Schilling: Didaktik/Methodik der Sozialpäd[illegible]

STUDIENBÜCHER FÜR SOZIALE BERUFE

Johannes Schilling

Didaktik/Methodik der Sozialpädagogik

Grundlagen und Konzepte

2., überarbeitete Auflage

LUCHTERHAND

Die Deutsche Bibliothek – CIP-Einheitsaufnahme

Studienbücher für soziale Berufe.
– Neuwied; Kriftel; Berlin: Luchterhand.

Didaktik, Methodik der Sozialpädagogik:
Grundlagen und Konzepte / Johannes Schilling.
– 2. Aufl. – 1995
ISBN 3-472-02354-6
NE: Schilling, Johannes

Satz: Fotosatz Froitzheim, Bonn
Druck: Bercker Graphischer Betrieb GmbH, Kevelaer
Printed in Germany, September 1995

Inhalt

Einleitung

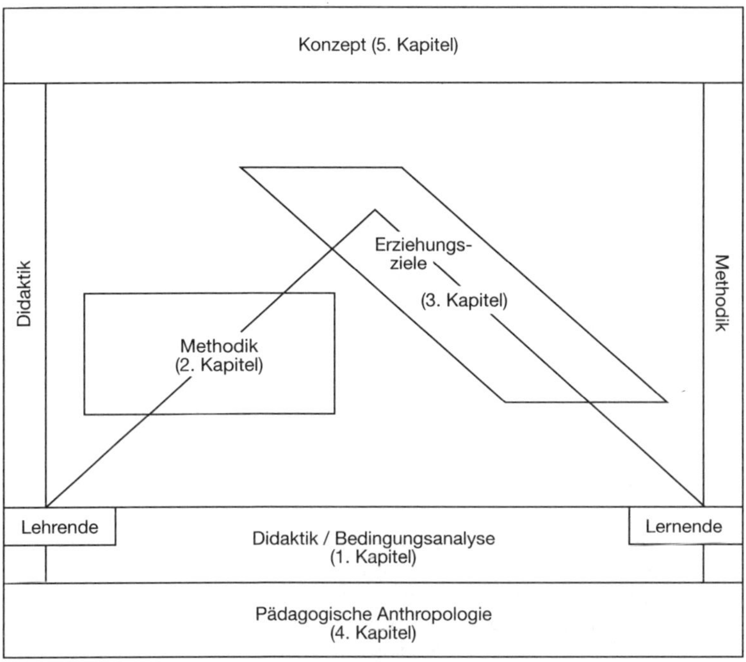
Konzept (5. Kapitel)
Didaktik
Methodik
Erziehungs-
ziele
(3. Kapitel)
Methodik
(2. Kapitel)
Lehrende
Lernende
Didaktik / Bedingungsanalyse
(1. Kapitel)
Pädagogische Anthropologie
(4. Kapitel)

Ein Blick in die für Didaktik relevante Literatur läßt folgenden Trend erkennen: Die Fachdidaktiken haben Hochkonjunktur. In ihren Veröffentlichungen geht es vor allem um zwei Themen: das Verhältnis der Fachdidaktik zur Allgemeinen Didaktik und Didaktik als Rezeptologie. Entwürfe von Stunden- und Übungsmodellen gibt es in einer Fülle, die vom Praktiker gar nicht mehr gelesen werden kann. In der Allgemeinen Didaktik dagegen ist wenig Bewegung festzustellen. Nachdem die Ideen der progressiven Didaktik in die klassischen theoretischen Modelle eingearbeitet wurden und diese sich zusätzlich neben bildungstheoretische bzw. lehrtheoretische Didaktik neuerdings auch kritisch-konstruktive Didaktik nennen, d. h. sich in der lange Zeit strittigen Frage auf den weiten Begriff von Didaktik geeinigt haben, bringt die Allgemeine Didaktik nichts wesentlich Neues mehr in die Diskussion ein. Die Monographien sind entweder Zusammenfassungen oder Gegenüberstellungen der verschiedenen didaktischen Prinzipien, oder aber sie ziehen kritische Zwischenbilanz.

Von all der langen und traditionellen Entwicklung in der Didaktik und den damit verbundenen Problemen scheint die Sozialpädagogik bisher nichts mitbekommen zu haben. Sozialpädagogik kommt ohne Didaktik aus; nach relevanter Literatur sucht man vergeblich. Nur wenige Autoren haben sich zu diesem Thema bisher geäußert. Man kann mit Recht sagen: Eine Didaktik der Sozialpädagogik gibt es noch nicht.

Was verstehe ich unter Sozialpädagogik? Der Begriff Sozialpädagogik ist als Gegenpol zur Individual-Pädagogik entstanden. Eigentlich wollte man durch die Sozialpädagogik die Aufgaben der Allgemeinen Pädagogik deutlich herausstreichen. Das heißt, Sozialpädagogik verstand sich als Korrektur und Kritik der damaligen Pädagogik, sie wollte nichts anderes sein als eine Pädagogik. Diesen Gedankengang hat die Sozialpädagogik heute z. T. aus den Augen verloren und sich zu einer Institution entwickelt, die sich für alle von der Gesellschaft verursachten Probleme zuständig fühlt. Deshalb möchte ich Sozialpädagogik wieder in ihrem ursprünglichen Sinn verstehen als eine Pädagogik, die im prophylaktischen, präventiven Bereich tätig ist. Für mich ist Sozialpädagogik pädagogisches Arbeiten in allen Erziehungs-, Bildungs- und Lerninstitutionen außerhalb von Familie und Schule.

Sozialpädagogik und Sozialarbeit sind für mich nicht identisch. Entsprechend dieser Vorstellung von Sozialpädagogik spreche ich in diesem Buch auch unterschiedslos von Sozialpädagogen, (Sozial-)Pädagogen, Pädagogen.

Erhebt Sozialpädagogik den Anspruch, eine eigenständige Erziehungs-, Bildungs- und Lerninstitution neben Familie und Schule zu sein, dann kann sie unmöglich ohne Didaktik auskommen. Die Vermutung liegt nahe, daß Sozialpädagogik deshalb in der Praxis zu einer Reaktions-Einrichtung geworden ist, weil sie kein eigenes didaktisches Konzept vertritt. Sozialpädagogik reagiert auf Probleme, die die Gesellschaft verursacht hat, sie kann nicht offensiv agieren, die Gesellschaft mitgestalten, weil es ihr an der besagten Didaktik fehlt.

Mit der Gründung der Fachhochschulen für Sozialpädagogik Anfang der 70er Jahre wurde auch das Fach Didaktik/Methodik eingeführt. Dieses Fach brachte viele Lehrende in Verlegenheit. Da es keine eigenständige Didaktik gab, griffen viele Kollegen auf Altbekanntes zurück, nämlich auf die traditionelle Methodenlehre und einige neuere Handlungskonzepte.

Ich möchte in diesem Lehrbuch versuchen, einen Entwurf einer Didaktik/Methodik der Sozialpädagogik zu entwickeln. Ein sehr notwendiges, aber ebenso schwieriges Vorhaben. Es handelt sich dabei um ein offenes, dynamisches Modell, das den Leser zur Mit- und Weiterarbeit anregen will.

Wenn ich mich bei meinen Ausführungen auf Sozialpädagogik beschränke, besagt das nicht, daß diese Überlegungen nicht auch für Sozialarbeit gelten. Da es in der Sozialarbeit ebenfalls um Lernen geht, bedarf sie gleichermaßen einer Didaktik/Methodik. Ich gehe davon aus, daß die hier entwickelte Didaktik/Methodik sowohl für Sozialpädagogik als auch für Sozialarbeit gilt.

Das Buch ist als Arbeitsbuch geschrieben, d. h. der Leser wird eingeladen mitzuarbeiten. Ich gehe davon aus, daß er zu den einzelnen Themen viele eigene Gedanken hat, die er unbedingt beim Lesen dieses Buches einbringen soll. Deshalb ist genügend Platz gelassen, um eigene Notizen zu ermöglichen. Am Schluß jedes Kapitels sind Lernfragen formuliert, an denen der Leser sein Wissen überprüfen kann. Die Hinweise zur »weiterführenden Literatur« sollen Möglichkeiten zur Weiterbildung öffnen.

Das Arbeitsbuch ist aus meinen Erfahrungen als Professor an der Fachhochschule Düsseldorf, Fachbereich Sozialpädagogik, entstanden. Da ich das Fachgebiet Didaktik/Methodik der Sozialpädagogik und Freizeitpädagogik vertrete, blieb mir nichts anderes übrig, als mir das Thema selbst zu erarbeiten. Das hier vorgelegte Arbeitsbuch ist das Ergebnis dieser Studien.

Es ist vor allem für Studenten (aber nicht nur für sie, auch Praktiker können etwas lernen und Anregungen finden) geschrieben. In diesem Buch steht praktisch der Inhalt, den ich im Seminar »Einführung in Didaktik/Methodik« den Studenten über ein Semester (60 Semesterwochenstunden, jede Sitzung mit vier Unterrichtsstunden) zu vermitteln versuche. Die fünf Themen werden im Seminar in je drei Doppelsitzungen bearbeitet. In den ersten zwei Sitzungen werden die theoretischen Teile behandelt, in der dritten Sitzung vor allem Übungen durchgeführt.

Neben den Inhalten in Didaktik soll in dem Seminar gleichzeitig etwas über Methodik gelernt werden. Dies geschieht so, daß ich den Studenten jeweils erkläre, welche Methode ich warum eingesetzt habe, und mit ihnen überlege, welche Möglichkeiten sich bieten, die Methode auch in der Praxis anzuwenden. Diese Vorgehensweise gebrauche ich in diesem Buch ebenfalls. Der Leser soll befähigt werden, das Gelesene in die Tat umzusetzen, er soll die Notwendigkeit einsehen, selbst praktische Übungen durchzuführen, und versuchen, ein Konzept zu erstellen nach dem Grundsatz: Lernen durch Handeln.

Beim Lesen der einzelnen Themen wird der Leser vielleicht bemerken, daß ich z. T. erst am Ende eines Kapitels einen Gedankengang in einer Definition zusammengefaßt habe. Man ist eigentlich gewohnt, am Anfang der Ausführungen mit einer Definition zu beginnen, die dann näher erläutert wird. Ich bin z. T. den umgekehrten Weg gegangen. Ich habe die Definition in einzelne Teilschritte gegliedert, diese erarbeiten lassen und die Zusammenfassung an den Schluß gesetzt. Worin liegt der Vorteil eines solchen Vorgehens? Beginnt man mit einer Definition, ohne daß sich der Leser vorher mit dem Thema vertraut gemacht hat, kann er zunächst nicht viel damit anfangen. Er übernimmt sie, ohne sie richtig zu verstehen. Deshalb bietet sich oft der umgekehrte Weg an. Man erarbeitet Einzelaspekte der Definition und faßt sie am Schluß zusammen. Eine solche Definition wird vom Leser verstanden, da er sie selber formuliert hat.
Des weiteren habe ich in diesem Buch häufig die Methode »Eigenarbeit vor Referat« angewandt. In vielen Fällen wird Teilnehmern Wissen über die Methode eines Referates vermittelt. Dabei kommt es nicht selten vor, daß die Teilnehmer viel Bekanntes hören und sehr lange zuhören müssen. Man kann sich aber nur etwa 20 Minuten lang konzentrieren, d. h., ein längeres Referat strapaziert die Zuhörer, sie müssen zusätzliche Energiereserven mobilisieren. Wird ein Referat länger als 20 Minuten vorgelesen, ist das eigentlich eine Zumutung; der Lerneffekt ist gering. Deshalb bin ich häufig methodisch anders vorgegangen: Zunächst wird der Leser eingeladen, sein Wissen einzubringen. Im Anschluß daran verstehen sich die Ausführungen als Ergänzung bzw. Weiterführung. Dieses Vorgehen hat den Vorteil, daß der Leser sein Wissen abrufen kann, er fühlt sich nicht unterfordert, weil er Dinge hören muß, die er bereits kennt. Der Vorteil für den Lehrenden liegt darin, daß er abwarten kann, was die Teilnehmer wissen, wie deren Kenntnisstand ist, und er kann in kurzer Zeit neue Information anfügen. Er kann sich u. U. kurz fassen, braucht kein langes Referat zu halten, und die Teilnehmer sind motiviert, die Ergänzungen zu hören. Diese Methode ist bezüglich der Lerneffektivität weit besser als das vorgelesene Referat und sollte bevorzugt eingesetzt werden.
Lernen ist vor allem eine Angelegenheit des Auges. Das, was ich sehe, behalte ich weit besser, als das, was ich nur höre. Deshalb sind viele Inhalte in Schaubildern und Graphiken zusammengefaßt. Der Vorteil von Graphiken liegt darin, daß sie Inhalte übersichtlich gestalten, die dadurch leichter gelernt und behalten werden können. Schaubilder sind allerdings gefährlich, wenn die Schematik überbewertet und als absolut genommen wird.
Auf der Eingangsseite eines jeden Kapitels wird das Thema in einem Schaubild vorgestellt. Dieses wird in jedem Kapitel durch das neue Thema ergänzt, so daß die Graphik im fünften Kapitel insgesamt darstellt, wie die einzelnen Themen im Zusammenhang stehen und gesehen werden müssen.
Die Basis aller Themen ist das vierte Kapitel über Pädagogische Anthropologie. Davon ausgehend muß man in jeder Situation zunächst eine

Bedingungsanalyse (1. Kapitel) durchführen. Die Erhebung des Ist-Zustandes führt zur Formulierung von Zielen (3. Kapitel). Ziele müssen in Handeln umgesetzt werden, d. h., man überlegt sich Methoden (2. Kapitel). Zusammengefaßt werden alle Themen im Konzept (5. Kapitel). Didaktik/Methodik will die Grundlagen für eine Konzepterstellung erarbeiten als durchgehende und alle Themen verbindende Säulen.

Danken möchte ich allen Studenten, von denen ich in vielen Seminaren Anregungen und auch kritische Hinweise erhalten habe. Besonderen Dank verdient jedoch meine Frau, die nun schon seit vielen Jahren die Entstehung eines Manuskriptes durch ihre konstruktive Kritik wie auch engagierte Mitarbeit begleitet, ohne die auch dieses Buch wohl kaum das geworden wäre, als was es sich nun dem Leser präsentiert.

Johannes Schilling

1. Kapitel: Was ist Didaktik? Was ist eine Bedingungsanalyse?

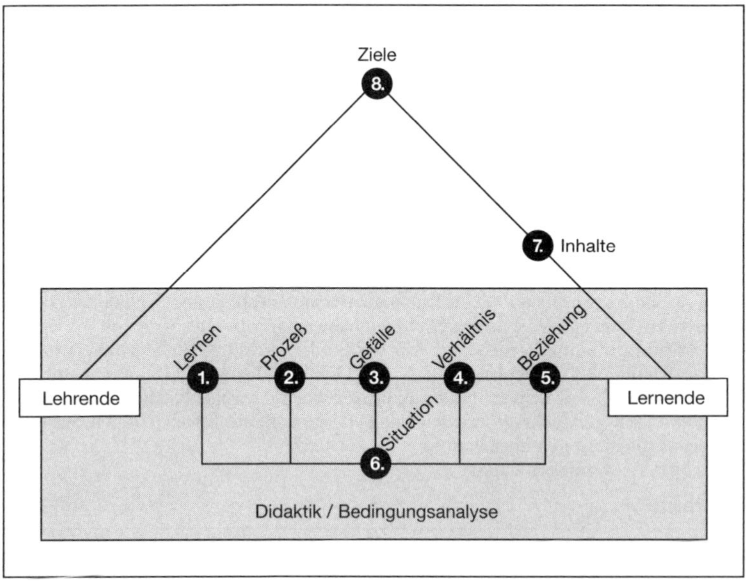

1. Versuch einer Definition

Was ist Didaktik? Es geht hier nicht nur um die Klärung des Wortes Didaktik, sondern um die Erforschung und Erhebung des Begriffs Didaktik. Wenn ich etwas begriffen habe, dann wird es auch mein Handeln bestimmen.

Aufgabe
Stellen Sie sich vor, Sie arbeiten im FASTRA Ihrer Hochschule in der Abteilung Studienberatung. Sie erhalten folgenden Brief, den Sie beantworten sollen.[1] *

Bärbel Schmitz
Hauptstraße 24
5000 Köln 40

An den
FASTRA der Fachhochschule Düsseldorf
Abt. Studienberatung
Universitätsstraße
4000 Düsseldorf 1

Sehr geehrte Damen und Herren,

ich mache im Sommer 1992 Abitur und möchte anschließend Sozialpädagogik studieren. Von einigen Fachhochschulen habe ich mir bereits Studienunterlagen besorgt und sie durchgearbeitet. Aus der Studienordnung für Sozialpädagogik Ihrer Fachhochschule entnehme ich, daß Didaktik das erste Hauptfach ist. Ich hoffe, ich stelle mir kein Armutszeugnis aus, wenn ich zugebe, daß ich mir unter diesem Fach gar nichts vorstellen kann. Darum meine Bitte: Können Sie mir einige Informationen über dieses Fach schicken?
Für Ihre Bemühungen dankt

Bärbel Schmitz

Ihr Antwortbrief
FASTRA der Fachhochschule Düsseldorf
Abt. Studienberatung

Liebe Bärbel,

Ihre Umschreibung von Didaktik soll hier zunächst undiskutiert stehen bleiben. Die Ausführungen dieses Kapitels sollen eine Klärung des Begriffs herbeiführen. Am Schluß dieser Lektion stehen einige Definitionsversuche.

* Anmerkungen s. S. 60

2. Geschichtlicher Überblick

2.1. Entwicklung der Didaktik vor 1945

Die Geschichte der Didaktik läßt sich bis in das Jahr 3000 v. Chr. zurückverfolgen, bis ins alte Reich der Ägypter und ins sumerische Reich der babylonischen Hochkultur.
Das Wort Didaktik taucht in der Epoche der homerischen Erziehung (8. Jh. v. Chr.) in seinem jetzigen Verständnis auf. Die Anfänge der Didaktik liegen somit in der Zeit des *Homer.*
Aristoteles (300 v. Chr.) faßte die verschiedenartigsten bildungstheoretischen Ansätze seiner Zeit zusammen und legte eine Systematik für das allgemein bildende und fachliche Unterrichtswesen seiner Zeit vor.[2)]
Im Mittelalter waren es vor allem Hugo *von St. Viktor* (1141), Wolfgang *Ratke* (1571–1635) und Johann Amos *Comenius* (1592–1670; opera didactica magna), die eine Unterrichtslehre entwickelt haben. Die Didaktik von *Comenius* gilt in ihren Aussagen zum Teil bis heute und wartet auf ihre Verwirklichung. Er schreibt z. B. über die Aufgabe einer Didaktik (1657):
»Erstes und letztes Ziel unserer Didaktik soll es sein, die Unterrichtsweise aufzuspüren und zu erkennen, bei welcher die Lehrer weniger zu lehren brauchen, die Schüler aber dennoch mehr lernen; und bei der in den Schulen weniger Lärm, Überdruß und unnütze Mühe zugunsten von mehr Freiheit, Vergnügen und wahrhaftem Fortschritt herrscht.«[3)]

2.2. Entwicklung der Didaktik nach 1945

Obwohl Didaktik eine lange Tradition hat, hat sie sich dennoch erst in den letzten 30 Jahren von der praktischen Erziehungslehre zur Wissenschaft entwickelt und ist damit als recht junge Wissenschaft zu verstehen. Nach 1945 entstand eine Fülle von Didaktiktheorien und -modellen. *Aschersleben* spricht von etwa zwanzig solcher Ansätze.[4)] Zwei dieser didaktischen Theorien sind die verbreitetsten und wichtigsten. Wichtig besagt: Sie standen in der Vergangenheit im Mittelpunkt der Didaktikdiskussion, werden in der Lehrerausbildung am ehesten vermittelt und sind daher die für Lehrer und Lehrerstudenten bekanntesten.[5)]

2.2.1. Bildungstheoretische Didaktik (Wolfgang Klafki)

Die bildungstheoretische Didaktik hat das didaktische Denken und Handeln im deutschsprachigen Raum nachhaltig beeinflußt. Sie besaß lange Zeit vor allem anderen Ansätzen eine Vorrangstellung, bis zu jenem Zeitpunkt, als die lerntheoretische Didaktik veröffentlicht wurde.
Die bildungstheoretische Didaktik wandte sich in ihrer Entstehung gegen die vorherrschende Ausbildung von Lehrern, die eher als methoden- denn als inhaltsorientiert zu bezeichnen war. Die Reformpädagogik befaßte sich vor allem mit der Frage des Wie und weniger der des Was. Didaktik wurde in erster Linie als Methodenlehre des Unterrichts verstanden. Die didaktische Theorie wurde als rezepthafte Prinzipienlehre entfaltet.[6)]
W. *Klafki* (zunächst in Hannover, später in Marburg) und Wolfgang *Kramp* (zunächst in Oldenburg, später in Düsseldorf) hatten die Aufgabe, Praktikanten im

Rahmen der niedersächsischen Lehrerausbildung zu betreuen. Für diese Aufgabe entwickelten sie eine Verlaufplanung einer Unterrichtseinheit.[7] W. *Klafki* spricht vom »Primat der Didaktik« im engeren Sinne im Verhältnis zur Methodik. Damit ist gemeint: Zuerst muß geklärt werden, um welche Bildungsinhalte und -gehalte es gehen soll, bevor nach den Wegen gefragt wird.[8] Man kann mit der Methode allein nichts anfangen, man braucht Inhalte und vor allem Ziele. Andererseits kann man aber auch die Inhalte und Ziele nicht ohne Methoden realisieren. »Ist die Methodik auf die Didaktik angewiesen, um überhaupt begründet anfangen zu können, so ist die Didaktik auf die produktive Leistung der Methodik verwiesen.«[9] So hängen Didaktik und Methodik voneinander ab oder sind aufeinander verwiesen, aber ihre Abhängigkeit ist keine strukturelle Gleichheit, sondern anderer Art. »Methodik hängt in anderer Weise von der Didaktik ab als die Didaktik von der Methodik.«[10] »Man müßte von einem Primat der Intentionalität gegenüber allen anderen Dimensionen des didaktischen Feldes sprechen.«[11]
Der zeitliche Primat der Didaktik verführt viele Pädagogen dazu, Entscheidungen über Methoden als etwas Sekundäres, Nebensächliches anzusehen, so *Aschersleben*s Kritik an *Klafki*. Dieses Mißverständnis führt dazu, daß sich Lehrer wenig Gedanken über den Einsatz von Methoden machen.[12]

2.2.2. Lerntheoretische Didaktik (P. Heimann/W. Schulz)

Die lerntheoretische Didaktik entstand aus der Situation, als Paul *Heimann* (Pädagogische Hochschule Berlin) den Auftrag erhielt, das alte Praktikum der Lehrer durch ein neues Didakticum abzulösen und dafür ein Modell zu entwickeln. *Heimann* entwarf ein Modell für die systematisch-kritische Beobachtung von Unterricht. Dieses Modell der Unterrichtsanalyse wurde von W. *Schulz* später zur Unterrichtsplanung umgebaut.
Das von Paul *Heimann*, Gunter *Otto* und Wolfgang *Schulz* entwickelte Modell ist als *Berliner-Modell* bekannt und versteht sich als Gegenposition zur bildungstheoretischen Didaktik. Die lerntheoretische Didaktik geht von einem weiten Begriff der Didaktik aus. In dem Berliner-Modell werden sechs Strukturelemente miteinander so verbunden, daß sie sich wechselseitig bedingen. Bedingungsfelder sind: anthropologische und soziokulturelle Bedingungen; Entscheidungsfelder: Ziele, Inhalte, Methoden und Medien. Methoden und Medien werden als didaktische Momente gesehen. Wenn man über Ziele im Unterricht nachdenkt, kann man nicht über Ziele an sich nachdenken, sondern stets im Zusammenhang mit den Wegen und deren Umsetzung. Insofern spricht man in der Berliner-Schule von der Interdependenz der Strukturelemente und nicht wie W. *Klafki* von einer Nachrangigkeit der Methoden und Medien. Die Interdependenzthese ist das Kernstück der Berliner Didaktik.[13]
»Bildungsziele und -inhalte können nur erreicht werden, wenn sie vorher in entsprechend kleine Schritte aufgeteilt werden. Damit fällt in der Praxis die Konkretisierung der Ziele mit der Planung des methodischen Vorgehens zusammen. Intentionen, die verwirklicht werden sollen, lassen sich nur dann durchsetzen, wenn man auch einsichtig machen kann, daß sie durch entsprechende Maßnahmen erreicht werden können.«[14]
Ziele, Inhalte, Methoden und Medien sind aus ihrer Wechselseitigkeit heraus zu verstehen. Methodische Überlegungen müssen die Intentionen und Inhalte genauso einschließen wie umgekehrt.
Paul *Heimann* ist 1967 gestorben, W. *Schulz* (1993 gestorben) hat die lerntheoretische Didaktik (er nennt sie seit 1980 lehrtheoretische Didaktik) weiter überarbeitet. Sein neues Modell nennt er das *Hamburger-Modell* (1979).[15]

2.2.3. Von der bildungs- und lerntheoretischen Didaktik zur kritisch-konstruktiven Didaktik

Seit 1970 zeigt sich in den Texten von W. *Klafki* eine Weiterentwicklung seiner didaktischen Position hin zu einer kritisch-konstruktiven Didaktik. *Klafki* präzisiert die beiden Begriffe: » ›Kritisch‹ ist das in der hier vertretenen Position zum Ausdruck kommende Erkenntnisinteresse insofern, als sich diese Didaktik am Ziel der Befähigung aller Kinder und Jugendlichen – aber auch aller Erwachsenen, den pädagogische Hilfen in ihren Lernprozessen angeboten werden – zu wachsender Selbstbestimmungs-, Mitbestimmungs- und Solidaritätsfähigkeit in allen Lebensdimensionen orientiert, zugleich aber den Tatbestand erneut erkennt, daß die Wirklichkeit der Bildungsinstitutionen jener Zielsetzung vielfach nicht entspricht und erforderliche Weiterentwicklung und Veränderungen – im Sinne permanenter Reform – einer im Zusammenhang mit gesamtgesellschaftlichen Demokratisierungsbemühungen vorangetrieben werden können.
Die Bestimmung ›konstruktiv‹ weist auf den durchgehenden Praxisbezug, auf das Handlungs-, Gestaltungs-, Veränderungsinteresse hin, das für diese didaktische Konzeption konstruktiv ist.«[16)]
1972 hat *Klafki* seinen engen Didaktikbegriff aufgegeben und ist der Aufforderung der lerntheoretischen Didaktik nachgekommen, indem er Didaktik ebenfalls im weiten Sinne versteht. *Klafki* sieht eine Übereinstimmung in seiner These vom Primat der Zielentscheidung mit der These von der Interdependenz, sofern unter Interdependenz nicht gleichartige Abhängigkeitsbeziehung zu verstehen ist.
»Die These vom Primat der Zielentscheidung ist solange verträglich mit der These der Interdependenz, der wechselseitigen Abhängigkeit und Beeinflussung aller für den Unterricht konstitutiven Faktoren, ja sie bedarf geradezu der Ergänzung durch diese Interdependenzthese, solange und sofern Interdependenz nicht als gleichartige Abhängigkeitsbeziehung mißverstanden wird: Die verschiedenen Entscheidungsdimensionen bzw. Faktoren hängen wechselseitig voneinander ab, aber im Sinne qualitativ unterschiedlicher Beziehungen.
Ein mögliches Mißverständnis der These vom Primat der Zielentscheidungen muß hier noch ausdrücklich abgewiesen werden: Sie darf auf keinen Fall dahingehend verstanden werden, daß man von Zielentscheidungen her die Entscheidungen in den anderen Dimensionen ableiten, deduzieren könnte.«[17)]
Zwischen der revidierten Fassung der Berliner Didaktik und der revidierten Fassung der bildungstheoretischen Didaktik in Richtung einer kritisch-konstruktiven Didaktik bestehen keine prinzipiellen Unterschiede mehr. »Irgendwelche prinzipiellen oder wesentlichen Unterschiede zu der Position von Wolfgang *Schulz* sehe ich schon seit langem nicht mehr und nach den neuen Ansätzen schon gar nicht.«[18)]
Auch W. *Schulz* hat seit 1972 seine bisherige Position im Sinne einer kritischen Didaktik verändert. »Die Didaktikdiskussion der letzten 10 Jahre hat gezeigt, daß es sinnvoll und notwendig ist, will man den Zusammenhang zwischen Zielen/Inhalten und Methoden/Medien nicht zerreißen, von einem weiten Didaktikbegriff auszugehen.«[19)]
Man kann das Jahr 1980 als eine Art Zäsur zwischen den »alten« und den »neuen« didaktischen Theorien verstehen. Seit 1980 treten die didaktischen Ansätze kaum noch »rein«, sondern mehr oder minder als Mischtheorien auf. Vor allem die bildungstheoretische Didaktik hat sich stark, »ja geradezu radikal verändert«.[20)]
Peterßen ist allerdings der Meinung, daß die »alte« Konzeption neben der »neuen« ihre Bedeutung für die Praxis behalten wird, vor allem wegen ihrer überaus großen Praktikabilität und Plausibilität ihrer Begründungen.[21)]
Aschersleben findet in der Entwicklung der beiden Hauptströmungen der Didaktik keinen besonderen Fortschritt, eher eine Verschlechterung als eine Verbesserung.[22)]

2.2.4. Didaktische Modelle

Neben diesen beiden Grundmodellen der Didaktik haben sich inzwischen viele weitere didaktische Modelle entwickelt. *Blankertz* nennt drei Grundrichtungen der Didaktik,[23] *Kron* spricht von vier,[24] die Herausgeber der »Didaktischen Theorien« sehen fünf didaktische Theorien.[25] Ich möchte keine abschließende Bewertung vornehmen, sondern dem Leser einige didaktische Modelle vorstellen, die mir für die Entwicklung einer Didaktik der Sozialpädagogik relevant erscheinen. Diese möchte ich allerdings nicht ausführlich beschreiben, sondern sie lediglich nennen und den Leser auf die weiterführende Literatur verweisen.

- Kybernetisch-informationstheoretische Didaktik (Felix *von Cube,* Heidelberg)[26]
- Curriculare Didaktik (Christine *Möller,* Aachen)[27]
- Kritisch-kommunikative Didaktik (Rainer *Winkel,* Berlin)[28]
- Schülerorientierte Didaktik (Hilbert *Meyer,* Oldenburg)[29]
- Marxistisch-leninistisch bildungsorientierte Didaktik (z. B. Lothar *Klingberg,* frühere DDR)[30]

3. Didaktik der Sozialpädagogik

3.1. Sozialpädagogik ohne Didaktik

Die Schul-Didaktik hat eine lange Tradition. Lehren und Lernen in der Schule sind ohne Didaktik nicht möglich. Diese Erkenntnis hat sich in der Sozialpädagogik bis heute noch nicht allgemein durchgesetzt. Obwohl seit der Gründung von Fachschulen und Fachhochschulen (1970) das Fach »Didaktik und Methodik« eingeführt wurde, gibt es bis heute keine allgemein anerkannte Didaktik der Sozialpädagogik.
Die Gründe für diese Abneigung der Sozialpädagogik gegen eine Didaktik sind vielfältig. Als sich nach 1945 die Sozialpädagogik konstituierte, waren Sozialpädagogik und Jugendhilfe noch identisch bzw. war Sozialpädagogik auf den Bereich der Jugendarbeit beschränkt.[31)] Aus der Erfahrung des Nazi-Regimes heraus wehrte man sich bewußt gegen jede staatliche Planung der Jugendhilfe. Dies wurde im Jugendwohlfahrtsgesetz (JWG) durch das Subsidiaritätsprinzip ausdrücklich geregelt. Diese Sensibilität gegenüber staatlicher Einflußnahme führte inhaltlich dazu, daß man den Bereich der Jugendarbeit im Unterschied zur Schule durch Freiheit, Freiwilligkeit und Freizeit definierte. In diesem Konzept hatten Überlegungen zu einer Didaktik angeblich keinen Platz. Jugendarbeit durfte nicht didaktisch »verplant« werden.

3.2. Erste Ansätze einer Didaktik der Sozialpädagogik

Erst im Laufe der Entwicklung von Sozialpädagogik, indem sie neben Jugendarbeit auch andere Arbeitsfelder übernahm und sich anderen Zielgruppen als nur Kindern und Jugendlichen zuwandte, erkannte man die Notwendigkeit einer Didaktik, denn in allen sozialpädagogischen Arbeitsfeldern geht es um Lernen. Da Didaktik die Wissenschaft vom Lernen ist, bedarf auch die Sozialpädagogik einer Didaktik. Diese späte Einsicht machte jedoch das Dilemma deutlich, in dem sich die Sozialpädagogik befand. Es gibt eine fast unübersehbare Anzahl von Monographien und etwa zwanzig theoretische Modelle der Schul-Didaktik, aber kaum Literatur über Didaktik der Sozialpädagogik.
Die relevante Literatur kann hier (nach ihrem Erscheinungsjahr) vollständig aufgezählt werden:

- 1976: R. *Weinschenk:* Didaktik und Methodik für Sozialpädagogen. Bad Heilbrunn: Klinkhard Verlag 1976.
  Weinschenk versucht einen ersten Versuch einer Didaktik für die sozialpädagogische Bildungsarbeit. In seinen Ausführungen entwickelt er, basierend auf dem lerntheoretischen Modell *(Heimann/Schulz),* eine Didaktik für die Bildungsarbeit.
- 1980: N. *Belardi* u. a.: Didaktik und Methodik Sozialer Arbeit. Frankfurt/M.: Diesterweg Verlag 1980, Bd. 4.

Dieses Buch hat einen völlig irreführenden Titel. Es geht nicht um Didaktik, sondern um Methoden der Sozialarbeit.

- 1983: J. *Schilling:* Kursbuch Jugendarbeit. Informieren, planen, handeln. München: Kösel Verlag 1983.
  In diesem Buch wird für das Arbeitsfeld der Jugendarbeit ein didaktisches Modell entwickelt. Dabei wird noch von der engen Auffassung von Sozialpädagogik und Jugendarbeit ausgegangen. Was dort beispielhaft für Jugendarbeit konzipiert wurde, kann jedoch auf alle sozialpädagogischen Arbeitsfelder übertragen werden. Insofern finden wir hier in Ansätzen eine erste Didaktik der Sozialpädagogik.
- 1989: E. *Martin:* Didaktik der sozialpädagogischen Arbeit. Eine Einführung in die Probleme und Möglichkeiten. Weinheim, München: Juventa Verlag 1989.
  Martin erhebt den Anspruch, eine allgemeine sozialpädagogische Didaktik entwickelt zu haben, die sämtliche Aufgaben in sozialpädagogischen Institutionen aller Art umfaßt.[32)] Was die langjährige Arbeit der Schul-Didaktik noch nicht erreicht hat, nämlich eine allgemein verbindliche Didaktik zu erarbeiten, beansprucht *Martin* für seinen Entwurf. Gemessen an seinem Anspruch, muß man sagen, daß es sich eher um eine Materialsammlung zur Erstellung eines vorläufigen Modells einer Didaktik der Sozialpädagogik handelt. In vielen Punkten ist er die konkrete Umsetzung seiner Gedanken in eine Didaktik und damit den Praxisbezug schuldig geblieben.

Da die Didaktik der Sozialpädagogik noch in den Anfängen steckt, die Schul-Didaktik jedoch bereits im Vergleich zur Sozialpädagogik erhebliche Forschungen vorzuweisen hat, sollte man sich in der Sozialpädagogik mit den Ergebnissen der Schul-Didaktik näher auseinandersetzen und herausfiltern, welche Ergebnisse für eine Didaktik der Sozialpädagogik brauchbar sein könnten. Der folgende Versuch zur Formulierung einer Didaktik der Sozialpädagogik geht von der Schul-Didaktik bzw. Allgemeinen Didaktik aus und wägt ab, welche Strukturelemente für eine Didaktik der Sozialpädagogik von Bedeutung sein könnten. Es wäre sicher falsch, die langjährige Forschung der Schul-Didaktik bzw. Allgemeinen Didaktik zu übersehen und aus dem Nichts eine eigene Didaktik der Sozialpädagogik zu entwickeln. Da es in der Schule wie in der Sozialpädagogik um Lernen geht, müssen allgemeine Strukturelemente einer Didaktik herauszufiltern sein, die für *jede* Lern-Situation relevant sind. Diese gilt es auf eine Didaktik der Sozialpädagogik zu übertragen. Das Ergebnis wird eine eigene Didaktik der Sozialpädagogik sein, auch wenn sie von den Erkenntnissen der Schul-Didaktik ausgeht.
Das folgende Modell einer Didaktik der Sozialpädagogik geht vor allem von der lehr- bzw. lerntheoretischen Didaktik nach P. *Heimann*/ W. *Schulz* aus. Sie bietet viele Ansätze für eine Didaktik der Sozialpädagogik. Insofern wird hier eine lerntheoretische Didaktik der Sozialpädagogik mit dem besonderen Schwerpunkt der Anthropologie entwickelt. Ich entscheide mich für die Kurzschreibung »lerntheoretische

Didaktik«. Damit soll jedoch nicht gesagt sein, daß sie auf der psychologischen Lerntheorie basiert, wie man fälschlich dem Berliner-Modell nachgesagt hat, sondern daß im Zentrum pädagogischen Geschehens das Lernen steht. Deshalb wähle ich die Formulierung »lerntheoretische Didaktik« gegenüber dem Vorschlag von W. *Schulz*, besser von einer »lehrtheoretischen Didaktik« zu sprechen.[33)]

Halten wir fest
Es gibt viele schuldidaktische Modelle, aber noch keine Didaktik der Sozialpädagogik.
Ein didaktisches Modell der Sozialpädagogik muß sich an den Ergebnissen der Schul-Didaktik und Allgemeinen Didaktik orientieren.

4. Wortfeld Didaktik

Viele Namen von Wissenschaften lassen sich von einem griechischen Wort ableiten z. B. Pädagogik, Psychologie, Physik etc. Die Namen dieser Wissenschaften sind uns bekannt, wir haben sie in unseren Sprachschatz aufgenommen.

Didaktik dagegen ist für viele ein Fremdwort. Der Begriff hat in unserer Alltagssprache keinen Eingang gefunden. Wer sagt schon: »Den Elternabend habe ich didaktisch/methodisch gut vorbereitet«. Vielmehr sagt man: »Den Elternabend habe ich gut geplant«. Didaktisch/methodisch klingt zu hochtrabend und fremdartig.

Ich möchte nun das Wort »Didaktik« zu einem Begriff entwickeln, ihn inhaltlich so ausfüllen, daß er verständlich und die Notwendigkeit von Didaktik für jeden Erzieher deutlich wird.

Definition

> Didaktik leitet sich vom griechischen Wort »didáskein« ab und heißt ein Zweifaches: Lehren, belehren und lernen, belehrt werden. In der Didaktik geht es immer um Lehren und Lernen.

Somit kann man bereits eine vorläufige allgemeine Umschreibung von Didaktik geben: Didaktik ist die Wissenschaft, die sich mit Lehren und Lernen befaßt. Aus dieser Tatsache lassen sich wichtige allgemeine didaktische Elemente, Einsichten und Erkenntnisse ableiten: Auf der einen Seite steht jemand, der etwas weiß, der Lehrende, und auf der anderen einer, der etwas wissen möchte, der Lernende oder Lerner. Diese beiden Personen (Gruppen) stehen in Kommunikation und tauschen Informationen aus. Der Vorgang kann unter Umständen wechselseitig sein.

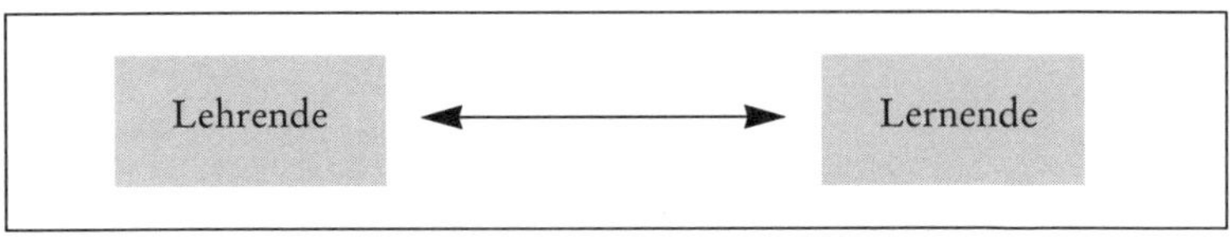

Die Personen können natürlich auch andere Namen tragen.

Lehrende: Erzieher, Pädagoge, Lehrer, Sozialpädagoge, Jugendarbeiter, Freizeitpädagoge etc.; im folgenden werde ich vor allem die Bezeichnung Pädagoge oder (Sozial-)Pädagoge verwenden.

Lernende: Personen (Gruppen) oder Zielgruppen wie Kinder, Jugendliche, junge Erwachsene, Erwachsene oder Senioren.

Auch wenn zwischen dem Pädagogen und dem Lernenden ein vorübergehendes Gefälle besteht, geht es um Interaktion und Kommunikation zwischen zwei Personen, die auf gleicher menschlicher Ebene stehen. Die Didaktik einer Sozialpädagogik betont den partnerschaftlichen Umgang der Personen, auch wenn im inhaltlichen Bereich deutliche Unterschiede bestehen können.

Betrachtet man die beiden Personengruppen, lassen sich aus dieser Konstellation wichtige didaktische Elemente ableiten.

1. Es geht stets um *Lernen.*
2. Lernen geschieht in einem *Prozeß.*
3. Ein nicht zu übersehendes *Gefälle* besteht zwischen dem Lehrenden und dem Lernenden.
4. Lehrende und Lernende gehen ein wie auch immer geartetes *Verhältnis* ein.
5. Lernen setzt *Beziehungen* voraus.
6. Lehren und Lernen geschieht immer in einer *Situation.*
7. Beim Lernen geht es stets um *Inhalte.*
8. Eine Lehr-Lern-Situation wird von *Zielen* bestimmt.

5. Didaktische Elemente

5.1. Erstes didaktisches Element: Lernen

5.1.1. Umschreibung von Lernen

Aufgabe
Was verstehen Sie unter Lernen? Versuchen Sie zunächst, den Begriff für sich selbst zu klären, bevor Sie weiterlesen. Denken Sie dabei weniger an die Schule als an sozialpädagogische Arbeitsfelder.

Lernen

Der Mensch ist von Natur aus auf Lernen angewiesen. Erst durch Lernen wird er zum Menschen. »Lernen ist eine alltägliche Dimension unseres Lebens, wir lernen unentwegt von anderen, von manchen Menschen, die gar keine Pädagogen sind, möglicherweise mehr und wichtigeres, als von unseren Lehrern.«[34)]

Lernen, nicht Erziehung ist der Generalbegriff der Pädagogik. »Lernen legt den Akzent auf die Individuen, macht die Individuen zum Subjekt der pädagogischen Vorgänge, während Erziehung im üblichen Sprachgebrauch sie allzu leicht zum puren Objekt macht.«[35)] Diese Überlegungen haben besonders für Sozialpädagogen eine hohe Bedeutung.

Was versteht man unter Lernen? Allgemein und im weitesten Sinne wird Lernen als eine *Verhaltensänderung* verstanden. Ich erhalte eine Information, die ich verarbeite und in Verhalten umsetze. Somit kann man Lernen auch definieren:

Definition *Lernen ist das Aufnehmen, Verarbeiten und Umsetzen von Informationen.*

Wenn man von einer Verhaltensänderung spricht, meint man nicht Verhaltens-Korrektur, vielmehr ist damit eingeschlossen: Vertiefung, Entfaltung, Training und unter Umständen auch Änderung. Zunächst geht es jedoch um positive Verstärkung und nicht um Korrekturen.

H. *Giesecke* versteht unter Lernen: »Wir wollen aber unter Lernen im allgemeinsten Sinn verstehen die produktive und auf Förderung angewiesene Fähigkeit des Menschen, Vorstellungen, Gewohnheiten, Einstellungen und Fähigkeiten aufzubauen bzw. zu verändern«.[36)]

Halten wir fest
Im Lernen geht es um Verhaltensänderung, Qualifikation und/oder Erwerb von Ich-Kompetenzen.

5.1.2. Formen von Lernen

Man unterscheidet zwischen zwei Formen des Lernens: intentionalem und funktionalem Lernen.[37)]

- *Intentionales Lernen* heißt: bewußtes, absichtliches Lernen. Ich habe eine Absicht, eine Intention, ein Ziel.
- *Funktionales Lernen:* unbewußtes, alltägliches Lernen. Ich habe Dinge beobachtet und mir gemerkt, sie übernommen. Ich könnte nicht mehr angeben, wo ich es gelernt habe.

Das meiste, was wir gelernt haben, haben wir funktional gelernt. Die entscheidende Lernquelle für unser Leben ist sicher nicht die Schule, sondern sind andere Lebenssituationen und -bereiche in unserem Alltag.
Wie erreicht man eine Verhaltensänderung?

Mehrere Wege kann man beobachten:
- durch Sammeln von Erfahrungen, Handlungen
- durch Einsicht
- durch Beobachten, Lernen am Modell
- durch Verstärken, Lob, Anerkennung
- durch Gewohnheit, Übung, Training
- durch Gespräche

5.1.3. Praxisbeispiel: Cliquenorientiertes Lernen und Arbeiten

Praxis

Eine Clique Jugendlicher kommt regelmäßig am Freitag mit zwei Kästen Bier ins Jugendhaus. Sie hat einen eigenen Raum. Dorthin ziehen sich die Jugendlichen zurück, trinken ihr Bier und haben großen Spaß daran, wenn Franz betrunken unter dem Tisch liegt. Nach Erreichen dieses »Höhepunktes« verläßt die Clique sehr bald mit sich und der Welt zufrieden das Jugendhaus.
Die Mitarbeiter haben lange und heftige Diskussionen darüber geführt, ob man die Clique überhaupt ins Haus lassen und für ihre Art des Feierns einen Raum zur Verfügung stellen sollte.
Schließlich war man sich einig, der Clique eine Chance zu geben. Man hoffte, Einfluß auf sie nehmen und ihren Bierkonsum erheblich reduzieren zu können. Ein Mitarbeiter, der einen recht guten Kontakt zu der Clique hatte, wurde beauftragt, mit Franz ein beratendes Gespräch zu führen. Der Mitarbeiter wartete eine günstige Gelegenheit ab, um Franz abseits von der Clique unter vier Augen sprechen zu können. Als sich eine solche Situation bot, nahm er Franz in sein Büro und machte ihm klar, daß der viele Alkoholkonsum doch kein Weg zur Lösung seiner Probleme sei. Dadurch würde er sie nur verdrängen und seine Situation verschlimmern. Zu seiner Überraschung war Franz sehr einsichtig und versprach, sich zu bessern. Zufrieden über seine pädagogische Beratung entläßt der Jugendarbeiter Franz. Dieser geht zu seiner Clique zurück und bestellt ein Bier, das er in einem Zuge austrinkt.
An den nächsten Tagen hielt Franz Distanz zu dem Mitarbeiter, ging ihm aus dem Weg. Kurze Zeit darauf erschien die ganze Clique nicht mehr im Jugendhaus.

Was war geschehen? Nur ein Aspekt soll hier herausgegriffen werden: funktionales Lernen in der Clique.

Die Clique hat für ihre Mitglieder einen hohen Stellenwert, sie ist ihnen wichtig. Franz würde sie nie verlassen; denn sie gibt ihm Geborgenheit, ein Zuhause, zeigt Verständnis etc. Wenn er das Trinken aufgeben würde, müßte er die Clique verlassen, d. h. all das aufgeben, was ihm wichtig und wertvoll ist. Das will und kann er nicht, also muß er das Jugendhaus verlassen und unter Umständen noch mehr trinken, um der Clique zu beweisen, wie wichtig sie für ihn ist.
Wollte der Jugendarbeiter bei Franz eine Verhaltensänderung erreichen, hätte er auf gar keinen Fall ohne oder sogar gegen die Clique arbeiten, sondern *mit ihr gemeinsam* überlegen müssen, wie Franz geholfen werden könnte. Hätte man so einen Weg gefunden, dann wäre ein Erfolg wahrscheinlicher gewesen.
Ergebnis: Will man als Pädagoge eine Verhaltensänderung bei jemandem erreichen, muß man dessen funktionale Lernquellen suchen, beobachten und analysieren. Diese Informationen sind Voraussetzung für ein pädagogisches Vorgehen.
Eine zweite Erkenntnis läßt sich aus diesem Beispiel ableiten: Geht es bei der Verhaltensänderung um einen für die betreffende Person existentiellen Bereich, muß der Änderungsprozeß sehr behutsam und sensibel angegangen werden. Voraussetzung für das Erreichen einer Verhaltensänderung ist eine positive Beziehung zu der betreffenden Person. Oft muß der Pädagoge zunächst die Bedingungen so verändern, daß eine Verhaltensänderung in den Bereich des Möglichen rückt.

Halten wir fest
Lernen besagt, eine Information aufzunehmen, zu verarbeiten und in Handlung umzusetzen.
Das Lernen erfolgt intentional und funktional, wobei das letztere den weitaus größten Anteil am Lernen ausmacht.

5.2. Zweites didaktisches Element: Prozeß

5.2.1. Zeitfaktor

Aufgabe
Auch hier zunächst das Angebot: Machen Sie sich, bevor Sie weiterlesen, zuerst selber Gedanken darüber, was man unter einem Lehr-Lern-Prozeß verstehen könnte.

Lehr-Lern-Prozeß

____

____

____

Bei einem Lehr-Lern-Prozeß muß der Sozialpädagoge bedenken, daß ein Prozeß immer in der *Zeit* abläuft. Zum Lernen muß Zeit zur Verfügung stehen, man muß dem Lernenden Zeit lassen. Pädagogen sind oft ungeduldig, wünschen sich, daß die Lernenden das, was sie einsehen, auch möglichst sofort in Handeln umsetzen. Etwas mit dem Verstand aufnehmen, besagt allerdings noch nicht, es auch bereits in Handlung umsetzen zu können. Wir sehen vieles ein, handeln jedoch nicht entsprechend. Warum? Man muß erkennen, daß der Mensch aus Herz, Kopf und Hand besteht. Er nimmt Informationen verstandesmäßig auf, das Gefühl sträubt sich zunächst gegen Neuerungen, also kann das Wissen noch nicht in die Tat umgesetzt werden. Erst wenn auch das Gefühl »zustimmt«, kann eine Erkenntnis in Handlung münden. Das bedeutet nun für den Pädagogen: Er muß dem Lernenden Zeit lassen und ihn so ansprechen, daß die Information bei ihm ein gutes Gefühl auslöst. Gelingt ihm dies, ist eine Verhaltensänderung wahrscheinlicher. Sich Zeit zu nehmen, besagt des weiteren: In kleinen Schritten vorgehen. Verlangt der Pädagoge zuviel auf einmal, sträubt sich das Gefühl, die Information bewirkt keine Veränderung. Deshalb gilt für eine Motivation die Regel: Unterforderung wie Überforderung motiviert nicht. Der Sozialpädagoge sollte die Lernschritte so dosiert anbieten, daß es reizvoll ist, sich damit auseinanderzusetzen. In dem Reiz muß einerseits Bekanntes und andererseits Neues, Überraschendes enthalten sein.[38)]
Man lernt nur in kleinen Schritten; ähnlich wie man eine Treppe Stufe für Stufe hinaufgeht, sollten auch die Lernmöglichkeiten in kleinen Schritten angeboten werden. Wer in zu kurzer Zeit zuviel verlangt, der wird enttäuscht sein. Die Schuld ist dann jedoch nicht bei dem Lernenden zu suchen, sondern beim Pädagogen. Er hat falsch geplant.
Den Zeitfaktor kann man unterteilen in:

- langfristige Planung
- mittelfristige Planung
- kurzfristige Planung

Der Sozialpädagoge muß seine Lernschritte einordnen können in ein lang-, mittel- und kurzfristiges Konzept, d. h., bei seinen Lernangeboten muß er bedenken, was sie u. U. langfristig bewirken, wie man sie mittelfristig stabilisieren und kurzfristig einteilen kann. Erziehung muß immer ein Gesamtkonzept zugrunde liegen, das einerseits die längerfristigen Perspektiven aufzeigt, wie andererseits das augenblickliche Vorgehen erklärt.

5.2.2. Gruppenprozeß

Wer mit Gruppen arbeitet, muß auch den Prozeß beobachten und interpretieren können, der in der Gruppe abläuft. Die Gruppenpädagogik[39)] unterscheidet fünf Gruppen-Prozeß-Phasen:

- Fremdheitsphase
- Machtkampfphase
- Harmonisierungsphase
- Differenzierungsphase
- Lösungsphase

Kennt der Sozialpädagoge diese Phasen, wird er sich in den einzelnen Abschnitten entsprechend verhalten, sich z. B. in der Machtkampfphase eher zurückhalten und in der Lösungsphase sich Gedanken machen, wie die Lernenden nach Abschluß bzw. Auflösung der Gruppe ihren Alltag gestalten werden.[40)]

Praxis

Beispiel: Ferienlager
In einem Ferienlager wird man mit den Teilnehmern darüber sprechen: Wer holt euch vom Bahnhof ab? Wer nimmt euch zu Hause in Empfang? Wem berichtet ihr eure Erlebnisse?
Bei solchen Gesprächen erhält der Betreuer u. U. Informationen, die ihn veranlassen könnten, einzelnen die Lösung von der Gruppe zu erleichtern und sie auf die Back-home-Situation vorzubereiten.

Lehr-Lern-Prozeß besagt des weiteren, daß Lernen nie geradlinig verläuft, sondern eher wellenförmig. Verhaltensänderungen stellen sich nicht schlagartig ein, sondern durch ständiges Üben und Zeitlassen.
Üben, Experimentieren mit einer neuen Information und/oder Verhaltensänderung bedeutet jedoch gleichzeitig, Fehler machen zu dürfen; dies gehört zum Lehr-Lern-Prozeß dazu. Pädagogen müssen dies einplanen und dürfen nicht enttäuscht sein, u. U. dem Lernenden sogar Vorwürfe machen, wenn dieser beim Experimentieren Fehler begeht. Hier muß man sich oft über das Unverständnis der Pädagogen wundern.

!

Halten wir fest
Zum Lernen gehört stets, genügend Zeit zur Verfügung zu stellen und Fehler zuzugestehen.

5.3. Drittes didaktisches Element: Gefälle

5.3.1. Abbau von Gefälle

?

Aufgabe
Was verstehen Sie unter einem Lehr-Lern-Gefälle und wie kann man es abbauen?

Lehr-Lern-Gefälle

___

___

Zwischen dem Lehrenden und dem Lernenden besteht ein Gefälle. Der eine besitzt etwas, was der andere gern übernehmen möchte. Ziel eines Sozialpädagogen sollte es sein, in einem langfristigen Prozeß dieses Gefälle abzubauen und partnerschaftliches Verhalten herzustellen.
In einer Lehr-Lern-Situation muß er deshalb zunächst die Bedürfnisse analysieren, unter denen Lernen stattfinden soll. Das Ergebnis wird deutlich machen, wie groß das Gefälle zwischen Lehrendem und Lernendem ist. Die kommunikative Didaktik hat vier Schritte entwickelt, mit denen das Gefälle abgebaut werden kann:[41)]

1. stellvertretende Entscheidungen fällen
2. behutsame Partizipation
3. regressiv-komplementäres Agieren
4. symmetrisches Agieren

● *Stellvertretende Entscheidungen fällen*
Der Sozialpädagoge muß je nach Situation und Lerngruppe den Mut haben, für diese stellvertretend Entscheidungen zu fällen. Er muß wissen, was er will. In der Praxis findet man nicht selten Situationen, in denen der Pädagoge die Gruppe auffordert und sich damit sehr demokratisch, partnerschaftlich gibt: »Überlegen wir gemeinsam, was wollen wir tun?« Oder: »Macht einmal Vorschläge, wie wir vorgehen sollen.« Das kann didaktisch/methodisch mitunter sinnvoll sein, manchmal ist es aber nur ein Vorwand, hinter dem sich Unentschlossenheit, mangelnde Vorbereitung und Unklarheit verbergen. Es gibt viele Situationen, in denen die Lernenden zunächst überfordert sind, wenn sie mitentscheiden müssen. Sie haben zuwenig Informationen, Einblick, Erfahrung, Kenntnisse, so daß sie gar nicht kompetent sind und Partner sein können. In solchen Situationen muß der Sozialpädagoge selbst Entscheidungen treffen und sich als Ziel setzen, die Lernenden allmählich zur Mitverantwortung und Selbständigkeit hinzuführen.

● *Behutsame Partizipation*
Wenn der Sozialpädagoge zunächst auch stellvertretende Entscheidungen fällt, sollte es doch sein Ziel sein, die Lernenden möglichst bald an Entscheidungen teilhaben zu lassen. Behutsame Partizipation besagt, die Lernenden sollen entsprechend ihren Fähigkeiten und Erfahrungen aktiviert werden. Sie sollen nicht passiv Entscheidungen über sich ergehen lassen und unmündig abwarten, daß etwas passiert, sondern ihnen soll deutlich gemacht werden, daß sie sich an Entscheidungen in ihrem eigenen Interesse beteiligen müssen.

● *Regressiv-komplementäres Agieren*
Sind die Teilnehmer gewohnt mitzuentscheiden, dann sollte sich der Lehrende allmählich zurückhalten und den Lernenden mehr Entscheidungsfreiheiten einräumen. Die Lernenden sollen einsehen, daß es um ihre eigene Sache geht, der Lehrende sich eher als Anleiter oder Animateur versteht. Er wird nicht überflüssig, sondern übernimmt eine andere, vielleicht bedeutendere pädagogische Rolle. Bei diesem dritten Schritt muß er bedenken und berücksichtigen, daß es stets um einen Lern-Prozeß geht,

d. h., daß die Teilnehmer auch Fehler machen dürfen. Verantwortung zu tragen ist ein langfristiger Lernprozeß. Er erfordert vom Sozialpädagogen viel Geduld und Verständnis.

- *Symmetrisches Agieren*

Am Schluß dieses Prozesses steht das gleichberechtigte Agieren. Das Gefälle sollte für diesen konkreten Lernbereich abgebaut sein. Der Sozialpädagoge übernimmt die Rolle eines Beraters. Er steht für Fragen mit Rat und Tat zur Verfügung. Entscheidungen und deren Durchführung sind jedoch Sache der Teilnehmer. Hierbei handelt es sich um ein langfristiges Vorgehen. Der Abbau von Gefälle bezieht sich nur auf Teilbereiche. Selbstverständlich wird der Lernende z. B. nicht die gleiche berufliche Kompetenz erworben haben wie der Sozialpädagoge. Der Lehrende wird im allgemeinen dem Lernenden gegenüber weiterhin aufgrund seines Studiums und seiner Lebens- und Berufserfahrung etc. einen Vorsprung behalten.

Praxis

5.3.2. Praxisbeispiel: Projekt Gruppenarbeit

Gruppenleiter klagen oft über die Passivität der Teilnehmer, daß sie als Leiter ständig etwas anbieten müssen. Ihr Wunsch ist es, die Gruppe zu aktivieren, dies gelingt jedoch selten.[42)] Mit Studenten der Fachhochschule habe ich folgendes Projekt durchgeführt: Es wurden aus Jugendverbänden solche Kindergruppen (8–12 Jahre) ausgewählt, deren Gruppenleiter über die Passivität der Gruppenmitglieder klagten. Jeder Gruppenleiter bzw. -leiterin erhielt eine Studentin bzw. einen Studenten als Betreuer. Deren Berateraufgabe bestand darin, innerhalb eines Semesters (März bis Juli) eine Gruppe nach den vier Schritten zu aktivieren. Ziel war es: die Gruppen sollten nach etwa vier Monaten ihre Gruppenstunde selbst planen, organisieren und durchführen.

1. Schritt
Stellvertretende Entscheidungen fällen: Die Gruppenleiter planten und führten die Gruppenstunde selber durch.

2. Schritt
Behutsame Partizipation: Die aktivsten Gruppenmitglieder wurden zum Gruppenleiter nach Hause eingeladen, um die kommende Gruppenstunde zu planen. Durchgeführt wurde die Stunde von ihnen gemeinsam. Immer zwei bis drei Mitglieder bereiteten mit dem Leiter nun regelmäßig die Stunde vor und führten sie auch durch.

3. Schritt
Regressiv-komplementäres Agieren: Die kleinen Teams wurden ermuntert, selbständig eine Stunde zu planen und durchzuführen. Der Gruppenleiter hielt sich zurück, stand jedoch mit Ratschlägen zur Verfügung. Die Stunden wurden nachher mit der Gruppe ausgewertet, so daß man gemeinsam lernen konnte, wie Gruppenstunden geplant und durchgeführt werden.

4. Schritt
Symmetrisches Agieren: Am Schluß dieser Projektphase waren die Kinder in der Lage, ihre Gruppenstunde selbständig zu planen und auch durchzuführen.
Das Projektziel war in vier Monaten erreicht. Wir konnten feststellen, daß Kinder sehr aktiv an solche Aufgaben herangehen. Die Probleme lagen also bei den Gruppenleitern. Sie hatten Sorge, sich völlig überflüssig vorzukommen, sahen für sich selbst keine Perspektive. Eine Beratung der Gruppenleiter war notwendig geworden.

Halten wir fest
Emanzipation, Mündigkeit, Selbständigkeit sind langfristige Ziele und müssen schrittweise erlernt werden. Sie können nicht bereits als Eingangsbedingung verstanden werden, sondern sind Endziele. Der (Sozial-)Pädagoge muß versuchen, im Lern-Prozeß das Gefälle zwischen sich und den Lernenden allmählich abzubauen.

5.4. Viertes didaktisches Element: Verhältnis

5.4.1. Dienstleistungsberuf

Aufgabe
Versuchen Sie wiederum zunächst, sich Gedanken darüber zu machen, was man unter einem Lehr-Lern-Verhältnis verstehen könnte.

Lehr-Lern-Verhältnis

____

____

____

Man muß davon ausgehen, daß der professionelle Pädagoge ein Lernhelfer, sein Beruf ein moderner Dienstleistungsberuf ist wie viele andere auch.[43)] Es geht ihm darum, Menschen bei ihren Lernproblemen zu helfen. Das pädagogische Handeln ist stets partikular, d. h., der Pädagoge ist nur einer unter vielen, die Einfluß auf Lernende haben. Der Pädagoge muß erkennen, daß sein Handeln auf einem pädagogischen Arbeitsverhältnis gegründet ist, für das er bezahlt wird und das öffentlichen Charakter hat. Man kann Sozialpädagogen beobachten, die sich mit ihrer Gruppe solidarisieren und ihr den Eindruck vermitteln, Gleiche unter Gleichen zu sein. Dies ist eine falsch verstandene Solidarität und abzulehnen. Der (Sozial-)Pädagoge z. B. ist Angestellter im öffentlichen Dienst, wie kann er sich da mit Arbeitslosen solidarisieren? Zum anderen erwarten gerade Hilfesuchende vom Sozialpädagogen, daß er zu ihren Problemen genügend Distanz hat; denn nur so kann er helfen. Der Sozialpädagoge muß seine Berufsrolle akzeptieren und die notwendige Distanz wahren. Sein Verhältnis zum Lernenden ist ein berufsbedingtes, dies zu akzeptieren, ist u. U. nicht leicht.

5.4.2. Leitungsstile

Der Berufs-Pädagoge muß sich fragen, wie er sein Verhältnis zum Lernenden gestalten will.

Sozialpädagogen neigen in der Regel dazu, diese Frage eindeutig zu beantworten: Das Verhältnis kann nur ein partnerschaftliches sein, das entspricht dem Stil eines Sozialpädagogen, anders könne und dürfe er nicht arbeiten.
Hier gilt es, genauer zu definieren und kritisch zu reflektieren. Kurt *Lewin*[44] spricht von drei möglichen Leitungsstilen, durch die ein pädagogisches Verhältnis bestimmt wird.
- autoritärer Leitungsstil
- laissez-faire Leitungsstil
- partnerschaftlich-demokratischer Leitungsstil

Seine Untersuchungen ergaben, daß optimales Lernen nur in einer Gruppe möglich war, die durch einen partnerschaftlichen Stil geleitet wurde. Dieses Ergebnis muß also alle Sozialpädagogen in ihrer Meinung bestärken, nur diesen Leitungsstil in ihrer Arbeit anzuwenden.
Zwei Einschränkungen gelten jedoch:

- Der Leitungsstil ist abhängig von der jeweiligen Situation. Ich kann nicht generell sagen: Ich gehe stets demokratisch vor. Es gibt Situationen, wo der Sozialpädagoge sehr autoritär vorgehen und entscheiden muß, z. B. wenn Gefahr droht. Es gibt wiederum andere Situationen, in denen er sehr laissez-faire verfahren kann. Partnerschaftliche, demokratische Leitung darf also nicht zu einer Ideologie werden.
- Partnerschaftlichkeit, demokratisches Verhalten muß gelernt sein, sie stehen am Ende und nicht am Anfang eines Lernvorgangs. Der Sozialpädagoge muß stets seine Lerngruppe daraufhin analysieren, an welchen Leitungsstil sie bisher gewöhnt ist.

Kennt eine Gruppe nur einen autoritären Leitungsstil, dann wird sie jedes partnerschaftliche Vorgehen mißverstehen.[45] Diese ungewohnte Situation löst Angst aus, auf die man aggressiv reagiert, zumal man das partnerschaftliche Verhalten als Schwäche auslegt. Das partnerschaftliche Vorgehen verhindert neues Lernen, vielmehr verstärkt es bereits vorhandenes und gewohntes Verhalten, d. h., ein solches Vorgehen erreicht genau das Gegenteil dessen, was der Sozialpädagoge angestrebt hat. Partnerschaftlichkeit ist immer ein Endergebnis, ein Ziel eines Lernprozesses. Bevor der Sozialpädagoge mit seiner Gruppe arbeitet, muß er die Bedingungen analysieren, unter denen die Gruppe zur Zeit lernt. Er muß sie dort abholen, wo sie steht, und sie allmählich zur Partnerschaftlichkeit führen. Ist eine Gruppe den autoritären Leitungsstil gewohnt, sollte der Sozialpädagoge nun nicht auch autoritär vorgehen. Jedoch sollte sein Verhalten autoritativ sein, d. h., er muß sicher auftreten und in klaren Linien aufzeigen, was er will, mit dem Ziel, die Gruppe allmählich zur Partnerschaftlichkeit hinzuführen. Dies wäre eine verantwortliche Pädagogik.

5.4.3. Partnerschaftlichkeit

Bisher wurde von Partnerschaftlichkeit gesprochen, ohne dabei den Begriff zu klären. Was versteht man unter Partnerschaftlichkeit bzw. partnerschaftlichem Erziehungsstil?
Das Ehepaar R. *Tausch* und A.-M. *Tausch* hat in seiner Erziehungspsychologie vier Dimensionen entwickelt, die für eine konstruktive Persönlichkeitsentwicklung förderlich sind und einem partnerschaftlichen Erziehungsstil entsprechen.[46)] Bei den vier Dimensionen geht es um eine förderliche Beziehung von Person zu Person.[47)] Die förderlichen Dimensionen sind:

1. Achtung – Wärme – Rücksichtnahme
2. Vollständiges einfühlendes Verstehen
3. Echtheit – Übereinstimmung – Aufrichtigkeit
4. Viele fördernde nichtdirigierende Tätigkeiten

Diese vier Dimensionen sind »die entscheidend fördernden und erleichternden Bedingungen für die wesentlichen seelischen Grundvorgänge des anderen, z. B. für seine Selbstachtung und offene Auseinandersetzung mit seinem Erleben, für sein bedeutsames Lernen und die konstruktive Persönlichkeitsentwicklung. Die Dimensionen fördern und erleichtern entscheidend ein humanes Zusammenleben mit den Grundwerten Selbstbestimmung, Achtung der Person, soziale Ordnung und seelische und körperliche Funktionsfähigkeit«[48)].
H. *Giesecke* beschreibt die partnerschaftliche Beziehung folgendermaßen. Sie ist keine totale, »sondern eine partielle, bezogen auf einen bestimmten gemeinsamen Zweck, auf ein gemeinsames Ziel; außerhalb dieses Zwecks sind die Partner wieder ›frei‹, um andere Beziehungen einzugehen.
In diesem Zusammenhang ist der Zweck gemeinsames Lernen. Partner gehen im Prinzip emotional distanziert miteinander um, nach den Regeln der Höflichkeit, mit Respekt vor der Persönlichkeit und den Gefühlen des anderen, mit Toleranz gegenüber anderen Ansichten, Einstellungen und Meinungen.«[49)]
Eine Regel mag dem Pädagogen hilfreich den Weg weisen: Ich mag dich (als Person), aber nicht das, was du tust (als Handlung, Sache).

5.4.4. Praxisbeispiel: Praktikum in einem sozialen Brennpunkt

Praxis

Ein Student der Sozialpädagogik arbeitet während seines Praktikums in einem sozialen Brennpunkt. Dort soll er eine Jungengruppe übernehmen (Jungen im alter von 9 –12 Jahren). Der Student bevorzugt aufgrund seiner Veranlagung und Sozialisation den partnerschaftlichen Erziehungsstil. Entsprechend geht er auch in der ersten Gruppenstunde mit den Jungen um. Die Kinder und er suchen Körperkontakt, puffen sich freundschaftlich. Das ganze spielt sich im Freien vor dem Gruppenraum ab. Es ist Herbst, und viel Laub liegt auf dem Boden. Den Jungen macht dieses freundschaftliche Raufen Freude, sie bewerfen den Studenten mit Blättern. Es entwickelt sich eine kleine Schlacht: Kinder gegen den Leiter. Beim Auflesen der

Blätter werden auch ungewollt kleine Kieselsteine aufgenommen und geworfen. Ein solcher Wurf trifft den Studenten so unglücklich, daß seine Brillengläser zerspringen. Er kann im Moment nichts mehr sehen. Die Kinder nützen seine momentane Schwäche und fallen über ihn her. Es kommt zu einer für den Studenten bedrohlichen Rauferei. Er gerät in Panik und schlägt wild um sich, dabei verletzt er einige Kinder.
Ergebnis: Der Student konnte dort sein Praktikum nicht mehr fortsetzen, seine Autorität war bei den Kindern verspielt, die Eltern waren über sein Verhalten empört.

Fazit: Nicht bei allen Gruppen und in jeder Situation bietet sich (schon gar nicht in der Anfangsphase) ein partnerschaftlicher Erziehungsstil an. Man muß die Gruppe dort abholen, wo sie steht, das heißt in diesem Fall: Die Kinder kannten bisher nur ein autoritäres Verhalten von seiten ihrer Eltern, also wäre ein autoritativer Leitungsstil in dieser Anfangssituation empfehlenswerter gewesen.

!

Halten wir fest
Partnerschaftliches Verhalten ist ein Ziel sozialpädagogischen Arbeitens. Es darf jedoch nicht bei jeder Gruppe und in jeder Situation Ausgangspunkt des Verhaltens sein, da Partnerschaftlichkeit gelernt werden muß. Je nach Situation ist ein autoritatives Vorgehen angemessen.

5.5. Fünftes und siebentes didaktisches Element: Inhalt und Beziehungen

5.5.1. Axiome

In einer Lehr-Lern-Situation findet zwischen den beiden Partnern eine Interaktion und Kommunikation statt. Wichtige Aussagen der Verhaltenswissenschaft und Kommunikationsforschung sind zur Beschreibung und Klärung einer Situation heranzuziehen, die in einer Didaktik der Sozialpädagogik zu berücksichtigen sind.
P. *Watzlawick* u. a. haben in der Kommunikation des Menschen zentrale Merkmale festgestellt. Sie sprechen von Axiomen im Sinne eines pragmatischen Kalküls. Axiome sind nicht logisch, sondern faktisch wahr, sie haben einen gewissen Evidenzcharakter und werden durch allgemeine Erfahrungen bestätigt. Sie sind nicht im strengen Sinne beweisbar, sondern stellen die erfahrene Beschaffenheit einer Kommunikation dar.[50)]
Folgende Axiome haben *Watzlawick* u. a. erarbeitet, wobei die Zahl nicht abgeschlossen ist.

1. Axiom: Man kann sich nicht nicht verhalten.
2. Axiom: Man kann nicht nicht interagieren.
3. Axiom: Man kann nicht nicht kommunizieren.
4. Axiom: Man hat nicht nicht Ziele.

5. Axiom: Jede Kommunikation hat einen Inhalts- und einen Beziehungsaspekt, derart, daß letzterer den ersten bestimmt und daher eine Metakommunikation darstellt.

5.5.2. Beziehungen stehen vor Inhalten

Der Inhaltsaspekt betrifft die kognitive, der Beziehungsaspekt die emotionale Dimension einer Kommunikation. Der Inhaltsaspekt wird vorwiegend durch die Sprache, der Beziehungsaspekt durch Wahrnehmung und Sprache repräsentiert. Beide Aspekte sind untrennbar miteinander verbunden. Jede Mitteilung erhält eine Information (Inhalt) und einen Hinweis darauf, wie (Beziehung) der Sender sie vom Empfänger verstanden haben möchte.

Watzlawick u. a. wählen zur Klärung dieses Vorgangs ein Beispiel aus der Technik. Ein Computer oder Rechner braucht stets zwei Arten von Information: 1. Daten und 2. Instruktionen. Instruktionen geben an, was mit den eingegebenen Daten zu geschehen hat. Nach der logischen Typenlehre gehört die Information über die Information (Instruktion) einem höheren logischen Typus an als die Daten. Übertragen auf die menschliche Kommunikation besagt dieser Sachverhalt: Der Inhaltsaspekt vermittelt »Daten«, der Beziehungsaspekt weist an, wie diese Daten aufzufassen sind. Der Beziehungsaspekt ist damit eine Metakommunikation, eine Kommunikation über die Kommunikation.[51)]

Diese Ergebnisse der Kommunikationsforschung sind für eine Didaktik der Sozialpädagogik sehr wichtig. Alles Verhalten in einer zwischenmenschlichen Situation verläuft stets auf zwei Ebenen. Kommunikation ist nicht nur ein Austausch von Sachinformationen, sondern gleichzeitig eine persönliche Auseinandersetzung auf der Beziehungsseite. Diese Tatsache ist den Kommunizierenden in der Regel selten bewußt, sie läuft unbewußt ab. In vielen Situationen dominiert der Beziehungsaspekt. Dies kann mitunter soweit gehen, daß die Inhalte nur Vorwand sind, um Beziehungen aufzunehmen. Beziehungen rücken in den Hintergrund, je spontaner und »normaler« die Beziehung ist. Bei »gestörten« Beziehungen verliert der Inhaltsaspekt z. T. völlig an Bedeutung. Ein grober Fehler der Kommunikation ist es, will man einen Beziehungsstreit auf der Seite des Sachinhaltes austragen.

Beide Partner kommunizieren in diesem Fall auf unterschiedlichen Ebenen und können sich nicht verstehen. Gleiches gilt auch, wenn jemand einer Sachauseinandersetzung ausweicht, indem er auf die Beziehungsebene »abtaucht«. Man kann festhalten, daß sich Sachprobleme oft schnell lösen lassen, wenn die Beziehung stimmt.[52)]

Für den Sozialpädagogen besagen diese Überlegungen, daß er besonderes Augenmerk auf den Beziehungsaspekt richten sollte. Für eine positive Kommunikation ist eine gute Beziehung Basis und Voraussetzung. Will er also Lernen, d. h. eine Verhaltensänderung beim Lerner erreichen, sollte er sich zunächst um eine gute Beziehung bemühen. Stimmen die Beziehungen, kann man sich vermehrt auf den Inhalt konzentrieren.

Stimmen diese nicht, werden die Lernenden die Einrichtung bzw. den Sozialpädagogen meiden. Insofern läuft vieles in der Sozialpädagogik auf Beziehungsarbeit hinaus. Dies soll jedoch nicht bedeuten, daß die Inhalte unwichtig sind. Es geht um die Reihenfolge der Bedeutsamkeit. Die Beziehungen müssen soweit stimmen, daß Inhalte auch so angenommen werden können, wie sie vom Sender verstanden werden. Vor allem hat diese Einstellung nichts mit Gefühlsduselei zu tun, bei der Inhalte eine untergeordnete Rolle spielen.

5.5.3. Probleme und Gefahren der Beziehungsarbeit

Da Beziehungsarbeit für den Sozialpädagogen so wichtig ist, muß auch auf die Probleme und Gefahren hingewiesen werden. Zum Rollenverständnis eines Sozialpädagogen gehört es, daß er sowohl Beziehungen eingeht als auch Distanz wahrt. Empathie (Einfühlungsvermögen) *und* Rollendistanz sind zwei Seiten einer Medaille. Jede Einseitigkeit ist für den Lern-Prozeß schädlich. Ein Sozialpädagoge wird ja gerade deshalb aufgesucht, um Rat gefragt, weil er zu dem Problem einer Person Distanz hat und aus dieser heraus raten kann. Gibt er diese Distanz auf, identifiziert er sich mit dem Problem des anderen allzu sehr, dann ist er befangen und kann kaum helfen.

Auch wenn man selber gut verstehen kann, daß der Sozialpädagoge Kontakte zur Zielgruppe aufbauen möchte, weil viele gute Beziehungen seinem Berufsimage und ihm persönlich gut tun, muß festgehalten werden: Ein solches Bemühen ist oft Egoismus. Der Sozialpädagoge denkt dabei mehr an sich und seine Bedürfnisse als an die des anderen. Der Aufbau von Beziehungen braucht Zeit. Eine tragfähige Beziehung muß langsam wachsen. Jedes schnelle Eingehen und Herbeiführen von Beziehungen ist eine oberflächliche Angelegenheit und kann zu Enttäuschungen auf beiden Seiten führen.

Des weiteren muß der Sozialpädagoge bedenken, daß er nicht zu allen Personen seines Umfeldes gleiche Beziehungen aufbauen kann. Gleiches gilt auch für die Zielgruppe. Daraus folgt, daß Teamarbeit für sozialpädagogisches Arbeiten wichtig ist. Ein Team bietet eher die Möglichkeit, daß der Lernende nicht in gleichem Maße zu allen eine gute Beziehung haben muß, sondern daß Auswahl – auf beiden Seiten – zulässig ist. Diese Tatsache entkrampft das Verhältnis von Lehr-Lern-Personen/Gruppen.

Wer nicht in einem Team arbeitet, sollte ehrenamtliche Mitarbeiter oder Honorarkräfte engagieren, die ein Team bilden und damit Beziehungsarbeit ermöglichen.

5.5.4. Inhalte

Wenn auch Beziehungen die Grundlage für die Vermittlung von Inhalten sind, dürfen Inhalte im Arbeitsfeld eines Sozialpädagogen nicht unwichtig werden. Bei den Inhalten muß man unterscheiden:

- *Inhalt im weiten Sinn:* Jede Lebenssituation kann Inhalt eines Gesprächs werden.

- *Inhalt im engen Sinn:* Verhaltensweisen, Probleme, Themen werden zum direkten Gesprächsgegenstand.

5.5.5. Praxisbeispiel: Beziehungsarbeit

Praxis

Eine Studentin der Sozialpädagogik arbeitet im Anerkennungsjahr in einem Erziehungsheim. Sie unterscheidet sich von den »alten« Mitarbeitern dadurch, daß sie jung ist und neue Ideen hat. Dadurch ist sie bei den Kindern und Jugendlichen beliebt und gefragt. Dies tut der Sozialpädagogin gut, sie möchte ja in ihrem Beruf Erfolg haben. Sie läßt die Beziehungen nicht nur zu, sondern fördert sie zusätzlich. Bald ist sie die beliebteste Person bei der Zielgruppe. Die anderen Mitarbeiter betrachten diese Entwicklung skeptisch, sie haben die Erfahrung gemacht, daß solch intensives Engagement auf die Dauer nicht gut geht. Doch die Praktikantin will sich nicht von ihrem Kurs abbringen lassen. Nach einem Vierteljahr werden der Studentin die Beziehungen zuviel, sie hat kaum noch ein Privatleben. Sie geht ziemlich abrupt zu den Kindern und Jugendlichen auf Distanz, was diese nicht verstehen können. Das Verhalten der Studentin führt die Zielgruppe in eine Krise, die Kinder und Jugendlichen wissen nicht mehr, woran sie sich halten sollen. Einige Kinder werden in dieser Phase sehr aggressiv.
Die Studentin verhält sich distanziert, die Gruppe aggressiv. Das Vorgehen der Studentin erwies sich als falsch verstandene Pädagogik. Es ging ihr im Grunde nicht um die Zielgruppe, sondern um sich selbst, es war letztlich Egoismus, unter dem die Zielgruppe zu leiden hatte.

Beziehungsarbeit ist sehr wichtig und Voraussetzung für sozialpädagogisches Arbeiten. Man muß sich jedoch stets fragen, wem diese Beziehungsarbeit nützt. Eine ehrliche Reflexion des Pädagogen ist vonnöten.
Die beiden didaktischen Elemente »Verhältnis« und »Beziehungen« sind thematisch so eng miteinander verbunden, daß sie auch als ein Element zusammengefaßt werden könnten. Hier werden sie bewußt getrennt, um die beiden Aspekte besser behandeln und auch verdeutlichen zu können. Eine Aufteilung in zwei Elemente hat den Vorteil, daß kein Aspekt bei der Analyse zu kurz kommt. Der Nachteil ist, daß Inhalte getrennt werden, die man eigentlich nicht trennen kann/darf.

Halten wir fest
Der Mensch kommuniziert auf zwei Ebenen: der Inhalts- und der Beziehungsebene, dabei ist die Beziehungsebene primär und die Inhaltsebene sekundär. Wichtig für sozialpädagogisches Arbeiten ist deshalb, Beziehungsarbeit zu gestalten.

!

5.6. Sechstes didaktisches Element: Situation

5.6.1. Innere und äußere Situation

Aufgabe
Was sagt Ihnen dieses didaktische Element? Schreiben Sie Ihre Gedanken wiederum auf:
Lehr-Lern-Situation

Ziele lassen sich nicht auf direktem Wege verwirklichen, sondern der Mensch schafft sich Situationen, aus denen heraus die Ziele erreicht werden können. Menschliches Handeln geschieht immer in Situationen. Die an einem Lehr-Lern-Prozeß beteiligten Personen führen eine Situation herbei, definieren und interpretieren sie.[53)]
Man unterscheidet zwischen einer *äußeren* und einer *inneren* Situation. Die innere Situation ist die innere Verfassung zum Zeitpunkt der Handlung: Wie fühle ich mich im Moment? Die äußere Situation wird durch Faktoren des Umfeldes einer Handlung bestimmt.
Die Definition einer Situation ist nie objektiv, sondern wird aufgrund von Erfahrungen und Interpretationen von den beteiligten Personen jeweils neu vorgenommen. Hierbei können leicht Mißverständnisse entstehen, da die handelnden Personen eine vorgegebene Situation zum Zeitpunkt der Handlung aufgrund ihrer inneren Verfassung anders interpretieren können. Für den Sozialpädagogen ist es wichtig, die drei Faktoren einer Situation zu kennen und sie zu beachten:
1. äußere Situation
2. innere Situation
3. Interpretation der Situation

Diese Faktoren gelten sowohl für seine Person als auch für die des Lernenden. Einfühlungsvermögen und Sensibilität des Lehrenden sind gefragt.

5.6.2. Fördernde und störende Faktoren

Im Zusammenhang mit den äußeren Faktoren einer Situation muß der Sozialpädagoge auch an die fördernden und störenden Faktoren denken, die Lernen positiv bzw. negativ beeinflussen können. Besonders im Vorfeld und Umfeld einer Situation kann der Sozialpädagoge Einfluß darauf nehmen. Er kann Situationen schaffen und gestalten, die Lernen positiv ermöglichen. Hier liegen große Chancen sozialpädagogischen Arbeitens. Kann er eine Lernsituation positiv gestalten, wirkt er dadurch auf die

innere Situation des Lernenden motivierend, so daß nun von dessen Seite aus ein aktiver Lern-Prozeß in Gang gesetzt werden kann. Ziel eines Pädagogen ist es, solche Situationen zu schaffen, die viele Anreize mit Aufforderungscharakter enthalten, so daß sie zur Auseinandersetzung mit ihnen, zum Handeln herausfordern.
Einen geübten Blick sollte der Sozialpädagoge für störende und fördernde Faktoren haben.

5.6.3. Phasen einer Situation

Eine Situation läßt sich ganz allgemein in drei Phasen einteilen.[54)]

- Anfangsphase/Einstiegsphase
- Hauptphase
- Abschlußphase/Lösungsphase

Die einzelnen Phasen können natürlich von unterschiedlicher zeitlicher Länge sein, das hängt von der jeweiligen Situation ab.
In der *Anfangsphase* geht es vor allem um Motivation, Heranführen an eine Situation, um eine positive Einstellung und Erfahrung. Die Gestaltung dieser ersten Phase ist für das Lernen von besonderer Bedeutung. Vermittelt eine Situation Angst, Unsicherheit etc., dann wird das Gefühl negativ angesprochen, so daß von ihm keine positiven Impulse ausgehen können, man fühlt sich gehemmt. Lernen in einer solchen Situation ist pädagogisch nicht erfolgversprechend. Deswegen sollte der Sozialpädagoge Wert auf die Eingangsphase legen, die den Ablauf der weiteren Handlungen bereits vorprogrammiert.
Konnte die Anfangsphase positiv gestaltet werden, kann in der *Hauptphase* das Thema in den Mittelpunkt der Begegnung rücken; denn in einer Situation geht es immer um etwas, um ein Thema. Man unterscheidet zwischen Thema im engeren und im weiten Sinne.

- *Thema im engeren Sinne:* Die Partner unterhalten sich über ein Thema, das sie verabredet haben. Formen sind: Gespräch, Diskussion, Vortrag. Über diese Form will man bewußt Informationen austauschen.
- *Thema im weiteren Sinne:* Jedes Alltagsgespräch, jede Alltagssituation, Unterhaltung, auch nonverbale, hat einen Inhalt, ein Thema, das den Partnern oft gar nicht bewußt ist. Auch gemeinsame Handlungen haben ein Thema, über das man sich ausdrückt und austauscht.

In der Hauptphase kann es auch zum Wechseln der Themen im engen und weiten Sinne kommen. Eine kurze Unterhaltung kann zu einer heftigen Diskussion oder zu einem tiefgehenden Gespräch werden wie umgekehrt ein Gespräch in einer belanglosen Unterhaltung ausklingen kann.
Die *Abschlußphase* kann abrupt oder allmählich eintreten. Teilnehmer müssen das Recht haben, jederzeit ganz plötzlich eine Situation verlassen zu dürfen, wofür es vielfältige Gründe geben mag. Dies muß der Lehrende tolerieren.
Es kann aber auch Situationen geben, in denen es sich anbietet, das Thema zusammenzufassen, ausklingen zu lassen. Die Lernenden, der Inhalt und die Situation geben der Abschlußphase ihre Form.

Handelt es sich um eine standardisierte Lern-Situation, wie z. B. eine Lerneinheit, Sportstunde, Diskussionsrunde, Werkstunde, Seminarsitzung etc., wird der Abschluß vor allem in einer Zusammenfassung der Ergebnisse und einem Ausklang bestehen.

5.6.4. Zusammenhang der didaktischen Elemente

Bisher habe ich sieben didaktische Elemente behandelt: Lernen, Prozeß, Gefälle, Verhältnis, Beziehung, Inhalt und Situation. Man kann nun feststellen, daß die ersten fünf Elemente durch das sechste zusammengefaßt werden können. Es geht in der Didaktik immer um eine Lehr-Lern-Situation, die Lernen, Prozeß, Gefälle, Verhältnis und Beziehung umfaßt. Man könnte also auch nur von einer Lehr-Lern-Situation sprechen. Es ist jedoch für eine didaktische Planung hilfreich, sich an allen sechs Elementen zu orientieren. Sie dienen der besseren Reflexion, erinnern an die differenzierte Sichtweise einer Situation und geben Hilfestellung für deren Analyse.

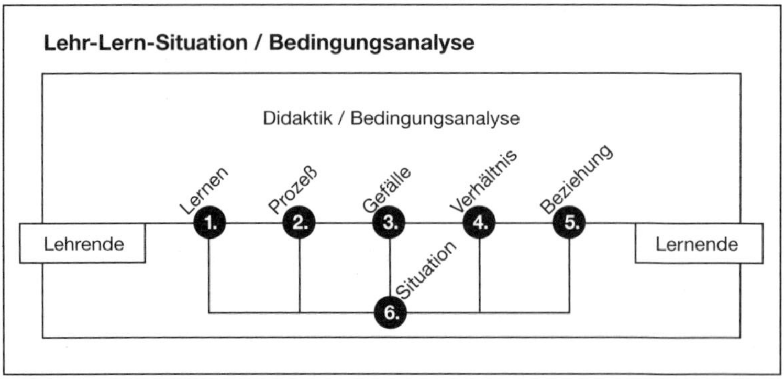

Halten wir fest
Erziehung heißt, eine Situation gestalten. Der (Sozial-)Pädagoge muß die Situation analysieren und vor allem bei der Einstiegsphase gestaltend mitwirken. Die Analyse einer Lehr-Lern-Situation nennt man Bedingungsanalyse (Näheres dazu siehe Punkt 6).

5.7. Achtes didaktisches Element: Ziele

5.7.1. Erziehungsziele

Ein weiteres Axiom der Verhaltensforschung lautet: Man kann nicht nicht Ziele haben. Jede Interaktion und Kommunikation hat ein Ziel.

Auch Schweigen, nicht kommunizieren wollen, ist ein Ziel. Selbst kein Ziel haben zu wollen, ist ein Ziel. Das Verhalten des Menschen ist also immer zielgerichtet. Dies gilt natürlich auch für den Sozialpädagogen. Für ihn gilt der Anspruch, daß er sich seiner Ziele bewußt, seine Pädagogik eine reflektierte ist. Er sollte sich fragen: *Was* will ich und *warum* will ich das? Es geht also nicht nur um die Frage nach dem *Was.* Der Pädagoge kann viele Ziele verfolgen; ob sie angemessen sind oder nicht ist eine andere Frage. Deshalb gehört die zweite Frage notwendig dazu: *Warum* will ich das? Welche Gründe, Motive bewegen mich dazu? Erst durch diese reflektierte Vorgehensweise entsteht verantwortbare Pädagogik.
Didaktik wird mit diesen beiden Fragen von vielen geradezu gleichgesetzt. Wir haben jedoch gesehen, daß Didaktik mehr ist als diese beiden zentralen Fragen. In der Didaktik geht es um die Reflexion aller hier genannten acht Elemente. Es geht um die Analyse der Bedingungen und um Inhalte und Ziele einer Lehr-Lern-Situation.
An einer Lehr-Lern-Situation nehmen immer mindestens zwei Personen teil, haben nun auch beide Personen Ziele? Für den Pädagogen muß man diese Frage mit einem klaren Ja beantworten. Er verfolgt bewußt oder unbewußt Ziele. Dies ist durch seine Berufsrolle definiert. Die Ziele des Pädagogen sollen *Erziehungsziele* (EZ) genannt werden.

5.7.2. Handlungsziele

Wie steht es aber nun mit den Lernenden, verfolgen auch diese in einer Lehr-Lern-Situation Ziele? Das Axiom sagt, jeder Mensch hat Ziele, also auch der Lerner, vielleicht mehr unbewußt als bewußt, aber je nach Situation kann er auch sehr bewußt Ziele verfolgen. Wie erkenne ich nun die Ziele des Lernenden? Der Sozialpädagoge sollte nicht davon ausgehen, daß jeder Mensch in der Lage ist, seine Bedürfnisse und Ziele ohne weiteres verbal auszudrücken. Das setzt einen hohen Grad an Abstraktionsvermögen voraus. Es empfiehlt sich daher, von der Annahme auszugehen, daß der Mensch seine Bedürfnisse eher nonverbal, durch Handeln signalisiert. Der Mensch ist ein handelndes Wesen und kommuniziert vor allem durch sein Handeln. Will der Sozialpädagoge also die Ziele des Lernenden erfahren, sollte er eher auf sein Handeln achten und die verschlüsselten Signale decodieren. Bei diesem Vorgehen muß er sich bewußt sein, daß er die Handlungen falsch interpretieren kann, ihm Fehler unterlaufen werden. Aufgrund dieser Tatsache spricht man in der Sozialpädagogik auch immer von einem *offenen Konzept,* weil der Sozialpädagoge die Handlungen der Lerner u. U. falsch interpretiert hat.
Die Ziele der Lerner, die sich in den Handlungen ausdrücken, nenne ich *Handlungsziele* (HZ). Das besondere dieser Handlungsziele ist, daß ich sie nur *grob annehmen, hypothetisch vermuten* kann.
Damit werden automatisch Fehler zugestanden. Handlungsziele sind also immer Vermutungen, Hypothesen des Sozialpädagogen. Trotz dieser vagen Annahme ist es wichtig, sie unbedingt in einem Konzept zu berücksichtigen. Durch diese Tatsache verhindere ich, daß die Lerner zum

Objekt des Lehrenden werden. Dadurch daß ihre Ziele ernst genommen werden, erhalten die Lernenden im Erziehungsprozeß eine zentrale Stellung, sie sind Mittelpunkt und lernendes Subjekt des Geschehens. Ihre Intentionen, Bedürfnisse finden im pädagogischen Konzept Berücksichtigung und stehen gleichwertig neben den Zielen des Pädagogen.

5.7.3. Lernziele

Wir können festhalten: Beide an der Lehr-Lern-Situation beteiligten Personen haben Ziele: Erziehungsziele und Handlungsziele. Diese Feststellung genügt jedoch nicht für das pädagogische Arbeiten. Zwischen den beiden Zielen muß ein Konsens hergestellt werden. Das Ergebnis des Überdenkens der Erziehungsziele und der Handlungsziele nenne ich *Lernziele* (LZ).

Erziehungsziele, Handlungsziele, Lernziele

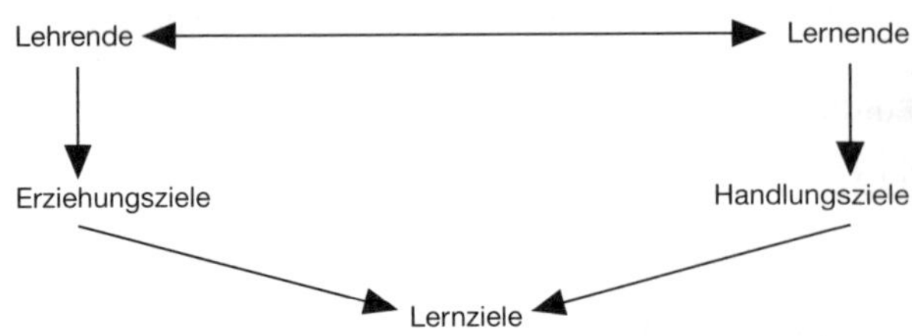

Das Lernziel muß nicht immer eine Synthese sein, es kann unterschiedliche Formen annehmen:

- Der Pädagoge bleibt bei seinen Erziehungszielen und lehnt die Handlungsziele ab.
- Der Pädagoge steckt seine Erziehungsziele zurück und geht ganz auf die Handlungsziele ein.
- Der Pädagoge sieht Übereinstimmung zwischen seinen Erziehungszielen und den Handlungszielen, sie sind u. U. identisch.
- Der Pädagoge sucht einen Kompromiß zwischen Erziehungszielen und Handlungszielen.
- Der Pädagoge läßt Erziehungsziele und Handlungsziele gleichberechtigt nebeneinander stehen, beide lassen sich in die Situation einbringen.

Wichtig ist, daß der Pädagoge seine Erziehungsziele und die Handlungsziele reflektiert und zu einer der Situation angemessenen Lösung gelangt.

Halten wir fest
Die Elemente 1–6 stellen eine Bedingungsanalyse dar, die Elemente 7 und 8 besagen, daß es in einer pädagogischen Situation stets um Ziele und Inhalte geht.
Der Lehrende und der Lernende befinden sich in einer Lehr-Lern-Situation, in der sie Informationen austauschen.

5.7.4. Praxisbeispiel: Arbeitslose Jugendliche

Praxis

Ein Jugendarbeiter arbeitet mit arbeitslosen Jugendlichen in einem Jugendclub. Sie einigen sich auf ein Thema und einen Termin. Beim nächsten Treffen will man üben, wie man ein Bewerbungsschreiben aufsetzt. Dazu wird ein Mitarbeiter vom Arbeitsamt eingeladen, der diese Aufgabe übernehmen soll. Bei der nächsten Clubsitzung ist keiner der Jugendlichen anwesend, sie sitzen alle in der nächsten Gaststätte und schauen im Fernsehen ein Europacupspiel an.
Der Jugendarbeiter muß entscheiden:
EZ = Bewerbungsschreiben üben; letzte Woche waren sein EZ und das HZ der Jugendlichen noch identisch.
HZ = Fußball schauen; das HZ hat sich geändert.

Was für Möglichkeiten bieten sich an?
- Weil der Mitarbeiter vom Arbeitsamt anwesend ist, besteht der Jugendarbeiter darauf, wie abgesprochen, Bewerbungsschreiben zu üben. Ob er dabei Erfolg haben wird, sei einmal dahingestellt.
- Der Jugendarbeiter setzt sich zu den Jugendlichen, sieht sich das Fußballspiel an und vertagt das eigentliche Vorhaben, weil er einsieht, daß er in dieser Situation sowieso nichts ausrichten kann.
- Man sieht zunächst Fußball und geht dann zur Arbeit über. Doch das dürfte ziemlich spät werden.
- Man sieht gemeinsam die erste Halbzeit des Fußballspiels, zeichnet die zweite Hälfte mit Video auf und setzt sich mit dem Bewerbungsschreiben auseinander, anschließend sieht man sich gemeinsam die aufgezeichnete zweite Hälfte an.

Die Aufnahme der Handlungsziele in das pädagogische Bemühen zeigt, daß der Lernende im Mittelpunkt steht, der Sozialpädagoge sollte immer ein offenes Konzept haben, um auf eine veränderte Situation adäquat reagieren zu können. Ein offenes Konzept besagt nun jedoch nicht, ganz auf ein Konzept zu verzichten, da man sich sowieso nicht daran halten kann, sondern das offene Konzept steckt für den Sozialpädagogen den Rahmen für sein Handeln ab. Erst wenn er geplant hat, weiß er, was er will, kann er auch flexibel auf eine neue Situation reagieren, ohne dabei kopflos zu werden. Dadurch, daß er um sein offenes Konzept weiß, ist er auch vor Überraschungen geschützt, da er diese bereits einkalkuliert hat. Sein Konzept wird dadurch nicht hinfällig, vielmehr wird es durch die offene Situation geradezu gefordert.

Die bisherigen Überlegungen über die didaktischen Elemente lassen erkennen, wie wichtig Didaktik für den Sozialpädagogen ist und daß er ohne didaktische Kenntnisse pädagogisch nicht arbeiten sollte.

Die Didaktik ist für den Pädagogen das, was für den Arzt die Medizin ist: Der Pädagoge braucht die Didaktik als seine Berufswissenschaft, sie macht dem Praktiker klar, was er u. U. bisher unbewußt oder weniger theoretisch durchdacht, erkannt und praktiziert hat. Damit ist die Didaktik eine praxisorientierte Wissenschaft. Man könnte sagen, sie ist das Versatzstück zwischen Erziehungswissenschaft und der konkreten pädagogischen Arbeit.
In der Didaktik werden diese Überlegungen über Situation, Inhalte und Ziele graphisch gerne in einem gleichschenkligen Dreieck dargestellt, das man allgemein das *»Didaktische Dreieck«* nennt. Die Form eines Dreiecks soll darauf hindeuten, daß alle acht didaktischen Elemente miteinander verbunden sind und ein Ganzes bilden. Die Elemente 1–6 stellen die Basis dar, die Grundlage für die Formulierung von Zielen und Inhalten.

Didaktisches Dreieck

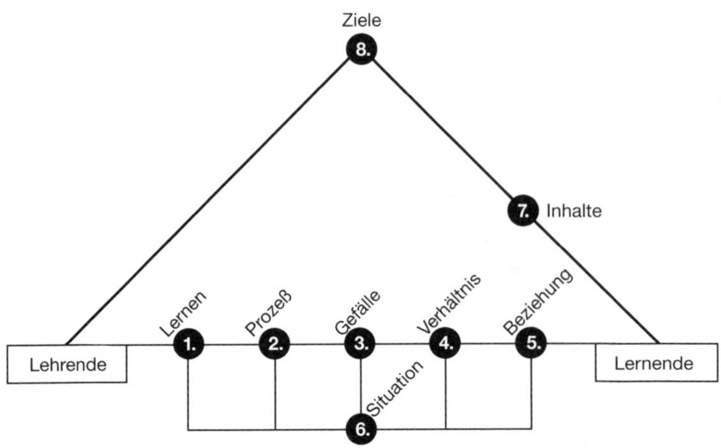

5.8. Definition von Didaktik

Am Schluß der Ausführungen zur Frage »Was ist Didaktik?« soll nun eine definitorische Klärung folgen. Diese kann der Leser jedoch problemlos selber vornehmen.

Aufgabe
Versuchen Sie, ausgehend vom Didaktischen Dreieck, eine Definition von Didaktik.

Was ist Didaktik? Didaktik ist die Wissenschaft . . .

Vergleichen Sie diese Definition mit der, die Sie am Anfang dieses Kapitels in dem Brief formuliert haben.
Einige Definitionen aus der Literatur will ich vergleichsweise anführen. Dabei bin ich sicher, daß die des Lesers umfassender und präziser ist als die vielen in der Literatur genannten Definitionen.

Beispiele von Definitionen Definition

- »Didaktik ist die Wissenschaft (und Lehre) vom Lernen und Lehren überhaupt. Sie befaßt sich mit dem Lernen in allen Formen und dem Lehren aller Art auf allen Stufen ohne Besonderung auf den Lehrinhalt.«[57)]
- Didaktik hat die Aufgabe, das gesamte Lehren und Lernen unter Einschluß erzieherischer Aspekte auf eine rationale Basis zu stellen.
- Didaktik ist die Berufswissenschaft des Pädagogen.
- Didaktik ist die Wissenschaft des Planens von Lehr-Lern-Situationen.
- Didaktik ist die Wissenschaft des Planens. Es geht um das Was und Warum.
- Didaktik ist die Wissenschaft, in der es um Inhalte und Ziele geht nach einer vorausgegangenen Bedingungsanalyse, in der der Pädagoge bedenkt, daß es stets um Lernen, Verhältnis, Prozeß, Gefälle, Beziehungen in einer Lehr-Lern-Situation geht.
- Didaktik ist die Wissenschaft, die sich mit den acht didaktischen Elementen des Didaktischen Dreiecks auseinandersetzt und dem Pädagogen bei seiner Planung gedankliche Hilfestellung gibt.
- Didaktik ist das Herzstück der Pädagogik. Häufig werden Pädagogik und Didaktik auch gleichgesetzt: Pädagogik ist Didaktik.[58)]
- Otto *Willmann* hat die Unterscheidung eingeführt: Pädagogik ist Erziehungslehre und Didaktik Bildungslehre. Nach ihm ist Didaktik nicht mehr der Pädagogik unter- sondern auf gleicher Stufe zugeordnet.[59)]

Mit der Definition von Didaktik könnten wir nun das Thema dieses Kapitels abschließen. Der Bereich der Didaktik umfaßt acht Elemente (ein neuntes werden wir im nächsten Kapitel noch kennenlernen). Einige Elemente werden in den folgenden Kapiteln noch ausführlich behandelt. Ein Kapitel handelt von Zielen, ein anderes von Methoden.
In diesem Kapitel möchte ich bereits einen Themenkomplex näher ausführen, nämlich die Elemente 1– 6, d. h. die *Bedingungsanalyse.* Was versteht man unter einer Bedingungsanalyse? Welche Funktion hat sie? Wie gliedert man eine Bedingungsanalyse? Wie fertigt man eine Bedingungsanalyse an? Um diese Fragen geht es im folgenden Teil des Kapitels. Die Aussage der Didaktik, daß es um die Gestaltung der Praxis geht, soll damit eingelöst werden. Wir haben jetzt theoretische Vorarbeit geleistet, nun gilt es, diese Erkenntnisse auch für die Praxis umzusetzen.

6. Bedingungsanalyse

6.1. Klärung des Begriffs

Grundlage pädagogischen Handelns ist eine Analyse des Ist-Zustandes, diesen Vorgang nennt man Bedingungsanalyse. Ich habe in den vorausgegangenen Punkten aufgezeigt, daß die didaktischen Elemente 1–6 eine Bedingungsanalyse darstellen, die Voraussetzung für Zielformulierungen ist. Man muß erkennen: Was ich nicht weiß, das kann ich auch nicht gezielt fördern oder ändern. Die Durchführung einer Bedingungsanalyse ist das erste wichtigste Bauelement eines didaktischen Modells. Was versteht man unter einer Bedingungsanalyse?

Aufgabe
Wie würden Sie definieren, was eine Bedingungsanalyse ist?
Eine Bedingungsanalyse ist

____

____

____

In der relevanten Literatur findet man u. a. folgende Umschreibungen:

- Eine Bedingungsanalyse ist das Sammeln, Ordnen und Bewerten von Informationen über die Situation einer Zielgruppe. Definition
- Unter einer Bedingungsanalyse versteht man eine systematische Untersuchung eines Sachverhaltes hinsichtlich aller einzelnen Komponenten oder Faktoren, die ihn bestimmen.
- Eine Bedingungsanalyse dient der Voraussetzung und Vorbereitung für sinnvolles, geplantes und reflektiertes pädagogisches Arbeiten.

Die Analyse der Bedingungen ist die Voraussetzung für eine gezielte Planung. Je besser die Bedingungen bekannt sind, desto gezielter kann geplant werden.

6.2. Aspekte einer Bedingungsanalyse

Die Durchführung einer Situationsanalyse gibt dem (Sozial-)Pädagogen viele Informationen über sein Verhältnis zu dem Lerner. In diesem Teil der Analyse geht es um die Beschreibung der Situation, die durch die am Lern-Prozeß beteiligten Personen definiert wird. Was dem Pädagogen nun noch weiter fehlt, sind Informationen über die Lebenslage der Lernenden, denn für sie plant er ja eine Lern-Situation.
Wir müssen unsere Bedingungsanalyse (didaktische Elemente 1–6) um

weitere Punkte ergänzen, um ein vollständigeres Bild der Situation der Lernenden zu erhalten. Um welche Punkte es sich dabei handelt, soll an folgenden Beispielen deutlich werden.

Praxis

1. Beispiel: Volkshochschule
Sie sind begeisterter Tänzer, sind in einem Tanzkreis und im Besitz des Gold-Star-Abzeichens des ADTV. Von Ihrem Hobby erfährt der Leiter einer Volkshochschule. Eines Tages erhalten Sie von ihm einen Anruf. Er möchte Sie gerne für einen Tanzkurs engagieren.
Sie denken bei sich: Interesse hätte ich schon; das Geld könnte ich auch gut gebrauchen; das alte Auto muß sowieso ausrangiert werden; vielleicht könnte die Hochschule den Kurs sogar als Praktikum anerkennen; usw. Bevor Sie jedoch endgültig zusagen, möchten Sie noch einige Informationen erhalten.

?

Aufgabe
Welche weiteren Informationen würden Sie einholen?

Praxis

2. Beispiel: Kindergruppe
Sie sind Leiterin einer Kindergruppe. Sie engagieren sich sehr für Ihre Gruppe. Bei den Kindern und Eltern sind Sie beliebt. Nach der Gruppenstunde wartet eine Mutter mit ihrem Kind auf Sie und möchte Sie sprechen. Es geht darum, daß die Mutter ihr Kind gerne für Ihre Gruppe anmelden möchte. Sie werden mit der Mutter und dem Kind ein Gespräch führen.

?

Aufgabe
Welche Informationen brauchen Sie für Ihre Entscheidung?

In beiden Beispielen geht es Ihnen darum, aufgrund der erhaltenen Informationen zu analysieren, ob Sie dem Wunsch des Leiters der VHS bzw. der Mutter entsprechen können. Würde z. B. beim Tanzkurs herauskommen, daß Sie eine Volkstanzgruppe leiten sollen, sie aber Standard tanzen; Sie außerdem für Kassetten, Musik u. ä. selber sorgen müßten, dann würden sie u. U. das Angebot ablehnen.
Im ersten Beispiel klären Sie zuerst die Bedingungen, unter denen Sie arbeiten sollen. Sodann werden Sie sich über die möglichen Teilnehmer informieren. Je nachdem, wie das Ergebnis ausfällt, werden Sie sich entscheiden. Vielleicht wollen Sie nur mit Jugendlichen oder jungen Erwachsenen einen Tanzkurs durchführen, aber nicht mit Senioren.
Im zweiten Beispiel brauchen Sie über den Träger und seine Organisation

keine Informationen, denn Sie sind u. U. selbst der Träger bzw. können die Bedingungen festlegen. Was Sie vor allem interessieren wird, sind die Gründe, warum die Mutter ihr Kind für die Gruppe anmelden möchte. Auch Informationen über das Kind und das Zuhause könnten für eine Entscheidung nützlich sein.

Die beiden Beispiele machen deutlich, daß eine Bedingungsanalyse zur Entscheidungsfindung notwendig ist. Eine Entscheidung ist immer zukunftsorientiert, ich entscheide mich für etwas, was ich in Zukunft tun möchte. Die Zukunftsentscheidung ist zugleich auch immer eine Zielentscheidung. Ich entscheide mich für ein Ziel. Deshalb können wir ganz allgemein sagen: Eine Bedingungsanalyse ist die Voraussetzung für eine Zielentscheidung. Ich brauche Informationen, um Ziele zu formulieren. Diese hole ich mir durch eine Bedingungsanalyse.

Wie gehe ich nun vor, wenn ich eine Bedingungsanalyse durchführen will? Wie sind Sie bei den Beispielen vorgegangen? Soll man intuitiv, spontan vorgehen? Ich halte einen Gliederungsraster für hilfreich, in dem ich die erhaltenen Informationen einordnen kann. Ein Raster ermöglicht mir, Ordnung in die Informationen zu bringen, und belegt gleichzeitig, wo noch Informationen fehlen.

Ein solcher Raster ist nicht so zu verstehen, daß ich stur danach vorgehe, sondern er sollte so logisch aufgebaut sein, daß ich ihn internalisiere und er mir ein inneres Schema wird. Ich sollte darin auch nur die Daten aufnehmen, die ich für meine Zielplanung unbedingt benötige, aus denen ich Konsequenzen ziehen kann. Die erhaltenen Informationen verstehen sich nicht als zwangsläufige Handlungsanweisungen, sondern sind eine Sensibilisierung des Lehrenden »für wahrscheinlich auftretende Probleme und darüber hinaus Plausibilitätserwägungen für die Begründung seiner didaktischen Entscheidungen«[60].

Anhand der beiden Beispiele kann man folgende Punkte einer Bedingungsanalyse herausarbeiten:

1. *Organisationsstruktur/Rahmenbedingungen*

   Träger, Ziele, Bedingungen, Honorar, Raum, Zeit, Ort, Teilnehmer etc. (1. Beispiel: Tanzkurs an der VHS)

2. *Zielgruppenanalyse/Voraussetzungen*

   - Individuelle/anthropogene Voraussetzungen:
     Entwicklungsstand, -verlauf, Alter, Geschlecht, besondere Merkmale, Fähigkeiten, Fertigkeiten, Können etc.
   - Sozio-kulturelle Voraussetzungen:
     Wohnsituation, Umfeld, Schule, Beruf etc.
     (2. Beispiel: Anmeldung für eine Gruppe)

6.3. Erklärung der Aspekte

6.3.1. Erster Analyseaspekt: Organisationsstruktur/Rahmenbedingungen

Diesen Punkt muß ich am Anfang einer Arbeit erheben. Da der Organisationsrahmen in der Regel unverändert bestehen bleibt, muß ich ihn nicht bei einer späteren Planung ständig wiederholen.
Im letzten Kapitel werde ich zu diesem Punkt Näheres ausführen.

6.3.2. Zweiter Analyseaspekt: Zielgruppenanalyse/Voraussetzungen

1. Individuelle/anthropogene Voraussetzungen
Hier geht es um individuelle Merkmale wie Alter, Geschlecht, Fähigkeiten, besondere Merkmale (z. B. zu groß, zu dick, Brillenträger etc.), die Menschen auszeichnen, bzw. unter denen Menschen u. U. leiden können. Ganz wichtig sind Überlegungen zur seelisch-geistigen Entwicklung. Auch wenn man nicht Psychologe ist, ist die Kenntnis über Entwicklung und Entwicklungsverlauf für das Planen von Lernen unumgänglich. Deshalb muß sich der Pädagoge zu Beginn der Arbeit mit einer Gruppe bzw. Person über deren Entwicklung informieren und sich Gedanken machen. Auch diesen Vorgang muß er nur einmal durchführen, die einmal erhobenen Daten dienen als Grundlage für das weitere pädagogische Arbeiten.
Die Informationen setzen sich aus zwei Quellen zusammen:

- *Theoretisches Wissen:* Der (Sozial-)Pädagoge muß die relevante Literatur kennen und allgemeines Wissen über den Entwicklungsstand z. B. von Kindern, Jugendlichen, Senioren besitzen.

- *Lebensinformationen:* Durch Gespräche und Beobachtungen von Handlungen kann der Pädagoge konkrete Informationen von den betroffenen Personen erhalten, die er dann durch seine theoretischen Kenntnisse ergänzen und erweitern kann.
  Für Kinder im Alter von 6 –12 Jahren hat D. *Baacke* z. B. folgende Schritte der Entwicklung herausgearbeitet: Sprache, Motorik, Intelligenz, Kreativität, Phantasie, Emotionalität, Sexualität, Moral und prosoziales Verhalten.[61)]

2. Sozio-kulturelle Voraussetzungen
In der Literatur werden hier vor allem Bildung, Schicht und Sprachstil genannt.
D. *Baacke* hat einen Ansatz entwickelt, den ich für praktikabel und informativ halte. Diesen nennt er »sozialökologischen« Ansatz.
»Die Sozialökologie ist jüngeren Datums. Sie untersucht analog die Wechselbeziehung zwischen sozialer Umwelt und sozialem Verhalten des Menschen. Der Vorteil des Ansatzes ist, daß er seinen Gegenstand in seinen

Lebenszusammenhängen zu untersuchen auffordert und ihn auf diese Weise in seiner realen Konstitution zu betrachten erlaubt. Entsprechend zwingt er dazu, sozialpsychologische, anthropologische, soziologische, ökonomische und andere Analyse-Faktoren, die sonst je für sich in bestimmten Wissenschaften methodisiert werden, insgesamt zu betrachten.«[62)]

Ökologische Zonen

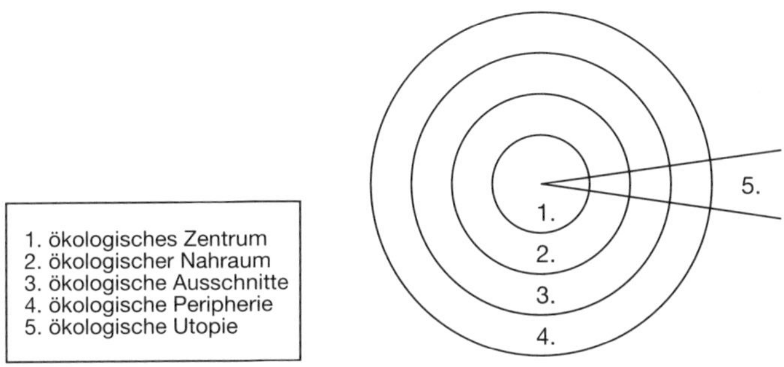

Für Kinder beschreibt *Baacke* die ökologischen Zonen:

- *Ökologisches Zentrum:* Familie, das Zuhause, der Ort, an dem sich das Kind und die wichtigsten und unmittelbarsten Personen vorwiegend aufhalten. Eltern, Großeltern, Verwandte, Geschwister. Hier könnten z. B. folgende Fragen interessant sein:
  - Wo ist das Zentrum des Kindes? Bei den Eltern, den Großeltern, den Verwandten?
  - Hat das Kind Geschwister? Wie ist die Geschwisterkonstellation?
  - Wieviele Personen leben in wievielen Zimmern?
  - Leben beide Eltern? Alleinerzieher? Stiefeltern? usw.
- *Ökologischer Nahraum:* Nachbarschaft, Stadtteil, Wohngegend, Dorf.
- *Ökologische Ausschnitte:* Schule, Betrieb, Schwimmbad, Bank, Geschäfte. »Sie repräsentieren nicht mehr einen ganzheitlichen Erfahrungsraum, sondern einen je zweckbestimmten: daher ›Ausschnitte‹.«[63)]
- *Ökologische Peripherie:* nichtalltägliche Situationen wie z. B. Wochenendfahrten, Urlaub, Freizeitangebote, Erlebnisse, die sich nicht täglich wiederholen.
- *Ökologische Utopie:* Phantasie- und Traumwelt, in der die Person lebt und nach der sie z. T. ihr Verhalten ausrichtet (Idole, Filmhelden, Comic-Helden etc.).[64)]

Bei einer Bedingungsanalyse kann der (Sozial-)Pädagoge diese fünf Zonen zur Grundlage seiner Informationssammlung nehmen. Sie können ihm Hilfe sein, Informationen einzuholen und zu ordnen. Geht der Pädagoge nach diesem Raster vor und muß er z. B. feststellen, daß er über einige Zonen keine oder nur wenige Informationen besitzt, ist das für ihn sicher sehr aufschlußreich.
Er weiß, auf wie wenigen Informationen sein Konzept beruht, so daß er sich nicht zu wundern braucht, wenn sein Vorhaben von der Gruppe u. U. abgelehnt wird oder wenig Anerkennung findet. So kann er ziemlich schnell die Schwachstellen seines Konzeptes ausmachen und ändern. Das ist der Vorteil eines solchen Rasters.

6.3.3. Dritter Analyseaspekt: Lehr-Lern-Situation

Neben der Organisationsstruktur und der Zielgruppenanalyse gehört schließlich als dritter Punkt in eine Bedingungsanalyse die Analyse der Lehr-Lern-Situation (Didaktisches Dreieck mit den Elementen 1–6).

6.3.4. Vierter Analyseaspekt: Anthropologische Überlegungen/Bedürfnisanalyse

Auf einen vierten Punkt, der u. U. auch in einer Bedingungsanalyse behandelt werden kann (nicht muß), werde ich im 4. Kapitel zu sprechen kommen: Anthropologischer Bezug/Bedürfnisanalyse.

6.4. Überarbeitung der Bedingungsanalyse

Wie oft muß der Pädagoge eine Bedingungsanalyse erstellen? Genügt es, sie nur ein einziges Mal am Anfang einer Situation durchzuführen? Muß er sie öfters erneuern?
Allgemein genügt die einmalige Durchführung einer Bedingungsanalyse. Ändern sich allerdings die Personen bzw. die Situation, oder die Reflexion ergibt, daß Punkte der Bedingungsanalyse ungenau, grob oder oberflächlich erhoben wurden, muß der (Sozial-)Pädagoge die Daten der Bedingungsanalyse ergänzen und die Analyse u. U. vollständig neu durchführen.
Neben dieser bewußt durchgeführten Bedingungsanalyse wird der Pädagoge unbewußt in einer Situation stets die Bedingungen neu analysieren. Dieses Vorgehen ist anthropologisch begründet. Bevor ein Mensch handelt, muß er zunächst Informationen einholen und sie analysieren, um sich adäquat verhalten zu können.

Halten wir fest
Die Durchführung einer Bedingungsanalyse ist die Voraussetzung für gezieltes (sozial-)pädagogisches Handeln. Sie enthält folgende Gliederungspunkte:

Bedingungsanalyse
1. Organisationsstruktur
2. Zielgruppenanalyse/Voraussetzungen
2.1 Individuelle/anthropogene Voraussetzungen
2.2 Sozio-kulturelle Voraussetzungen
3. Lehr-Lern-Situation (Didaktisches Dreieck)
3.1 Lernen
3.2 Prozeß
3.3 Gefälle
3.4 Verhältnis
3.5 Beziehungen
3.6 Situation
4. Anthropologische Überlegungen/Bedürfnisanalyse

Diese Punkte einer Bedingungsanalyse führe ich in einem Konzept jedoch nur einmal durch, das Ergebnis dient dann als Grundlage für jede weitere Planung. Solange sich nichts Entscheidendes in der Gruppe/Person verändert, muß ich diese Analyse nicht ständig wiederholen. Weitere Ausführungen zu diesem Punkt finden Sie im letzten Kapitel.

7. Didaktische Elemente und Konzepterstellung

7.1. Erarbeitung von Teilschritten

Ziel dieses Buches ist es, Sie Schritt für Schritt zu befähigen, eigenständig ein Konzept zu erstellen, dazu sollten Sie am Ende der Lektüre in der Lage sein. Die notwendigen Informationen erhalten Sie in den einzelnen Kapiteln. Am Schluß eines jeden Kapitels möchte ich anhand von Beispielen aufzeigen, wie die erarbeiteten Informationen in ein Konzept Eingang finden. Auf diese Weise fülle ich in jedem Kapitel ein Teilstück eines Konzeptes aus. Sie haben die Gelegenheit, diesen Teilabschnitt zu üben, so daß Sie am Ende der Lektüre alle Teilstücke wie ein Puzzle zu einem fertigen Konzept zusammensetzen können.
Ich formuliere hier nun ein Beispiel nach dem erarbeiteten Raster einer Bedingungsanalyse. Zum besseren Verständnis habe ich allerdings die Bedingungsanalyse einer Gruppe gewählt, die sich bereits das zweite Mal trifft.

Muster

7.2. Musterbeispiel: Gymnastikkurs

1. Organisationsstruktur/Rahmenbedingungen

Veranstalter:	Volkshochschule
Ziel:	Gymnastikkurs
Teilnehmer:	15 Frauen im Alter zwischen 35 und 50 Jahren
Ort:	Turnhalle
Zeit:	Mittwoch 19.30 – 21.00 Uhr
Leitung:	Sozialpädagogin/Freizeitpädagogin mit dem Übungsleiterschein des Landessportbundes Nordrhein-Westfalen

2. Zielgruppenanalyse/Voraussetzungen

2.1 Individuelle/anthropogene Voraussetzungen

- *Äußere Merkmale:* Einige Frauen sind recht korpulent und unbeweglich, einige sind sportlich; alle sind sehr motiviert und entwickeln großen Ehrgeiz.
- *Krankheitsbild/Gesundheit:* Eine Frau hat Asthma, zwei leiden unter Beinödemen, einige an Wirbelsäulenverkrümmung, viele klagen über Verspannung im Schulterbereich, eine Frau hat Rheuma.
- *Entwicklungsstand:* Die Altersstruktur der Frauen läßt deutliche Unterschiede im psychischen und psychosomatischen Zustand der Frauen erkennen. Einige Frauen scheinen psychosomatisch recht vital zu sein, andere stehen in der Midlife-Krise und wirken depressiv, einige dürften im Klimakterium stehen und sind leicht reizbar und überfordert.
- *Fähigkeiten, Begabungen:* Um die Fähigkeiten der Frauen näher herauszufinden, besteht die Gruppe noch nicht lange genug. Aufgefallen ist eine Frau, die sehr humorvoll ist und die Gruppe häufig zum Lachen bringt.

2.2 Sozio-kulturelle Voraussetzungen

- *Ökologisches Zentrum:* Ein Drittel der Frauen sind Alleinerziehende, eine ähnlich große Anzahl ist geschieden und lebt z. Zt. allein. Alle haben eine geräumige Wohnung; eine Frau lebt mit ihrer Mutter zusammen.

- *Ökologischer Nahraum:* Die Frauen wohnen in der ganzen Stadt verstreut. Sie kommen aus sehr unterschiedlichen Wohngegenden. Der Durchschnitt hat ein mittleres bis höheres Lebensniveau.
- *Ökologische Ausschnitte:* Über die Hälfte der Frauen ist berufstätig. Die meisten arbeiten als Verkäuferin oder im Büro. Einige müssen arbeiten, um für den Lebensunterhalt zu sorgen, andere arbeiten, weil sie nicht nur Hausfrau sein möchten.
- *Ökologische Peripherie:* Am Wochenende fahren viele von ihnen weg; einen längeren Auslandsurlaub machen jedoch nur wenige. Einige von ihnen gehen regelmäßig in die Sauna, andere nehmen gerne an Bildungsveranstaltungen teil. Ein paar Frauen haben neben ihrem Beruf und Haushalt keine Zeit für weitere Aktivitäten.
- *Ökologische Utopie:* Fast alle Frauen träumen von einem großen Lotto-Gewinn oder Gewinn in der Glücksspirale oder anderen Gewinnmöglichkeiten. Gespräche über Mode und prominente Schauspieler/innen und deren Lebenswelt werden gerne geführt.

3. Lehr-Lern-Situation (Didaktisches Dreieck: Elemente 1–6)

3.1 Lernen

Lernen heißt Verhaltensänderung, Erwerb von Qualifikationen und Kompetenzerweiterung. Bei dieser Übungsstunde geht es darum, daß die Frauen eine Verhaltensänderung erreichen, indem sie die Notwendigkeit von Entspannungsübungen einsehen und trainieren.

Ich versuche deshalb, Änderungen durch bewußtes, intentionales Lernen zu erreichen, d. h., die Frauen sollen die neuen Informationen bewußt aufnehmen, sie verarbeiten und in Handlungen, Übungen umsetzen. Die Übungen sollen durchgeführt, aber auch besprochen und reflektiert werden.

3.2 Prozeß

Beim Prozeß spielt die Zeit eine wichtige Rolle. Es sollen die ganze Zeit nur Entspannungsübungen durchgeführt werden. Ich möchte mir sehr viel Zeit lassen und Ruhe in die Gruppe einbringen. Es soll Entspannung gelebt werden.

Bei dieser Sitzung handelt es sich um die zweite von zwölf Sitzungen. Langfristig habe ich geplant, daß die Frauen durch Gymnastik etwas für ihre Gesundheit tun; mittelfristig geht es um Übungen, die gegen Verspannungen helfen; kurzfristig in dieser Sitzung stehen Entspannungsübungen im Mittelpunkt.

Geht man von den Überlegungen der Gruppenpädagogik aus, befindet sich die Gruppe in der Fremdheitsphase. Durch diese Übungen sollen die Frauen auch etwas vertrauter miteinander werden.

Üben heißt gleichzeitig, Fehler machen zu dürfen. Ich darf nicht ungeduldig werden, wenn einige Teilnehmerinnen Schwierigkeiten bei der Umsetzung bzw. Ausführung haben. Geduldig und einfühlsam muß ich die Übungen wiederholen und die Frauen gut beobachten, um über ihren sportlichen Leistungsstand Näheres zu erfahren.

3.3 Gefälle

Ziel eines Übungsleiters muß es sein, die Teilnehmer mehr an dem Entscheidungsprozeß teilnehmen zu lassen. Dies versuche ich, indem ich am Schluß der Übungsstunde mit den Frauen die Sitzung auswerte und mit ihnen über die nächste Sitzung spreche. Ich will erreichen, daß einige Frauen mit mir gemeinsam die Übungen auswählen. Dafür treffe ich mich jeweils vor einer Sitzung mit einigen Teilnehmerinnen.

3.4 Verhältnis
Es geht um ein Verhältnis, das sowohl Nähe als auch Distanz zu der Zielgruppe ausdrückt. Ich sollte zu allen Teilnehmern ein gutes Verhältnis haben, mich zu allen freundlich und offen zeigen, aber trotzdem um meine Rolle als Leiterin der Gruppe wissen, die auch Distanz zu den Teilnehmern einschließt.
Man unterscheidet drei Leitungsstile: autoritären, laissez-fairen und demokratischen Leitungsstil. Die Gruppe wie auch ich sind im Umgang mit einem demokratischen, partnerschaftlichen Leitungsstil geübt. Eine partnerschaftliche Beziehung besagt: Die Übungsleiterin soll den Teilnehmerinnen Achtung-Wärme-Rücksichtnahme entgegenbringen; einfühlendes Verstehen aufbringen; aufrichtig sein und sich um anregende, fördernde Tätigkeiten bemühen. Beherrscht die Übungsleiterin ihre Übungen, wird sie auch als Autorität anerkannt, was die Voraussetzung für ein partnerschaftliches Umgehen miteinander ist. Ich muß darauf achten, daß ich einigen Frauen, die bei den Übungen größere Probleme haben, genügend Empathie entgegenbringe und sie besonders für die neuen Übungen motiviere.

3.5 Beziehungen
Beziehungen stehen vor Inhalten. Sie sagen etwas darüber aus, wie der Inhalt verstanden werden soll.
Die Beziehungen in der Gruppe sind positiv. Die Mitglieder gehen aufeinander ein, nehmen Rücksicht, helfen sich gegenseitig. In dieser Situation ist es für mich relativ einfach, Entspannungsübungen einzubringen und auch über deren innere Wirkung zu sprechen. Die Gespräche werden recht offen geführt. Die Beziehung zwischen mir und der Gruppe ist partnerschaftlich. Ich werde in meiner Rolle akzeptiert, man schätzt meine berufliche Kompetenz. Die Gruppe empfindet es als angenehm, daß ich bei ihrem anschließenden Treffen in der Gastwirtschaft dabei bin. Ich werde aber bewußt nicht an jedem Treffen teilnehmen, um den Frauen auch Möglichkeiten zu geben, Informationen auszutauschen, bei denen meine Anwesenheit vielleicht stören würde.
(Dieser Punkt kann zusammen mit dem Punkt 3.4 »Verhältnis« abgehandelt werden.)

3.6 Situation
Man untertscheidet zwischen einer äußeren und inneren Situation. Die äußere Situation der Übungsstunde ist bestimmt durch die Turnhalle und die Personen. Die Halle ist gut gelüftet, großräumig und mit Geräten gut ausgestattet. Die Teilnehmerinnen haben viel Platz für die Ausführung ihrer Übungen. Andere Gruppen sind z. Zt. nicht in der Halle, so daß es eigentlich keine Störfaktoren gibt. Die Personengruppe ist nicht zu groß. Die Teilnehmerinnen verstehen sich gut und pflegen einen freundschaftlichen Umgang.
Zur inneren Situation der Teilnehmer ist anzumerken: Die meisten freuen sich auf die Übungen und auf die Gruppe. Einige kommen sehr angespannt und erschöpft in die Stunde.
In der Anfangsphase will ich deshalb Zeit für persönliche Gespräche und Kontakte lassen. Die Aufwärmphase soll leicht, locker und spielerisch erfolgen.
Die Übungen in der Hauptphase will ich mit viel Ruhe und Zeit erholsam, langsam durchführen.
Die Abschlußphase soll noch einige Lockerungsübungen beinhalten. Danach folgt das Auswertungs- und Planungsgespräch.

Aufgabe
Versuchen Sie jetzt selbst, eine Bedingungsanalyse durchzuführen. Wählen Sie eine Ihnen bekannte Gruppe, einen Kreis, mit dem Sie konkret arbeiten, oder auch nur eine einzelne Person und führen Sie in bezug auf diese Person/Gruppe eine Bedingungsanalyse durch.

____

____

____

Lernfragen

1. Wer hat den Begriff Didaktik bereits so gebraucht, wie wir ihn heute noch verstehen?
2. Wer verfaßte als erster eine Didaktik?
3. Wie heißen die Hauptvertreter der Didaktik und wie nennen sie ihre Didaktik?
4. Worin sind die Gründe für eine Ablehnung einer Didaktik der Sozialpädagogik zu sehen?
5. Von welchem Wort leitet sich Didaktik ab? Und was bedeutet es?
6. Wie umschreibt man Lernen?
7. Wie lauten die beiden Formen des Lernens?
8. Worum geht es bei einem Lehr-Lern-Verhältnis?
9. Wie lauten die vier Dimensionen einer förderlichen Beziehung nach *Tausch* und *Tausch*?
10. Was versteht man unter einem Lehr-Lern-Prozeß?
11. Welcher Faktor spielt beim Prozeß eine große Rolle?
12. Wie lauten die fünf gruppenpädagogischen Phasen?
13. Wie kann man ein Lehr-Lern-Gefälle abbauen?
    Wie lauten die vier Schritte?
14. In welche drei Phasen kann man eine Situation einteilen?
15. Was versteht man unter einem Thema im engeren und weiteren Sinne?
16. Wie heißen die vier Axiome nach P. *Watzlawick*?
17. Was gilt es im Zusammenhang mit dem Inhalts- und Beziehungsaspekt zu bedenken?
18. Was muß man bei den Handlungszielen unbedingt berücksichtigen?
20. Warum handelt es sich in der Sozialpädagogik immer um ein offenes Konzept?
21. Was versteht man unter einem Didaktischen Dreieck?
22. Wie definiert man Didaktik?
23. Was versteht man unter einer Bedingungsanalyse?
24. Welche Aspekte gehören zu einer Bedingungsanalyse?
25. Was versteht man unter individuellen/anthropogenen Voraussetzungen?
26. Was versteht man unter sozio-kulturellen Voraussetzungen?

27. Was besagt der sozialökologische Ansatz von D. *Baacke*?
28. Wie oft muß man eine Bedingungsanalyse erstellen?
29. Wann muß man eine Bedingungsanalyse ändern bzw. korrigieren?

Weiterführende Literatur

Adl-Amini, B./*Künzli,* R. (Hg.): Didaktische Modelle und Unterrichtsplanung. München: Juventa Verlag 1980.
Born, W./*Otto,* G. (Hrsg.): Didaktische Trends. München: Urban & Schwarzenberg Verlag 1978.
Borsum, W. u. a.: Einführung in die Didaktik. München: Urban & Schwarzenberg Verlag 1982.
Gudjons, H./*Teske,* R. u. a. (Hrsg.): Didaktische Theorien. Braunschweig: Westermann Verlag 1981.

Anmerkungen

1 Diese Methode heißt »Brief an Frau Irene«. Vgl. *Schilling,* J.: Methodenbuch Jugendarbeit. München 1982, Bd. 2, S. 31–32.
2 Vgl. *Aschersleben,* K.: Didaktik. Stuttgart 1983, S. 9–22.
3 Vgl. *Gudjons,* H. u. a. (Hrsg.): Didaktische Theorien. Braunschweig 1981, S. 8.
4 Vgl. *Aschersleben:* Didaktik. A.a.O., S. 7; *Kron,* F. W.: Grundwissen Pädagogik. München 1988, S. 313.
5 Vgl. *Schönberger,* F.: Kooperative Didaktik, Stadthagen 1987[3], S. 24 f.
6 Vgl. *Reich,* K.: Theorien der Allgemeinen Didaktik. Stuttgart 1977, S. 15.
7 Vgl. *Born,* W./*Otto,* G. (Hrsg.): Didaktische Trends. München 1978. S. 168 f.
8 *Klafki,* W.: Studien zur Bildungstheorie und Didaktik. Weinheim 1963, 1975, S. 82–125.
9 *Adl-Amini,* B. (Hrsg.): Didaktik und Methodik. Weinheim 1981, S. 26.
10 Ebenda, S. 27.
11 *Born/Otto:* Didaktische Trends. A.a.O., S. 71.
12 Vgl. *Aschersleben:* Didaktik. A.a.O. S. 14.
13 Vgl. *Adl-Amini:* Didaktik und Methodik. A.a.O., S. 11.
14 *Weinschenk,* R.: Didaktik und Methodik für Sozialpädagogen. Bad Heilbrunn 1976, S. 71.
15 Vgl. *Adl-Amini,* B./*Künzli,* R. (Hrsg.): Didaktische Modelle. München 1980, S. 49.
16 *Klafki,* W.: Neue Studien zur Bildungstheorie und Didaktik. Beiträge zur kritisch-konstruktiven Didaktik. Weinheim 1985, S. 37–38.
17 Ebenda, S. 65.
18 *Gudjons* u. a.: Didaktische Theorien. A.a.O., S. 108.
19 *Schönberger:* Kooperative Didaktik. A.a.O., S. 35.
20 *Peterßen,* W. H.: Lehrbuch Allgemeine Didaktik. München 1983, S. 70.
21 Vgl. ebenda.
22 Vgl. *Aschersleben:* Didaktik. A.a.O., S. 90, 97.
23 Vgl. *Blankertz,* H.: Theorien und Modelle der Didaktik. München 1975[9].
24 Vgl. *Kron:* Grundwissen Pädagogik. München 1988.

25 Vgl. *Gudjons:* Didaktische Theorien. Braunschweig 1981.
26 *Cube,* F. von: Erziehungswissenschaft. Stuttgart 1977.
27 *Möller,*Chr.: Die curriculare Didaktik. In: *Gudjons:* Didaktische Theorien. A.a.O., S. 63–77.
28 *Winkel,* R.: Die kritisch-kommunikative Didaktik. In: *Gudjons:* Didaktische Theorien A.a.O., S. 78–93.
29 *Meyer,* H.: Leitfaden zur Unterrichtsvorbereitung. Königstein 1980.
30 *Klingberg,* L.: Einführung in die Allgemeine Didaktik. Berlin 1976[3]; *Klingberg,* L.: Lehrende und Lernende im Unterricht. Berlin 1990.
31 Vgl. *Mollenhauer,* K.: Einführung in die Sozialpädagogik. Weinheim 1964, S. 14.
32 Vgl. *Martin,* E.: Didaktik der sozialpädagogischen Arbeit. Weinheim 1989, S. 5.
33 Vgl. *Schulz,* W.: Berichtigung der Redaktion der Zeitschrift. In: Westermanns Pädagogische Beiträge, 4 /1980, S. 164.
34 *Giesecke,* H.: Pädagogik als Beruf. Weinheim 1987, S. 22.
35 *Giesecke,* H.: Einführung in die Pädagogik. München 1971[3], S. 101.
36 *Roth,* H.: Pädagogische Psychologie des Lehrens und Lernens. Hannover 1973[14], S. 188.
37 *Giesecke:* Einführung in die Pädagogik. A.a.O., S. 48.
38 Vgl. ebenda, S. 62–63.
39 Vgl. *Heckhausen,* H.: Entwurf einer Psychologie des Spielens. In: A. *Flitner* (Hrsg.): Das Kinderspiel. München 1974, S. 133–149.
40 Vgl. *Klein,* I.: Gruppenleiten ohne Angst. München 1984, S. 26 – 48; *Schöpping,* H. G.: Gruppenleitung und gruppeneigene Führung. Wiesbaden 1982, S. 74–92; *Bieger,* E. u. a.: Spielregeln für Kursleiter. Gelnhausen 1981, S. 45–54.
41 Vgl. *Malcher,* J.: Gruppen nicht ohne Dynamik. München 1977, S. 47.
42 Vgl. *Gudjons:* Didaktische Theorien. A.a.O., S. 84.
43 Vgl. *Schilling,* J.: Leitfaden für Gruppenleiter. München 1987.
44 Vgl. *Giesecke:* Pädagogik als Beruf. A.a.O., S. 7–17.
45 Vgl. *Schöpping:* Gruppenleitung und gruppeneigene Führung. A.a.O., S. 55–73; *Berner,* W.: Jugendgruppen organisieren. Reinbeck b. Hamburg 1983, S. 42–47.
46 Vgl. *Schilling,* J.: Pädagogische Arbeitsansätze mit Randgruppenjugendlichen. In: Theorie und Praxis der Sozialen Arbeit, 4 /1983, S. 125–131.
47 Vgl. *Tausch,* R. u. A. M.: Erziehungs-Psychologie. Göttingen 1977[8].
48 Vgl. ebenda, S. 101; *Badry,* E. u. a. (Hrsg.): Pädagogik. Grundlagen und Arbeitsfelder. Neuwied 1992, S. 105 ff.
49 *Tausch:* Erziehungs-Psychologie. A.a.O., S. 101–102.
50 *Giesecke:* Pädagogik als Beruf. A.a.O., S. 105.
51 Vgl. *Watzlawick,* P. u. a.: Menschliche Kommunikation. Bern 1969, 1974[4], S. 50.
52 Vgl. ebenda, S. 55.
53 Vgl. *Fittkau,* B. u. a.: Kommunizieren lernen (und umlernen). Braunschweig 1980[2], S. 47–59.
54 Vgl. *Giesecke:* Pädagogik als Beruf. A.a.O., S. 40 ff.; *Mollenhauer,* K.: Theorien zum Erziehungsprozeß. München 1972, S. 107–134; *Badry:* Pädagogik. A.a.O., S. 34 ff.
55 Vgl. *Langmaack,* B./*Braune-Krickau,* M.: Wie die Gruppe laufen lernt. München 1987[2], S. 130–188.
56 Vgl. *Badry:* Pädagogik. A.a.O., S. 36.

57 *Dolch,* J.: Grundbegriffe der pädagogischen Fachsprache. München 1960^3, S. 45.
58 Vgl. *Badry:* Pädagogik. A.a.O., S. 39.
59 Vgl. *Aschersleben:* Didaktik. A.a.O., S. 24–25.
60 *Meyer:* Leitfaden zur Unterrichtsvorbereitung. A.a.O., S. 252.
61 *Baacke,* D.: Die 6- bis 12jährigen. Weinheim 1984, S. 131–186.
62 *Baacke,* D.: Die 13- bis 18jährigen. München 1976, S. 33.
63 *Baacke:* Die 6- bis 12jährigen. A.a.O., S. 85.
64 Die 5. Zone ist nicht von *Baacke* entwickelt worden, sondern von *U. Sander/ R. Vollbrecht*: Zwischen Kindheit und Jugend. Träume, Hoffnungen und Alltag 13- bis 15jähriger. Weinheim 1985, S. 33–34.

2. Kapitel: Was ist Methodik? Was ist Rhetorik?

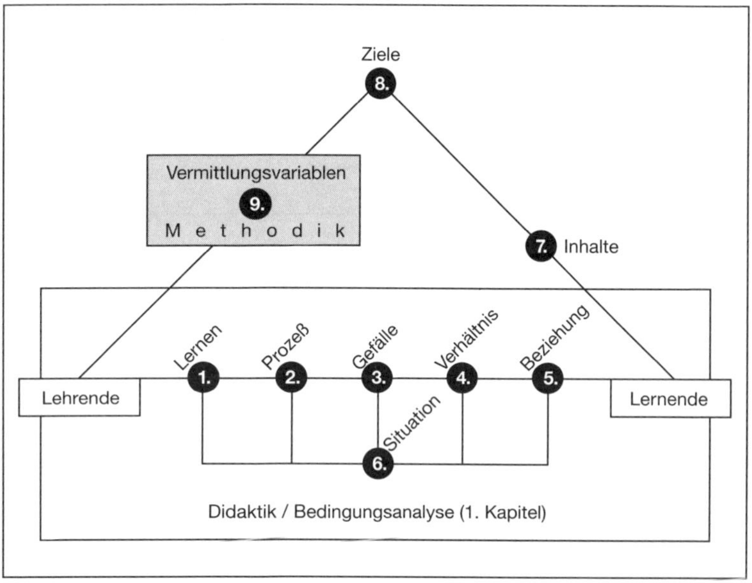

1. Wortfeldanalyse Methode

1.1. Begriffsvielfalt

Im ersten Kapitel wurde der Begriff Didaktik zunächst in Teilelemente zerlegt und am Ende der Abhandlungen anhand der acht Elemente eine Definition erarbeitet. Dieses methodische Vorgehen wurde in der Annahme gewählt, daß sich die Lernenden bisher unter dem Begriff »Didaktik« wenig vorstellen konnten.
Bei den Begriffen »Methode« und »Methodik« kann man jedoch annehmen, daß sie dem Lernenden weitgehend bekannt sind. Daher empfiehlt es sich nicht, den Begriff in Teilschritte zu zerlegen und diese zu erklären. Wir können direkt und unmittelbar an die Begriffsklärung herangehen.

Aufgabe
Versuchen Sie zunächst selbst, die beiden Begriffe zu umschreiben:
1. Was verstehen Sie unter einer Methode?

____

____

____

2. Was verstehen Sie unter Methodik?

____

____

____

Im alltäglichen Sprachgebrauch fällt es nicht schwer, den Begriff Methode zu erklären; anders in der gegenwärtigen pädagogischen Literatur.
»Kaum einer der erziehungswissenschaftlichen Fachtermini kann auf eine derartige Definitionsvielfalt verweisen wie der Begriff der Methode.«[1] *
Es gibt z. T. erheblich voneinander abweichende Vorstellungen.

Th. *Schulze* zählt acht verschiedene Ansätze auf:
- Methode als Muster des Lehrverhaltens
- Methode als angewandte Lernprinzipien
- Methode als zielgerichtete Verfahrensweisen
- Methode als Strukturmoment und als Erfindung
- Methode als theoretische Konzeption des pädagogischen Handlungszusammenhangs
- Methode als Form der Unterrichtskommunikation
- Methode als Erziehungsweg[2]

* Anmerkungen s. S. 114

Schulze zieht aus dieser Vielfalt von Positionen den Schluß:

1. »Das, was mit dem Begriff ›Methode‹ in der Erziehungswissenschaft angesprochen wird, ist eine Vielfalt von Erscheinungen sehr unterschiedlicher Art und Größenordnung. Das bedeutet: Es ist nicht möglich, in einer erziehungswissenschaftlichen Darstellung oder Untersuchung naiv von ›Methode‹ zu sprechen und einfach eine bestimmte Gruppe von Erscheinungen herauszugreifen, ohne sich zu vergewissern, welchen Stellenwert sie im Gesamtfeld der Erscheinungen besitzen und in welchem Bezugsrahmen sie zu interpretieren sind.
2. Es gibt zur Zeit kein allgemein anerkanntes Strukturschema oder Klassifikationssystem, in dem die verschiedenen Methodenerscheinungen so einleuchtend zusammengefaßt wären, als daß man sich ohne weiteres darauf beziehen könnte. Das bedeutet: Man muß begründet auswählen oder selbst einen Zusammenhang herstellen und dafür Einsatzpunkte benennen, also in jedem Fall Vorentscheidungen treffen.«[3)]

Es geht mir nun allerdings nicht um eine erziehungswissenschaftliche Untersuchung des Begriffs »Methode«, so wie sie von *Schulze* vorgenommen wurde, vielmehr möchte ich den Begriff Methode so einführen, wie er ursprünglich verstanden und im pädagogischen Alltag auch verwandt wird. Ich gehe davon aus, daß Lernen und dessen Vermittlung nicht ohne Methode (und Medien) vor sich gehen kann, denn ein Gegenstand kann sich nicht selbst vermitteln, er braucht Vermittlungsträger: Methode und/oder Medien.

Dabei gilt grundsätzlich: »Wer in seinem Stoff zu Hause ist, sich aber keine Gedanken über die Vermittlung macht, mag ein Fachmann auf seinem Gebiet sein, als guten Pädagogen werden wir ihn kaum bezeichnen können. Und auch andersherum . . .: Diejenigen . . . sind verdächtig, die jeden methodischen Schnickschnack einsetzen, um Lappalien an den Mann zu bringen, aber schon bei gezielten Fragen passen und sich durch geschickte Verbalmanöver aus der Affäre ziehen müssen.«[4)]

1.2. Definition von Methode und Methodik

Definition

Der Begriff »Methode« ist ähnlich wie der der Didaktik aus dem Griechischen abgeleitet: metá und hodós.
metá = nach, mit, zwischen
hodós = Weg
méthodos = der Weg zu etwas hin.

- Methode ist das planmäßige Vorgehen zur Erreichung eines Zieles; der erfolgreiche Weg zum Ziel; eine spezifische Art und Weise zu handeln.
- Methode ist eine Weise des Vorgehens in Richtung auf ein Ziel. Im allgemeinen versteht man somit unter Methode eine bewußt gewählte Verhaltensweise zur Erreichung eines bestimmten Zieles.
- Methoden sind Formen des Herangehens an Aufgaben zur Lösung von Zielen und/oder Problemen.

- Methoden sind erprobte, überlegte und übertragbare Vorgehensweisen zur Erledigung bestimmter Aufgaben und Zielvorgaben.[5)]

So wie es in der *Didaktik* um das *Was* und *Warum* geht, befaßt sich die *Methodik* mit dem *Wie* und *Womit.*[6)]

Bei der Methode geht es nicht nur um die Vermittlung von Informationen, orientiert am Erziehungsziel, sondern Methoden sollen Kommunikation stiften und Handlungen anregen.[7)]

Mit Methodik ist die Wissenschaft gemeint, die sich als die Theorie und Lehre von den Methoden versteht. Sie hat die Aufgabe, die Kommunikationsbedingungen und Lernchancen zu untersuchen und darzustellen.[8)]

Halten wir fest

Ist die Didaktik die Wissenschaft vom Lehren und Lernen, so ist die Methodik die Wissenschaft vom zielgerichteten Handeln.

2. Verhältnis von Didaktik und Methodik

2.1. Interdependenz/Implikation

Aufgabe
Wie sehen Sie das Verhältnis von Didaktik und Methodik?
Wie steht Didaktik zur Methodik?
1. Muß es Didaktik und Methodik oder Methodik und Didaktik heißen? Oder:
2. Didaktik/Methodik oder Methodik/Didaktik?

zu 1. ____________________

____

____

zu 2. ____________________

____

____

Im vorausgegangenen Kapitel wurde bereits kurz abgehandelt, wie das Verhältnis zwischen Didaktik und Methodik zu verstehen ist.
Die bildungstheoretische Didaktik verstand Didaktik *im engen Sinne,* und das bedeutete eine logische Abfolge von Didaktik und Methodik. Man sprach vom *Primat der Didaktik.* Methodik wurde durch ein *»und«* mit der Didaktik verbunden. Dieses »und« sollte verdeutlichen, daß zwei Größen miteinander verbunden sind, deren Reihenfolge jedoch eindeutig ist: Didaktik steht vor Methodik.
Anders argumentierte die lerntheoretische Didaktik, die Didaktik im *weiten Sinne* verstand. Zwischen Didaktik und Methodik besteht ein interdependentes Verhältnis, ein Wechselverhältnis. Um dieses entsprechend auszudrücken, wählte man den *Schrägstrich:* Didaktik/Methodik.
Inzwischen ist es kein Streitpunkt mehr, Didaktik wird im weiten Sinne verstanden, d. h. Zielfragen implizieren Wegfragen und umgekehrt.[9)]
Unter *Interdependenz* versteht man die Gleichgewichtigkeit und wechselseitige Abhängigkeit der einzelnen Elemente: Ziele, Inhalte, Methoden und Medien.[10)]
H. *Blankertz* spricht von einem *Implikationszusammenhang,* der zwischen inhaltlichen und methodischen Entscheidungen besteht. »*Blankertz* hat *Heimanns* Wort von der Implikation aufgenommen und spricht vom nicht hintergehbaren Implikationszusammenhang zwischen inhaltlichen und methodischen Entscheidungen, womit zweierlei gemeint ist: Einmal, daß jede Unterrichtsmethode inhaltlich Vorentscheidungen enthält, auch wenn sie dies nicht sichtbar macht; und zum anderen, daß inhaltliche Zielsetzungen für den Unterricht nicht ohne Bezugnahme auf ihre mögliche

oder auszubleibende methodische Durchsetzung sein können. Der zweite Teil dieses Satzes weist auf die Notwendigkeit hin, bei Ziel- und Inhaltsentscheidungen schon mitzudenken, ob und wie die verfolgten Intentionen methodisch durchsetzbar sind ... Der erste Teil der Implikationsthese ist demgegenüber brisanter: Methoden enthalten unausweichlich inhaltliche Vorentscheidungen.«[11)]

Diese Formulierung von *Blankertz* hat sich allgemein in der Didaktik durchgesetzt und ist »konsensfähig«. Der Vorschlag von *Blankertz* hat sowohl die Zustimmung von *Schulz* (1972) als auch von *Klafki* (1976) gefunden.[12)]

Giesecke verdeutlicht diesen Zusammenhang: »Jede Methode beeinflußt also nicht nur den Lerneffekt, ... sondern sie beeinflußt auch den Lerninhalt. Man kann diese Behauptung unschwer an jedem beliebigen Schulbuch nachprüfen: Die Art und Weise der Stoffdarstellung impliziert immer auch eine Vorstellung über das Was und Warum. Allgemeiner ausgedrückt: Die Methode der Darbietung ist konstitutiv für den Stoff, den Gegenstand selbst; es gibt keinen ›Stoff‹, keine ›Sache‹, es sei denn, wir können mit einer bestimmten Methode anderen Menschen davon Mitteilung machen. Didaktik und Methodik stehen also in einem engen Zusammenhang.«[13)]

Dieses Ergebnis korrigiert auch die rein instrumentalistische Vorstellung von Methoden im Sinne einer Zweck-Mittel-Relation. Die Methoden werden dabei als Weg verstanden, den man gehen muß, um ein Ziel zu erreichen. Dieser Gedanke geht davon aus, daß man ein Ziel festgelegt hat und nur noch den Weg dorthin bestimmen muß.[14)] Zwischen Ziel und Methode besteht bei diesem Verständnis keine Wechselwirkung.

Didaktik/Methodik stehen jedoch in einem sich gegenseitig bedingenden Verhältnis. Methodik ist ohne Didaktik nicht möglich. Didaktik ist für Methodik der Rahmen möglicher Handlungsfolgen und Verhaltensweisen. Deshalb muß es auch Didaktik/Methodik heißen, das ist eine logische Folgerung. Es ist unverständlich, wie in einigen Ausbildungseinrichtungen von Sozialpädagogen wie Sozialarbeitern beliebig von Methodik/Didaktik oder Didaktik/Methodik gesprochen wird.

Trotz der logischen Reihenfolge stehen Ziele und Methoden in einer Interdependenz bzw. Implikation, d. h., bestimmte Ziele können nur durch bestimmte Methoden erreicht werden, und nur bestimmte Methoden eignen sich zum Erreichen bestimmter Ziele. In der Auswahl der Ziele ist auch gleichzeitig der methodische Rahmen abgesteckt. Ziele sollen in Handlung umgesetzt werden, d. h. also, Ziele müssen so konkret formuliert werden, daß ihre Umsetzung im Handeln bereits erkennbar ist.

Umgekehrt: Geht man vom Axiom aus: Der Mensch kann sich nicht ziellos verhalten, dann besagt dies, daß in jedem methodischen Handeln bereits Ziele enthalten sind.

Halten wir fest
Die Antwort auf die zwei Fragen lautet also:
1. Das Verhältnis von Didaktik und Methodik wird durch Interdependenz bzw. Implikation bestimmt.
2. Dieses Implikationsverhältnis wird nicht durch ein *UND*, sondern durch einen *Schrägstrich* ausgedrückt: *Didaktik/Methodik*.

2.2. Didaktisches Dreieck: Neuntes didaktisches Element

Im ersten Kapitel habe ich die dort erarbeiteten acht didaktischen Elemente im Didaktischen Dreieck graphisch zusammengefaßt. Die Methoden (im nächsten Punkt werde ich diesen Begriff noch näher klären) versteht man als ein weiteres didaktisches Element, das nun auch auf den Schenkeln des Dreiecks eingetragen werden soll.

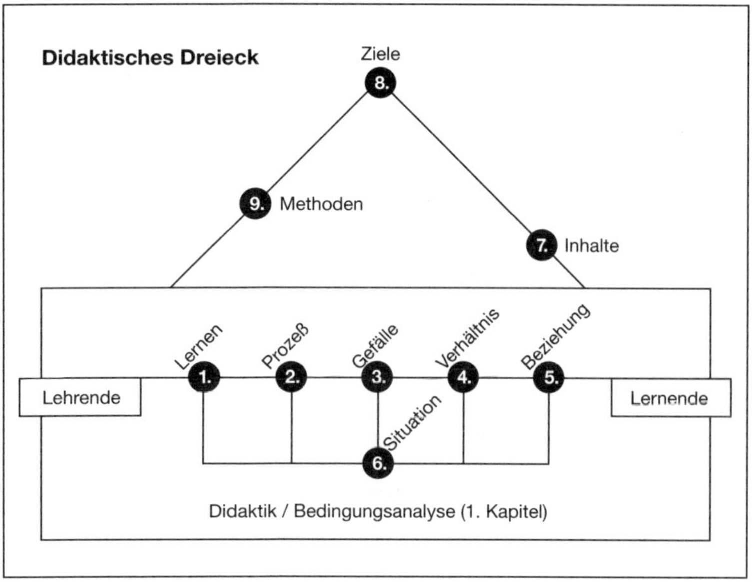

In der Diskussion mit Lernenden/Studenten ergaben sich mehrere graphische Lösungen.
Die Methoden wurden in die Mitte des Dreiecks oder als Kreis um das Dreieck gezeichnet. Diese Lösung assoziiert allerdings das Bild, die Methoden stünden oder umfaßten alle Elemente des Dreiecks. Danach wären die Methoden das wichtigste Element.

Vorschlag: Methode wird als weiteres 9. Element auf den Schenkel des Dreiecks eingetragen. Es ist ein gleichwertiger und gleichwichtiger Bestandteil wie die anderen Elemente auch. Die Wechselwirkung bzw. Implikation wird dadurch besser verdeutlicht.

2.3. Vermittlungsvariablen

Der Begriff »Methode« ist ungenau, recht umfangreich und enthält unterschiedliche Merkmale. Diese sollen herausgearbeitet und näher dargestellt werden.

Aufgabe
Stellen Sie sich vor, Sie planen einen Elternabend zum Thema »Probleme Behinderter mit der Integration in die Gesellschaft«. Sie haben sich mit dem Thema ausführlich beschäftigt, sich kompetent gemacht. Nun überlegen Sie, *wie* Sie den Elternabend methodisch und organisatorisch gestalten könnten.
Machen Sie sich Gedanken und erarbeiten Sie das methodisch/organisatorische Vorgehen. Es geht hier nur um den methodischen Ablauf. Wie würden Sie den Elternabend gestalten?

Ideen für den Elternabend

Das Ergebnis Ihrer Überlegungen könnte vielleicht sein: Sie wollen einen *Kurzvortrag* (etwa 15 Minuten) halten, anschließend *Gruppenarbeit* (20 Minuten) vorschlagen, danach in eine offene *Diskussion* überleiten (20 Minuten). Gleichfalls wollen sie einen *Kurzfilm* zeigen (5 Minuten), die Diskussionsergebnisse auf *Wandplakaten* festhalten (5 Minuten).
Die Sitzordnung wollen Sie so gestalten, daß die Teilnehmer in *Tischgruppen* sitzen, um so besser diskutieren zu können. Des weiteren wollen Sie auch *Getränke* anbieten, um auf diese Weise eine etwas gelockerte Atmosphäre zu schaffen usw. Vielleicht haben Sie auch ganz andere und viel originellere Ideen für den Elternabend.
Worum geht es? Unter dem Begriff »Methode« zählen hier z. B.: Vortrag, Gruppenarbeit, Diskussion, Film, Plakat, Tischgruppen, Getränke, Zeitangabe. Diese »Methoden« sind jedoch von ganz unterschiedlicher Art und sollten deshalb in verschiedenen Gruppen klassifiziert werden:
1. *Methoden*: Vortrag, Gruppenarbeit, Diskussion
2. *Medien*: Film
3. *Material*: Wandplakat, Verlängerungskabel, Ersatzlampe

4. *Zeit*: Kurzvortrag von etwa 15 Minuten, 30 Minuten Gruppenarbeit etc.
5. *Pädagogische und organisatorische Hinweise:* Tischgruppen, Getränke, etc.

Diese fünf Schritte gehören zur methodischen und organisatorischen Planung. Der Pädagoge muß überlegen:

- Welche Methoden eignen sich am besten?
- Brauche ich Material? Wenn ich einen Film zeigen will: ein Verlängerungskabel, Verdunkelungsmöglichkeiten, Ersatzlampe etc. Wenn ich Wandplakate erstellen lassen will: Plakate, Filzstifte, Aufhängevorrichtung etc.
- Wie lange soll der Vortrag dauern? Wieviel Zeit soll für Gruppenarbeit eingeplant werden? Wie lange soll die ganze Veranstaltung dauern?
- Wie sollen der Raum gestaltet, die Tische angeordnet werden? Soll es etwas zu essen und zu trinken geben? Wo soll der Referent stehen? Von wo aus soll der Film gezeigt werden?

Je nach Situation muß der Pädagoge über diese fünf Punkte nachdenken und sich z. T. spontan entscheiden, z. T. kann er das auch in Ruhe vorbereiten. Diese fünf Teilbereiche des methodischen Handelns sollen »*Vermittlungsvariablen*« genannt werden. Vermittlungsvariablen sind die Wege und Mittel, die Art und Weise, wie durch Methoden und Mittel Ziele erreicht werden.[15)]

Halten wir fest
Unter Vermittlungsvariablen versteht man:
1. Methode
2. Medien, Mittel
3. Material
4. Zeit
5. Pädagogische und organisatorische Hinweise

Bei einer Konzepterstellung müssen diese Punkte stets berücksichtigt werden.

Praxis

Beispiel
Ein Feinziel bei dem Elternabend könnte z. B. lauten: Die Eltern sollen Informationen über eine Behindertentagesstätte erhalten.

Vermittlungsvariablen

- Methode: Vortrag
- Medien: Dias
- Material: Diaprojektor, Leinwand, Ersatzlampe, Verlängerungskabel
- Zeit: 15 Minuten
- *Pädagogische und organisatorische Hinweise:*
  - Der Raum muß verdunkelt werden können.
  - Die Stühle und Tische bereits so stellen, daß alle die Dias gut sehen können.
  - Nicht zu lange zu einem Bild etwas erzählen.

3. Methoden in der Praxis

3.1. Gute und schlechte Methoden

Es gibt eine Vielzahl von Methoden. Ich habe in zwei Büchern jeweils 100 Methoden vorgestellt.
J. Schilling: Methodenbuch Jugendarbeit. München: Kösel-Verlag 1982, Bd. 1.
Methodenbuch Jugendarbeit. München: Kösel-Verlag 1985, Bd. 2.
Es ist eine Frage der Phantasie und Kreativität, diese Anzahl der Methoden um ein Vielfaches zu erweitern.
Interessant ist in diesem Zusammenhang sicher die Frage: Gibt es gute und schlechte Methoden? Diese Frage muß man im Zusammenhang mit der Frage nach guten und schlechten Praktikern stellen. Denn die Methode ist an sich neutral, entscheidend ist es, wie sie der Praktiker einsetzt, wie er mit ihr umgeht, wie er durch sie motivieren kann. Zum Beispiel konnte man durch einen von der *National Education Association* 1961 angeregten Überblick über alle vorhandenen Untersuchungen guter und schlechter Unterrichtsmethoden keine Lernmethode entdecken, von der sich klar nachweisen ließe, daß sie entweder mit gutem oder schlechtem Unterricht verbunden war. In diesem Überblick waren Hunderte von Untersuchungen erfaßt worden. Die Schlußfolgerung scheint ohne Frage definitiv zu sein. »Das Resultat dieses Forschungsprogramms ist ernüchternd: Die beste Methode gibt es nicht . . .[16] Die Eignung einer Methode läßt sich niemals absolut feststellen. Das heißt: Es gibt keine guten oder schlechten Methoden an sich, sondern immer nur solche Methoden, die im Hinblick auf ein konkretes Lernziel unter Berücksichtigung konkreter Teilnehmervoraussetzungen und einer konkreten Kurssituation als geeignet bzw. nicht geeignet angesehen werden können.«[17] *Terhart* kommt zu dem zusammenfassenden Ergebnis: »Es gibt nicht *die* Lehrmethode, weil es *das* Lernen nicht gibt. Je nach angestrebter Lernqualität müssen unterschiedliche methodische Arrangements bereitgehalten werden. Die Pluralität der Lernformen erzwingt eine Pluralität im Methodischen; methodische Monokultur (wie sie leider zu den Realitäten unserer Schulen gehört) fördert demgegenüber eine Einseitigkeit des Lernens bzw. der realisierten Lernqualität . . . Die methodische Monokultur widerspricht . . . einem elementaren Gerechtigkeitsgebot insofern, als die eine dominierende Methode immer nur eine bestimmte Gruppe von Schülern bevorteilt, andere systematisch benachteiligt. Angesichts der Vielgestaltigkeit der Lernarten und Lernstile in einer Schulklasse müßte die Pluralität der methodischen Angebotsformen eigentlich in den Stand eines einklagbaren Rechts erhoben werden.«[18]
Wahrscheinlich liegt der Grund, warum man keine spezifischen Methoden finden konnte, die jeweils bei guten oder schlechten Pädagogen vorkommen, darin, daß nicht die Methode selbst der wichtigste Faktor ist,

sondern die Bedeutung, die die Methode für die Person hat, die sie anwendet und auf die sie angewandt wird. Ganz entscheidend für die Wirkung einer Methode ist das Engagement des Pädagogen. Deshalb ist die Frage falsch gestellt: Gibt es gute und schlechte Methoden? Sondern die Frage muß lauten: Gibt es engagierte und weniger engagierte Pädagogen?
Genauso wie es kein »richtiges« pädagogisches Handeln gibt, sondern nur »angemessenes« pädagogisches Agieren, gibt es auch keine guten und schlechten Methoden.[19)]

3.2. Methoden der Sozialarbeit

In der Sozialarbeit ist der Begriff »Methode« eindeutig belegt. Wenn man in der Sozialarbeit von Methoden spricht, meint man die klassischen Methoden *Einzelhilfe, Gruppenarbeit, Gemeinwesenarbeit.*[20)] Inzwischen sind noch zwei weitere hinzugekommen: *Projektmethode* und *Supervision.* Wenn die klassischen Methoden den Begriff Methode okkupiert haben, muß man sich fragen, wie man z. B. Rollenspiel, Planspiel, Podiumsgespräch, Interview, Bildkollage etc. bezeichnet. Muß man für diese methodischen Vorgehensweisen einen anderen Begriff prägen?
Ich bin der Meinung, der Begriff »Methoden der Sozialarbeit« ist falsch gewählt. Obwohl die neuere Literatur dies bestätigt, halten viele Hochschulen in ihrem Studienprogramm an der alten Formulierung immer noch fest.
Begründung: Soll einer Person geholfen werden, geht man nach didaktischen und methodischen Prinzipien vor. Das heißt, man überlegt sich u. U. gemeinsam mit dem Betreffenden, welches Ziel man anstreben will, und sucht dementsprechend die geeignete Methode zur Umsetzung dieses Zieles aus. Dies kann z. B. das Einzelgespräch sein. Diese »Globalmethode« enthält nun wiederum Ziele und neue Methoden. Man kann sich z. B. überlegen, welche Gesprächsmethode man anwenden will, ob man ein Rollenspiel einsetzen möchte usw. Das heißt also, die »Methode« Einzelfallhilfe enthält u. U. viele weitere Methoden. Dadurch wird nun der Begriff »Methode« sehr unklar. Soll man von Globalmethoden sprechen, soll man die Unterscheidung von *Schulze* einführen und von Methoden auf der Makro-, mittleren und der Mikro-Ebene sprechen?[21)]
G. *Eichhorn* stellt zu dieser Frage fest: »Vorerst kann man nur Unsicherheit konstatieren, ob die klassischen drei Methoden überhaupt im Sinne einer modernen Wissenschaftstheorie als ›Methoden‹ anzusprechen sind oder aber als bloße berufliche Techniken, neben denen es noch weitere Arbeitsformen gibt.«[22)] E. *Martin* geht sogar noch weiter, indem er resümiert: »Die Zeit ist vorbei, in der die drei traditionellen Methoden . . . die Reflexion der Sozialen Arbeit in weiten Praxisbereichen bestimmten und auch in der Ausbildung und Fortbildung eine zentrale Rolle einnahmen. Das Kapitel Methodenlehre in diesem Sinne ist abgeschlossen.«[23)]

Diese kritische Einstellung setzt sich immer mehr durch. Man kommt zu folgender Klärung:

Makro-Ebene: Einzelfallhilfe, Gruppenarbeit, Gemeinwesenarbeit. Man spricht hier nicht von einer Methode, sondern von einer *Arbeitsform, Arbeitsweise* oder *Arbeitstechnik.* Der Sozialarbeiter arbeitet nach einer bestimmten Arbeitstechnik, z. B. der Gruppenarbeit.
Meso-Ebene: Gruppenpädagogik, Gruppendynamik, Gesprächstherapie, Tiefenpsychologie, Lernpsychologie, TZI u. a. Auch hier sprach man von Methoden, z. B. gruppenpädagogische Methode, Methode der Gesprächstherapie nach *Rogers* u. a. Inzwischen werden auch diese Vorgehensweisen nicht mehr als Methode, sondern als *Verfahren* bezeichnet: gruppenpädagogisches Verfahren, tiefenpsychologisches Verfahren usw.
Mikro-Ebene: Rollenspiel, Planspiel, Interview etc. Wenn es um das ganz konkrete Handeln geht, um die Umsetzung von Zielen in Handlung, dann, und zwar nur dann sprechen wir von *Methoden.*

Das heißt also: Ein Sozialarbeiter kann in seiner Einrichtung die Arbeitsform Gruppenarbeit anwenden, bei der Gruppenarbeit geht er nach dem gruppendynamischen Verfahren vor und setzt in der konkreten Situation z. B. die Methode »Interview« oder »Pro & Contra« ein.

Halten wir fest
Wenn man von Methoden spricht, sind damit nicht die klassischen Methoden der Sozialarbeit gemeint. Vielen Sozialarbeitern dürfte diese Korrektur schwerfallen, zumal sie auf diese Berufsbegriffe geradezu konditioniert wurden. Diese Unterscheidung und Klärung der Begriffe ist aus didaktisch/methodischer Sicht jedoch notwendig und unabdingbar.[24)]

3.3. Ziele – Inhalte – Methoden – Medien

Sie haben bestimmt schon in einer sozialpädagogischen Einrichtung ein Praktikum absolviert. Wie geht man in der Praxis vor? Wählt man zuerst die Ziele oder zuerst Methoden und macht sich über die Ziele nur wenig Gedanken? Welche Erfahrungen haben Sie gemacht? Reflektieren Sie ganz ehrlich Ihre eigenen Praxiserfahrungen.

Aufgabe
Praxiseinrichtung: ______________________

1. Wie sind Sie vorgegangen?

____

____

____

2. Wie sind die anderen Mitarbeiter vorgegangen?

____

____

____

Der logischen Abfolge nach muß es Didaktik/Methodik heißen. Zielüberlegungen stehen vor Methodenauswahl.[25)] Dieser Hinweis ist sehr entscheidend. Viele Praktiker machen sich kaum Gedanken über ihre Ziele, über das *Was* und das *Warum.* Für sie sind die Methoden wichtiger, auf spannende, abwechslungsreiche und interessante Methoden kommt es ihnen vor allem an. Die Frage steht im Vordergrund: *Wie* mache ich etwas?
Es wäre nun jedoch aus der Sicht der *Didaktik* falsch und unrealistisch, den Anspruch zu erheben, der Praktiker müsse sich bei jeder Handlung zuerst nach den Zielen fragen, bevor er Methoden wählt.
Die Didaktik als Versatzwissenschaft zwischen Theorie und Praxis stellt keine solche einseitigen Forderungen. Wenn zwischen Didaktik und Methodik ein interdependentes Verhältnis besteht, kann der Praktiker beliebig auswählen, bei welchem Element er anfangen möchte: Ziel, Inhalt, Methode oder Medien (Medien werden später ausführlich behandelt).
Er kann also vier Wege gehen:

1. Weg: Er überlegt sich zuerst *Ziele.* Was will ich unternehmen und warum will ich das?
2. Weg: Er kann sich durch ein Thema anregen lassen, also beim *Inhalt* beginnen. Zum Beispiel liest er in einer Zeitschrift einen interessanten Artikel, den er in seiner Arbeit gut verwenden kann.

3. Weg: Er weiß, daß die Lernenden gerne Quizspiele machen, Fußballspielen, Rollenspiele oder andere Spiele durchführen. Er überlegt sich also interessante Spiele/*Methoden.*
4. Weg: Ähnliches läßt sich nun auch von *Medien,* z. B. vom Film sagen. Der Pädagoge hat die Möglichkeit, einen guten Film auszuleihen. Da er weiß, die Gruppe sieht gerne Filme, setzt er ihn entsprechend ein.

Alle vier Wege sind legitim: Der Praktiker kann bei den Zielen oder Inhalten oder Methoden oder Medien beginnen. Wichtig und allein ausschlaggebend ist, gleich wo er ansetzt, daß er sich letztendlich die Zielfrage stellt: *Was* will ich damit erreichen und *warum* halte ich das für interessant, für wichtig?

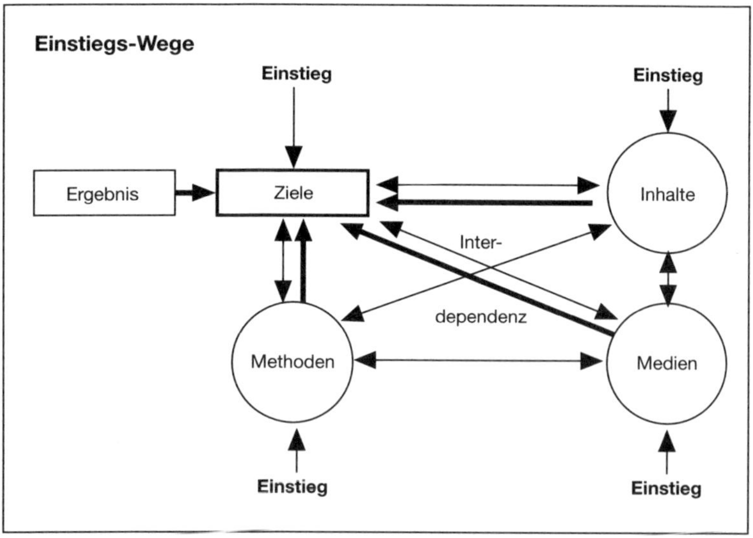

Die Graphik zeigt, daß alle vier Elemente interdependent sind und der Einstieg bei jedem Element möglich ist, daß aber unabhängig vom Einstieg die Zielfrage immer gestellt werden muß. Zu diesem Ergebnis muß jeder praktische Einstieg unabdingbar führen, will der Pädagoge verantwortlich handeln.

4. Ergebnisse der Methodik

Als Ziel pädagogischen Handelns wird in der Erziehungswissenschaft genannt: *Lernen.* H. *Giesecke* faßt die Überlegungen über pädagogisches Handeln so zusammen: »Pädagogisches Handeln hat zum Ziel, Menschen Lernen zu ermöglichen; dabei sind nur solche Lernziele möglich, die dem Bewußtsein und damit dem argumentativen Austausch zugänglich sind. Die dabei anzuwendenden Mittel dürfen den Menschen nicht zum Mittel für andere Zwecke machen, es sei denn, man stellt diese Zwecke der freien Entscheidung des Menschen zur Disposition.«[26)] Lernen ist eine alltägliche Dimension unseres Lebens. In der Pädagogik geht es um Lernangebote. Pädagogen können als »Lernhelfer« bezeichnet werden.

Lernen ist nun ein Prozeß im Inneren des Menschen, über den wir nur durch sein Handeln etwas erfahren, denn im Handeln drückt sich der Mensch aus und gibt verschlüsselt Auskunft über seine inneren Vorgänge. Dieser innere Prozeß ist allerdings von äußeren Bedingungen abhängig. Das pädagogische Handeln ist darauf gerichtet, äußere Bedingungen für das Lernen zu schaffen, um direkt oder indirekt Einfluß zu nehmen. »Wenn man der Annahme folgt, dann ist in einer Theorie des methodischen Handelns vor allem zu untersuchen, unter welchen Bedingungen menschliches Lernen tatsächlich stattfindet und wieweit, in welcher Hinsicht und durch welche Art von Handlungen diese Bedingungen beeinflußt und im Sinne unerwünschter Lernergebnisse gestaltet werden können.«[27)]

Die Methodik erforscht den Lernvorgang des Menschen und formuliert Folgerungen für das methodische Handeln des Pädagogen. Einige Ergebnisse der Methodik sollen im folgenden dargestellt werden.

4.1. Sinnesorgane

4.1.1. Informationsaufnahme

Will der Pädagoge Lernen ermöglichen, so muß er sich Kenntnisse der Lernpsychologie, der Hirnforschung und anderer Fachgebiete aneignen. Er kann nicht gegen die Biologie lehren. Vielmehr muß er die biologischen Gesetzmäßigkeiten des Lernens und des Gedächtnisses berücksichtigen und sie zur Grundlage seines methodischen Handelns machen. Informationen nimmt der Mensch über seine Sinnesorgane auf. Wir können vier Gruppen festhalten, über die wir Reize/Informationen aufnehmen:

- optischer Kanal
- akustischer Kanal
- taktiler Kanal
- andere Kanäle

Aufgabe
Was meinen Sie, über welchen der vier Kanäle nehmen wir am meisten Information auf?

____

____

____

Die Kanäle nehmen Reize in ganz unterschiedlicher Größe und Menge auf. Die Größen werden in bit/s (Bit = Signale pro Sekunde) angegeben.

Zuflußmengen der Sinnesorgane

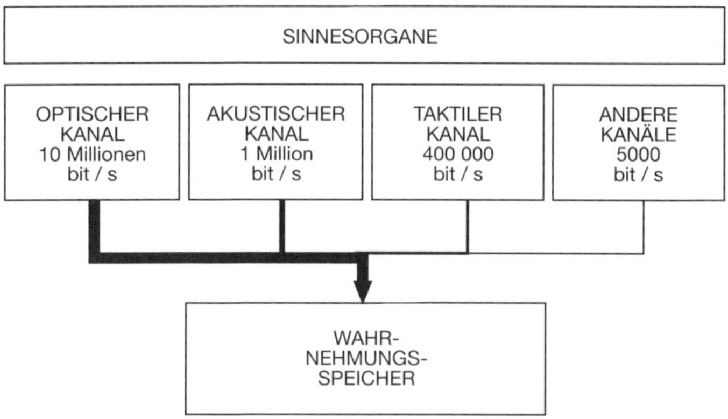

Die meisten Informationen werden über den optischen Kanal, das Auge, aufgenommen. »Man vermutet, daß das visuelle Speichersystem eine größere Zuflußgeschwindigkeit und Aufnahmekapazität hat als der verbale Speicher.«[29] Visuelle Informationen werden in zwei verschiedenen Speichern niedergelegt, während für verbales Material nur ein Speicherraum zur Verfügung steht.
Untersuchungen an US-Universitäten kommen zu dem Ergebnis[30]:

● *Wir lernen*
1 % durch Schmecken
1,5 % durch Fühlen
3,5 % durch Riechen
11 % durch Hören
83 % durch Sehen

● *Wir behalten*

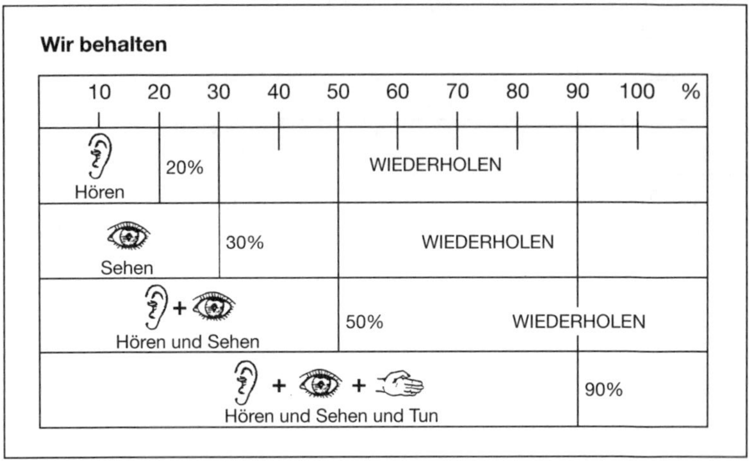

Halten wir fest
Der Mensch nimmt etwa 80 – 85 % aller Wahrnehmungen mit dem Auge auf, etwa 10 – 15 % mit dem Ohr und etwa die restlichen 5 % mit den drei anderen Sinnen.[31] Diese Forschungsergebnisse müssen bei der Auswahl der Methoden berücksichtigt werden.

Aufgabe
Welche Konsequenzen ziehen Sie aus diesen Erkenntnissen für das methodische Vorgehen?

____

____

____

4.1.2. Pädagogische Folgerungen

Folgende Punkte können für das methodische Handeln des Pädagogen festgehalten werden:

● *Visualisieren*
Der visuelle Eingangskanal ist die zentrale Station für die Informationsaufnahme. Informationen sollten deshalb möglichst visualisiert werden. Der Mensch hat das Bedürfnis, das, was er hört, auch zu sehen. Wir haben Beispiele aus dem täglichen Leben: Hören wir jemanden sprechen, schauen wir in seine Richtung und versuchen, die Person zu sehen.

Der Pädagoge sollte, vor allem wenn er als Lehrer tätig ist, mit Bildern und Graphiken arbeiten. Das Auge möchte das Gehörte in einer anschaulichen Form wahrnehmen. Untersuchungen konnten nachweisen, das in Visualisierung trainierte Teams in der gleichen Zeit zum gleichen Problem eine fast doppelt so hohe Leistung wie nicht trainierte Teams erbrachten.[32) Versuchspersonen vermochten z. B. Bilder, die ihnen gezeigt wurden, in einer Menge von 2.500 bis 10.000 Bildern wiederzuerkennen. Solche Leistungen lassen sich mit verbalen Materialien nicht erreichen.[33)] Der Lehrende sollte mit dem Stift reden, zum »Scribbler« (Stehgreifzeichner) werden. Seine Gedanken sollten in Graphiken zusammengefaßt oder durch Medien unterstrichen werden.

● *Mehrere Eingangskanäle*

Man lernt am leichtesten und besten, wenn bei der Informationsübermittlung mehrere Eingangskanäle beteiligt werden. »Fachleute schätzen den Effekt eines Vortrages beim Lernenden – also die Wissensmenge, die tatsächlich beim Hörer haften bleibt – auf durchschnittlich 8 % der Gesamtmenge des Gebotenen. Mit den Mitteln der richtig angewendeten Lehrkonferenz kann das Zehnfache dieses Effektes erzielt werden.«[34)]
Man könnte sich an die Regel halten: Erklären (Ohr), zeigen (Auge) und handeln (Gruppe).

Ein Referat, das nur sprachlich vorgetragen wird und keinerlei Graphiken anbietet, d. h. also nur das Ohr anspricht, ist keine besonders geeignete Lehrmethode.

Nach Durchsicht vieler Untersuchungen über die Vortragsmethode kommt man zu dem Schluß: Soll der Stoff nur für eine kurze Zeit im Gedächtnis bleiben, will man die Teilnehmer kaum aktivieren und motivieren, dann sollte man einen Vortrag oder ein Referat wählen. »Referat und Vortrag, wenn sie für sich stehen, sind im Hinblick auf die kognitive Seite des Lernprozesses nicht sonderlich hoch zu bewerten, da sie zwar kurzfristiges Behalten von Informations- und Fachwissen, nicht aber langfristige Wissensaufnahme und Verarbeitung erlauben.«[35)] Der Pädagoge sollte, wenn er referiert, also unbedingt das Gesagte durch Folien auf dem Overheadprojektor, Tafelanschrieb, Wandplakate etc. zu visualisieren versuchen. Hören und Sehen sollten wichtige Auswahlkriterien für den Methodeneinsatz sein.

● *Selber formulieren*

Sehr hoch ist der Lernerfolg, wenn der Lernende am Gespräch selber beteiligt ist und Inhalte selber formulieren oder erzählen kann. Für die Auswahl von Methoden besagt dies: Der Lehrende sollte den Lernenden häufig die Möglichkeit einräumen, Gelerntes nachzuerzählen und zu wiederholen.

Eine geeignete Methode ist, zu Beginn einer Lehreinheit die Teilnehmer zu bitten, das in der letzten Sitzung/Stunde Gehörte zu wiederholen. Durch diese Methode wird zum einen der Stoff aufgefrischt und in Erinnerung gebracht, zum anderen wird durch das Wiederholen, das Selber-Sprechen die Lerneffektivität deutlich erhöht. Auf die Bedeutung von Wiederholungen komme ich noch an anderer Stelle zu sprechen.

● *Selber handeln*
Der größte Lernerfolg ist gegeben, wenn der Lernende in irgendeiner Form selber motorisch handelt. Durch das Handeln werden mehrere Sinneskanäle angesprochen, damit erhöht sich die Chance des Behaltens.
In diesem Zusammenhang muß auch die Methode »Gruppenarbeit« verstanden werden. »Eine selbst erarbeitete Einsicht wirkt nicht nur stärker motivierend, sondern wird auch wesentlich besser behalten als alle ›goldenen Worte‹ eines Vortrages.«[36] Der Lehrende sollte davon ausgehen, daß die Lernenden zu dem vorgetragenen Thema bereits eigene Informationen, Kenntnisse und Erfahrungen besitzen. Bei vielen Themen werden dies wohl 40 – 60 % der zu vermittelnden Informationen sein. Der Lernende kann durch die Gruppenarbeitsmethode motiviert werden, seine Kenntnisse ins Bewußtsein zu rufen und durch die Informationen der anderen Gruppenmitglieder zu erweitern. Das Gruppenergebnis wird vorgetragen (möglichst visualisiert) und diskutiert. Erst im Anschluß daran sollte der Lehrende fehlende Informationen ergänzen, indem er jetzt statt eines langen Vortrags ein Kurzreferat hält. Der Vorteil dieser Doppel-Methode (Gruppenarbeit-Kurzreferat) liegt auf der Hand: Die Teilnehmer erarbeiten einen Teil der Informationen, mit denen sie sich identifizieren können; sie sind motiviert, weitere Informationen zu hören. Der Lehrende kann sich zunächst selber über den Informationsstand der Gruppe informieren, sich selbst u. U. neue Aspekte aufzeigen lassen (denn auch er ist Lernender), und erst am Schluß kann er nachtragen, was an Informationen fehlt. Durch das selbständige Arbeiten/Handeln ist der Lernerfolg erheblich größer.

Lernerfolge in Abhängigkeit von der Methode

Lernende behalten durchschnittlich etwa

20% von dem, was sie nur gehört haben.
30% von dem, was sie nur gesehen haben.
50% von dem, was sie gehört und gesehen haben.
70% von dem, was sie selbst gesagt haben.
90% von dem, was sie mitdenkend erarbeitet und selbst ausgeführt haben (aktives Lernen).

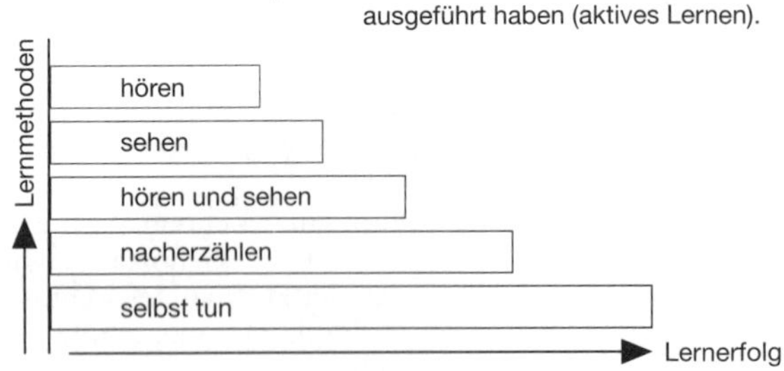

4.2. Gedächtnis

4.2.1. Gedächtnisspeicher

Die Gedächtnispsychologie und Gehirnforschung haben den Vorgang, wie Informationen ins Gedächtnis gelangen und dort verbleiben, intensiv untersucht. Ihr Ergebnis ist: Man kann drei Speicher unterscheiden.

- *Ultrakurzzeitgedächtnis:* Dieser Gedächtnisbereich ist längstens bis zu 20 Sekunden wirksam. Dies ist darauf zurückzuführen, daß alle Sinneseindrücke sich zunächst als elektrische Schwingungskreise in unserem Hirn bewegen und wieder verlöschen, wenn sie nicht durch besondere Aufmerksamkeitszuwendungen an vorhandene Vorstellungsgitter aufgehängt werden.[38)] Vorgänge werden wahrgenommen und führen, ohne länger im Gehirn verarbeitet zu werden, direkt zu Reaktionen oder automatischen Sofort-Handlungen. Spontane, instinktive Reaktionen werden so möglich. Es geht um Handlungen, bei denen nicht mehr nachgedacht werden muß. Man vergißt sie sofort wieder. Auf diese Weise schützt sich das menschliche Gehirn vor unnötigen Speicherungen und damit vor Belastungen durch Informationen.[39)]
- *Kurzzeitgedächtnis:* Trifft die über das Ultrakurzzeitgedächtnis aufgenommene Information auf Bekanntes oder kann sie dies mit einer Aktivität assoziieren, gelangt diese Information in das Kurzzeitgedächtnis. Dieses kann sich Nachrichten bis zu 20 Minuten lang merken.
- *Langzeitgedächtnis:* Wirklich merken kann sich der Mensch nur Inhalte, die er in sein Langzeitgedächtnis übertragen hat. Ob eine Information aus dem Kurzzeitgedächtnis in das Langzeitgedächtnis übernommen wird, hängt in der Regel von drei Faktoren ab:
  - Motivation, emotionaler Gehalt
  - Aufmerksamkeit
  - Assoziationsbrücke,
    d. h. wenn an bereits Bekanntes angeknüpft werden kann[40)]

Drei-Speicher-Modell[41)]

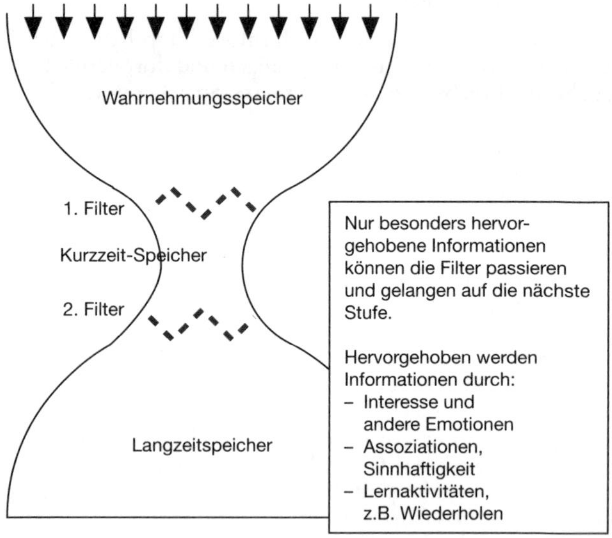

4.2.2. Behalten und Vergessen

Den Behaltensvorgang kann man sich auch so vorstellen:[42)]

INFORMATION	ULTRA-KURZZEIT-GEDÄCHTNIS	KURZZEIT-GEDÄCHTNIS	LANGZEIT-GEDÄCHTNIS
QUELLEN:	SPEICHERART:	SPEICHERART:	SPEICHERART:
von außen Sinnes-wahrnehmung; von innen Gedanken, Gefühle	elektrische Schwingungen, Ionenströme (Nervenimpulse)	Nukleinsäuren-Kette (RNS), die wieder zerfällt	Eiweiß-Moleküle und ihre feste Einlagerung
	DAUER	DAUER	DAUER
	Sekunden	Minuten	Stunden bis Jahre
	ERLISCHT:	ERLISCHT:	ERLISCHT:
	durch Über-lagerung mit neuen Infor-mationen, starke Nervenreizung	wenn Wieder-holung und Sinnverbindung ausbleiben, durch schweren Schock	eigentlich nie, wird jedoch überdeckt, wenn Wiederholung und Anwendung ausbleiben

Dem Behalten steht das Vergessen gegenüber. Die Vergessenskurve eines Tages wird von der Gedächtnisforschung so gesehen[43)]:

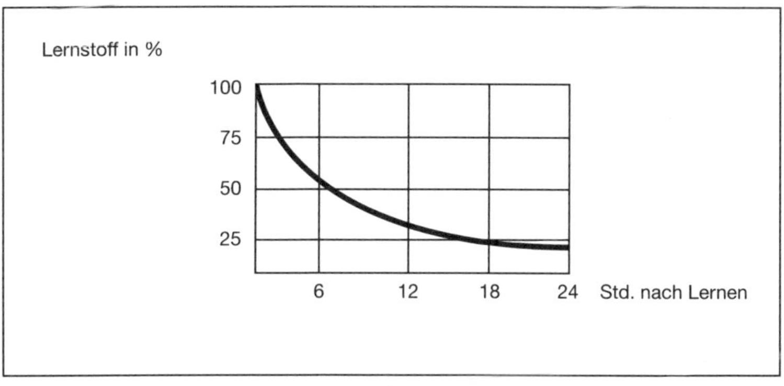

Ist der Lernvorgang beendet, dann verschwindet ein großer Teil davon schnell aus dem Gedächtnis. Was in 24 Stunden noch an Wissen übrig ist, wird kaum noch vergessen.

Ebbinghaus hat die Vergessenskurve über vier Wochen erforscht und in folgende schematische Darstellung bei verschiedenem Lernmaterial gefaßt[44]:

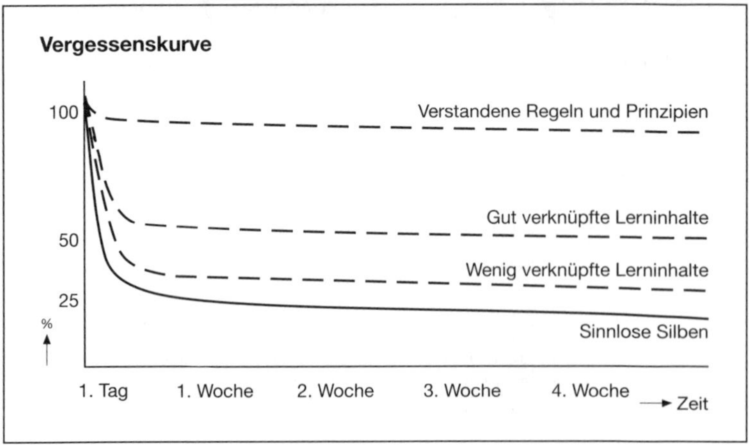

4.3. Pädagogische Folgerungen

4.3.1. Wiederholungen

Die erste und wichtigste Konsequenz aus diesen Überlegungen ist: *Wiederholungen.* Sie sind für das Behalten einfach notwendig, sind integraler Bestandteil des Lernens.

Der Pädagoge sollte stets, bevor er neue Lerninformationen anbietet, das bereits Gehörte und Gesehene unbedingt wiederholen lassen. Es geht dabei nicht so sehr darum, daß er den Stoff wiederholt, sondern daß die Lernenden ihn bearbeiten und wiederholen. Hier bietet sich die Methode »Partner-Interview« an. Zwei Lernende wiederholen den Stoff, indem sie sich gegenseitig interviewen. Dies ist auch in einer großen Gruppe möglich. Sie teilt sich in Paare auf, und jeder führt abwechselnd ein Interview durch.

4.3.2. Strukturierung

Um Informationen besser speichern zu können, bedarf es einer Grundtechnik des Lernens: *systematische Ordnung, Strukturierung.*

Gut strukturiertes Lernmaterial kann viel besser im Gedächtnis gespeichert werden. Strukturierung erfolgt durch:

- Ordnung
- Gliederung
- Zusammenfassung
- Hervorhebung

Der Pädagoge muß seinen Lernstoff so aufbereiten und gliedern, daß der Lernende unschwer die Strukturen erkennen kann. Hierzu gehört auch die Umsetzung einer Information in eine Graphik oder ein Schaubild. Gelingt dem Pädagogen die visuelle Darstellung eines Gedankenganges, kann er davon ausgehen, daß er ihn für sich selber gut strukturiert hat und entsprechend auch übersichtlicher darstellen kann.[45)]

Wie strukturiert, gliedert man nun einen Text? Allgemein kann man eine Gliederung nach vorwiegend *logischen* oder *psychologischen* Gesichtspunkten vornehmen. Bei der *logischen* Gliederung bestimmen sachliche Momente den Aufbau; sie kann analytisch oder synthetisch sein; sie kann von den einzelnen Teilen (Schlüssen, Urteilen, Begriffen usw.) ausgehen, oder vom Ganzen zu den einzelnen Teilen fortschreiten.

Die *psychologischen* Gesichtspunkte richten sich vor allem auf deren Spannung und Steigerung. Psychologischer Aufbau besagt jedoch nicht, daß er unlogisch ist. Er muß natürlich logisch sein, nur die Akzente werden verschoben.[46)]

Beispiel: Ich kann ein Thema mit einer Definition (logisch) beginnen und daraus weitere Erkenntnisse ableiten. Ich kann aber auch (psychologisch) zunächst Teilelemente einer Definition erarbeiten (lassen) und diese bekannten Teile in einer Definition zusammenfassen. Beim 1. Kapitel über die Frage »Was ist Didaktik« bin ich diesen zweiten Weg der psychologischen Gliederung gegangen.

Beide Vorgehensweisen sind möglich. Kriterium für die Wahl einer der beiden Gliederungsarten sind die *Lerngruppe*, der *Lerninhalt* und die *Lernsituation*. Diese drei Faktoren bestimmen die Auswahl der Vorgehensweise und damit auch der Methoden.

4.3.3. Kommunikation, Motivation, Aktivierung

Sollen Lerninhalte ins Langzeitgedächtnis gelangen und möglichst nicht vergessen werden, hängt dies vor allem von zwei Faktoren ab: Kommunikation und Motivation.

● *Kommunikation*
Nach Erkenntnissen aus der Kommunikationsforschung kommuniziert der Mensch auf zwei Ebenen: der Inhalts- und der Beziehungsebene. Auf der Inhaltsebene geht es um Objekte, Informationen, auf der Beziehungsebene um Subjekte, Informationen über Informationen. Bei allen Kommunikationen schwingt diese zwischenmenschliche Beziehung unausgesprochen mit. Sie legt fest, wie die Inhalte verstanden werden sollen. Diese Erkenntnis ist wichtig für einen Pädagogen. Er muß um eine gute Lernatmosphäre bemüht sein. Kann er diese herstellen, ist ein wichtiger Schritt zur Lernmotivation getan.
● *Motivierungs- bzw. Aktivierungszirkel*
H. *Heckhausen* hat einen Motivierungs- bzw. Aktivierungszirkel entwickelt.[47)] Er unterscheidet:

– niedriger Spannungsgrad:	unterfordert, motiviert und aktiviert nicht
– hoher Spannungsgrad:	überfordert, motiviert und aktiviert ebenfalls nicht
– mittlerer Spannungsgrad:	motiviert und aktiviert

Fühlt der Lernende sich unter- oder überfordert, besteht für ihn wenig Anlaß zum Handeln. Bei Unterforderung ist der Reiz zu gering, als daß er ihm Aufmerksamkeit schenken sollte; bei Überforderung ist die Reizschwelle zu hoch, so daß man sich an die Aufgabe nicht herantraut.
Dem Pädagogen muß es demnach um einen mittleren Spannungsgrad gehen, d. h., er muß herausfordern, reizen, aber nicht abschrecken, entmutigen. In der Erziehungswissenschaft spricht man in diesem Zusammenhang auch von *dosierten Diskrepanzerlebnissen. Dosiert* besagt: Das Neue muß so eingeteilt sein, daß es den Fähigkeiten des Lernenden entspricht, ihn nicht über- oder unterfordert, aber es muß gleichzeitig *Diskrepanzen* schaffen zwischen dem, was man bereits kann und weiß, und dem, was unbekannt, neu ist. Dieses Neue muß reizen und herausfordern. Obwohl man es noch nicht versucht hat, traut man es sich eigentlich zu; aufgrund der bisherigen Kenntnisse müßte man es schaffen. Diese Motivation bzw. Aktivierung erreicht man nach *Heckhausen* durch vier Vorgehensweisen:
- *Wechsel, Neuigkeit:* Inhalt und Methoden wechseln und Neues bieten.
- *Überraschungsgehalt:* Das Neue soll überraschen, zum Staunen führen und zum Handeln, Probieren animieren.

- *Verwickeltheit:* Neues darf nicht zu einfach aussehen, das motiviert nicht. Es muß ein Problem aufweisen, ein wenig kompliziert sein, dann macht es neugierig und lädt zum Probieren, Experimentieren ein.
- *Ungewißheit:* Der Ausgang, die Lösung darf nicht im Vorhinein klar sein, sondern muß offen, ungewiß bleiben. Das führt zu inneren Spannungen und fesselt.

Diese Überlegungen sollten für den Pädagogen folgende Schlußfolgerung nach sich ziehen:

● *Methodenwechsel*
Er sollte nicht ständig nur ein und dieselbe Methode zur Vermittlung von Informationen wählen. Besonders der Vortrag oder das Referat – beliebte Methode vieler Dozenten – sollten mit Vorbehalt eingesetzt werden. Ich möchte sie als recht ungeeignete Methoden bezeichnen. Sie sprechen vor allem das Ohr an, vernachlässigen die anderen Sinne und sind in der Regel zu lang. Länger als 20 Minuten kann sich niemand konzentrieren. Deshalb sollte der Pädagoge etwa nach 20–30 Minuten die Methode wechseln und vor allem solche Methoden wählen, die mehrere Sinne ansprechen.
Methodenvielfalt besagt jedoch nun nicht, daß durch den vielfältigen und abwechslungsreichen Einsatz von Methoden und Medien der Inhalt leidet bzw. zu kurz kommt. Das wäre ein falsches Verständnis des Aktivierungszirkels. Gleiches gilt auch, wenn bei allen Überlegungen über die Beziehungsebene die Inhaltsebene leidet oder gar nebensächlich wird.

4.3.4. Fragen statt Sagen, Dialog statt Monolog

Man kann es fast als eine Standardmethode bezeichnen: Der Lehrende fragt, und der Lernende antwortet.
In Diskussionen, nach Vorträgen die gleiche, nur umgekehrte Situation: Ein Teilnehmer fragt, der Referent antwortet. Diese Monolog-Methode tötet jede Diskussion und bietet den anderen Zuhörern wenig Anregung, sich an dem Gedankenaustausch zweier Personen zu beteiligen. Häufig beklagt sich der Lehrende sogar noch darüber, daß keine Diskussion zustande kommt. Die Ursache ist er selber. Dieses Vorgehen: Lehrender fragt – Lernender antwortet – Lehrender fragt wieder – Lernender antwortet usw. kann nicht nur keine Diskussion in Gang setzen, sondern ist auch für die Zuhörer langweilig. Was kann der Pädagoge tun?

1. Fall: Der Lehrende fragt: Er sollte nie etwa so fragen: »Hat jemand zu den Ausführungen noch eine Frage? Ist etwas unklar?« Wer so fragt, macht mehrere Fehler. Erstens: Man sollte nicht mehrere Fragen unterschiedlicher Art gleichzeitig stellen. Zweitens: Wer so allgemein fragt, dürfte die Teilnehmer kaum motivieren, hierauf zu reagieren. Soll die Frage nicht nur eine Floskel sein, muß er gezielt oder sogar provokativ fragen oder eine These aufstellen, die zur Diskussion reizt, herausfordert.

2. Fall: Der Lernende fragt: In dieser Situation unterliegt der Lehrende als Fachmann der Gefahr, sofort zu antworten. Dies sollte er möglichst unterlassen. Vielmehr sollte er die aufgeworfene Frage zurück an alle Zuhörer geben und ihre Meinung zu dem Punkt einholen.
Damit lädt er zur Diskussion ein, die Teilnehmer sind motiviert, weil ihre Meinung gefragt ist, der Lehrende erhält möglicherweise neue Informationen (auch er ist ein Lernender). Erst am Schluß, nachdem er die Diskussion zusammengefaßt hat, kann er seine Meinung vortragen. Er wird sehen, daß er durch dieses Vorgehen viel weniger reden, antworten muß und die Teilnehmer sich viel motivierter engagieren. Das Ergebnis: Der Vorgang wird eher im Langzeitgedächtnis festgehalten.

Ein guter Pädagoge zeichnet sich dadurch aus, daß er durch gezielt eingesetzte Fragen und Methoden die Lernenden dazu bringt, den weitaus größten Teil des Themas selber zu erarbeiten, und bei ihnen den Eindruck erweckt, nicht der Lehrende, sondern sie selber hätten das Ergebnis erzielt.

4.3.5. Pausen, Zeitplan

»Bio-Rhythmen bestimmen alle organischen Prozesse aller Lebewesen; Rhythmus und Periodizität gehören zu den Grundeigenschaften der lebenden Substanz . . . Der Mensch ist, soweit er biologisch betrachtbar ist, voll in die Rhythmizität des Lebens einbezogen. Auch seine seelischen und geistigen Prozesse unterliegen einer rhythmischen Strukturierung und sind hinsichtlich ihrer Leistungsbereitschaft unterschiedlich stark über die Zeit präsent.«[48]
Alle Menschen unterliegen einer ähnlichen Leistungskurve, die ihre Höhepunkte etwa zwischen 9.00 bis 12.00 und 15.00 bis 18.00 Uhr hat.[49]

Leistungsbereitschaft und Tageszeit

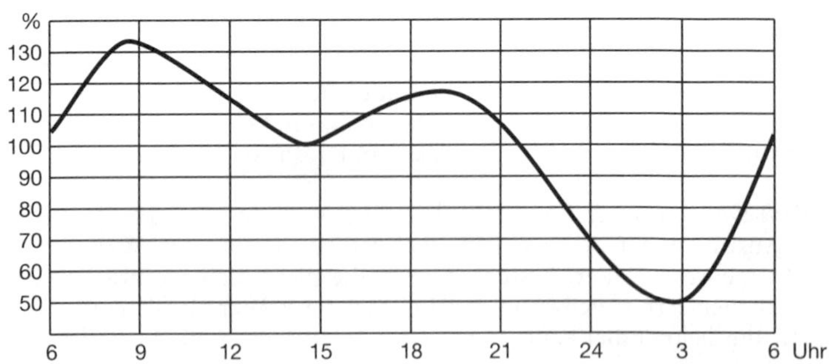

Auch innerhalb einer Stunde kann man ein Leistungsplus und ein Leistungsminus nachweisen. *Aselmeier* stellt die Ergebnisse der Untersuchungen über den Stundenrhythmus dar. Einer Orientierungsphase von etwa 5 Minuten Dauer folgt eine etwa 20 Minuten währende Leistungsphase, die leicht und nur gering ermüdet. Daran schließt sich eine weitere 20 Minuten-Leistungsphase an, die allerdings nicht mehr auf einer natürlichen Beanspruchungsebene liegt, sondern unter Abschöpfung von Leistungsreserven erfolgt.[50)]
Was sind aus diesen Überlegungen für didaktisch/methodische Schlüsse zu ziehen?

● *Pausen*
»Selbst während der Zeit höchster Leistungsbereitschaft ist der Mensch nicht durchgehend voll belastbar. Er benötigt Pausen, Erholungsphasen. Das Gehirn kann nicht ständig speichern. Folgen zwei Lernschritte zu schnell aufeinander, so stört entweder der folgende Lernschritt den ersten . . . oder der erste Lernprozeß muß noch verarbeitet werden und stört somit die Aufnahme des nächsten . . . Es ist daher wesentlich, zwischen den Lernschritten Pausen zu machen.«[51)]
Sattler schlägt vor, ca. 20 % der gesamten Lerneinheit sollte Zeit für Pausen sein. Und weiter sagt er, man sollte pro Lernabschnitt eine Pause zur Entspannung und Ablenkung einplanen. Die Pausen dürften nicht zu kurz, sonst kommt es zu keiner Erholung, und nicht zu lang sein, sonst wird zuviel vergessen.[52)]
● *Zeitplanung*
Geht man von den Überlegungen über die Leistungskurve eines Lernenden aus, ergibt sich für die zeitliche Planung einer Lerneinheit folgender Raster:

Zeitraster für 45-Minuten-Einheit

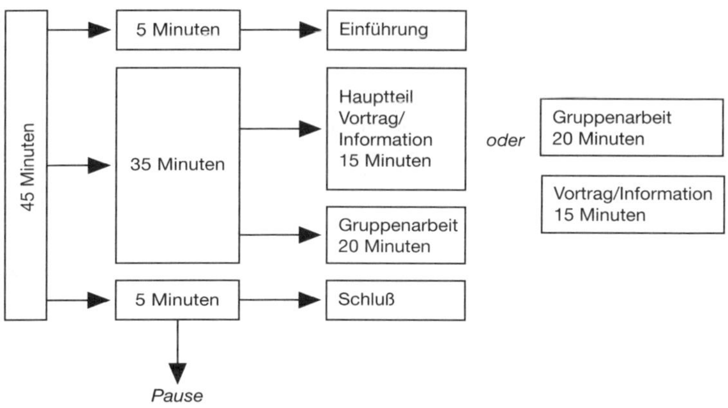

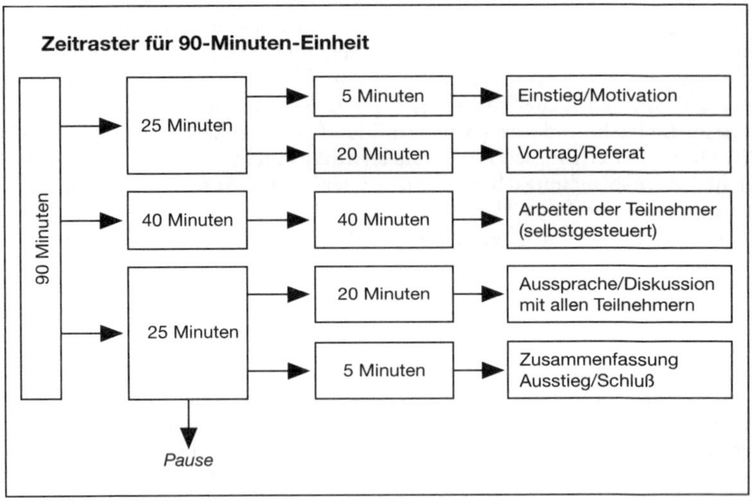

Plant der Pädagoge eine Gruppenarbeit, muß er wissen, daß diese recht zeitaufwendig ist. Häufig verschätzt man sich bei der Zeitplanung.
Beispiel: 15 Minuten Gruppenarbeit heißt für die Zeitplanung u. U. bei fünf Gruppen 50 Minuten.

Zeitberechnung
- Gruppenarbeit = 15 Minuten
- Vorstellen der Ergebnisse z. B. von 5 Gruppen à 5 Minuten = 25 Minuten
- kurze Diskussion der Gruppenergebnisse = 10 Minuten

50 Minuten

Bei einer didaktisch/methodischen Planung ist die Zeitplanung ein fester Faktor, dessen richtige Ein- und Abschätzung vielen Pädagogen nicht wenige Probleme bereitet. Manchmal geht ihnen der Stoff frühzeitig aus, ein anderes Mal überziehen sie die Zeit, weil sie mit ihrem Stoff nicht fertig werden.

5. Methoden und Medien

5.1. Wichtigkeit der Medien

Unter Vermittlungsvariablen versteht man *Methoden und Medien*. P. *Heimann* hält die Unterscheidung von Methoden und Medien »für besonders bedeutsam«.[53)] Die Medienfrage ist außerordentlich wichtig, weil Intentionen, Gegenstand und verwendetes Medium in einer inneren Koordinierung, einer Harmonie stehen müssen.[54)]
Nach Auffassung der lerntheoretischen Didaktik werden Medien als eigenständige Faktoren gesehen, die in gegenseitiger Wechselwirkung mit Ziel-, Inhalts- und Methodenentscheidungen stehen. Medien werden als Kommunikationsmittel in Lehr-Lern-Prozessen verstanden.
Wegen seines bilateralen Status ist ein Medium didaktisch interessant, »denn es hat einen ebenso starken Inhalts- wie Methodenbezug, vermag Inhalte durch seine Formqualitäten überraschend zu intensivieren, zu verfremden, zu akzentuieren, zu entsubstantialisieren und verflüchtigen, was jeweils methodische Chancen für eine wirkungsvollere Konkretion oder Abstraktion eröffnet und damit methodischen Fundamentalzielen dient. . . Ein besonderer Anlaß, diesem Fragekreis einen solchen Stellenwert im System didaktischer Theoretisierung zu geben, liegt in der Tatsache, daß im Zuge der Technisierung überraschend neuartige Medien im Entstehen sind, die imstand sein könnten, unsere didaktischen Konzeptionen von Grund auf zu verändern«.[55)]
Heimann spricht in diesem Zusammenhang vom »Anfang vom Ende einer alten Didaktik«.[56)]
Der Implikationszusammenhang von Zielen, Inhalten, Methoden und Medien nach *Heimann* wird folgendermaßen dargestellt.

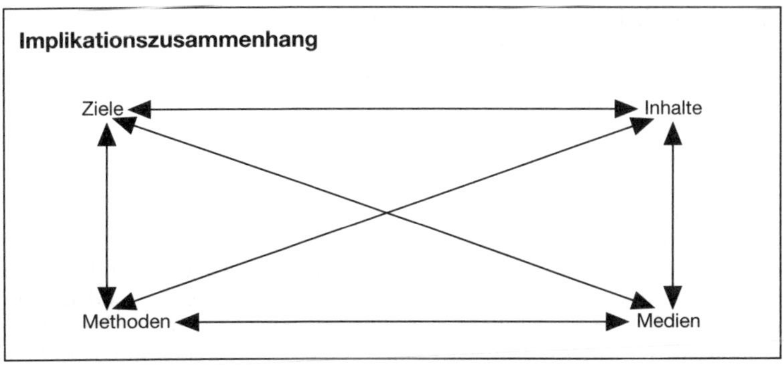

Ich schließe mich der Meinung *Heimanns* an, daß Medien im Lehr-Lern-Prozeß eine wichtige Rolle spielen und deshalb neben den Methoden als eigenständiger Faktor im didaktischen Konzept zu verstehen sind.
Im folgenden möchte ich zunächst klären, was Medien sind; danach folgen Hinweise für den Umgang mit Medien.

Aufgabe
Zunächst die Frage an den Leser: Was verstehen Sie unter Medien?
Medien sind für mich . . .

5.2. Begriffsklärung

»Der Medienbegriff zeigt eine ähnlich verwirrende Vielfalt an Bedeutungen wie der Methoden-Begriff.«[57]
Nach *Lauff/Homfeldt* gehört der Terminus »Medium« zu einem Mammutbegriff, »der eine immer unkontrolliertere, inflationäre Verwendung findet. Nahezu alles kann Medium genannt werden . . . Was aber ein pädagogisches Medium ist, bleibt ungeklärt«.[58]

Definition

Der Ausdruck »Medium« kommt aus dem Lateinischen und bedeutet: Mittel, Mittler, Vermittelndes. Pädagogische Medien haben die Funktion, nicht nur Informationen zu vermitteln, sondern Kommunikation zu stiften und zu Handlungen anzuregen.[59]

Man kann den Unterschied zwischen Methoden und Medien etwa so sehen: Medien sind dem methodischen Handeln vorgegeben, werden ausgewählt und eingesetzt. Sie repräsentieren eher die objektive Seite der Methoden, ihre materielle Basis.[60]
Man unterscheidet drei Gruppen von Medien:
- Auditive: Tonband, Schallplatte, Rundfunk
- Visuelle: Folie, Dia, Tafel, Flipchart, Overheadprojektor, Pinwand, Arbeitsblätter etc.
- Audiovisuelle: Tonbildschau, Film, Video

Des weiteren unterscheidet man zwischen
- hardware: technische Geräte
- software: benötigte Materialien wie Tonband, Cassetten etc.

P. *Köck* entwickelt eine Didaktik der Medien. »Nach dem Gesagten können wir Mediendidaktik als eine Sonderdisziplin der Allgemeinen Didaktik definieren; sie ist zu verstehen als Wissenschaft vom Lernen und Lehren unter dem Aspekt der Organisation von Lernprozessen mit Hilfe technischer Medien auf der Grundlage lernpsychologischer Erkenntnisse.«[61]

5.3. Regeln für den Einsatz von Medien

5.3.1. Tafel

Die Tafel ist wohl das bekannteste Medium. Wenn man sie einsetzt, sollte der Pädagoge folgendes bedenken:[62)]

- *Vorteile*
- große Schreibfläche;
- das Wesentliche kann über einen längeren Zeitraum sichtbar stehen bleiben;
- Zusammenhänge können entwickelt werden.
- *Nachteile*
- der Schreibende wendet den Lernenden oft den Rücken zu und verliert dabei den Kontakt zu den Zuhörern;
- man muß immer wieder abwischen, die Informationen sind dann verloren.
- *Regeln*
- die Tafel muß sauber gewischt sein, sonst fühlt sich der Betrachter abgelenkt und gestört;
- groß und deutlich schreiben, Mindestgröße der Zeichen/Buchstaben: ca. 5 cm;
- möglichst in Druckschrift schreiben; aber auf jeden Fall für alle gut lesbar;
- die Kreide fest aufdrücken, dicke Linien ziehen;
- die Kreide etwas schräg halten, damit sie nicht quietscht;
- farbige Hervorhebungen, aber mit sichtbaren Farben (z. B. nicht dunkelgrün);
- nicht zur Tafel sprechen;
- nicht zu lange den Zuhörern den Rücken zuwenden.

5.3.2. Flip-Chart

Flip-Chart und Overheadprojektor haben die Tafel immer mehr verdrängt. Unter einem Flip-Chart versteht man einen transportablen Blattständer (»Umblättertafel«) mit fester Schreibunterlage (DIN A1) und Teleskopfüßen.[63)]

- *Vorteile*
- die Charts (Blätter) können bereits vor der Veranstaltung vorbereitet werden;
- Charts können wiederverwendet werden;
- man kann mit farbigen Kontrasten arbeiten;
- die Informationen bleiben präsent;
- Ergebnisse von Gruppenarbeiten lassen sich gut festhalten;
- eine synchrone Betrachtungsweise verschiedener Charts ist möglich;
- Charts können immer dann eingesetzt werden, wenn andere Medien fehlen;

- beschriebene Blätter (Charts) kann man abtrennen (flippen) und z. B. als Wandplakat benutzen;
- beim Erklären kann man den Zuhörern zugewandt bleiben.

● *Nachteile*
- keine Korrekturmöglichkeit bei falsch geschriebenen Texten oder angefertigten Zeichnungen;
- Texte/Zeichnungen müssen selber angefertigt und können nicht kopiert werden;
- für große Räume nicht geeignet.

5.3.3. Overhead-Projektor, Tageslicht-Projektor[64)]

● *Vorteile*
- das Projektorbild ist in der Größe variabel;
- für große Räume geeignet;
- Folien sind wiederverwendbar;
- Folien können vorbereitet werden;
- mehrere Folien können übereinandergelegt werden, so daß der Aufbau einer Aussage/Graphik möglich wird;
- Folien können kopiert werden;
- Teile können abgedeckt werden;
- man kann den Zuhörern zugewandt bleiben, Blickkontakt halten;
- mit einem Bleistift auf Einzelheiten aufmerksam machen.

● *Nachteile*
- Gerät nur für kurze Zeit einschalten;
- das Gezeigte ist nur für einen kurzen Zeitraum sichtbar;
- das Gerät kann die Sicht verstellen.

● *Regeln*

Benutzer eines Arbeitsprojektors sollten folgende Regeln beachten:
- Das Gerät erst dann in die entsprechende Stellung bringen, wenn es tatsächlich gebraucht wird, nicht schon vorher, denn es stört den Blickkontakt.
- Das Gerät nur so lange eingeschaltet lassen, wie man es tatsächlich braucht; es stört, wenn es noch eingeschaltet ist, aber nichts mehr erklärt werden muß.
- Nach Gebrauch das Gerät wieder wegstellen.
- Nie zur Wand sprechen, sondern seitwärts zum Projektor stehen und den Text bzw. die Graphik kommentieren.
- Das Zeigen von Punkten etc. geschieht mit einem Bleistift oder Stift auf der Arbeitsfläche des Projektors und nicht an der Leinwand oder Projektionsfläche.

5.3.4. Beschriften von Folien

Für die Beschriftung von Folien sollte der Pädagoge folgende Punkte beachten:[65)]

- *Regeln*

- Schriftgröße der Großbuchstaben je nach Abstand von der Leinwand:

Abstand von der Leinwand	*Schriftgröße der Großbuchstaben*
bis zu 10 Meter	mindestens 4 mm
11 bis 15 Meter	10 mm
16 bis 20 Meter	15 mm
21 bis 25 Meter	20 mm

- mit Groß- und Kleinbuchstaben arbeiten, nicht mit normaler Maschinenschrift;
- gut lesbar beschriften;
- Folie übersichtlich gestalten;
- möglichst wenige Inhalte auf eine Folie schreiben;
- maximal sechs Zeilen auf eine Folie schreiben;
- nicht zu schnell die Folie wechseln, Zeit zum Lesen lassen;
- mit Farben arbeiten, allerdings die Folie nicht zu bunt gestalten;
- legt man ein Deckblatt unter die Folie, kann der Lehrende die nächsten zu besprechenden Schritte schon lesen, bevor die folgende Information durch Verschieben des Deckblattes den Teilnehmern mitgeteilt wird;
- das Deckblatt kann noch zusätzliche Informationen zu den einzelnen Punkten enthalten;
- die eigene Handschrift kontrollieren und gegebenenfalls in Druckbuchstaben schreiben.

Halten wir fest

R. *Donnert* faßt die Überlegungen für den Einsatz von Medien sehr gut zusammen. Sie können eine nützliche und praktische Hilfe für alle Lehrenden sein.[66)]

1. Niemals visuelle Hilfen ohne vorherige Probe verwenden
   - Technische Voraussetzungen prüfen. Bei Projektion: Steckdosen, Verlängerungsschnüre, Lichtverhältnisse, Ersatzbirne, schreibfähige Stifte.
   - Reihenfolge festlegen: darauf achten, daß Folien nicht über Kopf liegen.
     Festlegen, wo und wie vorbereitete Charts angebracht werden.
   - Wirkung kontrollieren (Helligkeit, Lesbarkeit).
2. Sicherstellen, daß visuelle Hilfe bei der Verständigung wirklich helfen kann und nicht etwa hindert
   - Einfach und verständlich, max. 10 Zeilen auf ein Chart, max. 6 Zeilen auf eine Folie.
     Nur eine Idee auf einmal!
   - Farben, (max. 2 – 3). Auch ganzfarbige Folien sind zu empfehlen, aber nur helle Farben: gelb, hellblau.
     Folien von original beschriebenen Seiten geraten nicht so gut wie von Fotokopien.
     Verschiedene Buchstabengrößen und -formen;
     Unterstreichungen etc. zur Betonung der Kerninformation verwenden.
   - Visuelle Hilfe nur so lange einsetzen, wie bei der Präsentation darauf Bezug genommen wird. (Flip-Chart umschlagen, Projektor ausschalten.)
3. Visuelle Hilfen gezielt einsetzen
   - Visuelle Hilfen erst zeigen, wenn sie »an der Reihe« sind. Bei Charts: Leerblätter zum Abdecken einplanen; bei Folien: Projektor ausschalten.
   - Leerstellen für Entwicklungsmöglichkeiten vorsehen: evtl. Übereinanderprojektion bei Folien.
   - Verschiedene visuelle Hilfen kombinieren (Flip/Projektor. Tafel/Flip, Hafttafel/Flip).
   - Muster oder Modelle nicht während des Vortrages herumreichen. Besser: Hochhalten und allen zeigen. Oder bis zum Schluß der Ausführung damit warten.
   - Charts mit Grundsatzinformationen (Zielsetzung, Gliederung des Vortrages, Ablaufplan, Zeitplan usw.) die ganze Zeit der Präsentation über sichtbar lassen.
4. Allen Zuhörern freie Sicht auf die visuellen Hilfen geben
   - Seitlich stehen (z. B. so, daß beim Schreiben auf Chart der eigene Körper das gerade Geschriebene nicht verdeckt: beim Arbeiten am Tageslichtprojektor ebenfalls leicht seitlich stehen oder sitzen).

- Zeigestab verwenden (bei Projektion: möglichst auf Projektionsfläche und nicht auf Leinwand zeigen. – Blickkontakt!).
- Zuhörer ansehen und zu ihnen sprechen (nicht etwa zum Flip-Chart oder zur Leinwand!).

5. Visuelle Hilfe wirken lassen
   - Bei der Handhabung der visuellen Hilfen (Diawechsel, Hafttafelbild, Schaublatt umwenden etc.) kurze Pause, damit Teilnehmer die visuellen Hilfen ohne Ablenkung ansehen können (insbesondere bei Texten), – dann weiterreden.
   - Visuelle Hilfen zur Unterstützung der Ausführung verwenden, nicht Ausführungen zur Unterstützung der visuellen Hilfen!
   - Prüfen, ob visuelle Hilfen (techn. Zeichnungen, Ablaufpläne, Statistische Darstellungen) richtig erkannt und verstanden werden. Abkürzungen erklären!
6. Lauter als normal sprechen
   - Die Aufmerksamkeit des Zuhörers ist geteilt (Visuelle Hilfe und Referent), darum lauter, eindringlicher, langsam und deutlich sprechen.
   - Bei abgedunkeltem Raum (z. B. bei Dia-Vorführung) ist erst recht größere Lautstärke erforderlich. Referent ist nicht mehr sichtbar, nur noch hörbar!

6. Vor Gruppen stehen und reden – Rhetorik

6.1. Bedeutung von Rhetorik

Zum Beruf des Sozialpädagogen gehört es, viel zu reden. Welchen Eindruck er bei den Zuhörern hinterläßt, hängt zum einen von seiner Sachkompetenz ab, zum anderen aber auch davon, wie er diese Sachkompetenz vertreten, darstellen kann. Didaktik/Methodik ist nicht nur eine Frage der Ziele, Inhalte, Methoden und der Medien, sondern auch der Rhetorik. Dieser Punkt wird in der Sozialpädagogik leider sehr vernachlässigt. In der Ausbildung wird auf Rhetorik kaum eingegangen. Studenten hören sehr viel über Kommunikation, über Reden und Zuhören, aber so gut wie nichts über die Kunst des Redens, geschweige denn, daß sie in Rhetorik trainiert würden.
Sicherlich mit ein Grund dafür, daß Sozialpädagogen sich in der Öffentlichkeit so schlecht darstellen, liegt darin, daß sie zuwenig in Rhetorik geübt sind und beim Vortragen unnötige Fehler begehen.
Jeder kennt Situationen wie:

Praxis

- Eine Kindergärtnerin begrüßt beim Kindergartenfest die anwesenden Gäste. Sie steht vor dem Publikum mit einem hochroten Kopf, spielt nervös mit den Fingern, zupft an ihrer Kleidung herum, preßt mit zitternder Stimme ein paar Worte hervor. Alle sind froh und atmen auf, wenn die Begrüßung vorbei ist.
- Ein Sozialpädagoge soll einen Vortrag vor Eltern halten. Als er mit seiner Rede beginnen will, ist sein Hals zu, die Zunge schwer, er bekommt kaum einen Ton heraus. Mit viel Äh und Pausen stammelt er den Anfang seiner Rede. Währenddessen nimmt er aus lauter Nervosität seinen Kugelschreiber auseinander. Die Zuhörer können sich gar nicht auf den Inhalt seiner Rede konzentrieren, sondern leiden mit ihm oder beobachten gespannt die Demontage des Kugelschreibers und warten auf den Moment, in dem die Feder losschnellt und die Teile des Kugelschreibers durch die Luft fliegen.
- Ein Sozialpädagoge soll vor einem Stadtrat seinen Antrag auf einen höheren Zuschuß für den Familienfreizeitpark begründen. Als er aufgerufen wird, beginnen seine Knie zu zittern, sein Hals wird trocken, die Hände schwitzen, das Herz schlägt bis zum Halse, seine Zunge läßt sich nur schwer beherrschen, er spricht etwas, was er gar nicht sagen will. Er hört sich reden, aber es klingt, als wenn es ein Fremder wäre.
- In einer Diskussion unter Kollegen kann ein Sozialpädagoge kaum mitdiskutieren, nicht weil ihm das Fachwissen fehlt, sondern weil die anderen stets schneller sind. Bis er sich die Worte zurecht gelegt hat und einen Beitrag liefern könnte, ist das Gespräch bereits weitergegangen, andere Punkte werden besprochen. Jetzt ist es zu spät, sich zu Wort zu melden. Zu Hause angekommen, ärgert er sich über sein Verhalten. Jetzt fallen ihm viele Argumente ein. Doch leider zu spät!

Manch ein Sozialpädagoge wünscht sich mehr Selbstbewußtsein, um sicherer auftreten zu können. Die Rhetorik kann hier Hilfestellung geben. Ich empfehle jedem Sozialpädagogen, sich in Rhetorik etwas zu trainieren. Dies kann/sollte bereits in der Ausbildung geschehen. Von einem Sozialpädagogen, der 3 bis 4 Jahre studiert und ein Diplom erworben hat, sollte man erwarten können, daß er auch rhetorische Kompetenz erworben hat, sein Fachwissen gut anderen Personen vermitteln kann.

Im folgenden sollen einige rhetorische Hilfen angegeben werden, die natürlich nicht einen Rhetorik-Kurs ersetzen können. Für die Ausbildung von Studenten schlage ich folgendes Verfahren vor, das ich selbst seit langer Zeit anwende:

- Der Dozent erklärt eine rhetorische Regel.
- Wird Gruppenarbeit angeboten, muß die Gruppe einen Sprecher wählen, der das Ergebnis unter dem rhetorischen Gesichtspunkt vorträgt.
- Der Dozent und die Teilnehmer geben dem Redner sofort Feedback, so daß dieser und alle Beobachter aus einer solchen Situation nicht nur inhaltlich, sondern auch rhetorisch etwas lernen können.

In jeder Seminarsitzung können sich auf diese Weise einige Teilnehmer in einer geschützten Atmosphäre in Rhetorik üben. Natürlich darf kein Teilnehmer zu einer solchen Übung gezwungen werden. Hat sich ein Student während seines ganzen Studiums in Rhetorik geübt, kann er in der Praxis sein Arbeitsfeld besser nach außen vertreten.

Ich habe die Erfahrung gemacht, daß es vor allem redegewandte Studenten sind, die dieses Angebot ernst nehmen. Einige Studenten brauchen zuerst eine Aufforderung und sind später froh, einmal über ihren Schatten gesprungen zu sein; anderen bleibt die Angst. Es mag sein, daß sie mit dem Erwerb einer größeren Sachkompetenz auch im Auftreten sicherer werden. Es kann aber auch sein, daß sie trotz Fachkompetenz große Probleme in der Rhetorik haben und Fehler machen, die eine Kommunikation stören.

Für all die folgenden rhetorischen Hinweise gilt jedoch, daß sich Dozenten an den Hochschulen selbst kontrollieren und in Rhetorik üben, bzw. selbst bereit sind zu lernen.

Hat der Leser bereits seine Ausbildung als (Sozial-)Pädagoge abgeschlossen und nicht mehr die Gelegenheit, Rhetorik an der Hochschule zu lernen, kann er die folgenden Hilfen sicher auch im Selbststudium erlernen. Wichtig ist, daß er sich selbst kontrolliert oder sich von Freunden, Bekannten oder Kollegen Rückmeldung geben läßt, wie er vor Gruppen steht oder spricht.

Noch ein letzter Hinweis sei angebracht. Bei der Rhetorik geht es nicht um Manipulation oder um Werbung nach dem Motto: Wie überrede ich jemanden für mein Produkt? Es geht nicht um Überreden, sondern um Überzeugen. Ich wünschte, Sozialpädagogen könnten ihre Arbeit etwas überzeugender in der Öffentlichkeit darstellen. Die Rhetorik kann ihnen dabei helfen.

6.2. Regeln der Rhetorik

6.2.1. Definition von Rhetorik

Aufgabe
Was verstehen Sie unter Rhetorik?

»Die Frage nach der Rhetorik ist in Deutschland fast immer von Mißtrauen begleitet. Oft schlägt das Mißtrauen um in unverhohlene Furcht vor dem Überredetwerden. Narben und Wunden vom demagogischen Mißbrauch politischer Rhetorik liefern den Erfahrungshintergrund und die Ohnmacht gegenüber den psychologischen Fangtricks kommerzieller Rhetorik. Gleichwohl bleibt die Frage, ob sich in dieser Abwehrhaltung nicht auch das schlechte Gewissen derer meldet, die ihr Grundrecht der Redefreiheit verweigern: ob also das Mißtrauen nicht letztlich ein Symptom des individual- oder sozialpathologischen Zustandes der Unmündigkeit ist.«[67)]
Das Wort Rhetorik stammt aus dem Griechischen:
rhetoriké téchne und hat verschiedene Bedeutung:

Definition

- Rhetorik im Sinne von Redetheorie, Redelehre. Hier befindet sich die moderne Rhetorik noch im Stadium der Grundlagenforschung.
- Rhetorik im Sinne allgemeiner Redekunst, d. h. das System von Regeln und Techniken, deren Anwendung eine optimale Überzeugungsleistung gewährleistet.
- Rhetorik im Sinne individueller Redefähigkeit, d. h. das Beherrschen von Regeln und Techniken in verschiedenen Formen konkreter Sprachverwendung durch ein sprechendes Individuum.[68)]

Wenn ich von Rhetorik spreche, meine ich die dritte Form. Diese dritte Möglichkeit wird heute auch oft als Kommunikationsmittel bezeichnet.[69)]
Dabei unterscheidet man zwei Formen:

- verbale Kommunikation (in Worten ausdrückbar)
  Sie setzt sich zusammen aus:
  – Rhetorik = äußere Form der Kommunikation
  – Dialektik = Inhalt, Logik, Argumentationsweise

- nonverbale Kommunikation (Körpersprache)
  Sie besteht aus:
  – Gestik = körperliche Ausdrucksbewegung
  – Mimik = Gesichtsausdruck, Kopfhaltung

Der Mensch teilt sich nicht nur durch Worte mit, sondern sein ganzer Körper redet. Ich möchte im folgenden einige Bereiche des Körpers gesondert darstellen und fragen: Was gilt es aus der Sicht der Rhetorik zu beachten?

6.2.2. Atmung

Ist man nervös, zittern einem die Knie und das Herz schlägt bis zum Hals. Die Folge ist, man atmet sehr schnell und kurz. Jeder kennt in einer solchen Situation den gut gemeinten Rat: »Mach' langsam. Hol' erst einmal tief Luft.« Warum soll ich tief durchatmen? Wie mache ich das?
Durch das Atmen gelangt Luft in die Lunge, von dort geht Sauerstoff in das Blut und bewirkt eine bessere Blutzirkulation. Eine verbesserte Blutzirkulation wiederum versorgt die Zellen mit mehr Nahrung, also auch die Gehirnzellen. Man kann daher sagen, durch verbesserte Atmung kann ich auch besser denken, höhere Konzentrationsfähigkeit erreichen und bessere Reaktionen zeigen.
Des weiteren wissen wir, daß ein Zusammenhang zwischen Atmung und psychischem Zustand besteht. Bin ich ängstlich, atme ich schneller. Umgekehrt kann ich also durch mehrfaches tiefes Atmen die psychische Erregung dämpfen. *Ammelburg* rät, »in einem Erregungszustand eigentlich nichts zu tun, als ganz bewußt langsam und tief unseren Atem zu steuern. Zumindest um einen gewissen Prozentsatz wird sich dann unsere psychische Erregung dämpfen, wenn auch keinesfalls völlig legen«.[70)]
Der Rat ist also schon richtig: Gut durchatmen, vielleicht sogar an die frische Luft, ans offene Fenster gehen und mehrmals tief einatmen. Das beruhigt und macht den Kopf klar.
Wie soll ich nun atmen? Viele Menschen sind irrtümlich der Meinung, ein Hochziehen der Schultern und ein Ausdehnen des Brustkorbes könnten bewirken, daß man mehr Luft aufnehmen kann. Diese »Hochatmung« ist für den Redner nicht gut, weil er durch sie nur eine geringe Luftmenge aufnehmen kann und demzufolge in kurzer Zeit von neuem einatmen muß. »Seine Aussage erfährt durch das häufige Einatmen sinnzerstörende Unterbrechungen. Außerdem beobachtet man bei dieser Hochatmung des öfteren eine Verkrampfung der Halsmuskulatur, die sich ihrerseits wiederum schädlich auf die Stimmbänder auswirkt (gepreßte Stimme).«[71)]
Die Erweiterung des Lungenvolumens hängt von der Funktion des Zwerchfells ab, das man auch »Atmungsmuskel« nennt. Beim Einatmen senkt es sich nach unten und vergrößert somit den Lungenraum in seinem Volumen. Die Zwerchfell-Bauch-Atmung nennt man die »Tiefatmung«. Durch sie nimmt man die größtmögliche Luftmenge ohne Verkrampfung der Halsmuskulatur ein.
Für den Redner sind aus diesen Überlegungen folgende Konsequenzen zu ziehen:

- Tief durchatmen (mit dem Zwerchfell) ist wichtig, beruhigt und macht den Kopf wie den Hals frei.[72)]
- Mit dem Zwerchfell kann man eigentlich nur im Stehen gut atmen.

6.2.3. Stehen

»Da man beim Reden neben der Erhaltungsatmung auch noch der Darbietungsatmung zur Anwendung der stimmlichen Mittel bedarf, ist die Folgerung logisch, daß der Redner jede Haltung vermeiden muß, die Brust, Lungen und damit Atemvolumen einschränkt. Er sollte also möglichst im Stehen in aufrechter Haltung sprechen, denn die gestattet ihm die optimale physische und psychosomatische Nutzung der Atemluft.«[73)]
Das Stehen vor einer Gruppe löst bei vielen Rednern allerdings größere Probleme aus. Ihr ganzes Erscheinungsbild macht ihre Unsicherheit deutlich. Der Redner überkreuzt im ständigen Wechsel die Beine, trippelt hin und her, lehnt sich an die Wand, weiß mit Händen und Füßen, mit sich selbst nichts anzufangen, steht sich selbst im Wege. Dies alles wäre nicht sichtbar geworden, wenn er sich hätte setzen können. Viele sagen gerade deshalb nichts, weil sie sich im Stehen so ausgeliefert und haltlos fühlen. Was rät die Rhetorik?

- Möglichst im Stehen reden! Allerdings muß es der Situation angemessen sein.
- Wenn man steht, kommt es darauf an, *wie* man steht. Die Stellung des Redners sollte ein wenig breitbeinig sein, etwas gespreizte Beinstellung vergleichbar mit der Grundstellung in vielen Sportarten. Mit beiden Beinen sollte der Redner fest auf dem Boden stehen mit verteiltem Körpergewicht. Diese Beinhaltung mit festem Bodenkontakt sollte er in den ersten Minuten seiner Rede unbedingt beibehalten. Erst wenn er sich etwas sicherer fühlt, kann er diese Haltung aufgeben und das rechte oder linke Bein ein wenig lockern und entspannen. Er sollte jedoch nicht ständig von einem Bein auf das andere wechseln, das macht einen nervösen Eindruck.
- Wenn man frei im Raum steht, ist man besonders auf einen Halt angewiesen. Deshalb sollte der Redner etwas in der Hand halten. Entweder er stellt sich hinter einen Stuhl und hält sich an der Stuhllehne fest, oder er hält ein Blatt mit Notizen in der Hand. Ein einfaches Blatt in der Hand kann manchmal allerdings wenig hilfreich, sondern eher verräterisch sein, da man das Zittern des Redners am Blatt erkennt. Deshalb empfiehlt es sich, eine feste Unterlage (einen Block oder eine Schreibunterlage) zu benutzen. Sie vermitteln eher das Gefühl, Halt zu geben, und ein Zittern ist nicht erkennbar.
  Einen Kugelschreiber, mit dem man nervös und gedankenlos spielt, sollte man unbedingt vorher wegräumen und außer Reichweite legen, sonst werden die Zuhörer vom Inhalt abgelenkt. Damit untergräbt der Redner unwissentlich seine eigenen Aussagen.[74)]
- Beim Stehen vor einer Gruppe muß sich der Redner einen geeigneten Platz suchen, von dem aus er alle Zuhörer sehen und von allen gesehen werden kann. Niemandem sollte er den Rücken zudrehen. Das ist eine ganz wichtige rhetorische Regel. Entsprechend muß sich der Redner u. U. im Raum bewegen und den Platz suchen, von dem aus er von

allen gesehen werden kann. Dies gilt allerdings nur für die Situation, in der er etwas länger reden möchte, und nicht für die Mitteilung eines einzelnen Satzes. Da würde er sich u. U. lächerlich machen.

6.2.4. Blickkontakt

Ein weiterer Grund, warum man im Stehen reden sollte: Der Hörer will denjenigen auch sehen, der gerade spricht. Es geht also um sehen und gesehen werden. *Ammelburg* faßt seine Erfahrungen mit der Ausbildung in Rhetorik zusammen: »Dabei sollte er von folgendem Leitsatz ausgehen, der als wichtigste Verhaltensregel jedem Redner vor Augen stehen muß: Es darf für den Redner nur zwei Blickrichtungen geben: in die Augen seiner Zuhörer und in seine Redeunterlage! Die Regel klingt apodiktisch, sie sollte aber auch so verstanden und befolgt werden.
Wenn man sich die Mühe machen wollte, wenig routinierte Redner allein auf ihr Blickverhalten zu überprüfen, könnte man zu den erstaunlichsten Ergebnissen kommen. Die Skala würde von dem Redner, der überhaupt nicht von seinem Manuskript hochsieht, reichen bis zu demjenigen, der zwar keine Redevorlage benutzt, jedoch während des gesamten Vortrags zur Decke blickt. Dazwischen fände man die seltsamsten Arten von Blickgewohnheiten der verschiedensten Redner:

- denjenigen, der ständig nur auf einen von ihm auserwählten Zuhörer einspricht;
- denjenigen, der seinen Blick zum Fenster hinausschweifen läßt;
- denjenigen, der einen bestimmten Blickpunkt sich erkoren hat und gewissermaßen ein Loch in die Tapete bohrt;
- denjenigen, der seinen Blick unstet über die Köpfe seiner Zuhörer hinweg überall hinrichtet und nirgends haften bleibt;
- denjenigen, der eine bestimmte Gruppe von Zuhörern anspricht und dann, wenn er das Standbein gewechselt hat, eine andere Gruppe anredet;
- denjenigen, der ständig mit dem Blick in seinem Stichwortzettel herumsucht, obwohl dort nur einige Worte stehen, und der jeweils hochblickt, um sich zu vergewissern, ob auch noch alle Anwesenden da sind;«[75)]
- denjenigen, der mit glasigen Augen durch die Zuhörer schaut.

Es ist oft peinlich, wenn alle Zuhörer es bemängeln, daß der Redner den Blickkontakt meidet, er selbst es aber gar nicht bemerkt.
Der Augenkontakt ist eine ganz zentrale Regel in der Rhetorik. Man muß sich darum bemühen, und man kann den Blickkontakt trainieren. Blickkontakt besagt ein zweifaches:

- Ich soll in die Augen des Partners blicken, ihn offen und frei anschauen;
- ich darf aber nicht nur bei einer Person stehenbleiben, sondern muß rundum den Blick langsam und ruhig schweifen lassen.

Alle Zuhörer wollen angeblickt sein. Wen ich keines Blickes würdige, der fühlt sich auch nicht angesprochen. Deshalb ist der Rundblick so wichtig. Durch ihn beziehe ich alle Teilnehmer in ein Gespräch mit ein.[76)]
Als Hilfsregeln können dem Redner empfohlen werden:

- sich einen Ort im Raum aussuchen, von dem aus er alle sehen und von allen gesehen werden kann;
- er sollte ruhig auch den Blick schweifen lassen und warten können, Reaktionen der Teilnehmer aufnehmen;
- zu Beginn der Rede kann er sich einen »Onkel Karl« aussuchen, den er gezielt mit den Augen aufsucht. Diese Person kann ihm in der Anfangssituation eine große Hilfe sein und ihm Sicherheit geben.[78)] Allerdings gilt dies nur für den Anfang. Nach kurzer Zeit sollte er sich an den Rundblick erinnern.

6.2.5. Gestik

Die Körpersprache ist unsere zweite Artikulationsmöglichkeit. Deshalb kann man auf sie nicht verzichten. Sie kommt in unserer Haltung, Bewegung, im gesamten Körper zum Ausdruck.[78)]
Viele Redner haben große Probleme, richtig mit ihrem Körper umzugehen. Sie geben das äußere Bild eines Fragezeichens. Andere meinen, sie müßten jedes Wort mit einer Handbewegung begleiten. Diese Häufigkeit der Gesten ruft beim Gesprächspartner jedoch Abwehrreaktionen hervor und vermindert die Wirkung der Gestik. Wieder andere gebrauchen stets die gleiche Standardgeste. Diese gebrauchen sie unbewußt und keineswegs zur Unterstreichung des Gesagten. Sie läuft unabhängig vom Text ab und führt quasi ein Eigenleben, z. T. wirkt sie lächerlich.[79)] Politiker sind hier gute (traurige) Beispiele.
Die Forderung, mit Gestik zu arbeiten, besagt: Gesten sparsam und treffend einsetzen! »Die Gebärde ist nicht grundsätzlich abzulehnen, sondern sie *muß* gebraucht werden! Aber sie muß der natürlichen Veranlagung des Menschen entsprechen und darf nicht unecht und aufgepfropft wirken. Sie muß der Art der Persönlichkeit des Redners gemäß sein.«[80)]
Gestik findet ihren Ursprung im Innern des Menschen und vermittelt von dort aus den Kontakt zum Gesprächspartner. Sie soll das Gesagte nicht nur beleben, es geht also nicht um eine Show, sondern die Gestik soll vermitteln.[81)]
»Gestik ist richtig, wenn die Bewegung zur Verdeutlichung des gesprochenen Wortes dient, sie kann je nach Inhalt des Vortrages ruhig, lebendig oder sogar heftig sein.
Gestik ist falsch, wenn sie aus Verlegenheitsbewegungen besteht, die Unsicherheit erkennen lassen, oder wenn sie das Wort ersetzt und während der Sprechpausen erfolgt.«[82)]
Gestik führt man vor allem mit den Händen aus. Was kann man einem Redner empfehlen? Was macht er mit seinen Händen? Die einen verschränken sie hinter dem Rücken, andere überkreuzen sie vor der Brust,

beim Dritten hängen sie wie tot seitlich herunter. Wo bleiben die Hände? Einen Hinweis habe ich bereits gegeben. Der Redner sollte etwas in die Hand nehmen. Genauer müßte ich sagen: Er sollte etwas in eine Hand nehmen. Die andere sollte für die Gestik frei bleiben. Für die Anfangssituation ist es legitim, die freie Hand z. B. in die Hosentasche zu stecken. Allerdings sollte man *nie* beide Hände in den Hosentaschen versenken. Das wäre unfein und plump. Falsch verstanden wäre es, wenn man eine Hand in der Hosentasche beläßt, und mit der anderen, in der man z. B. einen Schreibblock hält, jetzt gestikuliert. Hier muß der Redner sich kontrollieren, sich überprüfen, um nicht sein ganzes Erscheinungsbild, seine Körpersprache in Gegensatz zu seinen inhaltlichen Ausführungen zu bringen.

6.2.6. Freies Sprechen

»Wie war der Vortrag?« – »Schön, habe glänzend geschlafen.« »Was ist ein Vortrag?« – »Wenn einer redet und viele schlafen.« Solche oder ähnliche Formulierungen kennt jeder. Ein Vortrag ist für den Zuhörer dann nervtötend, einschläfernd und eine Zumutung, wenn er vom Redner vorgelesen wird, womöglich noch in Schriftdeutsch. Wenn man bedenkt, daß der Mensch mehr lernt, wenn mehrere Sinne angesprochen werden, und daß nach etwa 30 Minuten die Methode gewechselt werden sollte, dann widerspricht ein stundenlanger Vortrag allen Regeln des Lernens. Den vielen Mühen, die sich der Vortragende gemacht hat, ist wenig Erfolg beschieden. Die Zuhörer können sich unmöglich so lange konzentrieren, sie schalten ab. Man kann daraus folgern: Weg von der Vorlesung, dem vorgelesenen Referat und hin zum freien Vortrag! Diese Forderung verlangt Mut zum freien Sprechen. Der Redner muß abwägen, was ihm sein Inhalt wert ist. Erwartet er, daß ihm die Zuhörer bis zum Schluß aufmerksam folgen, dann sollte er die freie Rede bevorzugen. Dies besagt nicht, daß er schlecht vorbereitet ist. Im Gegenteil, für die freie Rede muß er sich genauso, vielleicht sogar noch besser vorbereiten.
Der Vorteil der freien Rede ist:

- Eine freie Rede fesselt den Zuhörer eher, sie wirkt lebendig, ist viel persönlicher.
- Der Redner muß seine Gedanken sammeln und Worte wählen, die der Zuhörer eher nachvollziehen kann.
- Er muß langsamer sprechen und Pausen machen. Dadurch verschafft er sich und anderen Zeit zum Überlegen.
- Er muß auch das Risiko eingehen, nicht immer wohlgesetzte Formulierungen zu finden, ins Stocken zu geraten und einen Satz grammatikalisch nicht richtig abzuschließen. Diese Schwäche verzeiht ihm der Zuhörer jedoch gerne, wenn er dafür einen lebendigen Vortrag erhält.
- Niedergeschriebene ganze Sätze blockieren die Gedanken des Redners, sie hindern ihn am freien Denken. Er wird stets versuchen, die wohlformulierten Sätze vorzutragen. Damit macht er sich zum Gefangenen seiner selbst.[83)]

Was sollte der Redner tun, und worauf sollte er achten?

- Er gliedert seinen Vortrag gut und macht sich Stichworte zu den einzelnen Gliederungspunkten. In der Vorbereitung versucht er im freien Vortrag zu den einzelnen Punkten etwas zu sagen, sie inhaltlich zu füllen.
- Beim Reden sollten kurze Sätze formuliert werden. Sie bieten Vorteile:
  - Der Redner läuft nicht Gefahr, sich zu verhaspeln und das Ende nicht zu finden, weil er den Anfang vergessen hat.
  - Der Redner wird leichter und besser verstanden, weil es keine große Mühe bereitet, ihm zu folgen.
  - Die Atemtechnik wird erleichtert, denn kurze Sätze bieten die Möglichkeit zu Pausen und zum Atmen.
  - Der Redner kann besser »sprechdenken«, d. h. er hat mehr Möglichkeiten, während des Sprechens des kurzen, überschaubaren Satzes bereits an die Formulierung des nächsten zu denken.[84)]
- Es gelten folgende Regeln für die Länge von Sätzen:
  - mit 10–13 Wörtern als sehr gut erfaßbar
  - mit 14–18 als leicht verständlich
  - mit 19–25 noch als einigermaßen tragbar
  - mit 25–30 als schwer verständlich
  - mit über 30 als kaum zumutbar[85)]

Sattler formuliert für die freie Rede folgende Regeln:

- Reduzieren Sie die Länge der Sätze.
- Vermeiden Sie Substantivierungen.
- Sagen Sie der Passiv-Form, der »Leideform« den Kampf an.
- Formulieren Sie aktiv.[86)]

Eine weitere Gefahr besteht für den Redner: Er schaut häufig in seine Aufzeichnungen. Indem er jedoch den Kopf nach unten neigt, drückt das Kinn auf den Kehlkopf. Dadurch wird das Sprechen wesentlich behindert, die Atmung wird erschwert, die Worte kommen gepreßt heraus. Das Sprechen wird anstrengend. Was kann der Redner tun?

Wenn er seinen Text völlig abliest, kann er kaum etwas dagegen tun. Spricht er frei, kann er in seine Notizen schauen, danach wieder aufblicken und die Zuhörer anschauen. Blickkontakt halten, Rundblick, Kehlkopf freihalten, all das ist eigentlich nur möglich in der freien Rede und im Stehen.

Für den Anfänger mag der folgende Rat hilfreich sein:

Formulieren Sie Ihren Text so, als ob Sie ihn vorlesen würden. Einige Passagen, die Sie möglichst frei vortragen möchten, streichen Sie sich an.

In der Rhetorik gibt es unterschiedliche Vorschläge: Die einen plädieren dafür, den Vortrag auswendig zu lernen, andere raten, nur mit einem Stichwortzettel zu arbeiten. Ich meine, es spricht viel dafür, den Vortrag sehr gründlich schriftlich auszuarbeiten. Man kann ein Thema wissenschaftlich eher schriftlich abhandeln, die verschiedenen Aspekte und Meinungen zusammentragen. Hat man das Thema schriftlich ausgearbeitet,

kann man es sich mehrmals durchlesen und sich die wichtigsten Passagen und Stichworte unterstreichen. Jetzt sollte der Redner versuchen, seine Gedanken möglichst frei vorzutragen. Das Niedergeschriebene wird ihm Sicherheit geben, weil er weiß, daß er jederzeit auf dieses zurückgreifen kann. Voraussetzung jedoch ist, daß er seinen Text gut gegliedert, übersichtlich geschrieben und entsprechende Stellen oder Abschnitte deutlich markiert hat.
Dieser Vorschlag bezieht sich auf das Vortragen eines Referates oder Vortrags. Wenn jemand nur kurz etwas sagen will, kann er sich vielleicht ein paar Stichworte notieren, um den Gedanken nicht zu vergessen und um sicherer zu sein, etwas in der Hand zu haben.

6.2.7. Den Faden verlieren

Die größte Sorge eines Redners ist, sich zu verhaspeln, stecken zu bleiben, den Faden zu verlieren und nicht mehr weiter zu wissen. Diese Blamage möchte jeder vermeiden, darum liest er den Text sicherheitshalber vor.
Redner, die stecken bleiben, verhalten sich oft unnötig falsch. Sie bekommen einen roten Kopf, signalisieren ihre Hilflosigkeit durch ständiges Suchen in ihrem Text und durch Stottern von »äh, äh ...«, sie fangen verlegen an zu lächeln oder geben zu, den Faden verloren zu haben, total durchzudrehen, nervös zu sein etc. Ein schrecklicher Alptraum für einen Redner. Was gilt es zu tun?
Jeder Redner, selbst die »alten« Profis (auch von Schauspielern weiß man es) sind nervös. Eine gewisse Spannung, Nervosität ist nicht nur normal, sondern sogar notwendig. Auch für den Redner, nicht nur für die Zuhörer muß die Situation spannend sein. Ein Redner, der diese Spannung nicht kennt, wirkt leicht arrogant, überheblich, allzu cool. Natürlich ist die Spannung bei einem Anfänger größer als bei einem Profi, daher auch die Gefahr, den Text zu vergessen. Der Anfänger wird häufiger solche Situationen durchleben. Was sollte er tun? Auf keinen Fall zugeben, daß er den Faden verloren hat. *Hirsch* gibt folgenden Rat: »Auch wenn der Redner den Faden für einen Moment verloren hat, muß er *unbedingt weiterreden*, um die Situation zu überspielen und erneut Anschluß zu gewinnen. Hier gilt es, einen kühlen Kopf zu bewahren und sich über den zuletzt angeführten Sachverhalt wieder an den Faden heranzuarbeiten, also den letzten Gedanken mit anderen Worten zu wiederholen.
Damit dies unmerklich geschieht, sollten Sie in einem solchen Fall mit einem geschickten Einleitungssatz beginnen, keinesfalls die Hörer unvermittelt mit der Wiederholung konfrontieren. Günstig ist ein partnerbezogener Einstieg: Ich weiß nicht, ob dieser letzte Gedanke jedem deutlich genug geworden ist. Ich werde noch einmal versuchen, es mit anderen Worten zu erklären ...
An diese vorbereitenden Sätze kann die Wiederholung anschließen, ohne daß jemand den Fehler des Steckenbleibens deutlich bemerkt. Sie haben dann während des Sprechens lange genug Zeit, sich in den Fortgang der Rede hineinzufinden.«[87)]

Gegen diesen Rat mögen Sozialpädagogen vielleicht einwenden: Warum nicht ehrlich zugeben, daß man nicht weiter weiß? Offenheit und Ehrlichkeit sollte der Sozialpädagoge zeigen und nicht mit Tricks arbeiten. Je nach Zuhörerkreis stimmt dieses Argument. Aber ich kann nicht ohne weiteres davon ausgehen, daß jeder Kreis mein Eingestehen positiv aufnimmt. Ich muß also gut abwägen, wie ich mich verhalte. Nicht jede Gruppe ist gruppenpädagogisch geschult und geht auf sozialpädagogische Feinheiten und Selbstreflexionen ein. Deshalb bleibt der Rat bestehen: Die innere Unsicherheit und Nervosität ist meine persönliche Angelegenheit. Wie es in mir aussieht, geht keinen etwas an. Zudem muß ich bedenken, daß mein Verhalten auch die Zuhörer beeinflußt. Bin ich unsicher, verunsichere ich auch die Zuhörer. Vielleicht wollen sie ja gar nicht über meinen Zustand psychologisch reflektieren und etwas hören, sondern wollen zunächst Sachinformationen vermittelt bekommen. Ich darf dann nicht mit Gefühls- oder Beziehungsproblemen beginnen, bzw. auf diese zu sprechen kommen. Sozialpädagogen, die gerne über ihre Gefühle offen sprechen wollen, sind u. U. recht egoistisch, denn sie muten dem anderen etwas zu, ohne vorher sein Einverständnis eingeholt zu haben.

6.2.8. Schnellsprechen und Pausen machen

Zwei Fehler werden häufig beim Vortragen begangen: Der Redner spricht zu schnell und ohne Pausen. Viele meinen, wenn sie schnell sprechen, vermitteln sie den Eindruck, sie beherrschten den Stoff und seien innerlich engagiert. Dem ist zu entgegnen: Ist der Redner nervös, spricht er automatisch schneller und leiser. Deshalb gilt die Regel: Vor allem am Anfang langsam und laut sprechen; wer laut spricht, kann nur langsam sprechen; er braucht mehr Luft, also muß er gut durchatmen; wer gut durchatmet, wird auch ruhiger. Es ist also ein Kreislauf.

Das langsame Sprechen räumt dem Zuhörer Zeit ein zum Überlegen und zur gedanklichen Verarbeitung. Der Zuhörer braucht diese Zeit, denn er hört die Informationen u. U. zum ersten Mal, anders als der Redner. Er muß das Gesprochene in sich aufnehmen und verarbeiten.

»Wer also von seinem natürlichen Temperament her oder durch Angewohnheit zu schnell spricht, sollte sich in erster Linie stets mahnend dazu zwingen, langsamer zu sprechen. Denn er schafft sich durch das Schnellsprechen lediglich Nachteile beim Publikum, das ihn akustisch und gedanklich schlechter versteht.«[88)]

»Die zweite Zwangsvorstellung, die die meisten Redner haben, ist die, daß sie glauben, keine Pausen machen zu dürfen. Sie meinen, das Publikum . . . schließe daraus, daß er nicht mehr weiter wisse, steckengeblieben sei . . . Aber Pausen, an den richtigen Stellen eingefügt, sind ein echtes rhetorisches Mittel, das gegebenenfalls gerade die besondere Aufmerksamkeit der Zuhörer oder sogar Spannung erzeugen kann.«[89)]Pausen bieten dem Zuhörer die Möglichkeit, das Gesagte besser aufzunehmen und dem Redner Zeit zum Überlegen und zum gedanklichen Formulieren des nächsten Satzes.

Vor allem sollte man den Spannungseffekt bedenken. Bei der ersten Pause mögen die Zuhörer vielleicht denken, jetzt hat er den Faden verloren. Macht der Redner aber betont Pausen, werden sie es sehr bald als rhetorisches Geschick einstufen und gerne zuhören.
Es spricht also vieles für den Rat: Langsam und laut sprechen, Pausen einlegen.

Halten wir fest
Didaktik/Methodik ist nicht nur eine Frage der Ziele, Inhalte, Methoden und Medien, sondern auch der Rhetorik.
Neben dem Erwerb von Fachwissen sollte sich der (Sozial-)Pädagoge auch rhetorische Kompetenzen erwerben. Dabei geht es nicht um Manipulation oder Werbung, sondern um Überzeugung.
Rhetorik befaßt sich mit Themen wie z. B.:
- Richtige Atmung
- Stehen vor Gruppen
- Blickkontakt
- Gestik
- Freies Sprechen
- Faden verlieren
- Schnellsprechen und Pausen machen

Nachdem ich nun einiges über Methoden, Methodik, Medien und Rhetorik ausgeführt habe, möchte ich auf unser eigentliches Thema zurückkommen: Didaktik/Methodik und Konzepterstellung. Welche der Überlegungen gehen in ein Konzept ein, müssen dort berücksichtigt werden?

7. Methoden und Konzepterstellung

7.1. Zusammenfassung

Im ersten Kapitel wurde aufgezeigt, daß ich zunächst eine Bedingungsanalyse erstellen muß, um anschließend Ziele formulieren zu können. Ziele sollen jedoch in konkretes Handeln umgesetzt werden, also muß ich auch Methoden überlegen. Der Begriff Methode sollte besser durch Vermittlungsvariablen ersetzt werden, d. h. konkret:

Vermittlungsvariablen

1. Methode
2. Medien
3. Material
4. Zeit
5. Pädagogische und organisatorische Hinweise

Diese fünf Schritte sollte der Sozialpädagoge jeweils nach der Zielformulierung durchgehen.

In ein Konzept gehört also neben der Bedingungsanalyse die Zielformulierung und des weiteren die Angabe von Vermittlungsvariablen.

7.2. Musterbeispiel: Gymnastik mit Senioren

1. *Situation*
   Eine Seniorengruppe will Gymnastik betreiben. Frauen und Männer um die 70 Jahre alt; keine besonderen Krankheiten.
2. *Feinziel* (könnte z. B. sein)
   Die Senioren sollen ihre Kniegelenke besser bewegen können.
3. *Vermittlungsvariablen*
   - Methode: Eine Geschichte: Der Spaziergang durch den Freizeitpark
   - Medien: –
   - Material: verschiedene Materialien als Hindernisse
   - Zeit: 20 Minuten
   - Pädagogische und organisatorische Hinweise:
     - Die Gelenke müssen gut aufgewärmt sein
     - Keine zu großen Anstrengungen
     - Die Geschichte spannend frei erzählen
     - Blickkontakt halten, um Schwierigkeiten sofort zu erkennen

Aufgabe

Wählen Sie selber eine Situation aus und formulieren Sie übungshalber ein Feinziel und die Vermittlungsvariablen.

1. Situation:
2. Feinziel:
3. Vermittlungsvariablen:

?

Lernfragen

1. Von welchem Wort leitet sich der Begriff »Methode« ab?
2. Wie definiert man Methode?
3. Was versteht man unter Methodik?
4. Wie ist das Verhältnis von Didaktik und Methodik?
5. Mit welchen Begriffen bezeichnet man das Verhältnis zwischen Didaktik und Methodik?
6. Heißt es Didaktik und Methodik oder Didaktik/Methodik?
7. Was sagt die Methodik zur Zweck-Mittel-Relation von Methode?
8. Muß der Sozialpädagoge in der Praxis immer mit der Überlegung der Ziele beginnen?
9. Wie heißen die vier Einstiegswege, über die der Praktiker nachdenken muß?
10. Gibt es gute und falsche Methoden?
11. Was sind Vermittlungsvariablen? Wie lauten ihre fünf Teilelemente?
12. Wie heißen die klassischen Methoden der Sozialarbeit?
13. Wie werden nach dem neueren Stand der Forschung die »Methoden« der Sozialarbeit genannt?
14. Über welchen »Kanal« nehmen wir am meisten Informationen auf?
15. Warum sollte ein Pädagoge mit Bildern und Graphiken arbeiten?
16. Warum ist die Referats- und Vortragsmethode nicht besonders lerneffektiv?
17. Warum ist die Gruppenarbeit so lerneffektiv?
18. Was besagt: Ultrakurzzeit-, Kurzzeit- und Langzeitgedächtnis?
19. Welche pädagogischen Folgerungen ziehen Sie aus der Erkenntnis wie unser Gehirn arbeitet?
20. Was versteht man unter dem Aktivierungszirkel?
21. Welche Bedeutung haben Pausen für das Lerngeschehen?
22. Wie sollte man Lerneinheiten zeitlich aufteilen?
23. Was sind Medien?
24. Was muß man beim Einsatz der Tafel bedenken?
25. Was muß man beim Einsatz eines Flip-Charts bedenken?

26. Was muß man beim Einsatz eines Tageslicht-Projektors bedenken?
27. Was muß man beim Beschriften von Folien beachten?
28. Warum sind Kenntnisse in der Rhetorik für den Sozialpädagogen notwendig?
29. Was versteht man unter Rhetorik?
30. Welche Bedeutung kommt der richtigen Atmung in bezug auf das Reden zu?
31. Warum soll man im Stehen reden?
32. Warum ist der Blickkontakt so wichtig?
33. Was muß man über die Gestik wissen?
34. Worin liegen die Vorteile des freien Redens?
35. Wie verhält man sich, wenn man beim Reden den Faden verloren hat?
36. Warum soll man langsam sprechen und Pausen einlegen?

Weiterführende Literatur

Adl-Amini, B. (Hrsg.): Didaktik und Methodik. Weinheim: Beltz Verlag 1981.
Ammelburg, G.: Handbuch der Gesprächsführung. Frankfurt/M.: Herder & Herder Verlag 1974.
Fricke, W.: Frei reden. Leitfaden zum Mitreden und einmischen. Köln: Bund-Verlag 1991[3].
Hoberg, G.: Training und Unterricht. Stuttgart: Klett Verlag 1988.
Knoll, J.: Kurs- und Seminarmethoden. München: Hueber Verlag 1986.
Köck, P.: Didaktik der Medien. Donauwörth: Auer Verlag 1974.
Sattler, A./*Kemnitzer,* St.: So gestalten Sie erfolgreich Vorträge und Seminare. Köln: Verlag TÜV Rheinland 1989.
Schulze, Th.: Methoden und Medien der Erziehung. München: Juventa Verlag 1978.
Terhart, E.: Lehr-Lern-Methoden. Weinheim: Juventa Verlag 1989.

Anmerkungen

1 *Lehner,* M.: Didaktik und Weiterbildung. Weinheim 1989, S. 14; vgl. auch *Terhart,* E.: Lehr-Lern-Methoden. Weinheim 1989, S. 25.
2 Vgl. *Schulze,* Th.: Methoden und Medien der Erziehung. München 1978, S. 19–25.
3 Ebenda, S. 25–26.
4 *Hoberg,* G.: Training und Unterricht. Stuttgart 1988, S. 15.
5 Vgl. *Schilling,* J.: Kursbuch Jugendarbeit. München 1983, S. 22.
6 Vgl. *Lehner:* Didaktik und Weiterbildung. A. a. O., S. 14; *Schulze:* Methoden und Medien der Erziehung. A. a. O., S. 25; *Terhart:* Lehr-Lern-Methoden. A. a. O., S. 33; *Badry,* E. u. a.: Pädagogik. Grundlagen und Arbeitsfelder. Neuwied 1992, S. 173.

7 Vgl. *Wittern,* J.: Methodische und mediale Aspekte des Handlungszusammenhangs pädagogischer Felder. In: D. *Lenzen* (Hrsg.): Enzyklopädie Erziehungswissenschaft. Band 4: *Otto,* G./*Schulz,* W. (Hrsg.): Methoden und Medien der Erziehung und des Unterrichts. Stuttgart 1985, S. 38.
8 Vgl. *Giesecke,* H.: Methodik des politischen Unterrichts. München 1973, 1978[3], S. 8.
9 Vgl. *Schulz,* W.: Unterrichtsplanung. München 1981, S. 86.
10 Vgl. *Heimann,* P.: Didaktik als Unterrichtswissenschaft. Stuttgart 1976.
11 *Blankertz,* H.: Theorien und Modelle der Didaktik. München 1969, 1977[10], S. 93 ff.; *Terhart:* Lehr-Lern-Methoden. A. a. O., S. 44.
12 Vgl. *Adl-Amini,* B./*Künzli,* R. (Hrsg.): Didaktische Modelle und Unterrichtsplanung. München 1980, S. 28.
13 *Giesecke,* H.: Einführung in die Pädagogik. Weinheim 1990, S. 106.
14 Vgl. *Geißler,* E. E.: Erziehungsmittel. Bad Heilbrunn 1975, S. 22; *Lehner:* Didaktik und Weiterbildung. A. a. O., S. 15; *Terhart:* Lehr-Lern-Methoden. A. a. O., S. 37–39.
15 Vgl. *Schulz:* Unterrichtsplanung. A. a. O., S. 80, 84, 110.
16 Vgl. *Terhart:* Lehr-Lern-Methoden. A. a. O., S. 77.
17 Ebenda, S. 123.
18 Ebenda, S. 132–133.
19 Vgl. *Giesecke,* H.: Pädagogik als Beruf. Weinheim 1987, S. 19.
20 Vgl. *Belardi,* N. (Hrsg.): Didaktik und Methodik Sozialer Arbeit. Vgl. auch *Badry,* E. u. a. (Hrsg.) Pädagogik. Grundlagen und Arbeitsfelder. Neuwied 1992, S. 199 ff.
21 Vgl. *Schulze:* Methoden und Medien der Erziehung. A. a. O., S. 41–46.
22 *Eichhorn,* G.: Die Methoden der Sozialarbeit. In: Caritas-Jahrbuch 1977, S. 110.
23 *Martin,* E.: Sozialpädagogische Didaktik. In: Sozialmagazin, 3/1989, S. 38.
24 Vgl. *Schilling,* J.: Was sind Methoden? Versuch einer Begriffsklärung und Klassifizierung. In: Jugendwohl, 7 / 1985, S. 260–264.
25 Vgl. *Terhart:* Lehr-Lern-Methoden. A. a. O., S. 45.
26 *Giesecke*: Pädagogik als Beruf. A. a. O., S. 25–26.
27 *Schulze:* Methoden und Medien der Erziehung. A. a. O., S. 77.
28 *Hoberg:* Training und Unterricht. A. a. O., S. 34.
29 Ebenda, S. 35.
30 Vgl. *Sattler,* A./*Kemnitzer,* St.: So gestalten Sie erfolgreich Vorträge und Seminare. Köln 1989, S. 71; Veröffentlichung der American Management Association: Revolution in Training 1962. In: *Weidenmann,* B.: Diskussions-Training. Stuttgart 1973, S. 101.
31 Vgl. *Ammelburg,* G.: Handbuch der Gesprächsführung. Frankfurt/M. 1974, S. 386.
32 Vgl. *Quiski,* F. H. u. a.: Denklabor Team. Stuttgart 1973, S. 97.
33 Vgl. *Hoberg:* Training und Unterricht. A. a. O., S. 65.
34 *Ammelburg:* Handbuch der Gesprächsführung. A. a. O., S. 207.
35 *Terhart:* Lehr-Lern-Methoden. A. a. O., S. 123–124.
36 *Kirsten,* R./*Müller-Schwarz,* J.: Gruppentraining. Stuttgart 1973, S. 113.
37 *Donnert,* R.: Am Anfang war die Tafel . . . München 1990, S. 15.
38 Vgl. *Hülshoff,* F./*Kaldewey,* R.: Training rationeller lernen und arbeiten. Stuttgart 1979[4], S. 14.
39 Vgl. *Ammelburg,* Handbuch der Gesprächsführung. A. a. O., S. 350–351; *Donnert:* Am Anfang war die Tafel. A. a. O., S. 14; *Ortner,* G. E./*Schneider,* K.: Wie lernen Jugendliche? Wie lernen Erwachsene? (Hrsg.): Zentralstelle für gewerbliche Berufsförderung. Mannheim o. J., S. 37.

40 Vgl. *Donnert:* Am Anfang war die Tafel. A. a. O., S. 14–15.
41 *Hoberg:* Training und Unterricht. A. a. O., S. 22.
42 Ebenda, S. 26.
43 *Sattler/Kemnitzer:* So gestalten ... A. a. O., S. 20.
44 In: *Donnert:* Am Anfang war die Tafel. A. a. O., S. 52.
45 Vgl. *Hülshoff/Raldewey:* Training ... A. a. O., S. 14, 16; *Hoberg:* Training ... A. a. O., S. 67–68; *Ortner/Schneider:* Wie lernen Jugendliche ...? A. a. O., S. 41.
46 Vgl. *Geißner,* H.: Rhetorik. München 1976³, S. 34.
47 Vgl. *Heckhausen,* H.: Entwurf einer Psychologie des Spiels. In: A. *Flitner* (Hrsg.): Das Kinderspiel. München 1974, S. 133–149.
48 *Aselmeiner,* U.: Aspekte einer anthropologischen (Schul-)Pädagogik. In: E. *König*/H. *Ramsenthaler* (Hrsg.): Diskussion Pädagogische Anthropologie. München 1980, S. 29.
49 *Donnert:* Am Anfang war die Tafel. A. a. O., S. 13.
50 Vgl. *Aselmeiner:* Aspekte ... A. a. O., S. 32.
51 *Donnert:* Am Anfang war die Tafel. A. a. O., S. 13.
52 Vgl. *Sattler:* So gestalten ... A. a. O., S. 26.
53 *Heimann:* Didaktik als Unterrichtswissenschaft. A. a. O., S. 110.
54 Vgl. ebenda, S. 111.
55 *Heimann,* P.: Didaktik als Theorie und Lehre. In: Die Deutsche Schule, 9/1962, S. 421.
56 Ebenda, S. 421.
57 *Schulze:* Methoden und Medien der Erziehung. A. a. O., S. 57.
58 *Lauff,* W./*Homfeldt,* G.: Pädagogische Lehre und Selbsterfahrung. Weinheim 1981, S. 42, 43.
59 Vgl. *Wittern:* Methodische und mediale Aspekte ... A. a. O., S. 38.
60 Vgl. *Schulze:* Methoden und Medien der Erziehung. A. a. O., S. 58.
61 *Köck,* P.: Didaktik der Medien. Donauwörth 1974, S. 32.
62 Vgl. *Donnert:* Am Anfang war die Tafel. A. a. O., S. 88; *Sattler:* So gestalten ... A. a. O., S. 72–73; *Bühs,* R.: Tafelzeichnen kann man lernen. Hamburg 1989².
63 Vgl. *Hoberg:* Training und Unterricht. A. a. O., S. 271 – 272; *Sattler:* So gestalten ... A. a. O., S. 73; *Donnert:* Am Anfang war die Tafel. A. a. O., S. 97 – 98.
64 Vgl. *Donnert:* Am Anfang war die Tafel. A. a. O., S. 89–90; *Sattler:* So gestalten ... A. a. O., S. 74–75.
65 Vgl. *Donnert:* Am Anfang war die Tafel. A. a. O., S. 90–96; *Hoberg:* Training und Unterricht. A. a. O., S. 270–271; *Sattler:* So gestalten ... A. a. O., S. 74–75.
66 *Donnert:* Am Anfang war die Tafel. A. a. O., S. 104–106.
67 *Geißner:* Rhetorik. A. a. O., S. 25.
68 Vgl. *Kopperschmidt,* J.: Allgemeine Rhetorik. Stuttgart 1973, S. 13.
69 Vgl. *Sattler:* So gestalten ... A. a. O., S. 43–44.
70 *Ammelburg:* Handbuch der Gesprächsführung. A. a. O., S. 244.
71 *Weithase,* I.: Sprechübungen. Köln 1970, S. 23.
72 Vgl. *Ammelburg:* Handbuch der Gesprächsführung. A. a. O., S. 7–8.
73 Ebenda, S. 306.
72 Vgl. ebenda, S. 309–313.
75 Ebenda, S. 333–334.
76 Vgl. *Hirsch,* G.: Die Kunst der freien Rede. Niedernhausen 1985, S. 21, 71.
77 Vgl. *Ammelburg:* Handbuch der Gesprächsführung. A. a. O., S. 323–324.
78 Vgl. *Sattler:* So gestalten ... A. a. O., S. 48.

79 Vgl. *Ammelburg:* Handbuch der Gesprächsführung. A. a. O., S. 331–332.
80 Ebenda, S. 329.
81 Vgl. *Hirsch:* Die Kunst der freien Rede. A. a. O., S. 115.
82 Ebenda, S. 106.
83 Vgl. ebenda, S. 80–81.
84 Vgl. *Ammelburg:* Handbuch der Gesprächsführung. A. a. O., S. 343.
85 Vgl. *Sattler:* So gestalten ... A. a. O., S. 56.
86 Ebenda, S. 56–57.
87 *Hirsch:* Die Kunst der freien Rede. A. a. O., S. 56–57.
88 Ebenda, S. 53–54.
89 *Ammelburg:* Handbuch der Gesprächsführung. A. a. O., S. 294.

3. Kapitel: Was sind Erziehungsziele? Was sind Werte und Normen?

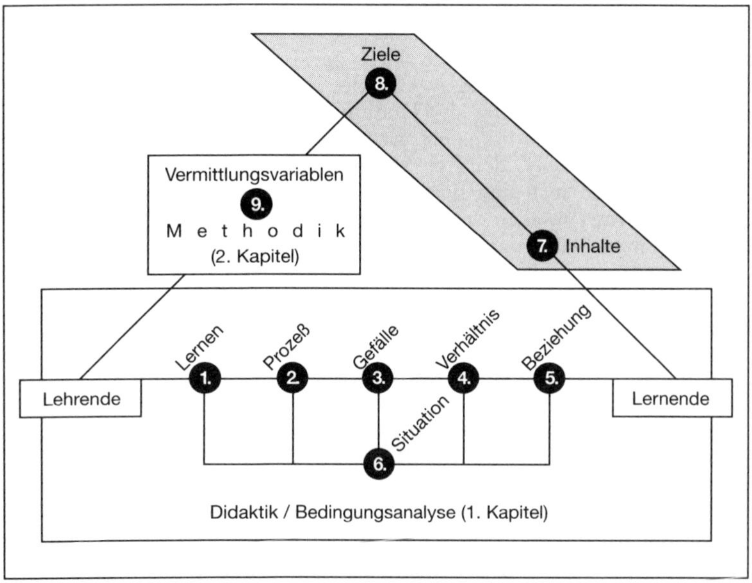

1. Probleme mit den Begriffen

Jeder Mensch verfolgt Ziele – auch wenn er sich scheinbar ziel- und planlos verhält. Die Kommunikationsforschung drückt das so aus: Man kann nicht nicht Ziele haben. Das bedeutet für eine Didaktik: Jeder Lehrende hat Ziele. Wir haben daraus im ersten Kapitel den Schluß gezogen: Der Pädagoge sollte sich seiner Ziele bewußt sein und darüber reflektieren. Die Ziele des Erziehers nannte ich *Erziehungsziele* im Unterschied zu den Zielen der Lernenden, die als *Handlungsziele* bezeichnet wurden. Die Übereinkunft zwischen Erziehungszielen und Handlungszielen nannte ich *Lernziele.* Ein Blick in die Literatur und die pädagogische Praxis zeigt ein verwirrendes Sprachbild. Die Ziele des Lehrenden werden z. B. Erziehungsziele, Lehrziele, Lernziele, Ziele des Erziehers etc. wahllos nebeneinander stehend genannt. Die Ziele der Lernenden, wenn sie überhaupt berücksichtigt werden, was bei den meisten Autoren nicht der Fall ist, werden dagegen häufig als Handlungsziele bezeichnet. Das Problem liegt bei dem Begriff »Lernziel«. Er wird mit dem Begriff »Erziehungsziel« oder »Lehrziel« identisch verwandt. Ich vermute, dies geschieht jeweils dort, wo man den Begriff »Handlungsziele« nicht kennt; denn wenn ich nicht zwischen den Zielen des Lehrenden und denen des Lernenden unterscheide, dann kann ich die Ziele des Erziehers mit jedem beliebigen Begriff umschreiben. Es geht ja nur um seine Ziele. Wie wir aber bereits gesehen haben, kann eine verantwortliche (Sozial-)Pädagogik nicht die Ziele der Lernenden, also die Handlungsziele, übergehen, sie muß diese berücksichtigen. Aufgrund dieser Tatsache müssen wir die Begriffe an dieser Stelle deutlich klären und zuordnen. Ich stimme H. *Meyer* darum zu, der Lehramtskandidaten rät: »Ich rate Ihnen deshalb dringend, auf das pauschale Wort Lernziel in Zukunft zu verzichten und statt dessen von Lehr- und Handlungszielen zu sprechen. (Dabei kommt es nicht auf diese Fachausdrücke, sondern auf die Sache an. Sie könnten ebensogut von Lehr- und Lernzielen oder von Lehrerzielen und Schülerzielen sprechen.)«[1)] *

Brezinka ist ebenfalls der Meinung, »daß der in jüngster Zeit viel benutzte Begriff ›Lernziel‹ kein brauchbarer Ersatz für die bewährten Begriffe ›Erziehungsziel‹ und ›Unterrichtsziel‹ ist . . . Wer den Begriff ›Lernziel‹ an Stelle des Begriffs ›Erziehungsziel‹ verwendet, unterschlägt den eigentlich erzieherischen Aspekt des gemeinten Phänomens entweder ganz oder meint zumindest eine mißverständliche Akzentverlagerung vom Erzieher, Lehren oder Unterrichten als Aktivitäten eines Erziehers auf das Lernen als Aktivität eines Lernenden . . . Auf jeden Fall dürfte die vorstehende Analyse deutlich gemacht haben, daß die Verwendung des Begriffs ›Lernziel‹ an Stelle der Begriffe ›Erziehungsziel‹, ›Unterrichtsziel‹ oder ›Lehrziel‹ eher das verschwommene als das klare Denken über Erziehungsprobleme begünstigt.«[2)]

* Anmerkungen s. S. 168

Halten wir fest

- Ziele des *Lehrenden,* Erziehers, Pädagogen, Sozialpädagogen etc. sollen *Lehrziele, Erziehungsziele* oder Ziele des Pädagogen/Sozialpädagogen, auf keinen Fall aber Lernziele genannt werden.
- Ziele des *Lernenden* (Kinder, Jugendliche, junge Erwachsene, Erwachsene, alte Erwachsene): *Handlungsziele.*
- Ziele, die aus der gemeinsamen Sache hervorgehen, in Übereinstimmung stehen, eine Synthese darstellen, eine Lösung, Übereinkunft, einen Kompromiß, ein Eingehen oder Bestehen auf Zielen, Addition von Erziehungs- und Handlungszielen darstellen etc.: *Lernziele.*

Man könnte die Ziele der Lehrenden natürlich auch Handlungsziele nennen, denn auch sie handeln im Lehr-Lern-Prozeß. Doch ist es wohl legitim, die Ziele des Erziehers als Erziehungs- bzw. Lehrziele zu bezeichnen, um damit anzudeuten, wer der Träger dieser Ziele ist.
In diesem Kapitel soll der zentrale Begriff der Didaktik: Ziele des Lehrenden näher geklärt werden. Was sind Erziehungsziele? Methodisch möchte ich diese Frage so angehen, daß zunächst Einzelteile des Begriffs geklärt werden und Sie am Ende der Ausführungen in die Lage versetzt und befähigt werden, selbständig eine Definition dessen zu geben, was Erziehungsziele sind. Dieses methodische Vorgehen haben Sie bereits im ersten Kapitel kennengelernt.

2. Praxisbeispiel: Der Neue in unserer Clique

Praxis

2.1. Situation

Stellen Sie sich vor, Sie sind Mitarbeiter in einem Jugendhaus. Sie gehen durch die Einrichtung und sehen in einem Raum, wie sich eine Clique angeregt unterhält. Ohne daß Sie von der Clique bemerkt werden, bekommen Sie folgendes Gespräch mit:
A: Eins mußt du wissen: Hände weg von fremden Frauen! Da läuft nichts. Wenn welche aus der Clique miteinander gehen, kannst du sie nicht anmachen. Sonst gibt es Ärger.
B: Okay, okay, was heißt das konkret? Darf ich dann mit keinem Mädchen aus der Clique mehr 'was haben? Ich meine, nichts Ernstes. Nur so.
A: Wir haben da klare Absprachen. Wenn du eine Frau hast, dann Finger weg von anderen aus der Clique. Du verstehst? Das gilt besonders für dich. Du bist neu und hast dich daran zu halten. Verstehst du? Es gilt nicht für jeden alles, da gibt es feine Unterschiede. Die wirst du auch noch merken.
C: Das ist Peter, der hat die Clique eigentlich gegründet. Er ist mit Heidi am längsten hier. Das wirst du schon sehen! Peter macht das alles etwas streng. Ihm liegt halt sehr viel an der Clique. Du wirst es schon lernen, dich in der Clique so zu verhalten, daß es dir bei uns gefällt. Wir helfen dir dabei. Alles klar?

B: Warum nicht? Werde schon zurechtkommen. Seid ja keine Unmenschen. Werde mich schon richtig verhalten. Keine Angst. Werde bestimmt ein gutes Mitglied. Das verspreche ich.
A: Prima. Hab' auch keine Bedenken. Wirst dich schon einordnen können. Brauchst nur Zeit, dann blickst du schon durch. Dann kommt, darauf wollen wir ein's trinken.

Aufgabe
Als guter Sozialpädagoge wissen Sie, daß Sie nicht direkt reagieren und die Clique z. B. über ihr unmögliches Verständnis der Frauenrolle zur Rede stellen: »Ihr habt wohl noch nie etwas über die Emanzipation der Frau gehört. Die Mädchen werden ja wie Ware behandelt!« Vielmehr denken Sie zunächst einmal nach, bevor Sie handeln. Sie entscheiden sich, dieses Gespräch am Abend in der Teamsitzung einzubringen. In der Sitzung versucht nun das Team, das Verhalten der Clique zu analysieren. Es stellt sich folgende Fragen:
1. Warum verhält sich die Clique so?
2. Was beabsichtigt sie damit?
3. Was für eine grundsätzliche Haltung steht dahinter bzw. wird durch ihr Verhalten erkennbar?

Versuchen Sie, diese Fragen zunächst selber zu beantworten, bevor Sie weiterlesen.

zu 1) ____________________

zu 2) ____________________

zu 3) ____________________

2.2. Interpretation

Obwohl es sich um eine informelle Gruppe, Clique handelt, kennt diese dennoch Absprachen, Regeln für das Verhalten der Mitglieder. Dem neuen Mitglied werden die wichtigsten Regeln im Gespräch mitgeteilt:
- Die Clique ist uns sehr wichtig. Um ihren Bestand zu garantieren, müssen wir diese Regeln einhalten.
- Freundschaften sind uns wertvoll und dürfen nicht zerstört werden.
- Der Gründer achtet am strengsten auf die Einhaltung der Regeln.
- Der Gründer hat mehr Rechte.

Grundsätzliche Haltung: Die Clique und Freundschaften sind uns wertvoll, deshalb diese Regeln.
Vielleicht neigten Sie, als Sie das Beispiel lasen, spontan dazu, das Verhalten der Clique zu verurteilen. So kann man doch nicht miteinander umgehen! Das kann man als Sozialpädagoge doch nicht zulassen! Da muß man einschreiten und Aufklärungsarbeit betreiben! Kritisches Reflektieren über Rollenverhalten, Manipulation, Abhängigkeit sind angebracht. Sicherlich haben Sie recht. Doch überlegen Sie einmal: Wie würden Sie es

als Cliquenmitglied empfinden, wenn der Sozialpädagoge so massiv eingreifen würde? Sie würden ihm wahrscheinlich sehr deutlich machen, daß er sich hier heraushalten soll. Die Clique würde Ihre Intervention als Einmischung, Angriff verstehen. Das würde Ängste auslösen. Die Reaktion wäre wahrscheinlich: (aggressive) Abwehr gegenüber dem Sozialpädagogen. Es sei denn, der Sozialpädagoge hätte eine sehr gute Beziehung zu der Clique, dann wäre ein Gespräch eventuell möglich. Aber gerade bei einer guten Beziehung würde der Sozialpädagoge wahrscheinlich nicht so reagieren. Warum nicht?

Die Cliquenmitglieder haben die Regeln aufgestellt, weil die Clique und die Freundschaften für sie ein besonderer Wert sind. Richtet der Sozialpädagoge sein Augenmerk auf diesen Tatbestand, erscheint die Clique in einem anderen Licht. Man kann sie eigentlich nur beglückwünschen, solche Ziele zu verfolgen. Vergleichen Sie einmal die beiden Vorgehensweisen:

a) Ich erkläre der Clique, wie unmöglich ihr Verhalten ist und daß man es unbedingt ändern muß.
b) Ich erkläre ihr, daß ich ihre Ziele begrüße und unterstützen kann.

Wie ist das Verhältnis zur Clique? Im ersten Fall kritisiere ich sie in einer für sie sehr wichtigen Frage; im anderen Fall bestärke ich sie in ihrem Verhalten. Keine Frage, im zweiten Fall stelle ich zur Clique eine positive Beziehung her, die Voraussetzung für jede weitere Interaktion und Kommunikation ist. Der Sozialpädagoge findet einen Punkt, wo er die Clique bestärken kann; er findet etwas, womit er sich identifizieren kann. Das ist eine ganz wichtige Voraussetzung für jedes pädagogische Handeln. Dies besagt nun jedoch nicht, daß er das Verhalten der Clique ohne weiteres akzeptiert. Wichtig ist jedoch die Blickrichtung und die klare Unterscheidung zwischen dem, was anderen wertvoll ist, und dem, was sie konkret tun. In diesem Beispiel erkennt der Sozialpädagoge die Werte der Clique an, ist aber mit den Regeln (Normen) nicht einverstanden. Um diese Unterscheidung geht es: der Wert wird anerkannt, die Umsetzung, Regeln (Normen) allerdings werden nicht gutgeheißen.

Allgemein geht es hier um *Werte* und *Normen*. Der Pädagoge sollte hinter einem Verhalten zunächst nach den Werten fragen. *Was* steckt hinter dem Verhalten? *Worum* geht es? (Der Leser erkennt hier zwei wichtige didaktische Fragen: was und warum). Dies müssen die ersten Fragen sein. Ich behaupte, daß auf der Werteebene Menschen weitestgehend übereinstimmen, sich nur in wenigen Bereichen grundsätzlich unterscheiden.

Ich stimme *Simon* zu, der zu dem Ergebnis gelangt, daß unterschiedliche Ausformungen der Werte nicht auf jeweilig verschiedene Wertauffassungen zurückzuführen sind, sondern auf unterschiedliche Annahmen über die Wirklichkeit. Entsprechend sind Widersprüche in der Ableitung von Werten nicht in den Werten zu suchen, sondern in der Umsetzung der Werte in Normen, d. h. im Handeln.[3)] Die Übereinstimmung in den Werten ist die Voraussetzung dafür, daß Sozialpädagogen auch mit sogenannten »schwierigen« Gruppen/Personen arbeiten können. Auf der Werteebene kann ich vielleicht noch den anderen verstehen, auch wenn ich sein konkretes Verhalten gänzlich ablehnen muß.

Wenn ich einem Menschen signalisiere: Ich muß dich verurteilen, weil ich deine Werte ablehne, handelt es sich um einen Angriff auf seine Existenz. Gebe ich das einem Menschen zu verstehen, kann ich eigentlich (sozial-) pädagogisch nicht mehr mit ihm arbeiten. E. *Meueler* beschreibt diesen Vorgang folgendermaßen:
»Diese Realitätsauffassungen haben sich in der persönlichen Lebensgeschichte aus einer Entwicklungsgeschichte herausgebildet. Sie geben uns Sicherheit. Wird die gewohnte Realitätsauffassung in Frage gestellt, gerät die gewohnte Welt ins Wanken. Es entstehen Ängste als Ausdruck einer tiefen existentiellen Verunsicherung. Jeder von uns sucht sich in seelischen Zonen zu bewegen, die ein gewisses Maß an Geborgenheit und Angstfreiheit gewähren. Daher entwerfen und bewerten, verdrängen und beleuchten wir unsere Realität jeweils so, daß wir uns sicher und beheimatet fühlen können. Zerschlägt nun die tatsächliche Wirklichkeit unsere geliebten, aber falschen Bilder von dieser Wirklichkeit, geht unsere Realitätsauffassung verloren. Damit wird aber nicht nur diese benötigte Geborgenheit in Frage gestellt, sondern gleichzeitig werden oft tiefsitzende Ängste vor dem Zerfall, ja der Auslöschung des Selbst belebt. Daher ist es verständlich, daß jeder von uns so absolut an seinen Realitätsentwurf gebunden ist. Er macht, auf unsere Person bezogen, unsere Identität aus, mit deren Verlust wir unsere Existenz aufzugeben scheinen.«[4]
Anders dagegen ist die Situation, wenn ich dem anderen vermittle, daß ich ihn als Person, in seinen Werten akzeptiere, aber nicht in dem, was er getan hat. Wir sehen, wie wichtig diese Unterscheidung und wie grundlegend sie für (sozial-)pädagogisches Handeln ist. Dabei sollte der Sozialpädagoge auch bedenken, daß Werte u. U. verschüttet, überlagert sind und durch Setzen von alternativen Handlungen wieder in das Bewußtsein des Betreffenden gelangen können.

Halten wir fest
Das menschliche Handeln wird von Werten und Normen bestimmt. Auf der Werteebene stimmt man mit vielen Menschen überein, nicht dagegen auf der Normenebene. Wessen Werte abgelehnt werden, der wird in seiner Existenz abgelehnt. Ein (sozial-)pädagogisches Arbeiten ist kaum möglich. Wichtige (sozial-)pädagogische Regel: Hinter dem vordergründigen, sichtbaren Verhalten muß der Sozialpädagoge nach den dahinterstehenden Werten fragen: *Warum* verhält sich eine Person so? *Was* für Werte stecken dahinter?
Auf ein Mißverständnis sei noch kurz hingewiesen. Es geht nicht um die Frage: Warum hat er mir das angetan, sondern was ist ihm so wichtig daran gewesen, daß er es getan hat? Nicht ich als Kommunikationspartner stehe zur Diskussion, sondern das Handeln des anderen in bezug auf die dahinterstehenden Werte.

3. Werte und Normen

Die Unterscheidung in Werte und Normen ist für (sozial-)pädagogisches Handeln von grundsätzlicher Bedeutung. Was versteht man unter Werten und Normen?

3.1. Werte

Aufgabe
Nehmen Sie ein Lexikon oder sogar mehrere zur Hand und lesen Sie nach, was dort über Werte steht.

Es liegt eine umfangreiche Literatur zum Thema Werte vor. »Werte« ist in jüngster Zeit zu einem Modewort geworden. Es gibt eine Vielfalt an Definitionen. Vielleicht haben Sie dies beim Studieren der Lexika bereits gemerkt. *Lautmann* spricht davon, daß es etwa 200 verschiedene Wortdefinitionen gibt.[5] Dieses Durcheinander löst vor allem bei Erziehern Probleme aus, denn sie sollen nach offiziellen Äußerungen im Bereich von Werten und Normen erziehen. In den Leitlinien zur Bildungspolitik vom 12. Juli 1984 heißt es z. B.: »Erziehung und Bildung müssen durch die Vermittlung grundlegender Werte und Normen den jungen Menschen Hilfen zur Orientierung in Staat und Gesellschaft geben.«[6] Oder in den Landesverfassungen ist zu lesen: »Wertvorstellungen vermitteln« (Niedersächsisches Schulgesetz); »Anerkennung, kultureller und religiöser Werte erziehen« (Bayern); »christliche und abendländische Bildungs- und Kulturwerte erziehen . . . Die gesamte Arbeit der Schule vollzieht sich auf der Grundlage der genannten Werte und Normen« (Baden-Württemberg). Was sind Werte? In der Literatur werden Werte je nach wissenschaftlicher Sicht recht unterschiedlich umschrieben.

- *Aus der Sicht der Anthropologie:* Werte sind Sprachformeln, Begriffe für höchste Gedankeninhalte und Güter von universellem Rang. Werte haben ontologische und metahistorische Existenz. Man findet sie in religiösen Geboten, Verboten, Grundrechten der Verfassung, im Grundgesetz. Es gibt eine Wertehierarchie. Je nach Situation und Lebenslage können die Werte einer Person eine andere Rangordnung einnehmen.
- *Aus der Sicht der Psychologie:* Nach Auffassung der Psychologie sind Werte Haltungen, Einstellungen, Motivationen. Werte und Bedürfnisse lassen keine fundamentale Trennung zu. Die drei Aspekte müssen stets zusammen gesehen werden: Werte – Bedürfnisse – Motivationen. Das macht deutlich, daß hinter jedem Handeln des Menschen Werte stehen.

● *Aus der Sicht der Soziologie:* R. *Lautmann* hat 178 Wortdefinitionen einer Sprachanalyse unterzogen und kommt zu dem Ergebnis: »Aus einem Berg von Worten haben sich einige herausgeschält, die man mit großer Plausibilität als die geeignetsten für eine Definition von ›Wert‹ halten darf. Für die drei anerkannten Elemente sind das die Worte:
1. Maßstab, Kriterium oder Standard
2. Objekt oder Gegenstand
3. gut, sollen oder normativ

Zusammen mit den grammatikalisch oder syntaktisch erforderlichen Füllworten lassen sich hieraus adäquate Wertbegriffe formen, wobei man für jedes Element nur ein Wort benötigt . . . Daher muß man nun die passenden Worte zusammenstellen und durch weitere ergänzen.
Adäquate Wertbegriffe sind danach etwa: Wert ist ein
- Maßstab der guten Gegenstände,
- Kriterium zur Auswahl der Objekte, die wir anstreben sollen,
- normativer Standard zur Beurteilung von Objekten,
- Kriterium für normativ gebilligte Gegenstände.«[7]

Definition

Werte sind ein Maßstab für wünschenswertes Handeln, diese Worte werden nach *Lautmann* am häufigsten genannt. *Jeder Wert ist ein Maßstab, der Handeln lenkt und Entscheidungen über Handlungsweisen ermöglicht.*[8] *Simon,* der sich auf die Arbeit von *Lautmann* beruft, definiert Werte: »Werte können demnach als ideelle Kriterien definiert werden, die Handlungsentscheidungen fundieren.«[9]

● *Aus der Sicht der Pädagogik:* Werte sind Leitvorstellungen, Programme, Aufgaben, Postulate. Sie sind innere Führungsgrößen für menschliches Handeln. Entscheidend aus pädagogischer Sicht ist, daß Werte stets Ziel-Charakter haben. Was einem Menschen als Wert (wertvoll) erscheint, dient ihm als Motivation und Ziel seiner Handlungen. Deshalb muß reflektierte Sozialpädagogik hinter dem Verhalten eines Menschen nach dessen Werten (Bedürfnisse, Motivationen, Ziele) fragen: Warum verhält er sich so? Was für Werte stehen dahinter?

!

Halten wir fest
Will man aufgrund dieser verschiedenen Sichtweisen Werte umschreiben, gelangt man zum folgenden Definitionsversuch: Werte sind globale Standards, absolute Ideale, Ziele, Leitbilder für die Auswahl und Bewertung von Zielen. Werte sind Überzeugungen, die mit erwünschten Zuständen und/oder Verhaltensweisen zusammenhängen, die situationsübergreifend sind, die eine Leitfunktion für die Auswahl und/oder Bewertung von Verhaltensweisen und/oder Erlebnissen haben. Werte-Bedürfnisse – Motivationen – Ziele sind vier Teile eines Gesamtkomplexes und nur gedanklich (analytisch) zu trennen. Werte geben Sinntiefe und Sinnerfüllung. Man findet sie in religiösen Geboten, Verboten, Grundrechten der Verfassung, im Grundgesetz.[10]

3.2. Normen

Aufgabe
Schauen Sie auch hier zunächst in einem Lexikon nach, was Sie über Normen finden.

____

____

____

Auch darüber, was Normen sind, gibt es unterschiedliche Vorstellungen. Der Vergleichbarkeit wegen übernehme ich die gleiche Aufteilung wie bei den Werten.

- *Aus der Sicht der Anthropologie:* Normen sind Regeln, Maßstab, Richtschnur für menschliches Handeln.
- *Aus der Sicht der Phychologie:* Normen sind vom Gewissen anerkannte Regeln. Sie bilden die Moral/Ethik eines Menschen.
- *Aus der Sicht der Soziologie: Lautmann* hat auch 82 Normdefinitionen untersucht. Sein Ergebnis:

»Für die Bedeutungselemente der Form, des Sachverhaltes und des normativen Aspektes ergeben sich als adäquate Worte:

1. Standard oder Regel
2. Verhalten oder Handeln
3. Vorschrift oder Sollen

Daraus lassen sich etwa folgende Normbegriffe formulieren: Norm ist, sanktioniert und allgemein geltend,

- ein Standard des vorgeschriebenen Verhaltens,
- eine Regel, wie wir handeln sollen.«[11)]

Man muß zwischen Muß-, Soll- und Kann-Normen unterscheiden.

- *Aus der Sicht der Pädagogik:* Normen sind nützliche Regeln, Methoden, die zur Zielerreichung von Werten dienen. Normen sind die konkrete (operationalisierte) Umsetzung von Werten. Man könnte dies auch didaktisch formulieren: Werte sind Ziele und Normen sind die Methoden. Normen geben an, auf welchen Weg (wie?) ich die Werte (was?) erreichen möchte.

Halten wir fest
Auch hier ein Definitionsversuch: Normen sind verbindliche, durch Sanktionen abgesicherte Regeln für soziales Verhalten. Normen umschreiben Erwartungen, wie der Handelnde sich verhalten soll. Sie legen das Handeln aber nicht völlig fest, sondern lassen Spielraum. Normen sind die Konkretisierung, Operationalisierung von Werten. Sie sind konkrete Regelungen, Handlungsanweisungen, Satzungen, Gesetze, Absprachen. Es gibt kodifizierte Normen (Gesetze) und informelle Normen (Sitten, Gebräuche).

3.3. Werte und Normen

Wie stehen Werte und Normen zueinander?
Vielfach werden beide Begriffe synonym gebraucht. Sie stehen in so enger Verbindung, daß man sie nicht trennen kann. Diese Meinung findet man häufig in der Literatur.
Dagegen spricht die Sprachanalyse nach *Lautmann.* Er findet heraus: Normen sind differenzierter, spezifischer als Werte, die weiter, allgemeiner sind und mehr einschließen. Normen dienen dazu, Werte zu verwirklichen. Werte sind so allgemein, daß konkrete Handlungsanweisungen, eben die Normen, ihre Realisation und Aufrechterhaltung übernehmen. Normen stehen auf einer niedrigeren Stufe als die Werte, wobei die Normen auf Werten basieren, aus Werten abgeleitet sind; sie sind die Ausformung von Werten.[12)]
»Versucht man Werte und Normen nach den vorhandenen Übereinstimmungen zu kennzeichnen, so haben Normen Verpflichtungscharakter, indem ihre Nichtbefolgung sanktionierbar ist, während Werte sich aus Wünschbarkeiten konstituieren. In dieses Verständnis fügt sich ein, Werte als relativ generelle oder auch gesellschaftliche Erwartungsäußerungen zu verstehen und Normen als relativ spezielle Erwartungsäußerungen zu definieren.«[13)]
Lautmann kommt zu dem Ergebnis: »Werte sind die umfassenden Begriffe, die alle denkbaren Objekte mit ihren normativen Akzenten belegen können; Normen sind spezielle, nämlich die sanktionierten Regeln menschlichen Handelns.
Damit hat sich nun doch ein faßbarer Unterschied zwischen den beiden so oft nebeneinander aufgereihten Begriffen ergeben – entgegen einem Pessimismus, der Wert und Norm für untrennbar erklärt oder austauschbar benutzt. Die Trennung mag nicht besonders scharf sein; sie soll es auch nicht, denn sehr viele Standards haben den Charakter sowohl von Wert als auch von Norm . . . Viele Dinge können zugleich Werte und Normen heißen, manche aber nur Norm und andere nur Wert, wobei ein Deduktionsverhältnis zwischen den beiden angedeutet ist.«[14)]
Man muß des weiteren anmerken, »daß der Bereich der Werte größer ist als der des Sollens und daß auch Normen existieren, die nicht aus Werten abgeleitet sind«.[15)]

Verhältnis von Werten und Normen

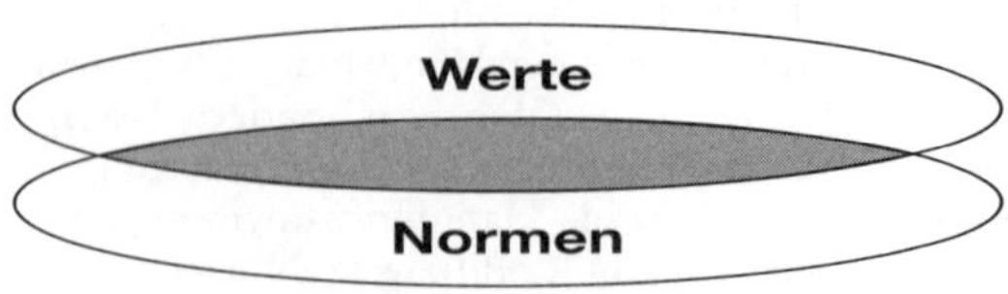

Halten wir fest
Werte sind ein Maßstab, und Normen sind aus den Werten abgeleitete und verfestigte Regeln.
Werte sind der übergeordnete, allgemeine Maßstab, Normen sind die Regeln, die die Werte konkretisieren, in Handeln umsetzen. Wertung ist zunächst ein theoretischer Vorgang. Er besagt: Das ist brauchbar, schön, gut, wünschenswert etc. Wird daraus eine praktische Konsequenz abgeleitet, entsteht eine Norm.

Die Unterscheidung in Werte und Normen ist für pädagogisches Arbeiten sehr hilfreich.

Praxis

Beispiel:
Ein Jugendarbeiter hat gemeinsam mit Jugendlichen eine Diskothek eingerichtet. Diese ist bei den Jugendlichen sehr beliebt, den Anwohnern und vielen Erwachsenen dagegen ein großes Ärgernis. Das Disco-Team lädt zu einem Diskussionsabend ein, um mit den Kritikern über die Diskothek zu reden. Der Jugendarbeiter hat sich gut vorbereitet. Er weiß, wenn er sich in eine allgemeine Diskussion einläßt, werden die Kritiker sicher über ihn herfallen und rationale Argumente kaum zulassen. Deshalb ist seine Strategie folgende: Er unterscheidet zwischen Werten und Normen. Er wird den Kritikern erklären, welche Werte er mit dem Angebot einer Diskothek verfolgt. Er spricht über die anthropologische Bedeutung des Tanzens und der Musik. Gelingt es ihm, die Zuhörer davon zu überzeugen, daß der Tanz und die Musik für den Menschen wichtig sind, kann er mit ihnen den zweiten Schritt überlegen, wie man diese Erkenntnisse in Handlungen (Normen) umsetzt. Jetzt werden die Kritiker wahrscheinlich loslegen und ihrem Ärger Luft machen. Das kann der Jugendarbeiter aber ganz anders verkraften, denn man hat die Grundlage seiner Arbeit vorher akzeptiert. Nun geht es darum, nach Formen zu suchen, wie man die Werte verwirklichen kann. Vielleicht gelangt man zu dem Ergebnis: Die Erwachsenen sollten im Disco-Team mitarbeiten, um manche Mängel zu verhindern.
Dieses Ergebnis ist aber nur dadurch zustande gekommen, weil der Jugendarbeiter zwischen Werten und Normen unterschieden und dies den Kritikern deutlich gemacht hat. Kann der Jugendarbeiter diesen Beleg nicht in der Diskussion herausarbeiten, werden die Kritiker ihn wahrscheinlich auf der Veranstaltung »zerreißen«, ihm die Grundlage seiner Arbeit entziehen. Mit seinem Diskothekprojekt wird er dann wohl für einen längeren Zeitraum viel Ärger haben.

4. Erziehungsziele

4.1. Psychische Disposition

Aufgabe
In diesem Kapitel geht es um die Frage: Was sind Erziehungsziele? Bin ich jetzt nicht ein wenig von diesem Thema abgewichen? Was haben Werte und Normen mit Erziehungszielen zu tun? Sehen Sie einen Zusammenhang zwischen diesen drei (zentralen) Begriffen: Werte – Normen – Erziehungsziele? Versuchen Sie ihn herzustellen.

Zusammenhang von Werten, Normen und Erziehungszielen . . .

Eine erste Annäherung an unsere Frage sieht so aus:

1. Erziehung hat Verhaltensänderung oder Lernen von Handlungsweisen zum Ziel.
2. In der Erziehung geht es um Handeln, Verhalten.
3. Im Handeln drückt der Mensch (verschlüsselt) seine Werte und Normen aus.
4. Damit hat Erziehung als letztes Ziel immer etwas mit Werten und Normen zu tun. Es geht in der Erziehung darum, Werte und Normen zu lernen, zu stabilisieren bzw. auch zu verändern.
5. Erziehungsziele haben also etwas mit der Vermittlung von Werten und Normen zu tun.

Ziel von Erziehung

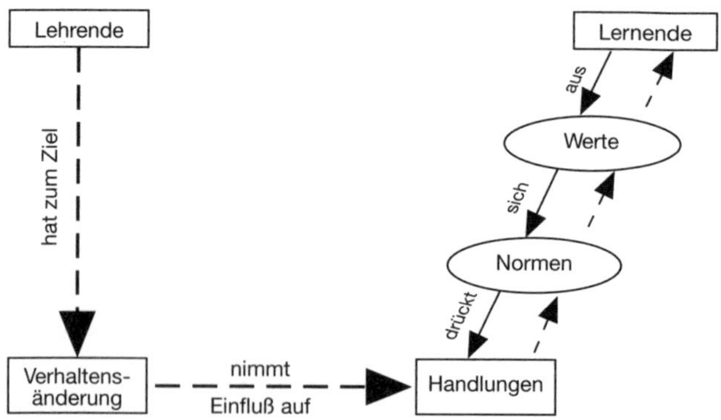

In *einer zweiten Annäherung* will ich nun versuchen, den Begriff »Erziehungsziele« zu klären. W. *Brezinka* hat wohl am präzisesten definiert, was Erziehungsziele sind. »Um von Anfang an Klarheit zu schaffen, wird der Inhalt des Begriffes ›Erziehungsziel‹ vorläufig wie folgt bestimmt: Ein Erziehungsziel ist eine Norm, die einen vorgestellten Zustand der Persönlichkeit (bzw. einzelner Persönlichkeitsmerkmale) eines Educanden beschreibt, der durch Erziehung erreicht werden soll.[16) . . . Man kann auch sagen, daß Erziehungsziele den Soll-Zustand der Persönlichkeit von Educanden bezeichnen.[17) . . . Mit Erziehungszielen sind immer Normen gemeint, die sich auf psychische Dispositionen von Educanden beziehen.«[18)

Unter einer psychischen Disposition versteht *Brezinka:* »Die Dispositionen, d. h. Haltungen, Einstellungen, Erlebnis- und Handlungsbereitschaften, die dem aktuellen Verhalten zugrunde liegen.[19) . . . Eine solche aus dem wahrnehmbaren Verhalten erschlossene Bereitschaft zum Vollzug bestimmter Erlebnisse oder Verhaltensweisen wird ›psychische Disposition‹ genannt. Kenntnisse, Haltungen, Einstellungen, Handlungsbereitschaften Gefühlsbereitschaften, Fähigkeiten, Fertigkeiten, Interessen usw. müssen als Dispositionen angesehen werden. Sie sind nicht beobachtbare Phänomene, sondern – kurz gesagt – hypothetische Kausalfaktoren des psychischen Geschehens, theoretische Konstrukte, die wir erfinden, wenn wir bestimmte Erlebnisse oder Verhaltensweisen unter ähnlichen Umständen immer wieder auftreten sehen. Es ist für das Verständnis dessen, was mit ›Erziehung‹ gemeint ist, von großer Wichtigkeit, einzusehen, daß sie nicht auf das flüchtige Erleben und (oder) Verhalten, sondern auf Bereitschaften zum Erleben und (oder) Verhalten abzielt. Die Verhaltensweisen selbst sind nur die beobachtbaren Anzeichen dafür, daß bestimmte Dispositionen angenommen werden dürfen. Am Verhalten wird überprüft, ob die angestrebten Verhaltensbereitschaften vorhanden sind oder nicht. Durch Erziehung wird versucht, in das Gefüge der psychischen Dispositionen eines Menschen einzugreifen. Der Erziehungsbegriff kann ohne den Dispositionsbegriff gar nicht ausreichend präzisiert werden, denn jeder erzieherische Akt setzt Dispositionen als seinen Anknüpfungspunkt bzw. Angriffspunkt voraus, er zielt ab auf Dispositionen als sein Resultat und seine Wirkung.[20) . . .

Die sozialen Handlungen, die als ›Erziehung‹ bezeichnet werden, zielen darauf ab, in anderen Menschen psychische Dispositionen zu schaffen, vorhandene Dispositionen zu ändern, (unter bestimmten Umständen) zu erhalten und den Erwerb unerwünschter Dispositionen zu verhüten.

Der Zweck der Erziehung besteht in erster Linie darin, Dispositionsgefüge des Educanden in mehr oder weniger großem Umfang zu ändern. Damit kann folgendes gemeint sein:

a) Vorhandene (angeborene oder erworbene) Dispositionen sollen ausgebaut, verstärkt, stabilisiert oder differenziert werden. Das gilt für jene Dispositionen, die als wertvoll beurteilt werden.
b) Neue Dispositionen sollen – auf der Grundlage der vorhandenen allgemeinen (z. B. Lernfähigkeit) oder spezifischen Dispositionen –

geschaffen werden. Auch bei diesen neuen Dispositionen handelt es sich um solche, die als wertvoll angesehen werden.

c) Vorhandene Dispositionen sollen beseitigt, abgebaut, ausgeschaltet, abgeschwächt oder in ihrer Wirksamkeit eingeschränkt werden. Das gilt für jene Dispositionen, die als schädlich gewertet werden . . .[21]

Man kann Änderungen im Dispositionsgefüge eines anderen Menschen nicht direkt herbeiführen, sondern höchstens indirekt über die Bereitstellung von Aufgaben und Lerngelegenheiten, sowie über die Einflußnahme auf seine Motivation etwas dazu beizutragen versuchen. Die Leistung des Lernens kann nur der Lernende selbst vollbringen. Der Erzieher kann lediglich Hilfe beim Lernen bieten. Soweit es um eine Änderung von psychischen Dispositionen des Educanden geht, läßt sich Erziehung deshalb auch als Lernhilfe umschreiben.«[22]

Halten wir fest

Erziehungsziele sind Normen. Jedes Erziehungsziel gibt einen Soll-Zustand an. Dieser Soll-Zustand ist das vorgestellte psychische Dispositionsgefüge.

Bei den Erziehungszielen geht es um die innere (psychische) Bereitschaft (Disposition) zum Vollzug bestimmter Erlebnisse und Handlungen.

4.2. Werte – Normen – Erziehungsziele

In welchem Zusammenhang stehen nun die drei Begriffe: Werte – Normen – Erziehungsziele? Sie stehen in einem engen Zusammenhang und lassen sich nicht exakt trennen. Zum Teil überschneiden sich die Begriffe Werte und Normen, wie wir gesehen haben.[23]

Definition

Werte und Normen gehen in Erziehungsziele ein. *Die bewußt vermittelten Werte und Normen sollen Erziehungsziele genannt werden.*[24] Erziehungsziele formulieren einen Soll-Zustand der psychischen Disposition, der durch die Schaffung einer Lehr-Lern-Situation beim Lernenden angestrebt wird. Diese Überlegungen sollen in einem Schaubild verdeutlicht werden.

Aufgabe

Betrachten Sie das Schaubild und versuchen Sie, die einzelnen Elemente systematisch so zu verbinden, daß eine Definition von Erziehungszielen herauskommt.

Erziehungsziele sind . . .

____

____

____

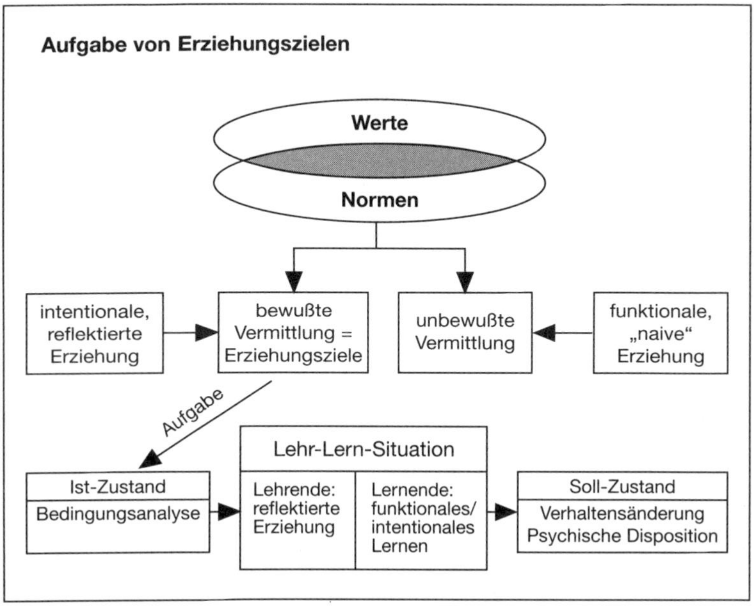

Wenn Sie die einzelnen Elemente verbunden haben, ist Ihre Definition auf jeden Fall richtig. Man kann dies in einem Satz oder in mehreren Sätzen tun, kurz oder lang formulieren. Ich gebe Ihnen ein paar Beispiele, wie Studenten Erziehungsziele formuliert haben:

Definition

- Erziehungsziele sind durch reflektierte Erziehung bewußt vermittelte Werte und Normen, die nach einer vorausgegangenen Bedingungsanalyse des Ist-Zustandes einen vorgestellten Soll-Zustand (psychische Disposition) einer Person umschreiben, der durch Erziehung bzw. Lernen erreicht werden soll.
- Erziehungsziele sind bewußt vermittelte Werte und Normen. Durch zielgerichtete Erziehungs- und Lernvorgänge soll der Ist-Zustand auf einen Soll-Zustand hin verändert werden. Das heißt, das beim Educanden vorliegende Verhalten soll durch Veränderung, Ergänzung und/oder Vertiefung zu einem Soll-Zustand geführt werden. Die erzieherischen Handlungen und Lernvorgänge sind intentional ausgerichtet, wobei jedoch die Einflüsse des funktionalen Lernens nicht unberücksichtigt bleiben dürfen bzw. miteinbezogen werden müssen.
- Erziehungsziele sind die Vermittlung von bewußten Normen oder das Bewußtmachen von unbewußten Normen durch reflektierte Erziehung und/oder intentionales Lernen, um gegebenenfalls Werte zu stabilisieren, zu vertiefen oder zu verändern.

- Erziehungsziele wollen letztendlich Werte und Normen vermitteln. Werte und Normen sollen vertieft, stabilisiert, ergänzt oder verändert werden.

Ich bin sicher, Sie haben Erziehungsziele ähnlich definiert.
Ich will eine offizielle Definition von Erziehungszielen anfügen, die H. *Meyer* entwickelt hat: »Lernziele (er unterscheidet leider nicht zwischen Lern- und Erziehungszielen, sondern benutzt die Begriffe synonym, d. Verf.) = sprachlich artikulierte Vorstellungen über die durch Unterricht (oder andere Lehrveranstaltungen) zu bewirkende gewünschte Verhaltensdispositionen eines Lernenden.«[25)]
Anhand dieser Überlegungen und der zusammenfassenden Graphik (Erziehungsziele) kann man auch gut definieren, was unter einer »reflektierten Erziehung« zu verstehen ist. Eine Definition könnte etwa lauten: Unter einer reflektierten (intentionalen) Erziehung versteht man die bewußte Vermittlung von Werten und Normen.
Ein kurzer Hinweis auf das methodische Vorgehen: Ich habe das Kapitel nicht mit einer Definition begonnen, sondern die Definition in Teilelemente aufgeteilt, sie einzeln behandelt und am Schluß in eine Definition zusammengefaßt. (Sie kennen dieses methodische Vorgehen bereits aus dem ersten Kapitel.) Der Lernerfolg ist bei einem solchen Vorgehen deutlich größer. Sie können jetzt Erziehungsziele selber definieren, eine von mir vorgegebene Definition hätten Sie einfach übernommen, auch wenn sie noch so schwer verständlich und kaum nachvollziehbar gewesen wäre. Nun aber können Sie, ohne eine Definition auswendig zu lernen, die einzelnen Schritte selber entwickeln und Ihre eigene Definition formulieren, mit der Sie sich auch identifizieren können.

4.3. Formulierung von Zielen

4.3.1. Person, Inhalt und Verhalten

Wie formuliere ich nun ein Erziehungsziel? In der relevanten Literatur werden Ziele häufig nur mit einem Stichwort angegeben, z. B.: Emanzipation, Persönlichkeitsentfaltung, Selbständigkeit usw. Das ist nicht exakt und wenig hilfreich. Nehmen Sie an, Sie arbeiten mit Senioren. Wenn Ihnen der Heimleiter angeben würde: das eigentliche Ziel ist Selbständigkeit, müßten Sie sich nun fragen: Was fange ich mit diesem Wort »Selbständigkeit« an? Was sollen die Senioren lernen? Soll die Selbständigkeit erhalten und vertieft werden? Soll sie neu trainiert werden? Soll sie möglichst abgeschafft werden? Denn auch das läßt ein so in den Raum gestelltes Stichwort zu.
Neben der inhaltlichen Umschreibung eines Zieles (Selbständigkeit) muß also noch ein zweiter Teil hinzugefügt werden: Die Tätigkeit oder das Verhalten. Der Heimleiter muß präziser angeben, was mit dem Inhalt geschehen soll, z. B. Selbständigkeit soll gelernt werden oder erhalten bleiben usw. Dieser zweite Teil der Zielformulierung ist sehr wichtig, denn

hier muß der Sozialpädagoge konkret angeben, wie der Inhalt in Verhalten umgesetzt werden soll. Dabei können grobe Fehler unterlaufen. Er könnte z. B. ein Verhalten erwarten, das die Lerngruppe unterfordert oder überfordert. Wer nur den Inhalt angibt, läßt völlig offen, wie er in Handlung umgesetzt werden soll.
Neben diesen beiden Aspekten gehört zur Zielformulierung noch die Angabe über die Zielgruppe: Wer soll etwas lernen? Da jedes Ziel einen Soll-Zustand angibt, werden Ziele auch stets mit »sollen« umschrieben.

Halten wir fest
Die Formulierung eines Erziehungszieles wie jede Zielformulierung (Handlungsziel, Lernziel) besteht aus drei Teilen:
1. *Person*, 2. *Inhalt*, 3. *Aktivität/Verhalten*.[26)]
Konkret formuliert man Ziele z. B.:

- Senioren (Personen) sollen Selbständigkeit (Inhalt) erneut lernen (Aktivität).
- Erwachsene (Personen) sollen sich mit dem Problem Drogen (Inhalt) auseinandersetzen (Aktivität).
- Kinder (Personen) sollen soziales Verhalten (Inhalt) trainieren (Aktivität).

Aufgabe
Versuchen Sie selber, einige Ziele zu formulieren.

______

______

______

4.3.2. Didaktischer Kommentar

Eine Zielformulierung ist stets eine kurze Aussage, meist nur ein Satz. Es wird wenig über den Inhalt und das Verhalten angegeben, es fehlt auch die nähere Begründung dafür, warum man das Ziel so und nicht anders gewählt hat. Diese Funktion übernimmt der Didaktische Kommentar.
Auf der Grobziel-Ebene erklärt er, wie das Endergebnis (Lernziele) zustande gekommen ist.
Auf der Feinziel-Ebene wird im Didaktischen Kommentar der Inhalt des Feinzieles beschrieben und begründet, warum man es anstrebt.

1. Beispiel: Gruppenstunde
Ziel: Die Kinder sollen nach jeder Gruppenstunde den Raum aufräumen.
Didaktischer Kommentar

Praxis

Inhalt und Verhalten: Die Kinder verlassen den Gruppenraum jedes Mal, ohne ihn aufzuräumen. Dies führt zu Klagen aus der nachfolgenden Gruppe.
Der Start einer Gruppenstunde ist ganz anders, wenn man in einen aufgeräumten Raum kommt.
Begründung: Die Gruppe soll für den Raum Verantwortung zeigen. Durch einen aufgeräumten Raum soll für eine gute Atmosphäre gesorgt werden. Auch soll sie Rücksicht gegenüber der nachfolgenden Gruppe üben.

Praxis

2. Beispiel: Bedeutung von Tanz
Ziel: Die Erwachsenen sollen die Bedeutung des Tanzens für Jugendliche erkennen.
Didaktischer Kommentar
Inhalt und Verhalten: Jugendliche tanzen gerne und viel. Was der Tanz für sie bedeutet, soll erklärt werden: Körpergefühl, Bewegung, Darstellen, Kontakt, Erotik, Selbstwertgefühl, Kommunikation etc.
Begründung: Viele Eltern haben für das Tanzinteresse der Jugendlichen wenig Verständnis und daher mit ihnen Probleme. Durch die inhaltliche Klärung will man ein besseres Verständnis zwischen Eltern und Jugendlichen erreichen.

Beispiele zum Didaktischen Kommentar auf der Grobziel-Ebene folgen unter Punkt 6.2.

!

Halten wir fest
Zielformulierungen sind stets sehr knapp und lassen den Inhalt und das Verhalten eher vage erkennen. Deshalb ist ein Didaktischer Kommentar notwendig. Für die Grobziel-Ebene gilt, daß er das Lernzielergebnis kommentiert. Für die Feinziel-Ebene gilt, daß er stets zwei Punkte enthält: 1. Inhalt/Verhalten und 2. Begründung.

Auf diese Überlegungen gehe ich noch einmal im Punkt 6.5. ein. Man muß z. B. nicht unbedingt zu allen Feinzielen einen Kommentar formulieren. Ich werde dort verschiedene Möglichkeiten vorschlagen.

5. Abstraktionsgrade von Zielen

5.1. Praxisbeispiel: Praktikum im Seniorenheim

Praxis

Stellen Sie sich folgende Situation vor.
(HL = Heimleiter, ST 1 und ST 2 = Studenten)
Zwei Studenten wollen in einem Seniorenheim ihr theoriebegleitendes Praktikum absolvieren. Sie führen mit dem Heimleiter ein einführendes Gespräch über ihre Arbeit.
Der Heimleiter macht deutlich, daß er von Didaktik nichts hält: Da lernt man im Studium Dinge, die man in der Praxis nicht anwenden kann. Didaktik ist für ihn Theorie. Er arbeitet ohne Didaktik und Konzept und das schon seit Jahren. Er leistet gute Arbeit, das wird ihm von vielen Seiten bestätigt. Die Studenten schweigen, lassen sich nicht auf eine Diskussion über Didaktik ein, weil sie auch etwas verunsichert sind. Vielmehr konzentrieren sie sich auf konkrete Fragen, z. B. wie im Heim gearbeitet wird und wie sie selbst arbeiten sollen.
ST 1: Wenn wir bei unserer Arbeit die Linie des Hauses vertreten sollen, müssen wir ja ungefähr wissen, worum es Ihnen geht und worauf wir achten sollten.
ST 2: Es gibt sicherlich Absprachen im Team, an die wir uns halten sollten.
HL: Selbstverständlich. Gut, daß Sie danach fragen. Für mich ist es wichtig, daß sich die alten Leute im Heim selbständig versorgen. Ihre Selbständigkeit wollen wir, soweit es eben geht, erhalten. Ich finde es schlimm, wie in vielen Altenheimen die alten Leute stumpfsinnig dasitzen und das Pflegepersonal ihnen alles abnimmt. Das muß bei vielen nicht sein. Ich habe die Erfahrung gemacht, Senioren können sehr wohl vieles selbst tun, wenn man sie nur machen läßt und es als Sozialpädagoge geschickt anfängt.
ST 1: Das finde ich prima. Was heißt das, ihre Selbständigkeit erhalten? Wie muß ich mir das vorstellen?
HL: Nun, die Senioren haben z. T. ein *eigenes Zimmer* mit ihren eigenen Möbeln. Dafür sind sie auch selbst verantwortlich.
ST 2: Wie sieht diese Verantwortlichkeit konkret aus? Wie kann ich mir das vorstellen? Ich frage, damit ich da auch keine Fehler mache.
HL: Ganz einfach. Sie müssen z. B. selber staubwischen, staubsaugen, putzen, ihr Bett machen, aufräumen. Alle Arbeiten, die dort anfallen, sind ihre persönliche Sache.
ST 1: Und wie sieht das außerhalb des eigenen Zimmers aus? Gibt es da weitere ähnliche Bereiche, wo die Senioren selbständig sein sollen bzw. sind?
HL: Natürlich eine Unmenge. Fast für jede denkbare Situation gilt der Grundsatz: Können Sie das nicht alleine machen? Hilfe erst dort, wo es nicht mehr geht. Keine falsche Hilfsbereitschaft oder falsches Mitleid.
ST 2: Können Sie mir ein paar Beispiele nennen, ich muß mich da erst reindenken?
HL: Klar, z. B. haben wir einen *Seniorenrat,* der fast wie ein Parlament arbeitet. Wer Probleme, Vorschläge hat, reicht sie dort ein, der Rat diskutiert und sucht nach Lösungen. Oder: Wenn hier *Veranstaltungen* durchgeführt werden, ist das Aufgabe der Senioren.
ST 1: Heißt das, daß sie z. B. einen *Ausflug* ganz alleine planen und durchführen?
HL: Vollkommen richtig. Angefangen beim Auswählen des Zieles bis zur Organisation des Busses, Eintrittsgelder, Essen, Trinken etc. Alles machen sie selber, und das funktioniert bestens.
ST 2: Gilt das auch für *Programme* hier im Haus? Ich denke an Tanz, Sport, Spiel, Diskussion usw.

HL: Alles! Wir Mitarbeiter stehen mit Rat, Material und Tat zur Seite, halten uns aber soweit es geht zurück. Die Senioren können mehr, als man ihnen zutraut. Als Tip für Sie: Denken Sie bei jeder Gelegenheit, selbst bei der kleinsten Kleinigkeit, die Sie tun: Könnten das nicht auch die Leute selber machen? *Selbständigkeit* der Senioren muß unser *oberstes Ziel* sein.
ST 1: Verstehe.
ST 2: Kann mir schon gut vorstellen, wie der Betrieb hier läuft. Das gefällt mir. Nur habe ich da noch eine letzte Frage: Was habe ich als Sozialpädagoge da eigentlich noch zu tun, wenn die Senioren alles machen sollen? Das verstehe ich nicht ganz.
HL: Es dürfte wohl die schwierigste Aufgabe eines Sozialpädagogen sein, andere zur Selbständigkeit zu führen. Er wird dabei nicht überflüssig, im Gegenteil, er bekommt jetzt erst Zeit für pädagogisches Arbeiten. Was kann er tun? Andere motivieren, animieren, beraten, Hilfestellung geben, zuhören, zeitnehmen für Gespräche. Er hat also sehr viel zu tun. Die Arbeit geht ihm nicht aus.

Aufgabe

1. Der Heimleiter behauptet, er arbeite ohne Didaktik, er habe kein Konzept und verfolge auch keine Ziele.
Wie ist Ihre Meinung: Hat er Erziehungsziele?

2. Weisen Sie ihm das anhand des Gespräches nach.
Welche Ziele hat er?

5.2. Ordnung der Ziele

Sie können dem Heimleiter sicher eine ganze Menge Ziele aufzählen.
Filtern wir einmal die genannten Ziele aus dem Gespräch heraus und versuchen wir, sie gleichzeitig etwas zu ordnen. Sie werden bemerkt haben, daß einige Ziele recht allgemein, abstrakt sind, andere dagegen sehr konkret. Wir können die Ziele in drei Stufen einteilen.
1. Stufe: Ganz allgemein als Leitziel für die Einrichtung und für sein Handeln nennt der Heimleiter: *Selbständigkeit.* Dieses Ziel ist nun sehr abstrakt und kann vieles heißen. Vor allem können die Studenten sich darunter nichts Konkretes vorstellen. Sie fragen deshalb weiter: Was heißt das, ihre Selbständigkeit erhalten?
2. Stufe: Der Heimleiter gibt Beispiele, die den Begriff Selbständigkeit etwas näher erklären: Selbständigkeit in bezug auf die ...

- *Raumpflege*
- Mitverantwortung, *Parlament*
- Durchführung von *Veranstaltungen*
- Durchführung von *Programmen.*

Diese Aufteilung hilft den Studenten schon etwas mehr. Doch konkret können sie damit immer noch nichts anfangen. Sie fragen weiter, der Heimleiter soll das noch einmal an einigen Beispielen verdeutlichen.

3. Stufe: Dieser Aufforderung kommt der Heimleiter nach und zählt auf:

- Selbständigkeit in der *Raumpflege* heißt z. B.: selber putzen, staubsaugen, wischen, aufräumen, Bett machen, Geschirr spülen etc. Jeder kann sein Zimmer so gestalten, wie er sich darin wohlfühlt.
- Selbständigkeit im *Parlament:* Vorschläge einbringen und beraten, Probleme lösen, Verantwortung für das Heim tragen.
- Selbständigkeit von *Veranstaltungen:* Ziele auswählen, Bus organisieren, Finanzierung klären, Essen, Trinken, Besichtigung etc. organisieren.

Nachdem die zwei Studenten über die Ziele des Heimleiters (Didaktik) recht Konkretes erfahren haben, könnten sie im Gespräch nun noch um weitere Beispiele bitten, *wie* er das anstellt, *wie* er konkret vorgeht (Methodik). Das wird sie sicher sehr interessieren.

Fassen wir diese Zielüberlegungen des Heimleiters in eine Graphik zusammen:

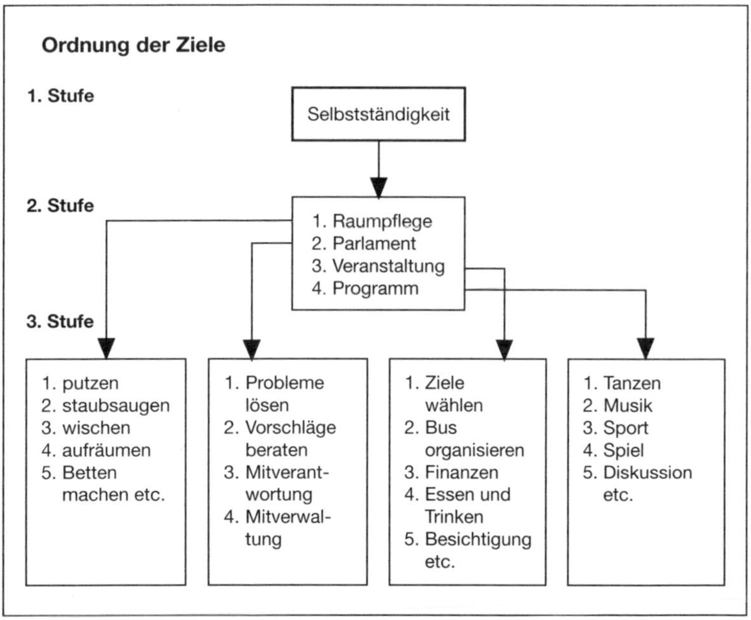

Selbstverständlich müßten der Heimleiter oder die beiden Studenten die Ziele noch exakt (Person, Inhalt, Verhalten) formulieren. Bei einigen Beispielen wird der Inhalt erklärt, bei anderen das Verhalten. Das Richtziel müßte z. B. exakt lauten: Die Senioren sollen ihre Selbständigkeit erhalten und ständig trainieren.

Halten wir fest

Jeder (Sozial-)Pädagoge geht in seinem Praxisfeld nach didaktisch/methodischen Überlegungen vor (was? wie?).

- Jeder (Sozial-)Pädagoge hat Erziehungsziele, auch wenn er das u. U. nicht wahrhaben möchte.
- Seine Ziele lassen sich in drei Gruppen aufteilen: sehr abstrakte, bereits konkretere und recht konkrete Ziele.

Wir können generell sagen: Menschliches Handeln ist hierarchisch aufgebaut. »Das heißt, daß übergreifende Ziele die detaillierten Ziele bestimmen und daß umfassende Pläne den Rahmen für spezielle Teilschritte abgeben. Dies jedenfalls hat die handlungspsychologische Forschung der letzten dreißig Jahre überzeugend herausgearbeitet.«[27]

5.3. Richt-, Grob- und Feinziele

Wir können Erziehungsziele auf drei Stufen formulieren. Dies ist nicht zufällig geschehen, weil das Beispiel so gewählt wurde, sondern wir können generell sagen: Erziehungsziele haben ein unterschiedliches Abstraktionsniveau. Es gibt Erziehungsziele mit einem

- hohen Abstraktionsgrad: Richtziele (RZ)
- mittleren Abstraktionsgrad: Grobziele (GZ)
- niedrigen Abstraktionsgrad: Feinziele (FZ)

● *Richtziele* sind ganz allgemeine Ziele, die sehr viele Interpretationen zulassen. »Die Stärke der Richtziele liegt in ihrer Vagheit.«[28] Sie können gerade deshalb bestimmte Leistungen erbringen, weil sie vieldeutig sind. Bei den Richtzielen ist der Inhalts- wie Verhaltensteil allgemein, abstrakt gehalten. Sie stehen als Slogan, *Leitziele* über einer Einrichtung, einer Tätigkeit und sind stets längerfristig angelegt. Chr. *Möller* stellt das graphisch so dar:[29]

Verhaltensteil / Inhaltsteil	konkret ↓	abstrakt ↓
konkret →		
abstrakt →		**RZ**

● *Grobziele* stehen zwischen Richtzielen und Feinzielen, sie haben ein mittleres Maß an Genauigkeit und Präzision. »Das mittlere Ausmaß an Genauigkeit in der Beschreibung kommt dadurch zustande, daß hier stets ein Satzteil konkret und einer abstrakt formuliert ist. Ein Grobziel besitzt also entweder einen abstrakten Verhaltensteil und einen konkreten Inhaltsteil oder aber einen konkreten Verhaltensteil und einen abstrakten Inhaltsteil.«[30]

Verhaltensteil / Inhaltsteil	konkret ↓	abstrakt ↓
konkret →		**GZ**
abstrakt →	**GZ**	

Beispiel

- Soziales Verhalten trainieren: Der Inhaltsteil »soziales Verhalten« ist recht allgemein gehalten, während der Verhaltensteil »trainieren« deutlich angegeben ist.
- Verkehrsschilder kennen: Der Inhaltsteil ist präzise, der Verhaltensteil dagegen ungenau. Man kann Verkehrsschilder z. B. unterscheiden, nennen, aufzählen usw.

● *Feinziele* werden konkret in Handlungen umgesetzt, d. h. nur bei den Feinzielen kann ich auch angeben, wie sie methodisch umgesetzt werden sollen. Bei den Feinzielen gebe ich also auch die Vermittlungsvariablen an. Der Inhalt- und Verhaltensteil ist bei den Feinzielen konkret.

Verhaltensteil / Inhaltsteil	konkret ↓	abstrakt ↓
konkret →	**FZ**	
abstrakt →		

Halten wir fest

- Erziehungsziele können nach drei Abstraktionsgraden untergliedert werden: Richt-, Grob- und Feinziele.
- Ziele müssen operationalisiert, d. h. von abstrakten in konkrete Ziele umgesetzt werden.[31)]
- Jedes Richtziel hat logischerweise mindestens zwei (oder mehr) Grobziele und jedes Grobziel wiederum mindestens zwei (oder mehr) Feinziele. Begründung: Richt- und Grobziele sind nie identisch, gleiches gilt für Grob- und Feinziele. Indem ich ein Richtziel operationalisiere, verfeinere, teile ich es auf und mache es dadurch konkreter. Die Aufteilung muß also mindestens immer zwei weitere Ziele enthalten.
- Nur Feinziele können methodisch umgesetzt, d. h. Vermittlungsvariablen können angegeben werden.

Graphisch dargestellt sieht das so aus:

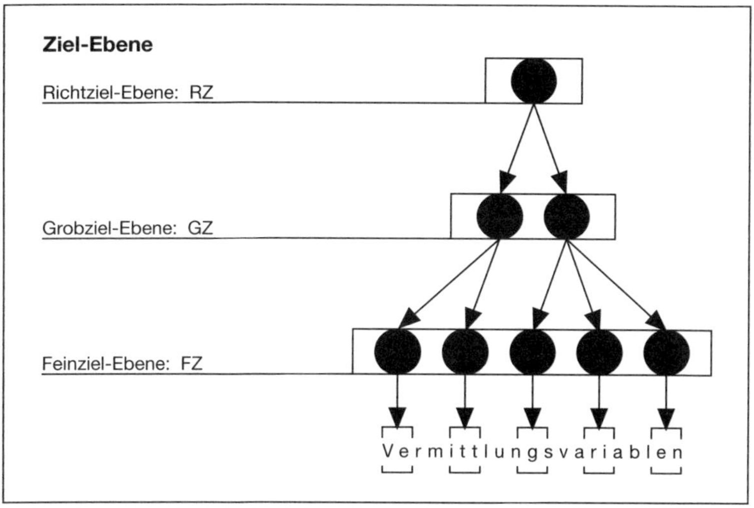

5.4. Zeitperspektive

Die Unterteilung der Erziehungsziele in Richt-, Grob- und Feinziele mag logisch und auch nützlich erscheinen. Problematisch wird es erst, wenn man sich daran macht, Ziele auf den verschiedenen Ebenen zu formulieren. Ist das Ziel ein Richtziel, ein Grobziel oder ein Feinziel? Gibt es Kriterien, um die Ziele eindeutig zu unterscheiden?
Eindeutige Kriterien für die Bestimmung eines Abstraktionsgrades von Erziehungszielen gibt es nicht, es kann nur relativ zu anderen Formulierungen bestimmt werden. Die Bestimmung ist nur in Form einer Schätzung möglich.[32)]
Nehmen wir unser Beispiel. Der Heimleiter hätte auf der Grobziel-Ebene auch ganz andere Ziele verfolgen können, vielleicht macht er das auch, nur ist dies nicht zur Sprache gekommen, z. B.: Kontakte pflegen, Geselligkeit, Öffentlichkeitsarbeit, politische Aktivitäten etc. Würde er diesen Grobzielen, abgeleitet von dem Richtziel »Selbständigkeit«, nachgehen, hätten wir selbstverständlich auch ganz andere Feinziele.
Das *erste* Kriterium sind die *Bedürfnisse* und Interessen (Handlungsziele) der Lernenden. Sie müssen analysiert werden und bilden die Basis der Formulierung von Erziehungszielen.
Das *zweite* Kriterium ergibt sich aus der *Praxis.* Entscheidend sind die Ziele, die sich ein (Sozial-)Pädagoge für sein Arbeitsfeld, seine Einrichtung setzt.

Ein *drittes* Kriterium ist der *Zeitfaktor.* Innerhalb welcher Zeit soll etwas gelernt werden? Hat der (Sozial-)Pädagoge sehr viel Zeit bzw. muß er sich sehr viel Zeit nehmen oder kann er das Ziel innerhalb einer kurzen Zeitspanne erreichen? Die Beantwortung dieser Fragen entscheidet darüber, welches Ziel ein Richt-, Grob- oder Feinziel ist.

Praxis

Beispiel: Schuhe binden

- Kinder eines Kindergartens sollen lernen, ihre Schuhe zu binden.
  Das kann für normal entwickelte Kinder ein Feinziel sein, das in kurzer Zeit gelernt werden kann. Das dazugehörige Grobziel wäre u. U.: sich anziehen lernen oder sensu-motorische Fähigkeiten üben. Als Richtziel könnte man »Förderung der Selbständigkeit« nennen.
- Wenn ich nun mit behinderten Kindern arbeite, könnte das Ziel »Schuhe binden« u. U. ein Richtziel sein, das ich über einen längeren Zeitraum verfolge. Grobziel könnte dann z. B. sein: mit dicken Seilen einen Knoten machen. Feinziel: spielerisch mit Seilen umgehen usw.

Sie sehen, entscheidendes Kriterium ist der *Zeitfaktor.* Je nachdem, ob ich viel oder wenig Zeit einplane, entscheidet es sich, ob die Ziele konkreter oder abstrakter formuliert werden.

Zeitfaktor – Zielformulierung

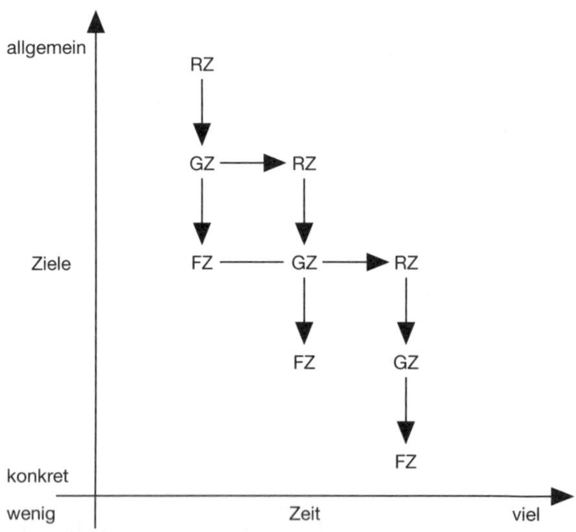

Man kann nicht sagen, eine Zielableitung ist richtig oder falsch, sondern nur: Sie ist angemessen, einsichtig oder weniger angemessen und weniger einsichtig.

5.5. Richtziel 2. Grades

In bezug auf die Formulierung von Richtzielen müssen wir noch eine Korrektur bzw. Präzisierung vornehmen.
Bleiben wir bei dem Beispiel eines Heimleiters. Er hat das Richtziel »Selbständigkeit«. Dieses Ziel ist praktisch sein *Leitziel*, das über seiner ganzen Arbeit steht. Man könnte es auch als Überschrift, Titel für das ganze Seniorenheim verstehen. Dieses Richtziel ändert sich wohl kaum, es ist zu jeder Zeit aktuell.
Nun tritt aber folgendes ein: Der Heimleiter beobachtet, daß die Senioren immer weniger Programme organisieren und diejenigen, die sie anbieten, werden kaum besucht. Kurz: Es ist nichts mehr los. Diesen Zustand will er natürlich nicht belassen. Mit seinem Team analysiert er die Situation und kommt zu dem Ergebnis: Die Senioren sind mit der Programmgestaltung überfordert. Nun möchte er sein *Leitziel* allerdings nicht aufgeben, er möchte weiterhin, daß die Senioren selbständig ihre Veranstaltungen organisieren. Was muß er tun? Die Senioren sollen lernen, Programme selbständig zu gestalten, das ist sein neues Ziel, das er nun für eine längere Zeit schwerpunktmäßig verfolgen möchte. Er macht dieses Ziel zu seinem Richtziel über einen bestimmten Zeitraum. Er hat jetzt zwei Richtziele: 1. Selbständigkeit fördern und 2. Programmgestaltung lernen. Die Unterscheidung der beiden Ziele wird durch folgende Bezeichnung vorgenommen:

- Richtziel 1. Grades (oder auch Leitziel)
- Richtziel 2. Grades

Das *Richtziel 1. Grades* ist das Generalthema und verändert sich kaum, es sei denn, die Zielgruppe oder die Einrichtung ändert sich.
Das *Richtziel 2. Grades* ist stets ein *aktuelles Thema*, das über einen bestimmten Zeitraum hin angestrebt wird. Wenn das Ziel erreicht ist, verschwindet es, und ein neues Richtziel 2. Grades kann angegangen werden. Natürlich können auch mehrere Ziele 2. Grades nebeneinanderstehen. Nur sollte der Sozialpädagoge dabei bedenken, daß er die Lerner nicht überfordern darf, indem er zuviel auf einmal verlangt.
Wir müssen die Graphik (»Ziel-Ebene«) ergänzen:

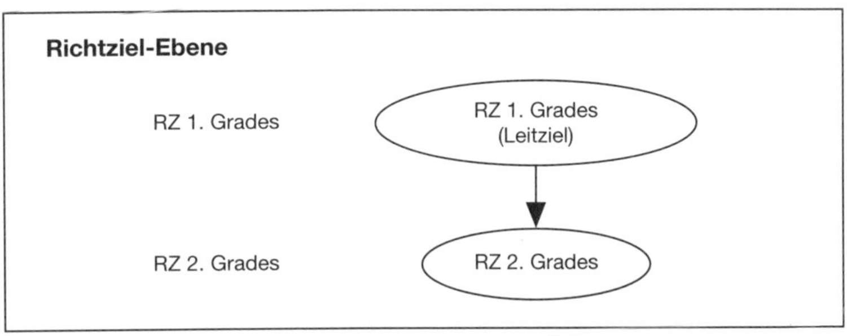

1. Beispiel: Ferienlager
Das Richtziel 1. Grades (Leitziel) eines Jugendarbeiters lautet: Die Kinder sollen in ihrer Persönlichkeitsentwicklung gefördert werden.
Er fährt mit den Kindern in ein Ferienlager. Für dieses stellt er das Richtziel 2. Grades auf: Die Kinder sollen erlebnisreiche Ferien haben. Das Richtziel 1. Grades bleibt unverändert bestehen.

2. Beispiel: Frauenhaus
Eine Sozialpädagogin arbeitet in einem Frauenhaus. Ihr Richtziel 1. Grades lautet:

Die Frauen sollen sich von ihren Männern emanzipieren.
Sie stellt fest, daß einige Frauen ihre rechtlichen Möglichkeiten nicht kennen. Deshalb wählt sie als Richtziel 2. Grades: Die Frauen sollen über ihre rechtlichen Möglichkeiten aufgeklärt werden.

Halten wir fest

- Auf der Richtziel-Ebene muß man unterscheiden zwischen Richtziel 1. Grades und 2. Grades.
- Das Richtziel 1. Grades ist sehr langfristig angelegt und versteht sich als Leitziel.
- Das Richtziel 2. Grades entsteht aus einem aktuellen Anlaß und besteht so lange, bis die Zielgruppe (-person) das angestrebte Ziel erreicht, internalisiert hat.

Aufgabe
Formulieren Sie einige Richtziele 1. und 2. Grades.

____

____

____

6. Erziehungs-, Handlungs- und Lernziele

Eine Frage gilt es noch zu klären. Wir haben bisher nur von Erziehungszielen gesprochen, d. h. von den Zielen des Erziehers. Wir wissen nun aber, daß es daneben Handlungs- und Lernziele gibt. Werden nur die Erziehungsziele als Richt-, Grob- und Feinziele formuliert oder auch die Handlungs- und Lernziele?
Gehen wir die drei Abstraktionsstufen durch und fragen wir uns: Welche Ziele müssen wie unterteilt werden?

6.1. Richtziel-Ebene

Der (Sozial-)Pädagoge wird für seine Einrichtung ein Richtziel wählen, das den Bedürfnissen und Interessen der Lernenden entspricht. Wenn er z. B. mit geistig Behinderten arbeitet, wird er nicht als Richtziel haben, sie zum Abitur zu führen. Vielmehr wird er eines wählen, das nach einer gründlichen Analyse der Situation den Möglichkeiten und auch den Wünschen der Zielgruppe entspricht.
Richtziele sind des weiteren so abstrakt und vage formuliert, daß sich wohl jeder damit einverstanden erklären kann. Erst wenn man es operationalisiert, könnten Meinungsverschiedenheiten auftreten. Wenn ein Sozialpädagoge z. B. das Ziel »Mündigkeit«, »Persönlichkeitsentfaltung«, »Emanzipation«, »Selbständigkeit« usw. hat, werden sich die Lernenden damit sicher einverstanden erklären und ähnliche Ziele verfolgen.

Ziele / Ziel-Ebene	EZ	LZ	HZ
RZ-Ebene		**LZ**	

Halten wir fest
Auf der Richtziel-Ebene sind die Erziehungsziele und die Handlungsziele wahrscheinlich identisch. Erst bei einer weiteren Differenzierung könnten Unterschiede auftreten. Das heißt konkret: Auf der Richtziel-Ebene formuliere ich nur Lernziele.

6.2. Grobziel-Ebene

Die Ziele des Erziehers müssen auf allen drei Ebenen formuliert werden. Von den Handlungszielen hatten wir gesagt, daß man sie nur *hypothetisch, grob* vermuten kann. Bei der Planung von Zielen muß ich unbedingt die Ziele der Lernenden bedenken, aber ich kann sie nicht bis ins Detail vorhersagen. Das heißt nun aber, *Handlungsziele werden auf der Grobziel-Ebene formuliert und nur hier.*

Ziele / Ziel-Ebene	EZ	LZ	HZ
RZ-Ebene	X	**LZ**	X
GZ-Ebene	**EZ**	**LZ**	**HZ**

Konkret besagt dies: Der (Sozial-)Pädagoge formuliert auf dieser Ebene 1. seine eigenen Ziele (Erziehungsziele), 2. die Ziele der Lernenden (Handlungsziele) und 3. die Übereinstimmung, das Ergebnis aus den beiden Zielen (Lernziele). Dieses Vorgehen und das Endergebnis müssen in einem *Didaktischen Kommentar* erläutert werden. Der Kommentar unterscheidet sich allerdings von dem auf der Feinziel-Ebene dadurch, daß hier das Vorgehen zur Findung der Ziele näher beschrieben wird.

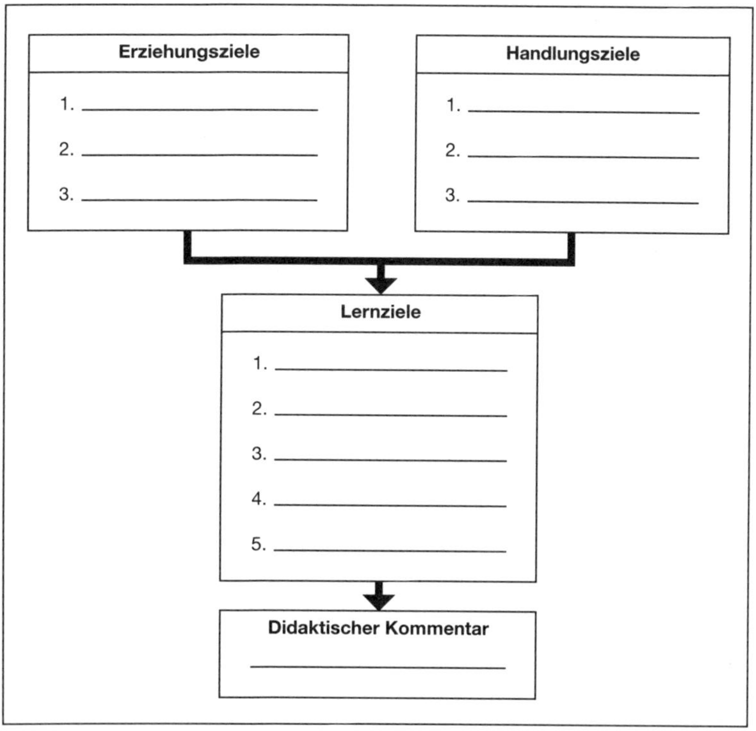
Erziehungsziele
1.
2.
3.
Handlungsziele
1.
2.
3.
Lernziele
1.
2.
3.
4.
5.
Didaktischer Kommentar

Muster

1. Beispiel: Sport mit Senioren
Grobziel-Ebene

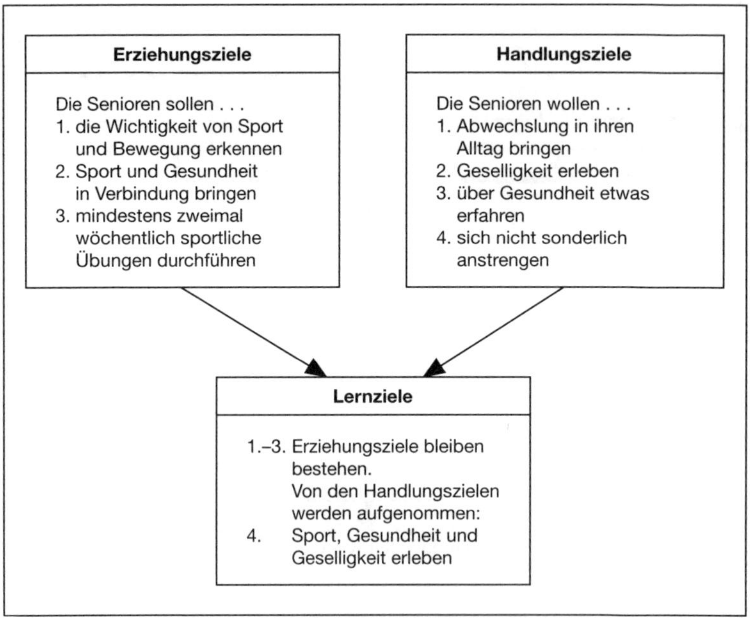

Didaktischer Kommentar
In diesem Fall möchte der Sozialpädagoge bei seinen Erziehungszielen bleiben, aber auch die Handlungsziele der Senioren berücksichtigen. Dies läßt sich leicht einlösen, denn die Handlungsziele weichen nicht gravierend von denen des Sozialpädagogen ab. Er nimmt aber den vermuteten Wunsch der Senioren nach Geselligkeit in sein Konzept mit auf.

2. Beispiel: Aktivierung von Senioren
Wie sähe es nun aus, wenn die Senioren ganz andere Ziele hätten? Nehmen wir auch hier ein Beispiel. Angenommen, der Sozialpädagoge hätte wiederum die gleichen drei Erziehungsziele. Für die Lernzielformulierung hat er drei Möglichkeiten.

Muster

Erziehungsziele

Die Senioren sollen . . .
1. die Wichtigkeit von Sport und Bewegung erkennen
2. Sport und Gesundheit in Verbindung bringen
3. mindestens zweimal wöchentlich sportliche Übungen durchführen

Handlungsziele

Die Senioren wollen . . .
1. keinen Sport treiben
2. sind an Diskussionen über Gesundheit nicht interessiert
3. wollen in Ruhe gelassen werden

1. Möglichkeit

Lernziele

Der Sozialpädagoge bleibt bei seinen drei Erziehungszielen und übergeht die Handlungsziele. Dies muß er natürlich begründen.

2. Möglichkeit

Lernziele

Er läßt seine Erziehungsziele fallen und geht auf die Senioren ein, d. h. berücksichtigt nur ihre Handlungsziele nach dem Motto: Sie wollen in Ruhe gelassen werden, also bitte, ich habe noch andere Arbeiten.

3. Möglichkeit

Lernziele

Er sucht einen Mittelweg, wie er die Senioren dennoch motivieren kann, sich sportlich zu betätigen. Er greift das Thema vielleicht auf, wenn es den Senioren besonders langweilig ist und sie sich darüber beklagen. Er stellt im Moment seine Erziehungsziele zurück und wartet auf Handlungsziele, die ihm zur Anknüpfung dienen können. Dabei verzichtet er nur vorläufig auf sein drittes Erziehungsziel.

Ergebnis

Lernziele

Die Senioren sollen . . .

1. die Wichtigkeit von Bewegung und Sport erkennen
2. Sport und Gesundheit in Verbindung bringen
3. in einer geselligen Runde etwas Abwechslung in ihrem Alltag erfahren

Halten wir fest

Nur auf der Grobziel-Ebene müssen Erziehungs-, Handlungs- und Lernziele formuliert werden.

Das Ergebnis (Lernziele) muß unbedingt in einem Didaktischen Kommentar erklärt werden. Er enthält anders als auf der Feinziel-Ebene nicht die beiden Punkte Inhalt/Verhalten und Begründung, sondern lediglich eine Beschreibung, wie die Lernziele zustande gekommen sind.

6.3. Feinziel-Ebene

Handlungsziele können nur *grob vermutet* werden, d. h. nun für die Feinziel-Ebene, daß diese von den Lernzielen der Grobziel-Ebene abgeleitet werden.
Im konkreten Handlungsbereich, dem die Feinziele angehören, kann ich nicht detailliert angeben, wie die Lernenden sich u. U. verhalten werden. Hier muß ich offen sein und auf die jeweils vorgegebene Situation reagieren.
Ich kann z. B. nur annehmen, daß eine Kindergruppe, die ich in der Hausaufgabenhilfe betreue, nach der Schule recht wild und aggressiv sein wird. Das weiß ich aus Erfahrung. Ich kann aber nicht exakt voraussagen, wie sie ihre Unruhe, Aggression ausleben wird. Werden die Kinder über die Tische laufen, sich schlagen, Scheiben einwerfen oder sich anders verhalten? Es ist pädagogisch riskant, das Verhalten eines Menschen bis ins Detail vorauszuplanen bzw. vorauszusagen. Man gesteht ihm dann praktisch keine Handlungsfreiheit mehr zu.

Ziele / Ziel-Ebene	EZ	LZ	HZ
RZ-Ebene		**LZ**	
GZ-Ebene	**EZ**	**LZ**	**HZ**
FZ-Ebene		**LZ**	

Halten wir fest
Handlungsziele werden *nur* auf der Grobziel-Ebene formuliert. Die Feinziele werden von den Lernzielen auf der Grobziel-Ebene abgeleitet.

6.4. Zeitaufwand und Kompliziertheit

Wenn Sie mir bis hierher gefolgt sind und das Buch nicht schon längst ins Regal zurückgestellt haben, gratuliere ich Ihnen. Bisher konnte man noch recht gut folgen, das Dargelegte schien logisch. Aber nun bei den Überlegungen über die Ziele sträubt sich sicherlich der Praktiker in Ihnen. Was hier dargestellt wurde, wie Ziele formuliert und von den verschiedenen Ebenen abgeleitet werden sollen, das läßt sich in der Praxis unmöglich durchführen. Es fehlt an Zeit, und das Ganze ist zu kompliziert. Wenn man so in der Praxis vorgehen würde, käme man vor lauter Denken und Planen wohl kaum noch zum Handeln. In einem Wort zusammengefaßt: Das Ganze ist Theorie. Es geht an der Praxis vorbei.

Nichts Schlimmeres könnte einer Didaktik passieren. Didaktik versteht sich als eine Praxiswissenschaft, will Theorie in die Praxis umsetzen. Im Leben geht es uns öfter so, vieles von dem, was uns neu ist, erscheint kompliziert und theoretisch. Denken Sie einmal daran, als Sie Laufen, Lesen und Schreiben lernten, wie schwierig waren da die ersten Schritte. Erst durch ständiges Üben haben wir es so gelernt, daß wir es heute »im Schlaf« können. Ähnliches gilt auch hier. Es ist richtig, zuerst erscheint der ganze Ablauf unmöglich, hat man es jedoch begriffen und geübt, kann man gar nicht anders, als nach dieser Vorgabe zu handeln.

Was auf vielen Seiten detailliert beschrieben wurde, um die Zusammenhänge erst einmal deutlich zu machen, läßt sich eigentlich in zwei Punkten recht kurz zusammenfassen:

1. Jeder Pädagoge hat Ziele, und zwar Ziele unterschiedlicher Art (Richt-, Grob- und Feinziele), das kann man in der Praxis und im praktischen Handeln nachweisen. Was vielfach unbewußt vorhanden ist und so abläuft, wurde reflektiert und ins Bewußtsein gehoben. Es wurde nichts Theoretisches, Berufsfremdes oder Praxisfernes besprochen.
2. Die Lernenden haben Ziele, die in der Praxis berücksichtigt werden müssen. Wir haben hier nichts anderes gemacht, als eine Stelle in der Reflexion des Praktikers herauszufinden, an der er über die Handlungsziele nachdenken muß.

Wie das folgende Schaubild erkennen läßt, ist das Ergebnis dieser Analyse und Reflexion auch gar nicht so kompliziert.

Halten wir fest

Zuerst formuliere ich mein Leitziel (1. Grades), dann das aktuelle Richtziel (2. Grades). Dieses Ziel operationalisiere ich, indem ich nähere Angaben über das Ziel mache und es aufteile (Grobziele). Bei dieser Aufteilung bedenke ich auch die Interessen der Lernenden (Handlungsziele). Von dem Ergebnis aus Erziehungszielen und Handlungszielen, den Lernzielen, leite ich die konkreten Ziele ab (Feinziele), die mein Handeln unmittelbar bestimmen.

Abstraktionsgrade und Handlungsziele

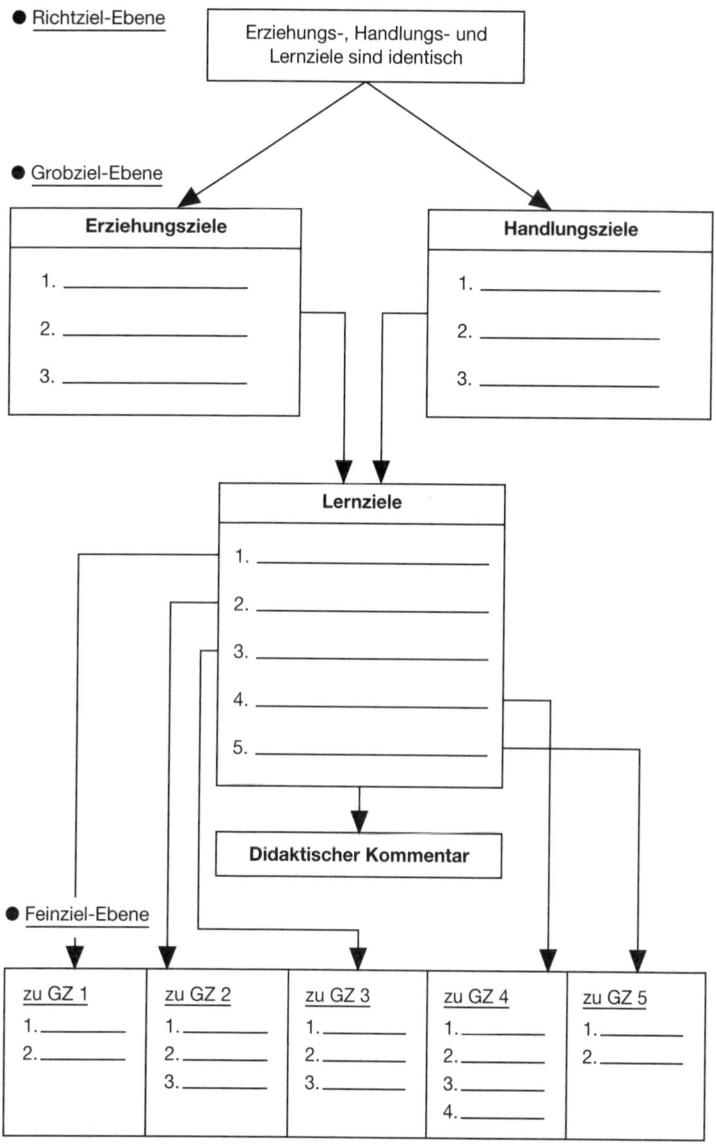

6.5. Varianten des Didaktischen Kommentars

Der Formulierung von Zielen, so hatte ich unter Punkt 4.3.2. ausgeführt, soll jeweils ein *Didaktischer Kommentar* folgen. Diese Aussage möchte ich relativieren und vereinfachen. Man muß nur dann einen Didaktischen Kommentar formulieren, wenn man den Eindruck hat, die Zielformulierung muß näher erklärt und begründet werden, sie ist so in ihrer Kürze u. U. mißverständlich.

Einige Vorschläge

- *Richtziel-Ebene*
  Das Richtziel 2. Grades kann u. U. kommentiert werden.
- *Grobziel-Ebene*
  Lernziele sind das Ergebnis aus Erziehungs- und Handlungszielen. Wie dieses entstanden ist, *muß* im Didaktischen Kommentar erklärt werden. Hier ist der Didaktische Kommentar auf jeden Fall *notwendig.* Allerdings enthält er nicht die beiden Teile »Inhalt/Verhalten« und »Begründung«, sondern lediglich eine Beschreibung der Lernzielformulierung.
- *Feinziel-Ebene*
  1. Möglichkeit: Nach jedem Feinziel schreibt man einen Didaktischen Kommentar.
  2. Möglichkeit: Feinziele, die zusammengehören und u. U. auch mit einer Methode umgesetzt werden, kommentiert man gemeinsam.
  3. Möglichkeit: Alle Feinziele eines Grobzieles faßt man in einem Didaktischen Kommentar zusammen.

Entscheidendes Kriterium ist sicher nicht Bequemlichkeit und Kürze, sondern die Frage nach dem Verständnis, der Einsichtigkeit und ihrer Begründung. Der Didaktische Kommentar soll dem (Sozial-)Pädagogen eine Hilfe sein, damit er über seine Ziele noch einmal nachdenkt.
Ich kann viele Ziele verfolgen, ob sie nützlich sind, ist eine andere Frage.

Praxis

Beispiel: Ich leite eine Kindergruppe. Ziel der Gruppenstunde: Die Kinder sollen Fußball spielen. Das Ziel klingt gut. Die Kinder machen das auch sehr gerne, ich berücksichtige also sogar ihre Handlungsziele. Wenn ich aber frage, *warum* ich dieses Ziel wähle (Erziehungsziel), kommt vielleicht heraus, daß ich mich nicht vorbereitet habe.
Durch den Didaktischen Kommentar habe ich eine kritische Kontrolle eingebaut, die mir meine wahren Ziele sehr schnell vor Augen führt.

Der Didaktische Kommentar gehört also zu einer reflektierten Erziehung. Ich muß selbst entscheiden, wo und an welcher Stelle ich ihn einsetze.

Halten wir fest

Die Formulierung eines Didaktischen Kommentars ist für eine reflektierte Pädagogik notwendig. Er stellt eine Chance dar, Zielformulierungen kritisch nach ihren Gründen zu hinterfragen.

Aufgabe

Denken Sie an eine Praxisgruppe, in der Sie vielleicht Ihr Praktikum gemacht haben. Versuchen Sie für diese Zielgruppe zu formulieren die

1. Richtziel-Ebene (1. und 2. Grades)
2. Grobziel-Ebene (Erziehungs-, Handlungs- und Lernziele und Didaktischer Kommentar)

7. Musterbeispiele für Zielformulierungen

7.1. Grobziel-Ebene

Muster

Die Qualität des pädagogischen Handelns zeichnet sich vor allem dadurch aus, daß man die Handlungsziele der Lernenden berücksichtigt. Einige Möglichkeiten, wie sie berücksichtigt werden könnten:

1. Möglichkeit

Die Handlungsziele decken sich völlig mit den Erziehungszielen, sie gehen quasi in den Erziehungszielen auf und werden von dem (Sozial-) Pädagogen gleichermaßen berücksichtigt.

Praxis

Beispiel: Kinderheim
Erziehungsziele
Die Kinder eines Kinderheimes sollen ...
1. die Hausaufgaben möglichst selbständig anfertigen
2. eigenständig eine Zeit festlegen, wann sie ihre Schulaufgaben machen wollen
3. bei Problemen zum Gruppenleiter kommen

Handlungsziele
Die Kinder wollen ...
1. ihre Hausaufgaben selbständig erledigen
2. selber bestimmen, wann sie das tun
3. bei Schwierigkeiten einen Ansprechpartner haben

Lernziele
1.–3. Erziehungsziele

Didaktischer Kommentar
Schüler und Erzieher haben die gleichen Ziele. Erziehungs- und Handlungsziele sind identisch, sie sind daher automatisch Lernziele.

2. Möglichkeit

Nur einige Erziehungsziele und Handlungsziele stimmen überein. Zu den Erziehungszielen müssen also noch weitere Ziele ergänzt werden.

Praxis

Beispiel: Jugendclub
Erziehungsziele
Jugendliche eines Jugendclubs sollen ...
1. über die Probleme des Alkohols informiert werden
2. das Thema miteinander diskutieren
3. über Konsequenzen für ihr eigenes Verhalten nachdenken
4. Regeln für den Jugendclub bezüglich des Alkoholgebrauchs aufstellen

Handlungsziele
Die Jugendlichen wollen ...
1. über das Thema diskutieren
2. Regeln für den Club überlegen
3. sich gesellig zusammensetzen und unterhalten

Lernziele
Die Jugendlichen sollen ...
1.–4. Erziehungsziele (bleiben bestehen)
5. in einer geselligen Runde das Thema diskutieren
Didaktischer Kommentar
Die Handlungsziele 1 und 2 decken sich mit den Erziehungszielen 2 und 4. Das dritte Erziehungsziel soll aufrechterhalten bleiben. Erst wenn die Jugendlichen den Bezug zu ihrem eigenen Leben erkennen, lassen sich Regeln für den Club finden. Das dritte Handlungsziel wird als weiteres Lernziel übernommen. Man kann das Thema sehr gut in einer geselligen Runde diskutieren. In einer guten Atmosphäre sind die Jugendlichen vielleicht eher bereit, auch den persönlichen Aspekt zu bedenken.

3. Möglichkeit

Einige Erziehungsziele und Handlungsziele stimmen überein, andere nicht. Diese werden z. T. gesondert aufgenommen bzw. nicht in den Lernzielen, sondern bei der Auswahl der Methode und den organisatorischen Überlegungen berücksichtigt.

Beispiel: Freizeitsportgruppe

Praxis

Erziehungsziele
Die erwachsenen Mitglieder einer Freizeitsportgruppe sollen ...
1. sich aufwärmen
2. sich im Schulterbereich besonders bewegen
3. Übungen für die Wirbelsäule kennenlernen
4. ein Sportspiel machen
5. am Schluß sich entspannen

Handlungsziele
Die Mitglieder wollen ...
1. sich bewegen
2. Spiele machen
3. Spannung erleben
4. sich miteinander unterhalten
5. eine gemütliche Atmosphäre erleben

Lernziele
Die Mitglieder sollen ...
1.–4. Erziehungsziele (bleiben bestehen)
5. sich gesellig unterhalten

Didaktischer Kommentar
Die Handlungsziele 1 und 2 stimmen mit den Erziehungszielen überein.
Das vierte Handlungsziel wird als fünftes Lernziel aufgenommen.
Die Handlungsziele 3 und 5 werden in den angebotenen Spielen, Übungen und in der Gestaltung der Stunde berücksichtigt.

Halten wir fest
Diese Form ist wohl die häufigste Lösung: Die Handlungsziele werden z. T. in den Zielen, vor allem aber in den Methoden und der organisatorischen Planung berücksichtigt.

4. Möglichkeit
Erziehungsziele und Handlungsziele stimmen nicht überein, beide verfolgen ganz andere Ziele. Was der Pädagoge in einem solchen Fall machen soll, wurde bereits unter dem Punkt 6.2. beispielhaft abgehandelt.
Ich erinnere noch einmal an die Möglichkeiten:

- Die Erziehungsziele bleiben bestehen, die Handlungsziele werden übergangen.
- Zu den Erziehungszielen werden die Handlungsziele addiert.
- Einige Handlungsziele werden übernommen, andere in den Methoden und der Organisation berücksichtigt.
- Die Erziehungsziele werden zugunsten der Handlungsziele aufgegeben.
- Einige Erziehungsziele werden beibehalten und alle Handlungsziele übernommen. Erziehungsziele werden durch die Wahl der Methoden und der Organisation berücksichtigt.

Aufgabe
Stellen Sie sich wiederum eine konkrete Zielgruppe vor (Sie können auch immer die gleiche Gruppe wählen) und formulieren Sie Ziele auf der Grobziel-Ebene. Dabei können Sie ein beliebiges (passendes) Richtziel annehmen.

- *Richtziel-Ebene*
  RZ 1. Grades:

  RZ 2. Grades:

- *Grobziel-Ebene*
  Erziehungsziele → *Lernziele* ← *Handlungsziele*

  ____

  ____

  ____

7.2. Feinziel-Ebene

Beispiel: Elternseminar an der VHS
Nehmen wir an, wir hätten als Lernziel auf der Grobziel-Ebene formuliert:

1. Eltern sollen die Bedeutung des Spiels für die Persönlichkeitsentwicklung des Menschen erkennen.

Hierzu sollen beispielhaft einige Feinziele und die entsprechenden Vermittlungsvariablen formuliert werden.

Feinziel-Ebene
zu Grobziel 1:
1. Feinziel: Die Eltern sollen die anthropologische Bedeutung des Spiels kennenlernen.
Didaktischer Kommentar
Inhalt/Verhalten: Das Spiel ist für die Entwicklung des Menschen wichtig, spielerisch setzt sich der Mensch mit sich selbst und der Umwelt auseinander. Diese Tatsachen sollen die Eltern erkennen und diskutieren.
Begründung: Erkennen die Eltern, daß das Spiel für den Menschen wichtig, eine existentielle Grundkategorie ist, dann werden sie auch für weitere Ausführungen aufgeschlossen sein. Erst wenn die anthropologischen Grundlagen geschaffen sind, kann über die weiteren Aspekte des Spiels nachgedacht werden.
Vermittlungsvariablen
- *Methode:* Vortrag
- *Medien:* Tageslichtprojektor
- *Material:* Folie mit »Anthropologischem Orientierungs-Modell«
- *Zeit:* 30 Minuten
- *Pädagogische und organisatorische Überlegungen:*
  - Der Tageslichtprojektor muß funktionstüchtig sein, vorher ausprobieren.
  - Den Projektor so stellen, daß alle das projizierte Bild gut sehen können.
  - Beim Erklären des Modells nicht zur Wand sprechen.
  - Blickkontakt halten.

2. Feinziel: Die Eltern sollen die verschiedenen Funktionen des Spiels erarbeiten.
Didaktischer Kommentar
Inhalt/Verhalten: Das Spiel hat für den Menschen wichtige Funktionen z. B.: Freiwilligkeit, Faszination, Zeit- und Raumentgrenzung, Regeln, Distanz zu Problemen etc.
Begründung: Man kann über das Spiel nicht abstrakt diskutieren, sondern kann es am besten erklären, wenn man aufzeigt, was man beim Spielen erlebt, welche Funktionen es hat. Deshalb sollen einzelne Funktionen des Spiels erarbeitet werden.
Vermittlungsvariablen
- *Methode:* Gruppenarbeit
- *Medien:* – – –
- *Material:* Für jede Gruppe einen vorbereiteten Zettel: »Das Spiel hat verschiedene Funktionen. Eine wäre z. B.: Zum Spielen kann man nicht gezwungen werden: Freiheit. Können Sie sich weitere Funktionen des Spiels vorstellen?«
- *Zeit:* 20 Minuten
- *Pädagogische und organisatorische Hinweise:*
  - Die Gruppen sollten etwa aus 5–8 Personen bestehen.
  - Einen Gruppensprecher wählen, der das Ergebnis den anderen Gruppen mitteilt.
  - Die Ergebnisse an die Tafel schreiben.

Dieses Feinziel ist ein Beispiel, an dem Sie gut erkennen können, daß der Zeitfaktor bestimmt, ob ein Ziel ein Grob- oder ein Feinziel ist. Hier werden die Funktionen des Spiels als ein Feinziel genannt. Man könnte dieses Ziel, wenn der Referent z. B. mehrere Abende für die Behandlung dieses Themas zur Verfügung hätte, auch als Grobziel formulieren. Entsprechend wären die Feinziele viel konkreter.

Beispiel
Grobziel: Die Eltern sollen die verschiedenen Funktionen des Spiels erkennen.
1. Feinziel: Die Eltern sollen erkennen, daß zum Spiel Freiheit gehört
2. Feinziel: Die Eltern sollen erkennen, daß zum Spiel Freiwilligkeit gehört.
3. Feinziel: Die Eltern sollen erkennen, daß zum Spiel Faszination und Begeisterung gehören.

usw.

In diesem Fall ist es beispielsweise nicht angebracht, zu jedem Feinziel einen eigenen Didaktischen Kommentar zu schreiben, da alle Ziele dasselbe Thema behandeln. Hier bietet es sich an, den Kommentar für alle Feinziele gemeinsam zu formulieren.

Halten wir fest
Man kann sich als *Regel* merken: Werden mehrere Feinziele mit der gleichen Methode umgesetzt, dann genügt normalerweise ein Didaktischer Kommentar für die jeweiligen Feinziele.

Aufgabe
Wählen Sie wiederum eine Zielgruppe, denken Sie sich ein Grobziel (Lernziel) und formulieren Sie dazu Feinziele, Didaktischen Kommentar und Vermittlungsvariablen.
Grobziel-Ebene
Lernziel: ______________________________

Feinziel-Ebene
zu GZ 1:
1. Feinziel: ______________________________

____

____

7.3. Musterbeispiel: Richt-, Grob- und Feinziel-Ebene

Situation: Seminarsitzung

Studenten der Fachhochschule Düsseldorf müssen im Hauptseminar (2. Semester) in Didaktik/Methodik für eine Lehrstunde ein Konzept erstellen. Die Studentinnen I. D. und Cl. M. haben ein Konzept zum Thema *»Essen, Trinken, Genießen und Mahlhalten«* erarbeitet. Hier ein Auszug:

Träger:	Fachhochschule Düsseldorf, Fachbereich Sozialpädagogik
Fachgebiet:	Didaktik/Methodik
Ziel:	Erstellung eines Konzeptes
Zielgruppe:	Studenten im 2. Semester
Zeit:	4 Unterrichtsstunden (8.45–12.15 Uhr)
Ort:	Seminarraum der Fachhochschule
Lehrende:	I. D. und Cl. M.

- *Richtziel-Ebene*

  Richtziel 1. Grades: Die Studenten sollen in bezug auf das Thema Geselligkeitspädagogik berufliche Qualifikation und Kompetenzen erwerben.

  Richtziel 2. Grades: Die Studenten sollen grundlegende Kenntnisse über die Bedeutung von Essen, Trinken, Genießen und Mahlhalten in bezug auf die Geselligkeitspädagogik erwerben.

- *Grobziel-Ebene*

  Erziehungsziele

  Die Studenten sollen . . .
  1. einen historischen Überblick über die Entwicklung des Mahlcharakters erhalten
  2. sich mit den anthropologischen Aspekten von Essen, Trinken, Genießen und Mahlhalten auseinandersetzen
  3. Informationen über Genuß und Genießen erhalten
  4. über die sechs Teilbereiche der Geselligkeit informiert werden
  5. ein interessantes Seminar erleben

  Handlungsziele

  Wir vermuten, die Studenten wollen . . .
  1. sich mit dem Thema auseinandersetzen
  2. einen Praxisbezug erhalten
  3. Anregungen für ihre praktische Arbeit erhalten
  4. ein interessantes und abwechslungsreiches Seminar erleben

  Lernziele

  Wir übernehmen die Erziehungsziele vollständig und ergänzen sie um zwei Handlungsziele.

  1.–5. Erziehungsziele
  6. Die Studenten sollen sich aktiv am Seminar beteiligen.
  7. Die Studenten sollen das Gelernte an einem Beispiel praktisch umsetzen.

  Didaktischer Kommentar

  Das HZ 1 stimmt mit allen Erziehungszielen überein, HZ 2 und 3 werden als LZ 7 übernommen, HZ 4 wollen wir durch die gesamte Gestaltung des Seminars berücksichtigen.

- *Feinziel-Ebene*

  zu Grobziel 1: Die Studenten sollen . . .

1. Feinziel: die Sitzordnung und Rangfolge des Mahls in der Antike kennenlernen
2. Feinziel: die Sitzordnung und Rangfolge des Mahls im Mittelalter kennenlernen
3. Feinziel: die Sitzordnung und Rangfolge des Mahls in der Neuzeit kennenlernen
4. Feinziel: die Sitzung und Rangfolge des Mahls in der heutigen Zeit kennenlernen
5. Feinziel: die Tischsitten und Ernährungsgewohnheiten in der Antike kennenlernen
6. Feinziel: die Tischsitten und Ernährungsgewohnheiten im Mittelalter kennenlernen
7. Feinziel: die Tischsitten und Ernährungsgewohnheiten in der Neuzeit kennenlernen
8. Feinziel: die Tischsitten und Ernährungsgewohnheiten in der heutigen Zeit kennenlernen
9. Feinziel: die Bedeutung des Mahls in der Antike kennenlernen
10. Feinziel: die Bedeutung des Mahls im Mittelalter kennenlernen
11. Feinziel: die Bedeutung des Mahls in der Neuzeit kennenlernen
12. Feinziel: die Bedeutung des Mahls in der heutigen Zeit kennenlernen

Didaktischer Kommentar

Inhalt/Verhalten: Durch die Gesprächsrunde, in der jeweils ein Vertreter der vier Epochen (Antike, Mittelalter, Neuzeit und Jetztzeit) über die verschiedenen Sitten und Ernährungsgewohnheiten sowie die Bedeutung des Mahls berichtet, soll der historische Hintergrund des Mahls anschaulich vermittelt werden.

Begründung: Dadurch lernen die Teilnehmer den Bedeutungswandel kennen und können unter diesem Aspekt das Mahl in der heutigen Zeit besser betrachten. Auch kann anhand dieses Überblicks nachgedacht werden, ob wir einige Aspekte, die uns verloren gegangen sind, uns nicht u. U. wieder ins Bewußtsein bringen müßten, um unsere Mahlzeiten bereichern zu können.

Vermittlungsvariablen

- *Methode:* Gesprächsrunde (Vertreter der vier Epochen berichten aus ihrer Zeit)
- *Medien:* Overheadprojektor
- *Material:* vorbereitete Folien, Folienschreiber, eventuell Ersatzbirne, Verlängerungskabel
- *Zeit:* 30 Minuten
- *Pädagogische und organisatorische Hinweise:*
  - Um die Teilnehmer auf dieses Seminar einzustimmen, wird eine mittelalterliche Tafel aufgebaut.
  - Die Seminarleiter sitzen am Kopfende der Tafel, um die Teilnehmer im Blickfeld zu haben.
  - Die wichtigsten Aspekte, die genannt werden, werden auf Folien mit dem Overheadprojektor festgehalten.
  - Durch Hören und Sehen bleiben etwa 50 % des Gelernten im Gedächtnis.

zu Grobziel 2: Die Studenten sollen ...

1. Feinziel: erfahren, daß Essen und Trinken primäre Ausdrucksformen von Geselligkeit sind
2. Feinziel: erkennen, daß Essen und Trinken nicht nur ernährungsphysiologisch von Bedeutung sind
3. Feinziel: erfahren, daß der Mensch während des Mahles in seiner Ganzheit angesprochen wird

Didaktischer Kommentar
Inhalt/Verhalten: Die Studenten sollen den engen Zusammenhang zwischen Essen, Trinken und Geselligkeit erkennen und mit ihren eigenen Erfahrungen vergleichen. Die Diskussion dient dem Austausch der Erfahrungen.
Begründung: Wir möchten erreichen, daß sich die Studenten ihre persönlichen Erfahrungen im Umgang mit dem Mahl bewußt machen und sich mit ihnen auseinandersetzen.
Vermittlungsvariablen
- *Methode:* Diskussion
- *Medien:* – – –
- *Material:* – – –
- *Zeit:* 20 Minuten
- *Pädagogische und organisatorische Hinweise:*
  - Um die Teilnehmer auf diesen Teil der Thematik einzustimmen, haben wir vorher kleine Bilder mit Thesen über Essen, Trinken, Genießen und Mahlhalten an den Wänden aufgehängt.
  - Laut, deutlich und langsam sprechen, Blickkontakt halten.
  - Durch Mitarbeit der Teilnehmer bleiben etwa 70–90 % des Gelernten im Gedächtnis.

zu Grobziel 3: Die Studenten sollen erkennen, ...
1. Feinziel: daß Genuß Zeit braucht
2. Feinziel: daß Genuß erlaubt sein muß
3. Feinziel: daß ohne Erfahrung kein Genuß möglich ist
4. Feinziel: daß Genuß nicht nebenbei erfolgen kann
5. Feinziel: daß Genuß heißt: jedem das Seine
6. Feinziel: daß Genuß alltäglich ist
7. Feinziel: daß Genuß heißt: weniger ist mehr
8. Feinziel: was euthyme Verhaltensweisen beinhalten

Didaktischer Kommentar
Inhalt/Verhalten: Die Studenten sollen erkennen, daß der Begriff Genuß verschiedene Aspekte beinhaltet, und sich Gedanken darüber machen, welche Voraussetzungen für Genuß und Genießen notwendig sind.
Begründung: Nachdem die Studenten die Voraussetzungen für Genießen kennengelernt haben, fällt es ihnen leichter, sich mit der Genußfähigkeit des heutigen Menschen auseinanderzusetzen und sich den Stellenwert des Genusses bewußt zu machen.
Vermittlungsvariablen
- *Methode:* Vortrag
- *Medien:* – – –
- *Material:* – – –
- *Zeit:* 20 Minuten
- *Pädagogische und organisatorische Hinweise:*
  - Laut, deutlich und langsam sprechen.
  - Blickkontakt halten.
  - Keinen Teilnehmer im Rücken haben, alle sehen können.

zu Grobziel 4: Die Studenten sollen ...
1. Feinziel: »Ausdrucksformen« als Teilbereich von Geselligkeit kennenlerenen
2. Feinziel: »Personenkreis« als Teilbereich von Geselligkeit kennenlernen
3. Feinziel: »Disposition« als Teilbereich von Geselligkeit kennenlernen
4. Feinziel: »Beziehung/Inhalt« als Teilbereich von Geselligkeit kennenlernen
5. Feinziel: »Erlebnisqualität/Modalität« als Teilbereich von Geselligkeit kennenlernen

6. Feinziel: »Störfaktoren« als Teilbereich von Geselligkeit kennenlernen
7. Feinziel: das Mahl im Zusammenhang mit Essen, Trinken, Genießen und Geselligkeit begreifen

Didaktischer Kommentar

Inhalt/Verhalten: Da der Begriff der Geselligkeit bereits in einer vorherigen Seminareinheit geklärt wurde, beschränken wir uns auf die Wiederholung der wichtigen Teilbereiche von Geselligkeit, die wir jedoch immer in bezug zum Mahl setzen wollen.

Begründung: Die Studenten sollen erkennen, daß Geselligkeit zwingend mit dem Begriff Mahl verbunden ist. Die Gruppenarbeit, in der die Teilnehmer für verschiedene Einrichtungen ein Mahl planen sollen, dient dazu, die Elemente der Seminareinheit miteinander zu verbinden und das Gelernte praktisch umzusetzen.

Vermittlungsvariablen

- *Methode:* Gruppenarbeit
  Es werden vier Gruppen gebildet, die anhand eines Aufgabenblattes versuchen sollen, ein Mahl zu planen. Die vier Gruppen stellen vier verschiedene sozialpädagogische Einrichtungen dar:
  Gruppe 1 soll einen kulinarischen Abend in einem Altenheim planen.
  Gruppe 2 soll einen kulinarischen Abend in einem Jugendzentrum planen.
  Gruppe 3 soll einen kulinarischen Abend anläßlich eines Betriebsfestes planen.
  Gruppe 4 soll einen italienischen Nachmittag in einem Kindergarten planen.
  Bei der Planung und Organisation der verschiedenen Mahle sollen sie die Aspekte der Geselligkeit berücksichtigen.
  Nach der Gruppenarbeit stellt jede Gruppe ihr Konzept vor.
- *Medien:* – – –
- *Material:* vier vorbereitete Aufgabenblätter
- *Zeit:* 30 Minuten
- *Pädagogische und organisatorische Hinweise:*
  - Nachdem sich die Gruppen zusammengefunden haben, gehen sie mit einem Referenten in einen vorher bestimmten Seminarraum.
  - Die Referenten haben nur beratende Funktion.

Aufgabe

Versuchen Sie jetzt selbst, einen ganzen Zielkomplex (Richtziel-, Grobziel- und Feinziel-Ebene) zu formulieren. Wählen Sie eine Zielgruppe und erstellen Sie dafür Ziele nach dem vorliegenden Muster. Übung macht den Meister! Beim ersten Mal brauchen Sie wahrscheinlich relativ viel Zeit. Mit ein wenig Übung werden Sie diesen Ziel-Teil eines Konzeptes jedoch recht schnell formulieren.

- *Richtziel-Ebene* ______________________
- *Grobziel-Ebene* ______________________
- *Feinziel-Ebene* ______________________

7.4. Ziele und Konzepterstellung

Im Mittelpunkt der Didaktik stehen Ziele. Nach einer vorangegangenen Bedingungsanalyse (Ist-Zustand) werden Ziele formuliert, die durch Vermittlungsvariablen umgesetzt werden.
Ziele sind ein wichtiger Teil in einem Konzept. Ich fasse zusammen, was von den hier abgehandelten Punkten über Ziele in ein Konzept gehört und in welcher Reihenfolge:

1. *Bedingungsanalyse* (siehe 1. Kapitel)
2. *Didaktisch/methodische Überlegungen*
2.1 *Richtziel-Ebene*
   Richtziel 1. Grades
   Richtziel 2. Grades
2.2 *Grobziel-Ebene*
   Erziehungsziele
   Handlungsziele
   Lernziele
   Didaktischer Kommentar
2.3 *Feinziel-Ebene*
   Ableitung der Feinziele (zu Grobziel 1, 2, 3 usw.)
   Didaktischer Kommentar
   Vermittlungsvariablen

Halten wir fest
Eine Zielformulierung enthält drei Teile: Person, Inhalt und Verhalten.
Der Didaktische Kommentar ist immer dann angebracht, wenn es gilt, einen Gedankengang, den man ja nicht sehen und deshalb oft auch nicht oder nur schwer nachvollziehen kann, zu erklären.
Der Didaktische Kommentar hat zwei Teile: Inhalt/Verhalten (Was?) und Begründung (Warum?).

Lernfragen

1. Welche Probleme gibt es in der Literatur mit dem Begriff »Erziehungsziele«?
2. Inwiefern ist es in der Praxis nützlich, zwischen Werten und Normen zu unterscheiden?
3. Was sind Werte?
4. Was sind Normen?
5. Wie ist der Zusammenhang zwischen Werten und Normen?
6. Was ist eine psychische Disposition?
7. Wie definiert man Erziehungsziele?
8. Welche drei Teile enthält eine Zielformulierung?

9. Welche Bedeutung hat der Didaktische Kommentar?
10. Wie kann man einen Praktiker, der behauptet, keine Ziele zu verfolgen, vom Gegenteil überzeugen?
11. Was sind Richt-, Grob- und Feinziele?
12. Welche Bedeutung kommt dem Zeitfaktor bei der Zielformulierung zu?
13. Worin besteht der Unterschied zwischen Richtziel 1. und 2. Grades?
14. Auf welcher Ziel-Ebene werden die Handlungsziele formuliert und warum nur auf dieser?
15. Von welchen Zielen der Grobziel-Ebene werden Feinziele abgeleitet?
16. Muß man nach jeder Zielformulierung einen Didaktischen Kommentar formulieren oder welche Möglichkeiten gibt es?
17. Worin unterscheidet sich der Didaktische Kommentar auf der Grobziel-Ebene von dem auf der Feinziel-Ebene?

Weiterführende Literatur

Brezinka, W.: Was sind Erziehungsziele. In: M. Benden (Hrsg.): Zur Zielproblematik in der Pädagogik. Bad Heilbrunn: Klinkhardt Verlag 1977, S. 9–48.
Edelmann, G., *Möller,* Ch.: Grundkurs Lernplanung. Weinheim: Beltz Verlag 1976.
Klages, H.: Wertorientierungen im Wandel. Frankfurt/M.: Campus Verlag 1985.
Meyer, H.: Trainingsprogramm zur Lernzielanalyse. Kronberg: Athenäum Verlag 1978.

Anmerkungen

1 *Meyer,* H.: Leitfaden zur Unterrichtsvorbereitung. Königstein 1980, S. 347.
2 *Brezinka,* W.: Was sind Erziehungsziele? In: M. *Benden* (Hrsg.): Zur Zielproblematik in der Pädagogik. Bad Heilbrunn 1977, S. 26 ff.
3 Vgl. *Simon,* P.: Werte, Normen und erzieherische Entscheidungsbegründung. Frankfurt/M. 1978, S. 43.
4 *Meueler,* E.: Erwachsene lernen. Stuttgart 1982, S. 39.
5 Vgl. *Lautmann,* R.: Wert und Norm. Begriffsanalyse für die Soziologie. Köln 1969, S. 7.
6 *Brezinka,* W.: Was bedeutet »Wertewandel«? In: K. H. *Breuer* (Hrsg.): Jahrbuch für Jugendsozialarbeit. Köln 1985, S. 19.
7 *Lautmann*: Wert und Norm. A. a. O., S. 105.
8 Vgl. *Herrmann,* B.: Verständigung über Erziehungswerte. Weinheim 1987, S. 13.
9 *Simon*: Werte, Normen und erzieherische Entscheidungsbegründung. A. a. O., S. 26.

10 Vgl. *Jaide,* W.: Wertewandel? Grundfragen zur Diskussion. Opladen 1983, S. 86; *Klages,* H.: Wertorientierungen im Wandel. Frankfurt/M. 1985, S. 9–16; *Kron,* F.: Grundwissen Pädagogik. München 1988, S. 251–253.
11 *Lautmann:* Wert und Norm. A. a. O., S. 108.
12 Vgl. *Simon:* Werte, Normen und erzieherische Entscheidungsbegründung. A. a. O., S. 30.
13 *Maag,* G.: Gesellschaftliche Werte. Opladen 1991, S. 22.
14 *Lautmann:* Wert und Norm. A. a. O., S. 71–72; *Tröger,* W.: Erziehungsziele. München 1974, S. 114.
15 *Simon:* Werte, Normen und erzieherische Entscheidungsbegründung. A. a. O., S. 30.
16 *Brezinka:* Was sind Erziehungsziele? A. a. O., S. 10.
17 Ebenda, S. 11.
18 Ebenda, S. 12.
19 *Brezinka,* W.: Präzisierung des Begriffes »Erziehung«. In: E. *Weber* (Hrsg.): Der Erziehungs- und Bildungsbegriff im 20. Jahrhundert. Bad Heilbrunn 1976, S. 156.
20 Ebenda, S. 161.
21 Ebenda, S. 161 f.
22 Ebenda, S. 162 f.
23 Vgl. *Dietrich,* Th.: Zeit- und Grundfragen der Pädagogik. Bad Heilbrunn 1988, S. 75; *Jaide:* Wertewandel? A. a. O., S. 87.
24 Vgl. *Klafki,* W.: Normen und Ziele in der Erziehung. In: M. *Benden* (Hrsg.): Zur Zielproblematik in der Pädagogik. Bad Heilbrunn 1977, S. 9.
25 *Meyer,* H.: Trainingsprogramm zur Lernzielanalyse. Kronberg 1978[7], S. 32.
26 Vgl. *Edelmann,* G./*Möller,* Chr.: Grundkurs Lernplanung. Weinheim 1976, S. 17.
27 *Wahl,* D. u. a.: Erwachsenenbildung konkret. Weinheim 1991, S. 91.
28 *Meyer:* Trainingsprogramm zur Lernzielanalyse. A. a. O., S. 50.
29 *Edelmann/Möller:* Grundkurs Lernplanung. A. a. O., S. 24.
30 Ebenda, S. 25.
31 Vgl. *Meyer:* Trainingsprogramm zur Lernzielanalyse. A. a. O., S. 57–98.
32 Vgl. Ebenda, S. 47–49.

4. Kapitel: Was ist Anthropologie? Was heißt bedürfnisorientierte Sozialpädagogik?

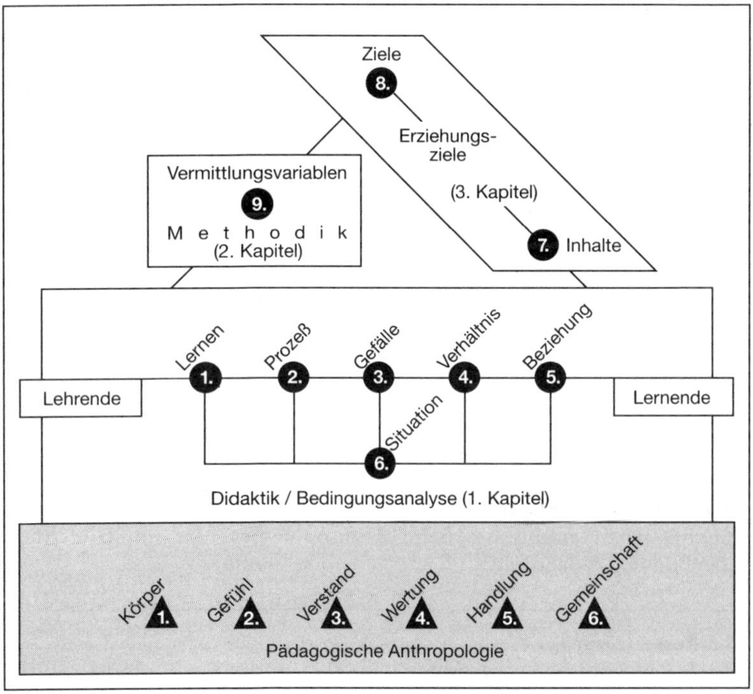

1. Erziehung und Menschenbild

1.1. Notwendigkeit eines Menschenbildes

Wieso gehören Überlegungen zur Anthropologie in eine Didaktik/Methodik? Worin besteht der Zusammenhang? Wir haben bisher festgestellt, daß es in der Didaktik/Methodik nach einer vorausgegangenen Bedingungsanalyse immer um Ziele geht, die in Handlung umgesetzt werden sollen. Der Sozialpädagoge möchte z. B., daß . . .

- die Kinder im Anschluß an ihre Gruppenstunde den Raum aufräumen;
- die Kinder während der Hausaufgabenbetreuung ruhig sind und konzentriert lernen;
- Jugendliche im Klubraum ihre Zigaretten im Aschenbecher und nicht auf dem Fußboden ausdrücken;
- Erwachsene mehr Verständnis Jugendlichen gegenüber zeigen;
- Senioren gesundheitsbewußter leben usw.

Sozialpädagogen verfolgen Ziele. Warum aber streben sie gerade diese und nicht andere an? Woher nimmt der Sozialpädagoge den Wertmaßstab für seine Beurteilung, was für einen Menschen angebracht ist und was nicht? Warum meint er, daß Senioren gesundheitsbewußter leben sollten? Was steckt hinter einem solchen Ziel? Erziehung enthält Begriffe wie »sollen« und »dürfen«. Es stellt sich die Frage: Wer gibt einem Sozialpädagogen das Recht, einem anderen Menschen durch Erziehungsmaßnahmen verändern zu wollen? Es geht um das Grundproblem aller Pädagogik: die Legitimation erzieherischen Handelns. Wir kommen zu der allgemeinen und grundsätzlichen Aussage, daß Erziehung und Bildung ohne ein Menschenbild des Pädagogen nicht möglich ist. Jedes pädagogische System ist von einer ganz bestimmten Auffassung vom Menschen getragen.[1)] * Anmerkungen s. S. 218.

Das Bild vom Menschen muß dem Sozialpädagogen nicht bewußt sein, oft handelt er unbewußt danach.

Bollnow nennt es die »implizite Anthropologie«, das implizite Menschenbild des Pädagogen.[2)]

Halten wir fest
Jeder Pädagoge (wie jeder Mensch überhaupt) hat ein bestimmtes Bild vom Menschen, das Grundlage seiner pädagogischen Entscheidungen ist. Von ihm leitet er bewußt oder unbewußt seine Ziele ab. Hier liegt die Verbindung von Didaktik/Methodik und Anthropologie. Der Sozialpädagoge muß sich nicht nur seiner Ziele bewußt werden, sondern auch über sein Menschenbild nachdenken, das entscheidend für seine Zielfindung ist.

* Anmerkungen s. S. 218

1.2. Öffentliches Menschenbild

Dies mag einsichtig und unbestritten sein. Doch muß man kritisch Bedenken äußern, wenn man über das Menschenbild öffentlich nachdenkt und daraus allgemeine Folgerungen für den Sozialpädagogen ziehen möchte. Die Frage nach dem Menschenbild ist eine ganz persönliche Angelegenheit eines jeden Pädagogen. Es mag Übereinstimmungen geben, diese darf man jedoch nicht fordern. Da die Frage nach dem Menschenbild eine ganz private Entscheidung ist, könnte hier höchstens sehr theoretisch und abstrakt darüber nachgedacht werden, was aber hätte das für einen Sinn? Jeder ist aufgrund seiner Sozialisation und vieler Erfahrungen zu seinem Menschenbild gelangt; dies möchte er nicht zur Diskussion stellen, so wie er auch das von anderen nicht diskutieren möchte, sondern toleriert. Wir stehen vor einem recht schwierigen Problem. Ist die Frage nach dem Menschenbild des Sozialpädagogen eine private oder (auch) öffentliche Angelegenheit? Geht dies nur den einzelnen etwas an oder auch die Öffentlichkeit? Diese kritischen Einwände sind verständlich, müssen jedoch überdacht werden. Der (Sozial-)Pädagoge übt eine Tätigkeit aus, die keineswegs eine private Angelegenheit ist.

Die betreffenden Personen, mit denen er arbeitet, haben ein Recht zu erfahren, was er mit ihnen vorhat, welche Ziele er verfolgt. Gibt der Sozialpädagoge seine Ziele nicht bekannt, dann handelt es sich um Manipulation und nicht um Erziehung. Er muß also bereit sein, über seine Ziele, d. h. sein Menschenbild zu diskutieren. Sozialpädagogen sind öffentlich Bedienstete, sie müssen der Öffentlichkeit wie ihren Dienstherren, Trägern etc. erklären können, daß ihr Menschenbild z. B. mit den Zielen des Trägers in Einklang steht und dem öffentlichen Interesse entspricht. Schließlich kann man in einem Team nicht arbeiten, bzw. mehrere Mitarbeiter einer Einrichtung können kaum zusammenarbeiten und ein gemeinsames Konzept vertreten, wenn jeder von ihnen nach einem privaten Menschenbild handelt, das die anderen nicht zu interessieren hat.

Wir sehen, wie wichtig die Frage nach dem öffentlichen Menschenbild ist. Die entsprechende Wissenschaft, die sich mit dieser Frage beschäftigt, ist die *Anthropologie* bzw. die *Pädagogische Anthropologie.* Im folgenden möchte ich ein empirisches, theoretisches und öffentliches Menschenbild der Pädagogischen Anthropologie entwickeln.

- *Empirisch:* Es geht um die aus der Erfahrung eines jeden Menschen abgeleiteten Erkenntnisse und Tatsachen, die nicht mehr hinterfragbar sind, von denen jeder sagen muß: Das ist so. (Empirie = Wissenschaft, die sich ausschließlich an der Erfahrung orientiert).
- *Theoretisch:* Die Ergebnisse werden von der individuellen, privaten Erfahrung abstrahiert und auf einem allgemeinen Niveau formuliert. Dieses allgemeine Menschenbild kann jeder unabhängig von der jeweiligen Weltanschauung des einzelnen akzeptieren.[3)]
- *Öffentlich:* Dem privaten, persönlichen Menschenbild eines jeden Erziehers wird ein öffentliches gegenübergestellt. Da Erziehung in

(sozial-)pädagogischen Einrichtungen keine private Angelegenheit ist, vielmehr im öffentlichen Rahmen und Auftrag erfolgt, muß der (Sozial-)Pädagoge auch über sein Menschenbild öffentlich Auskunft geben können. Die Erziehung und Bildung muß deshalb öffentlichen Kriterien entsprechen; das private Menschenbild muß sich öffentlich orientieren und öffentlich-rechtlichen Ansprüchen genügen.[4)] Das schließt nicht aus, daß jeder Pädagoge dem allgemeinen, öffentlichen Menschenbild weitere private Dimensionen hinzufügt. Man kann also sagen, daß sich das Menschenbild eines Pädagogen aus zwei Teilen zusammensetzt: dem öffentlichen und dem privaten Menschenbild.

- *Menschenbild:* Es geht nicht um eine Fotografie oder ein Paßbild des Menschen, sondern um ein Abbild, eine Skizze. Sie hält die Wirklichkeit in ihren Zusammenhängen fest und überzeichnet die charakteristischen Merkmale. Das Wesentliche soll dargestellt und dem Betrachter mitgeteilt werden.
- *Pädagogische Anthropologie:* Es geht hier nicht um die Frage nach dem Wesen des Menschen, wie sie die Allgemeine Anthropologie stellt, sondern um die Einschränkung auf die Pädagogische Anthropologie, d. h. auf den Teil der Anthropologie, der sich speziell mit Fragen der Pädagogik beschäftigt. Bei dem entwickelten Menschenbild handelt es sich nun nicht um eine reine Theorie, vielmehr ist sie an konkrete, gesellschaftlich-historische Erfahrungen gebunden, in denen sich der Geist einer bestimmten Zeit widerspiegelt.[5)]

1.3. Entfaltung der Persönlichkeit, Ganzheitlichkeit, Wohl des Kindes

Aufgabe

Lesen Sie die folgenden Texte und versuchen Sie die Fragen zu beantworten.

- Im Grundgesetz steht:
  Jeder hat das Recht auf freie Entfaltung der Persönlichkeit. (GG, Artikel 2, Abs. 1)
- Pflege und Erziehung der Kinder sind das natürliche Recht der Eltern und die zuvörderst ihnen obliegende Pflicht. Über ihre Betätigung wacht die staatliche Gemeinschaft. (GG, Artikel 6, Abs. 2)
- Im Bürgerlichen Gesetzbuch steht:
  Die Eltern haben die elterliche Sorge in eigener Verantwortung und in gegenseitigem Einvernehmen zum Wohle des Kindes auszuüben. (BGB § 1627)
  Wird das körperliche, geistige oder seelische Wohl des Kindes durch mißbräuchliche Ausübung der elterlichen Sorge (. . .) gefährdet (. . .) (BGB § 1666)
- In der pädagogischen Literatur wird häufig von der Ganzheitlichkeit des Menschen gesprochen (ganzheitliche Förderung der Person etc.).
  »Wenn heute über Bildung nachgedacht wird, dann muß im Zentrum unserer Überlegungen eine ganzheitliche Bildung und Erziehung stehen. Diese Forderung ist einerseits nicht neu, andererseits hochaktuell und brandneu: Wir brauchen eine neue Art wirksamer ganzheitlicher Bildung und Erziehung. Ganzheitliche Bildung – damit meine ich: eine integrierte Bildung und Erziehung unter Einschluß aller kognitiven, affektiven und psychomotorischen Komponenten. Ganzheitliche Bildung ist ein hoher Anspruch an unser Erziehungsdenken.«[6]

Fragen

1. Was ist unter »Persönlichkeit« zu verstehen?
2. Was versteht man unter »Wohl« des Kindes (Menschen)?
3. Was besagt die Umschreibung »Ganzheitlichkeit« des Menschen?

zu 1) ______________________________

____

zu 2) ______________________________

____

zu 3) ______________________________

____

Ihre Überlegungen sollen zunächst so stehen bleiben. Im Verlauf dieses Kapitels werde ich auf die Beantwortung dieser Fragen zu sprechen kommen (3.3.).

2. Pädagogische Anthropologie

2.1. Begriffsbestimmung, Wortfeld

Gehen wir vom Griechischen aus, so heißt ánthropos = Mensch. Anthropologie ist demnach die Wissenschaft vom Menschen. Geht man von der Etymologie des Wortes aus, versteht man unter »Mensch«:

Definition

- griechisch: ánthropos = das Wesen, das hinauf schaut, das Aufgeblühte, das Kräftige, das Mannes-Gesicht, das Mannes-Bild lateinisch: Homo: wird von »Humus« = Erde abgeleitet und bedeutet so viel wie Wesen aus Erde oder Wesen, dessen Bereich die Erde ist.
- deutsch: Mensch, Subjekt.[7)]

Je nach wissenschaftlicher Einstellung kann der Mensch in seiner Vielfalt unterschiedlich gesehen werden. So gibt es eine biologische, soziologische, pädagogische und philosophische Anthropologie. Unter einer pädagogischen Anthropologie versteht man eine Pädagogik, die ihr Denken und Handeln am Menschen orientiert. »Sie geht von der Konstitution des Menschen aus, seinen emotionalen, sozialen, psychomotorischen und kognitiven Bezügen.«[8)] Anthropologie ist der Pädagogik nicht untergeordnet, sondern Grundlage der Pädagogik. Sie klärt innerhalb der Pädagogik die Frage nach den Werten, Normen und Zielen pädagogischen Handelns.

2.2. Geschichtliche Entwicklung

Über den Menschen wurde (nicht nur) in der abendländischen Kultur schon immer nachgedacht (*Sokrates, Platon, Aristoteles, Augustin, Thomas von Aquin, Descartes, Kant, Hegel, Feuerbach* u. a.).

Die Frage nach dem Wesen des Menschen ist so alt wie die Philosophie. Seit der Antike geht man in der Philosophie davon aus, daß sich der Mensch vom Tier durch den Verstand, die Vernunft, die Intelligenz unterscheidet. Der Mensch ist ein animal rationales, ein denkendes Wesen. Die bleibende Leistung des griechischen Denkens ist die Entdeckung der geistigen Wirklichkeit des Menschen, allerdings auf Kosten des ganzen Menschen. Das geistige Sein des Menschen ist das Eigentliche, Stofflichkeit und Leiblichkeit können dagegen nicht positiv begriffen werden. »Der Geistes- bzw. der Bewußtseinslage des Menschen wird gegenüber dem körperlichen Bereich eine Vorrangstellung eingeräumt.«[9)]

Platon unterscheidet zwischen Leib, Seele und Geist und führte die Trichotomie ein, die seither bestimmend ist. »Der intellektus infinitus ist unendlich und unbegrenzt, unsterblich und ›rein‹. Der Körper ist endlich, sterblich begrenzt und ›Objekt‹ des Menschen. Die Seele ist ein Zwischenwesen: Im Kerker des Körpers eingebunden, vermag sie nur zum Teil dem Geist zu folgen und die Ideen zu schauen.«[10)]

Auch *Aristoteles* nimmt eine Trennung von Seele und Vernunft vor. »Der Körper ist aus Materie und Form zusammengesetzt, und sein belebendes Prinzip ist die Seele, der Geist kommt von außen in sie hinein und bleibt ihr äußerlich.«[11)]
Im Mittelalter wird mit *Thomas von Aquin* die Geistseele als einzige Wesensform des Leibes bestimmt, »damit ist im Unterschied zur Antike die Ganzheit von Leib und Seele angesprochen«.[12)]
Das christliche Denken des Mittelalters sieht den Menschen in einer Sonderstellung durch den Glauben an Gott. Diese selbstverständliche Hinordnung des Menschen an Gott zerbricht im Laufe der Zeit.
Eine kopernikanische Wende im Weltbild erschüttert diese Ordnung. Durch den Nominalismus, die Reformation, den Humanismus und Rationalismus zeichnet sich eine Wende zum Subjekt ab. Der Rationalismus reduziert das Wesen des Menschen auf das denkende Subjekt, das sich als autonome Vernunft versteht und sich später im Idealismus zur absoluten Vernunft erhebt.[13)] *Descartes* hat diese Erkenntnis mit seiner Formulierung auf den Punkt gebracht: cogito, ergo sum.
Kant nimmt eine vermittelnde Position ein: »Bei *Kant* wird in den Dualismus von Leib und Geist die moralische Komponente eingeführt. Gehört der Leib der Natur an, so gehört die reine Vernunft der moralischen Welt an.«[14)]
Das typisch Menschliche nach *Kant* ist jedoch der Verstand. Deshalb der Imperativ: Bediene dich deines Verstandes! Diese Vorstellung vom Verstandesmenschen übt in der Pädagogik bis heute eine ungeahnte Suggestivkraft aus, die bis in die Schule und Schulpläne reicht. In der Erziehung muß es um die Förderung des Verstandes gehen, war die notwendige Konsequenz aus dieser philosophischen Sichtweise des Menschen.
Die philosophische Frage nach dem Wesen des Menschen versuchte den Menschen dadurch zu definieren, daß sie ihn vom Tier abgrenzte. Der Mensch unterscheidet sich vom Tier dadurch, daß er ein Geist-Wesen ist. Auf Grund dieses Vergleiches spricht man dem Menschen eine Sonderstellung in der Welt zu. Man kommt zu Aussagen wie: der Mensch ist ein »Stiefkind der Natur« *(Herder)*, »nicht festgestelltes Tier« *(Nietzsche)*, »weltoffenes Wesen« *(Scheler)*, »exzentrisches Wesen« *(Plessner)*, »stellungnehmendes Wesen« *(Gehlen)*, »physiologische Frühgeburt« *(Portmann)* usw.[15)]

Halten wir fest
Zum Wesen des Menschen gehören Reflexivität, Freiheit, Selbstbestimmung, Selbstentfaltung und Darstellung. *Zdarzil* faßt die Überlegungen zusammen: »Der Mensch ist ein Geistwesen, dadurch abgehoben vom Tier und auch nicht festgelegt auf die vom Tier unmittelbar vollzogenen Zwecke der Daseinsfristung, der Selbst- und Arterhaltung.«[16)] Auf Grund dieser Tatsache ist zu folgern, daß der Mensch auf Lernen und Erziehung angewiesen ist. Er ist ein animal educandum.

Bei der Gegenüberstellung von Mensch und Tier muß man allerdings bedenken, daß es außer den Verschiedenheiten auch zahlreiche Gemeinsamkeiten und Übergangsphänomene gibt. Wo spezielle Unterschiede genannt werden, sind sie häufig nur gradueller und nicht prinzipieller Art. Inzwischen gibt es erste Hinweise darauf, daß auch Delphine über eine erstaunliche Intelligenz verfügen, die vielleicht sogar der menschlichen ebenbürtig ist.[17)] Viele Anthropologen verzichten deshalb auf den Vergleich Mensch-Tier und machen nur Aussagen über den Menschen, unabhängig davon, ob diese auch u. U. für das Tier zutreffen. Dadurch vermeiden sie eine z. T. unnötige Diskussion.

Die Philosophische Anthropologie ist eine neuzeitliche Angelegenheit. Schon das Wort »Anthropologie« gibt es offenbar erst seit dem 16. Jahrhundert. Als erster Namensgeber wird Magnus *Hundt* genannt. Die Anthropologie der Neuzeit konstituierte sich in der »Ablehnung der metaphysisch-eschatologischen Verortung des Menschen und in der Unbefriedigheit über eine nur abstrakte naturwissenschaftlich-mathematische Erklärung des Menschen«[18] und öffnete den Durchblick auf die psychosomatische Ganzheit des Menschen. Ein wichtiger Entstehungsgrund der »Neuen Anthropologie« ist die Sorge, daß in der hochspezialisierten Menschenforschung der ganze Mensch allmählich immer mehr verschwinden könnte. »Das Auseinanderdriften und das beziehungslose Nebeneinander der natur- und geisteswissenschaftlichen Erkenntnisse soll in Form einer ›integralen Anthropologie‹ aufgehalten werden.«[19]

Man kann zwei Höhepunkte der Anthropologie erkennen: In den zwanziger sowie Ende der sechziger und in den siebziger Jahren dieses Jahrhunderts. »Das intensive Nachdenken über den Menschen ist ohne Zweifel Ausdruck einer geistigen Notlage. Es gibt heute kaum einen Bereich menschlichen Denkens und Handelns, in dem nicht letztlich die bedrängende Frage auftaucht: Was ist der Mensch?«[20]

Als eigenständige Disziplin datiert man die Philosophische Anthropologie auf das Jahr 1928. In diesem Jahr erscheinen die Arbeiten von Max *Scheler* (1874–1928) »Die Stellung des Menschen im Kosmos« und von Helmuth *Plessner* (1892–1985) »Die Stufen des Organischen und der Mensch«. *Scheler, Plessner* und A. *Gehlen* (1904–1976) werden als die Begründer der Philosophischen Anthropologie bezeichnet. Sie leiten eine »anthropologische Wende« zu Beginn des 20. Jahrhunderts ein.[21] *Scheler* interessiert, ob zwischen Mensch und Tier nur ein gradueller Unterschied besteht oder ein Wesensunterschied. »Die Beantwortung dieser Frage macht es seiner Auffassung nach nötig, den Menschen auf der Stufenleiter der Lebewesen zu sehen und zu analysieren. Die Stufenleiter der Lebewesen, die von unten nach oben organisiert ist, kann im folgenden Schema verdeutlicht werden.«[22]

Mensch	Geist	5. Stufe
	praktische Intelligenz	4. Stufe
Tier	assoziatives Gedächtnis	3. Stufe
	Instinkt	2. Stufe
Pflanze	Gefühlsdrang	1. Stufe

Der Mensch überragt das Tier, weil er einen Geist hat. Durch seinen Geist erreicht der Mensch diese dritte Stufe des Lebens und nur er allein. »Darin beruht nach *Scheler* seine Sonderstellung in der Welt.«[23]

In der Philosophischen Anthropologie ist *Plessners* Ansatz dadurch gekennzeichnet, daß er den Leib-Seele-Dualismus hinterfragt und ein ganzheitliches Verständnis des Menschen angeregt hat. Er läßt als erster in der Philosophischen Anthropologie die Dimension des Leibes zu ihrem Recht kommen und berücksichtigt damit die Naturgrundlage des Menschen als animal rationale.[24]

Die Pädagogische Anthropologie als eigener Themenbereich der Forschung und Lehre hat sich erst in den letzten Jahrzehnten aus der Pädagogik abgeleitet. Sie versteht sich als eine die gesamte Pädagogik durchziehende Betrachtungsweise. Sie versucht, Erkenntnisse der Einzel- oder Regionalwissenschaften (Regionalanthropologien) über den Menschen für pädagogisches Denken und Planen zusammenzutragen.

Dienelt ist der Meinung, »daß die Pädagogische Anthropologie aufgrund des von den verschiedenen Einzel- bzw. Fachwissenschaften bereitgestellten (empirischen) Materials (Datenwissen) die Grundstruktur des Menschen – freilich unter philosophischer Reflexion – herauszuarbeiten in der Lage sei und die menschliche Wirklichkeit, wenn auch nicht vollständig und endgültig, so doch in einer Weise erfasse, die eine Darstellung der Phänomene menschlichen Seins und Sein-sollens erlaube und solchermaßen den Schlüssel für eine pädagogische Theorie (bzw. ein pädagogisches System) abgebe. Die Erkenntnislehren der Pädagogischen Anthropologie sind laut *Dienelt* nicht (historisch gewordene oder metaphysisch gesetzte) Menschenbilder, sondern all das Material, das in anthropologisch relevanter Form aus den verschiedenen Wissenschaften zufließt. Dieses Material liefert Bausteine zu einer Theorie des Menschen, die es erlaubt, konkrete Erziehungsprozesse anthropologisch abzusichern . . .

Was Pädagogische Anthropologie der genannten Aufgabenstellung entsprechend im einzelnen zu leisten hat, ist dieses: Sie hat den Nachweis zu liefern, daß pädagogisches Denken und Handeln ohne Rekurs auf den philosophisch zu ermittelnden Begriff des Menschenseins (d. h. eines Begriffs, der die Wesenszüge des Humanismus umfaßt) nicht auskommen; und sie hat ferner die Berechtigung wie auch die Bedingungen der Möglichkeit erzieherischer Praxis – im Sinne von Verwirklichung personaler Genese festzustellen. Ihr wird von *Dienelt* eine dienende und kontrollierende Funktion zugeschrieben: sie hat einerseits zwischen einer allgemeinen Anthropologie . . . und einer pädagogischen Theorie zu vermitteln, und sie hat andererseits eine Überprüfung der gegenwärtigen Erziehungssituation zu leisten«.[25)]

Als Begründer der Pädagogischen Anthropologie werden Herman *Nohl* »Charakter und Schicksal« (1938) und Otto Friedrich *Bollnow* »Krise und neuer Anfang, Beiträge zur Pädagogischen Anthropologie« (1966) genannt.

Bollnow ist der Meinung, daß es grundsätzlich unmöglich ist, ein geschlossenes Menschenbild zu erarbeiten. Die anthropologische Reflexion, ob man die Vielfalt der Erscheinungen von einer Wesensformel her begreifen kann, sei eine unzulässige Vereinfachung und als solche notwendig zum Scheitern verurteilt. Vielmehr müsse man von dem »Prinzip der offenen Frage« ausgehen. Die Aufgabe einer philosophischen Anthropologie, eine umfassende Wesensbestimmung des Menschen zu geben, sei grundsätzlich unlösbar. »Es bleibt nur die sehr viel bescheidenere Möglichkeit der hier versuchten anthropologischen Betrachtung, die von vornherein auf den Anspruch verzichtet, eine allgemeine Wesensbestimmung des Menschen zu geben, in die die jeweils betrachteten Einzelphänomene eingeordnet werden können, sondern sich mit einzelnen Aspekten und Beiträgen zu einer (nie ganz zu erreichenden) pädagogischen Anthropologie begnügt. Dieses Vorgehen kommt nie zum Abschluß in einer endgültigen Wesensbestimmung des Menschen, weil, durch die jeweilige Situation bedingt, immer neue Phänomene in den Umkreis der anthropologischen Betrachtung eintreten.

Das Wesen des Menschen bleibt grundsätzlich unergründlich.«[26)] *Bollnow* vertritt eine philosophisch orientierte Pädagogische Anthropologie. Entsprechend wählt er für seinen Ansatz die phänomenologische Methode. Er verzichtet auf die Einarbeitung von Erkenntnissen aus den verschiedenen Einzelwissenschaften, vielmehr versucht er, die Wirklichkeit des Menschen phänomenal, gewissermaßen vorwissen-

schaftlich aufzuschließen. Der Mensch wird vorab nicht schon philosophisch als eine wertbestimmende Instanz interpretiert, sondern *Bollnow* geht von seinen typischen Erscheinungsweisen aus. Unter der phänomenologischen Methode versteht er ein Vorgehen, das durch denkende und schauende Besinnung zur Lösung führt. Es sollen Fragen beantwortet werden: In welchen Erscheinungsformen begegnet uns der Mensch? Was hat das für Folgen für die Pädagogik?
Heinrich *Roth* hat mit seinem ersten faktisch durchgeführten Versuch einer Pädagogischen Anthropologie diese zu einer großen datenverarbeitenden Integrationswissenschaft gemacht, wobei die durchgängige pädagogische Fragestellung eine Antwort darauf zu geben versucht, was am Menschen ein Phänomen der Erziehung ist und was nicht. »Die pädagogische Fragestellung kann sich innerhalb einer pädagogischen Anthropologie auf die Menschwerdung des Menschen konzentrieren, eben auf die anthropologische Seite, wie der Mensch unter Erziehungseinwirkungen Mensch wird.«[27)]
H. *Roth* ist der Begründer der empirischen pädagogischen Anthropologie. Dieser Ansatz ist jedoch nicht so zu verstehen, daß die Pädagogische Anthropologie selbst empirische Untersuchungen durchführt. »Eine Pädagogische Anthropologie als Integrationswissenschaft ist selbst keine empirisch verfahrende Disziplin, sie setzt sich vielmehr mit den Ergebnissen empirischer Humanwissenschaften auseinander und stellt deren Aussagen systematisch zusammen.«[28)]

Halten wir fest
Die Frage nach dem Menschenbild in der Pädagogik findet in unserer Zeit großes Interesse. Entsprechend gibt es eine Vielzahl von Arbeiten, in denen Modelle des Menschen vorgestellt werden. *Hampden-Turner* stellt in seinem Buch 60 Modelle zusammen.[29)] Trotz dieser Tatsache muß man konstatieren, daß

- die Pädagogische Anthropologie noch in den ersten Anfängen steckt;
- es eine ausgebaute Menschenbildforschung noch nicht gibt;
- kein »richtiges«, »gültiges« oder »verbindliches« Menschenbild vorliegt.[30)]

2.3. Schichtenlehre

Der Mensch bildet eine Ganzheit. Es stellt sich in der Anthropologie nun das Problem, wie sich die anthropologische Einheit des Menschen trotz ontologischer Mannigfaltigkeit erklären läßt. Die Lösung suchte man im Sinne eines »Stufenbaus« oder einer *»Schichtenstruktur«*. Nicolai *Hartmann* spricht in seiner Schichten-Ontologie von einem Stufengang, in dem die einzelnen Seinsweisen des Menschen als aufeinander aufbauende verstanden werden: Anorganische, Organische, Seelische und Geistige.[31)]
Anders dagegen versteht Max *Scheler* seine Schichtstruktur so, daß die Person der »Einheitsfaktor« ist. Viktor E. *Frankl* definiert den Menschen in seiner »Dimensionalontologie« als Einheit trotz Mannigfaltigkeit. Die Signatur der menschlichen Existenz ist die Koexistenz zwischen der

anthropologischen Einheit und den ontologischen Differenzen, zwischen der einheitlichen menschlichen Seinsweise und den unterschiedlichen Seinsarten, an denen sie teilhat.[32] In der evangelischen Theologie des 20. Jahrhunderts hat sich vor allem Paul *Tillich* in seiner »Systematischen Theologie« dafür eingesetzt, daß die Metapher »Schicht«, die verschiedene nicht miteinander verbundene Grade von Sein unterscheidet (Leib, Seele, Geist), welche nach oben hin an Qualität zunimmt, ersetzt wird durch die Metapher »Dimension«. Der Begriff Dimension beschreibt die Verschiedenheit der Seinsbereiche, sie geraten nicht in Konflikt miteinander, sondern bedingen sich, ohne sich zu stören. Dimensionen sollen definiert werden als gedankliche Konstrukte, ein Begriff für etwas, das man nicht direkt beobachten kann, sondern etwas, das man sich denken kann, wenn man darüber nachdenkt, wie man denkt.[33]

Halten wir fest

Mit dem Begriff »Dimension« wird ein Zweifaches gesagt:

- die einzelnen Seinsarten, Merkmale des Menschen werden nicht in höhere oder niedrigere eingeteilt;
- sie stehen in einem Wechselverhältnis und bedingen sich gegenseitig.

Die Ganzheit des Menschen und seine Vielfalt stehen also nicht im Widerspruch. Der Mensch ist ein Ganzes in seiner Vielheit.

3. Dimensionen des Menschen

3.1. Analytische Aufteilung

Es ist nicht besonders förderlich, nach einer Definition des Menschen und seines Wesens zu suchen. »Es geht nicht darum, das Wesen des Menschen ein für allemal zu bestimmen. Das wäre nur eine abstrakte, verkürzte Idee. Es geht darum, Sinndimensionen zu erkennen und darzustellen, in denen der Prozeß ›Mensch‹ stattfindet.«[34]

Die Frage nach dem Menschenbild wurde in der Geschichte und wird bis heute einheitlich beantwortet: Der Mensch ist ein Leib-Seele-Geist-Wesen. Diese von *Platon* eingeführte *Trichotomie* (Dreiteilung) von Leib-Seele-Geist gilt als Standard der abendländischen Vorstellung vom Menschen. Der Leib ist die Außenwelt, der Geist die Innenwelt und die Seele die verbindende Zwischenwelt, welche die Akte des leiblichen Seins zu einem Ganzen zusammenfaßt, »sonst zerfiele leibliches Sein in ein Nebeneinander von unter sich fremden Vorgängen.«[35] Auf weitere Dimensionen außer diesen Dreien wird in der Pädagogischen Anthropologie nicht oder nur am Rande eingegangen.

Aufgabe

Hier drängen sich zwei Fragen auf:

1. Was hat es mit dieser Trichotomie auf sich? Wieso ist der Mensch nur drei und nicht vier oder mehr Dimensionen? Warum hält man sich bis heute an der Formulierung von *Platon?*
2. Was versteht man unter Leib-Seele-Geist?

Versuchen Sie, diese beiden – sicherlich nicht leichten – Fragen zu beantworten.

1. Frage: Vielleicht sind Sie der Meinung, Trichotomie hat etwas mit Dreifaltigkeit zu tun; es handle sich hier um eine heilige Zahl. Diese Antwort kann nicht stimmen, denn *Platon* lebte vor Christi Geburt. Warum hat *Platon* (427–347 v. Chr.) und noch systematischer *Aristoteles* (384–322 v. Chr.) den Menschen als dreidimensionales Wesen definiert? Wie begründen Sie diese Dreiheit? Drei ist eine Grundzahl: Alles, was lebt, und das ganze (damalige) Weltbild basiert auf dieser Dreiheit.

- Himmel – Erde – Unterwelt (Hölle)
- Sonne – Mond – Sterne
- Primärfarben: blau, gelb, rot
- *Platon* spricht in seinem »Symposium« von drei menschlichen Geschlechtern: Mann – Frau – Androgyne (Mann/Frau).
- Das Baugesetz, so *Aristoteles,* allen Lebens besteht aus drei geometrischen Größen: Länge – Breite – Höhe (Tiefe). Dies trifft dann natürlich auch für den Menschen zu, der ein Teil des Lebens ist, also muß auch er drei Dimensionen besitzen:

- *horizontale Dimension:* das Vergängliche, Endliche: der Körper
- *vertikale Dimension:* das Göttliche, Unvergängliche: der Geist
- *sagittale Dimension:* Tiefe, Höhe, Räumlichkeit, das Innere, Verbindende, parallel zur Mitte Liegende: die Seele

So etwa kann man die Trichotomie des Menschen begründen.

2. Frage: Von diesen drei Begriffen mag wohl nur der erste einigermaßen (Leib) klar sein, die beiden anderen werden sehr unterschiedlich definiert. Ich kann hier nicht die in der Literatur geführte Diskussion wiedergeben, was man z. B. unter der Seele versteht (*Aristoteles* meint mit Seele das Lebensprinzip = entelechie). Man kann die Diskussion dahin gehend zusammenfassen: Mit Leib-Seele-Geist meint man heute eher: Körper – Gefühl – Verstand. Die Begriffe sind geblieben, die Inhalte haben sich im Laufe der Geschichte z. T. erheblich verändert. Neben diesen drei Dimensionen werden in der Literatur dem Menschen allerdings weitere Dimensionen zugesprochen.

- Der Nominalismus und der Rationalismus (*Descartes, Kant, Hegel* u. a.) sehen in der Ethik/Moral eine weitere Wesensdimension des Menschen.
- Vor allem durch den Einfluß der Soziologie spricht man davon, daß der Mensch ein soziales Wesen ist, worauf bereits *Aristoteles* hingewiesen hatte. Demnach muß man zu den drei Dimensionen aus soziologischer Sicht eine weitere hinzufügen: die Gemeinschaft.
- Wiederum einen neuen, ganz anderen Gesichtspunkt bringt die Pädagogik ins Gespräch. *Pestalozzi* z. B. spricht davon, daß der Mensch Kopf-Herz-Hand ist. An diesem Grundgedanken hält die Pädagogik bis heute fest (vgl. 6.1) und bezeichnet die drei Dimensionen des Menschen: kognitive (Denken), affektive (Fühlen) und psychomotorische (Handeln) Dimension.

Man kann (empirisch) folgende Dimensionen des Menschen erkennen:

- Der Mensch hat einen *Körper.* (Dies nenne ich die biologisch-vitale oder physische oder psycho-somatische Dimension.)
- Der Mensch hat (der eine mehr, der andere weniger) *Gefühl* (emotional-affektive oder psychische Dimension).
- Der Mensch hat (mehr oder weniger) *Verstand* (kognitiv-rationale Dimension).
- Der Mensch hat ein (sensibel oder weniger sensibel reagierendes) *Wertsystem* (ethisch-wertende Dimension).
- Der Mensch handelt, ist aktiv, teilt sich über *Handeln* mit (psychomotorische Dimension).
- Der Mensch lebt in *Gemeinschaft,* ist ständig in Interaktion und Kommunikation (sozial-kommunikative oder psycho-soziale Dimension).

In der relevanten Literatur werden unterschiedlich viele Dimensionen genannt. Die meisten nennen die Trichotomie.[36)] Einige Autoren erweitern dieses trichotomische Grundschema um die soziale Dimension, die

Gemeinschaft.[37] *Gerner* erarbeitet bei aller Vorläufigkeit acht Dimensionen: leibliche, affektive, kognitive, sprachliche, soziale, geschichtliche, sittliche und religiöse Dimension.[38] Im Unterschied zu den sechs von mir genannten Dimensionen führt er die sprachliche und geschichtliche ein. Diese beiden Dimensionen berücksichtige ich in der psycho-motorischen Dimension, denn Sprechen ist Handeln, und durch Handeln entsteht Geschichte, d. h., Geschichte ist eine Folge des Handelns. Die religiöse Dimension subsumiere ich unter die ethisch-wertende Dimension, da diese weitergefaßt und weltanschaulich unabhängig formuliert ist. Bei den sechs Dimensionen handelt es sich um ein *offenes* System, d. h., jeder Person ist es unbenommen, zu den sechs Dimensionen weitere, für ihn persönlich bedeutsame Dimensionen hinzuzufügen. Da es sich hier um ein empirisches, öffentliches Menschenbild handelt, ist es auf die von jedem erfahrbaren sechs Dimensionen beschränkt. Von diesen muß jeder sagen: Das trifft für mich (mehr oder weniger) zu.
Der Stand der Pädagogischen Anthropologie läßt es allerdings z. Zt. noch nicht zu, von einer einheitlichen Anzahl von Dimensionen des Menschen zu sprechen. Hier trifft das zu, was Bollnow als »offene Frage« bezeichnet. Je nach wissenschaftlichem Interesse werden mehr oder weniger Dimensionen in den Blickpunkt gerückt.

3.2. Ganzheitlichkeit des Menschen

»Neben den vielen Wissenschaften vom Menschen, die jeweils Teilbereiche bearbeiten, ist Anthropologie ... jene Theorie, die den Menschen als Ganzen, ihn in seinem umfassenden Sein, eben das Bild des Menschen (Menschenbild) thematisiert ... Das Sinnganze des Menschen, menschliches Dasein als solches kann durchaus in verschiedenen wissenschaftlichen Disziplinen und mit unterschiedlicher Schwerpunktsetzung thematisiert werden. Psychologie, Soziologie, Pädagogik auch Zoologie und Biologie haben durchaus und sehr erfolgreich und folgenreich ihre je verschiedenen Menschenbilder entwickelt.«[40]
Zu der Vorstellung des ganzen Menschen gehört, daß der Mensch ein Leib-Gefühl-Verstand-Ethik-Gemeinschaft-Handeln-Wesen ist und daß diese Dimensionen eine Einheit, ein Ganzes bilden. Was ist nun jedoch die Ganzheit? Wie kann man sie sich vorstellen?
Das Ganze ist kein Ding unter anderen Dingen. »Das Ganze ist für unsere Erfahrung der offene Horizont jeglicher Erfahrung des Daseins, nicht etwas, was wie eine Sache innerhalb meines Daseins vorhanden wäre ... Die Idee des Ganzseins reguliert ... die Organisation unserer Wahrnehmungswelt, unserer Erfahrung, unseres Denkens, Tuns und Lassens. Dabei können wir uns unter dem Ganzen nichts Inhaltliches vorstellen, das Ganze ist nichts ›Handgreifliches‹ ... Es ist nicht vorstellbarer Inhalt (Gegenstand). Es ist nach *Kant* eine apriorische, regulative Idee, ein Prinzip der Vernunft, die Idee der Einheit der gegliederten Mannigfaltigkeit eines Bereiches als eines Ganzen (des Seins).[41]

Auch wenn die Dimensionen analytisch getrennt werden können, ist ihre Bezogenheit auf die Ganzheit stets mitgedacht.[42] Dies gilt es grundsätzlich festzuhalten. Man kann sich das bildlich etwa so vorstellen: Ein gedrehtes oder geflochtenes Seil kann als Ganzes angesehen werden. Ich kann jedoch je nach Situation dieses Ganze in seine Einzelteile auflösen, dann habe ich u. U. sechs Seilteile, die das ganze Seil ergeben.

Erstes Beispiel: Sie lesen bereits seit mehr als einer Stunde in diesem Buch. Der Text ermüdet Sie, vielleicht könnte Sie eine lustige Graphik noch aufheitern. Die *biologisch-vitale* Dimension sagt Ihnen: Ich bin müde. Sie denken vielleicht: Ich fühle mich müde, abgespannt. Das heißt, die biologische Dimension hat den Impuls an die *emotional-affektive* Dimension weitergeleitet. Wenn Sie sich müde fühlen, kann man Ihnen nur raten, legen Sie das Buch zur Seite und unternehmen Sie etwas Angenehmeres. Sie können sich nicht mehr konzentrieren, geistig arbeiten. Ihr Verstand streikt (*kognitiv-rationale* Dimension). In dieser Situation wollen Sie eigentlich auch mit niemandem große Diskussionen führen (*soziale* Dimension). Sie beurteilen die Situation insgesamt recht negativ (*ethisch-wertende* Dimension). Am liebsten wollen Sie abschalten, nichts tun (*psycho-motorische* Dimension). Sie sehen, alle Dimensionen stehen in Wechselbeziehung, bedingen sich gegenseitig. Jede Dimension nimmt Einfluß auf die anderen.

Wirkgeflecht der Dimensionen

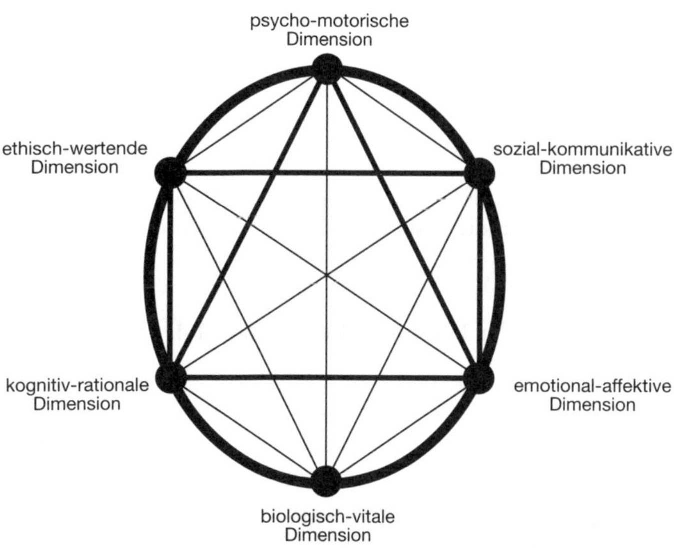

Zweites Beispiel: Sie fühlen sich unheimlich gut (biologische, emotionale und ethische Dimension). Sie möchten gerne mit anderen (soziale Dimension) diskutieren (rationale und psycho-motorische Dimension).

In jeder Situation, in der der Mensch handelt, ist er in seiner Ganzheit angesprochen, sind alle sechs Dimensionen gleichermaßen aktiviert.

Halten wir fest
Die Ganzheit des Menschen wird in der Anthropologie durch folgende Formulierungen ausgedrückt:

- Der Mensch *hat* einen Körper, er *ist* jedoch Leib.
  »Der Leib ist das Medium des Weiterlebens und verankert das Ich in der Welt, der Körper ist der Beobachtung und Behandlung als Objekt verfügbar.«[43)]
- Die sechs Dimensionen hat der Mensch nicht, sondern er *ist* sie. Der Mensch *ist* Gefühl, Verstand etc.

Aufgabe
Worin sehen Sie den Unterschied zwischen: Der Mensch *hat* Verstand und der Mensch *ist* Verstand?

- *»Haben«* besagt, mir steht etwas als Objekt außerhalb von mir zur Verfügung, ich kann es haben oder nicht, ich kann damit umgehen.

- *»Ist«* dagegen verdeutlicht, daß ich als Ganzheit die sechs Dimensionen bin, sie definieren, konstituieren mich. Der Leib ist die Einheit von Geist und Materie, die Sichtbarmachung und Erdung der sechs Dimensionen.[44)]

3.3. »Entfaltung der Persönlichkeit«, »Wohl des Kindes«

Zu Beginn des Kapitels hatte ich Ihnen eine Aufgabe gestellt. Sie sollten klären, was Sie unter »Persönlichkeit«, »Wohl des Kindes« und »Ganzheitlichkeit« verstehen. Die Ausführungen sind nun so weit fortgeschritten, daß ich hier die Frage beantworten kann.

- *Entfaltung der Persönlichkeit:* Der Mensch ist sechs Dimensionen. Sie sollen alle gleichermaßen entwickelt und gefördert werden. Einseitigkeiten werden abgelehnt. Jeder Mensch muß sich um ein harmonisches

Gleichgewicht aller Dimensionen bemühen. Das heißt Entfaltung der Persönlichkeit.
Der Schulpädagogik wird einseitige Förderung des Verstandes kritisch nachgesagt. Diese Einseitigkeit darf in der Sozialpädagogik nun jedoch nicht durch eine weitere einseitige Förderung einer anderen Dimension kompensiert werden, sondern Sozialpädagogen sollten sich um eine ganzheitliche Erziehung bemühen.

- *Wohl des Kindes:* In der Präambel der Definition von Gesundheit der UNO-Weltgesundheitsorganisation wird Gesundheit umschrieben: »Gesundheit ist ein Zustand völligen körperlichen, geistig-seelischen und sozialen Wohlbefindens.«
Dem Wohl des Menschen dient, ihm die Möglichkeiten zu geben, sich in allen sechs Dimensionen so zu entwickeln, wie es seinen Fähigkeiten, Fertigkeiten und seinem Können entspricht. Kann der Mensch seine Bedürfnisse befriedigen, dann fühlt er sich wohl, ist er gesund. Die sechs Dimensionen stehen in einer gesunden Balance, aus der heraus der Mensch sein Leben bewältigen kann. Hat der Sozialpädagoge das Wohl des Menschen zum Ziel seiner Bemühungen, muß er auf eine ganzheitliche Förderung bedacht sein.
- *Ganzheitlichkeit:* Es fällt auf, daß die Schulpädagogik seit der Taxonomie von D. R. *Krathwohl,* B. S. *Bloom* und B. B. *Masia*[45)] und in der Weiterführung von P. *Heimann,* W. *Schulz* u. a. bis in die jüngste Zeit und Literatur stets von drei Dimensionen des Menschen ausgeht und ihre Lernziele entsprechend formuliert: kognitive, affektive und psycho-motorische Dimension bzw. Lernziele.[46)]
Ganzheitlichkeit im Verständnis der Schulpädagogik meint die Förderung dieser drei Dimensionen. Nach dem hier erarbeiteten Verständnis der Pädagogischen Anthropologie versteht man jedoch unter Ganzheitlichkeit die Förderung von sechs Dimensionen, die der Mensch ist. Wenn im Grundgesetz die freie Entfaltung der Persönlichkeit garantiert wird, besagt dies für den Sozialpädagogen: Er sollte sich zum Wohle des Menschen um eine ganzheitliche Förderung aller sechs Dimensionen bemühen. Wer den Menschen ganzheitlich fördert, trägt zu seinem Wohle bei und hilft ihm bei seiner Persönlichkeitsentfaltung. Er kann in seinem pädagogischen Bemühen diesem Anspruch nur gerecht werden, wenn er sich zuvor klar macht, was unter Ganzheitlichkeit, Persönlichkeit und Wohl zu verstehen ist. Mit Hilfe der sechs Dimensionen kann er diese sehr allgemeinen Begriffe operationalisieren, d. h. so aufteilen, daß sie in pädagogisches Handeln umgesetzt werden können.

4. Hierarchie der Dimensionen

4.1. Wissenschaften und Menschenbild

Der Mensch ist sechs Dimensionen, er handelt stets als Ganzes, die Dimensionen stehen in Wechselwirkung. Trotz dieser anthropologischen Erkenntnis beschäftigen sich viele Humanwissenschaften mit der Frage: Gibt es eine führende Dimension, die für den Menschen charakteristisch ist, ihn in besonderer Weise definiert? Je nach Wissenschaftsrichtung gibt es in der Geschichte viele Belege, die diese Frage scheinbar eindeutig beantworten.

- *Verstand:* Der Rationalismus (*Descartes, Kant, Hegel* u. a.) kommt zu dem Ergebnis, daß der Mensch besonders durch seinen Verstand ausgezeichnet ist.
- *Gefühl:* Vor allem die Erkenntnisse der Tiefenpsychologie belegen, daß der Mensch ein fühlendes Wesen ist.
- *Körper:* Die naturalistischen bzw. biologistischen Wissenschaften (Darwinismus, Materialismus) erklären das Wesen des Menschen von der Materie, vom Kosmos, vom Tier her.
- *Gemeinschaft:* Nach Auffassung der Soziologie ist der Mensch ein soziales Wesen. Nur durch die Gemeinschaft ist er lebensfähig und kann sich als Mensch entwickeln.
- *Ethik:* Nach Auffassung der Theologie ist der Mensch nur durch seinen Bezug zu Gott definiert. Er ist ein Geschöpf Gottes und auf ihn hin ausgerichtet. Aus den zehn Geboten leiten sich alle Moralvorstellungen ab.
- *Handlung:* Vor allem *Gehlen* vertritt die Auffassung, daß der Mensch ein handelndes Wesen ist, sich selbst durch Handlung in der Welt und mit den Mitmenschen erfährt.

Halten wir fest

Je nach der wissenschaftlichen Ausrichtung kann man zu sehr unterschiedlichen Aussagen kommen. Jede Wissenschaft weist nach, daß ihr Erklärungsansatz logisch, einsichtig und aufgrund wissenschaftlicher Forschungsergebnisse begründet ist. Man kann erkennen, daß hinter jeder wissenschaftlichen Richtung ein bestimmtes Menschenbild steht, bzw. daß jede Wissenschaft ein bestimmtes Menschenbild entwickelt, das für die Pädagogik nicht ohne Wirkung geblieben ist.

Ist es wissenschaftlich belegt, daß der Mensch z. B. vor allem ein denkendes Wesen ist, dann muß es in der Pädagogik darum gehen, besonders den Verstand zu fördern. Menschenbildung bedeutet dann primär Verstandesbildung. Gelangt der Mensch zu einer hohen Verstandesbildung, steht er auch auf einer hohen Stufe des Menschseins. So ist z. B. auch der Imperativ von *Kant* zu verstehen: Bediene dich deines Verstandes!

Die Schulpädagogik ist weitgehend von diesem Menschenbild geprägt.

Aufgabe
Diskutieren Sie die beiden folgenden Thesen:
1. These: Der Mensch handelt als Ganzes. Eine Aufteilung in verschiedene Dimensionen ist gefährlich, da sie den Menschen zerstückelt.
2. These: Der Mensch handelt als Ganzes. Also sind alle Dimensionen gleichwertig. Es ist unmöglich, eine einzige hervorzuheben und ihr eine Führungsrolle zu übertragen.

Fragen
1. Ist es u. U. aus pädagogischer Sicht sinnvoll, den Menschen in sechs Dimensionen analytisch zu teilen? Worin sehen Sie Chancen und Gefahren?
2. Verschiedene Wissenschaften sind der Meinung, daß es tatsächlich eine führende Dimension gibt. Wie denken Sie darüber?
3. Wenn Sie sich für eine führende Dimension entscheiden müßten, welche käme für Sie in Frage: der Verstand oder das Gefühl, denn um diese beiden Dimensionen geht es hauptsächlich in der Diskussion?

zu 1) ____________________

____

zu 2) ____________________

____

zu 3) ____________________

____

Die Diskussion in der Neueren Pädagogischen Anthropologie befaßt sich vor allem in diesem Fragenzusammenhang mit zwei Dimensionen: kognitiv-rationale und emotional-affektive. Ist der Verstand oder das Gefühl führend? Viele Autoren schreiben dem Verstand die führende Rolle im Menschen zu. Nur der Mensch kann denken; das Denken ist das besondere Spezifikum des Menschen, also ist diese Dimension auch die entscheidende.
Andere Autoren sind der Meinung, daß die Vernunft nicht das entscheidende Kriterium des Menschen ist. *Frankl* z. B. formulierte: »Mag der Mensch noch so sehr ein geistiges Wesen sein, innerhalb des Geistigen stellt das Rationale und das Intellektuelle nicht einmal das Eigentliche am Menschen dar. Diesen Rang macht ihnen vielmehr das Emotionale und das Existentielle streitig.«[47)]
Selbst der kritische Rationalismus kommt zu dem Schluß, »daß wir von der Vernunft nicht allzu viel erwarten dürfen«.[48)] W. *Dilthey* kritisiert das einseitige rationale Denken: »In den Adern des erkennenden Subjekts, das *Kant, Locke* und *Hume* konstruieren, rinnt nicht wirkliches Blut, sondern

der verdünnte Saft von Vernunft als reine Denktätigkeit.«[49] Solcher Rationalismus vermag aber nicht, gerade die irrationalen Momente menschlichen Lebens im Denken, Wollen, Fühlen und Handeln, kurz den ganzen Menschen und das ganze Leben zu begreifen.

4.2. Bedeutung der emotionalen Dimension

Ich möchte Ergebnisse einiger Forschungsrichtungen zusammentragen, anhand deren die These von einer führenden Dimension im Menschen belegt werden kann.
Es gibt eine führende Dimension. Welche kann es sein: der Verstand oder das Gefühl? Wie haben Sie sich bei Ihrer Aufgabe entschieden?

4.2.1. Kommunikationsforschung

Ich habe bereits im ersten Kapitel herausgestellt, daß der Mensch auf zwei Ebenen kommuniziert: Inhalts- und Beziehungsebene. Dabei kommt die Kommunikationsforschung zu dem Ergebnis, daß die Beziehungsebene die primäre ist und sich als Metakommunikation versteht. Das Gefühl geht stets dem Denken voraus. Auch wenn man dies nicht in allen Situationen erkennen mag oder sich als Verstandesmensch bezeichnet und deshalb diese Aussage weit von sich weist, ist es eine unumstößliche Aussage: Das Gefühl reagiert vor dem Verstand. In extremen Situationen können wir das sehr leicht nachvollziehen: Werde ich bedroht, habe ich große Angst, dann bin ich nicht mehr in der Lage, klar zu denken. Schüler und Studenten kennen dieses Gefühl gut, wenn sie Prüfungsangst haben und kaum noch in der Lage sind zu denken. Das Gefühl ist vor dem Verstand da und blockiert ihn.
Eine andere Situation macht diese Erkenntnis überdeutlich: Ist jemand bis über beide Ohren verliebt, dann ist er für gut gemeinte, kritische Hinweise und Ratschläge nicht zugänglich. Das Gefühl macht ihn gegenüber rationalen Argumenten blind.
Erlebt haben Sie sicher auch die Situation, daß Sie wütend waren und ein anderer Sie mit klugen Worten zur Einsicht bringen wollte. Das führt nicht weiter. Das Gefühl ist so bestimmend, daß man verstandesmäßigen Einwänden kein Gehör verschaffen kann.

Halten wir fest
Das Gefühl geht dem Verstand voraus. Damit hätten wir einen *ersten Beleg* für unsere These, daß das Gefühl und nicht der Verstand eine führende Rolle im Menschen spielt.

4.2.2. Kulturanthropologie und Tiefenpsychologie

Die kulturanthropologische Forschung stellt fest, daß die Phylogenese und die Ontogenese des Menschen belegen, daß das Gefühl älter ist als das Denken.

- *Phylogenese:* aus dem Griechischen Phylum = Stamm. Die Phylogenese ist die Stammesgeschichte des Menschen. Definition
  Betrachtet man die Geschichte der menschlichen Entwicklung, liegen viele Belege dafür vor, daß der Mensch in seiner Entwicklung zuerst fühlen konnte und sich das Denken viel später entwickelte.
- *Ontogenese:* Dies ist die Individualentwicklung eines Menschen. Schaut man sich z. B. die Entwicklung eines Kindes an, so kann man auch hier feststellen: Das Kind fühlt viel früher, als es denken kann.

Diese Tatsache besagt jedoch zunächst nur, daß das Gefühl zeitlich vor dem Denken entwickelt ist, nichts aber über den Stellenwert bzw. die Bedeutung von Gefühl und Verstand.
Hier muß man weitere Wissenschaften hinzuziehen, z. B. die Tiefenpsychologie. Sie weist die zentrale Stellung des Gefühls nach. Liegen Störungen in der Entwicklung des Gefühls eines Menschen vor, hat dies auf das Denken wie auf die anderen Dimensionen einen entscheidenden negativen Einfluß. Die Psyche des Menschen prägt und bestimmt die Funktionstätigkeit der anderen Dimensionen. Eine Störung im Gefühl kann sich negativ auswirken auf

- den Körper = psycho-somatische Krankheiten
- den Verstand = Denkblockaden
- die Gemeinschaft = Kontaktstörungen
- die Bewertung = Unsicherheit, Angst
- die Handlung = Handlungsunfähigkeit

Fundament seelischer Gesundheit ist in jedem Fall ein Sichzuhause-Fühlen im biologisch-vitalen Bereich. Seelisch gestörte Personen, z. B. Neurotiker und Psychotiker, zeigen oft eine lückenhafte Beziehung zu ihrem eigenen Körper und ihren leiblichen Bedürfnissen.[50)]

Halten wir fest
Das Gefühl ist zeitlich vor dem Denken entwickelt und nimmt im Menschen eine zentrale Stellung ein.

4.2.3. Hirnforschung

Nach den Erkenntnissen der Hirnforschung gliedert sich das Gehirn in zwei Hälften, die in der Mitte miteinander verbunden sind. Die Hälften werden als rechte und linke Hemisphäre bezeichnet. Die linke Hirnhälfte wird von der rechten Hemisphäre und die rechte von der linken Hemisphäre gesteuert. Durch Beobachtungen der Auswirkungen von Hirnverletzungen ist seit langem bekannt, daß wahrscheinlich vorwiegend »rechtshirnig« das Fühlen und »linkshirnig« das Denken angesiedelt ist. Luc *Ciompi* stellt die Ergebnisse zusammen, die hier kurz vorgestellt werden sollen.

»Sowohl aus der Phylogenese wie aus der Ontogenese, das heißt aus der kollektiven wie der individuellen Entwicklungsgeschichte der Psyche geht klar hervor, daß das Gefühl im Vergleich zum Denken das Primäre, der tragende Untergrund ist. Das zeigt schon die Betrachtung des Gehirnbaues: Der ›Sitz‹ der Gefühle liegt, soweit man dies feststellen kann, in älteren Hirnteilen, das heißt im Riechhirn, limbischen System und Hypothalamus, zum Teil auch schon im Hirnstamm, welche der Mensch weitgehend mit den niedrigen Säugern und Reptilien gemeinsam hat. Das eigentliche Denken dagegen ist an den in der Evolution viel später erschienenen, spezifisch menschlichen Neocortex mit seiner massiven Entwicklung der Großhirnhemisphäre gebunden ... Alles konvergiert also auf die Feststellung hin, daß auch der Mensch, und nicht etwa nur das Tier, primär und vor allem ein ›Fühlwesen‹, und erst in zweiter Linie ein ›Denkwesen‹ ist.«[51)]

»Affekte sind offensichtlich im Gegensatz zum Denken etwas eminent Ganzheitliches. Sie spielen sich nicht bloß im psychischen Bereich ab, sondern erfassen auch immer den gesamten Körper, oder doch große Teile von ihm, z. B. indem sie die Atmung, die Herztätigkeit, die Durchblutung der Gefäße, die Aktivität der inneren Organe, den Muskeltonus und überhaupt die ganze Körpereinstellung und -haltung beeinflussen ... Das bedeutet, daß die ›Gefühle‹ den Körper buchstäblich bis in den hintersten Winkel durchfluten.«[52)]

»Der ›Fühlmensch‹ bildet also gewissermaßen den tragenden, bis weit in unsere unbewußten, tierischen Ursprünge hinabreichenden Sockel der Psyche, auf dem sich erst sekundär der ›Denkmensch‹ im Laufe der Entwicklung allmählich aufpfropft. Ersterer kann gemäß der obigen Gegenüberstellung schematisch charakterisiert werden als ein vorwiegend ganzheitliches, körper- und raumhaft präsentisch im Augenblick lebendes Wesen, das durch mehr oder weniger langsam an- und abschwellende Stimmungen geleitet ist und in erster Linie averbal mit Zeichen, Gesten und Körperhaltungen bzw. mit Handlungen kommuniziert (phylogenetisch dürfte der ›reine Fühlmensch‹ der Zeit vom Australopithecus bis weit über den Neandertaler hinaus entsprechen). Das spätere und viel agilere ›Denkwesen‹ dagegen verfügt, wiederum schematisch dargestellt, über Sprache, Abstraktionsvermögen und ein strukturiertes Zeitgefühl, es lebt bewußt in der Zeit und vermag sequentielle Kausalzusammenhänge zunehmend digital-rational zu analysieren. Damit ist es viel stärker körperfern-gedanklich bestimmt und operiert und kommuniziert vor allem mit Worten ... In der gelebten Wirklichkeit freilich gibt es keinerlei so schematische Trennung, sondern nur ein stetes und intimes Zusammenwirken beider Komponenten.«[53)]

Fühlen	*Denken*
– phylogenetisch älter (Stamm- und Zwischenhirn, Limbisches System)	– phylogenetisch jünger (Neocortex)
– vorwiegend ganzheitlich, synthetisch	– vorwiegend partikular, analytisch
– relativ langsam (relative „Invarianz“)	– relativ schnell (relative „Varianz“)
– vorwiegend synchron, präsentisch, simultan, analogisch, bild- und raumnahe	– vorwiegend diachron, sequentiell, digital, sprach- und zeitnahe
– wahrscheinlich vorwiegend „rechtshirnig“	– vorwiegend „linkshirnig“

»Auch aus dieser Perspektive erscheint somit das Denken als ein typischer ›Sekundärprozeß‹, der sich erst im Laufe der Entwicklung von den unbewußten, affektiv bestimmten ›Primärprozessen‹ ableitet und differenziert. Diese Formulierung spricht einmal mehr für das oben postulierte Primat des ›Fühlmenschen‹.«[54)]

Aus diesen Überlegungen heraus wird verständlich, daß sich das jüngere Denksystem dem älteren Gefühlssystem angepaßt hat. Das Fühlsystem setzt den Rahmen, innerhalb dessen sich ein bestimmtes Denksystem entfalten kann.[55)]

Ciompi kommt zu der Schlußfolgerung: »Wenn wir indessen bedenken, wie sinnvoll die Tiere sich auf diese Weise in ihrer Welt zu bewegen wissen und wie hochgradig geeignet sich ihr ganzheitliches ›Fühlsystem‹ durch Jahrmillionen zum Überleben erwies, so werden wir vielleicht aufhören, überheblich das Fühlen im Vergleich zum Denken als etwas Minderwertiges zu betrachten. Im Gegenteil: Stellen wir den globalen tierischen Überlebensstrategien diejenigen gegenüber, die wir selber mit unserem Verstand in den letzten Jahrzehnten ausgebrütet haben, so können wir nur hoffen, daß der Mensch bald einmal den Wert der Gefühle für die Erfassung der ganzen Wirklichkeit wieder schätzen und aktivieren lernt!«[56)]

Halten wir fest

Der Fühlmensch ist primär, der Denkmensch sekundär, er muß sich dem ersteren anpassen, der den Rahmen für das Denken setzt. Das Fühlen ist der tragende Grund, der Sockel, während das sekundäre Denken im Laufe der Entwicklung aufgepfropft wurde.

4.2.4. Definitionen von Emotionalität, Gefühl

Im Vorausgegangenen wurde von Gefühlen und deren Stellenwert gesprochen, jedoch nicht geklärt, was Gefühle sind, wie man sie definiert. Im folgenden möchte ich einige Zitate anfügen, die den Begriff etwas erklären.

Definition

- »Babylonische Ausmaße nimmt . . . vor allem die Verwendung des Begriffs ›Gefühl‹ als alltägliches Pendant zum psychologischen Konstrukt ›Emotion‹ an.«[58)]
- »Allein zum Begriff Emotion scheint es so viele Definitionen zu geben wie Autoren.«[59)]
- »Emotion ist der theoretische Begriff für komplexe organisierte psychologische Zustände, die von neuronal-hormonalen Systemen vermittelt werden und die subjektiv affektives Erleben, kognitive Prozesse (gefühlsbetonte Gedanken), physiologisch-körperliche Reaktionsmuster und Verhaltensäußerungen einschließen. Diese Verhaltensweisen sind oft expressiv und zielgerichtet.«[60)]
- »Emotionen sind . . . keine dinghaften Gegebenheiten, die sich voneinander eindeutig unterscheiden ließen und die für alle Menschen in der gleichen Situation identisch wären. Sie sind nicht eigentlich vorhanden, zu besichtigen oder zu begutachten. Vielmehr ist Emotion ein theoretisches Konzept für einen nur jeweils persönlich erfahrbaren Zustand eines Individuums an einem je bestimmten Augenblick seiner Lebenssituation.«[61)]
- »Emotionen sind positive oder negative Erlebnisarten des Subjektes, eine subjektive Gefühlslage, die als angenehm oder unangenehm empfunden wird. Emotionen entstehen als Antwort auf eine Bewertung von Stimuli und Situationen; sie können mit einer physiologischen Erregung einhergehen und können in Form von Emotionsexpressionen zum Ausdruck gebracht werden. Sie wirken selbst wieder strukturierend auf den sozialen Zusammenhang zurück.«[62)]
- »Affektivität ist eine . . . Bezeichnung für die Gesamtheit des emotionalen Geschehens, des Gefühls- und Gemütslebens.«[63)]
- »Unter Affektivität verstehen wir somit die gefühlsmäßige Ansprechbarkeit eines Menschen.«[64)]
- »Gefühle dagegen sind gegenwarts- und aktualitätsbezogene Ereignisse.«[65)]
- »Unter dem Begriff des Gemüts fassen wir nun die Gesamtheit der affektiven und stimmungsmäßigen Regungen und deren Wechselwirkung zusammen.«[66)]
- Gefühl: »Wird gewöhnlich für die phänomenologisch beschreibbare Erlebnisseite eines Erregungszustandes verwendet. Emotionen, für die wir einen Namen besitzen (Freude, Hoffnung, Abneigung, Erwartung), werden zum Gefühl. Das Gefühl bildet zugleich die Erlebnisseite von Motivation und Trieben.«[67)]
- »Emotionen sind subjektive Erfahrungstatsachen bzw. Bewußtseinsinhalte, die persönliche Betroffenheit und Engagement in unseren Beziehungen zur Welt ausdrücken.«[68)]

– Emotion: »Mit diesem Begriff meint man meist den Gesamtbereich dessen, was vom Erleben und Erfahrung her als ›Gefühl‹, ›Gefühlsregung‹, ›Stimmung‹ und ›Affekt‹ bezeichnet wird. Emotion ist somit der umfassendste Begriff.«[69)]

4.2.5. Emotionsforschung

Die Emotionsforschung stellt sich die Vermittlung der Informationen so vor:
- Über die Sinne werden Empfindungen und Wahrnehmungen von Reizen aufgenommen.
- Gefühle als subjektive Bewertung dieser Außenreize treten auf.
- Körperreaktionen entstehen, die Energien freisetzen.
- Der Verstand nimmt in Abstimmung mit den Körpersignalen eine Realitätsprüfung vor.
- Ein Vergleich mit Wissen und biographischer Erfahrung setzt ein.
- Körper und Geist haben gemeinsam entschieden, kommen beide zu ihrem Recht.

Ein zweiter Prozeß wäre denkbar, der so abläuft:
- Ein Körperimpuls tritt auf.
- Die subjektive Reaktion wird analysiert und führt zu der bewußten Vorstellung eines Gefühls als subjektiver Bewertung des Innenreizes.
- Darauf erfolgt eine weitere Körperreaktion.
- Gleichzeitig setzt aber wie im ersten Prozeß die kognitive Analyse der Situation ein.
- Der Vergleich mit dem Wissen beginnt und führt zu einer Überprüfung des Ziels.
- Eine Entscheidung wird getroffen, dem Gefühl zu folgen oder es zugunsten des kognitiven Ziels nicht zu berücksichtigen.[70)]

»Ein Denkvorgang stellt sich so dar, daß die Gefühle die Wahrnehmungsprozesse beeinflussen sowie von ihnen beeinflußt werden. Im Denken werden die durch Empfindung und Wahrnehmung gewonnenen Eindrücke – wiederum in wechselseitiger Beeinflussung durch Gefühle – verarbeitet. Nachdem durch Vermittlung der Gefühle die Bedürfnisse, Triebe und Willensansprüche wirksam geworden sind, führt das Denkprodukt zur Motivation und zum Handeln.«[71)]

H. *Macha* verdeutlicht diesen Vorgang im folgenden Schaubild:[72)]

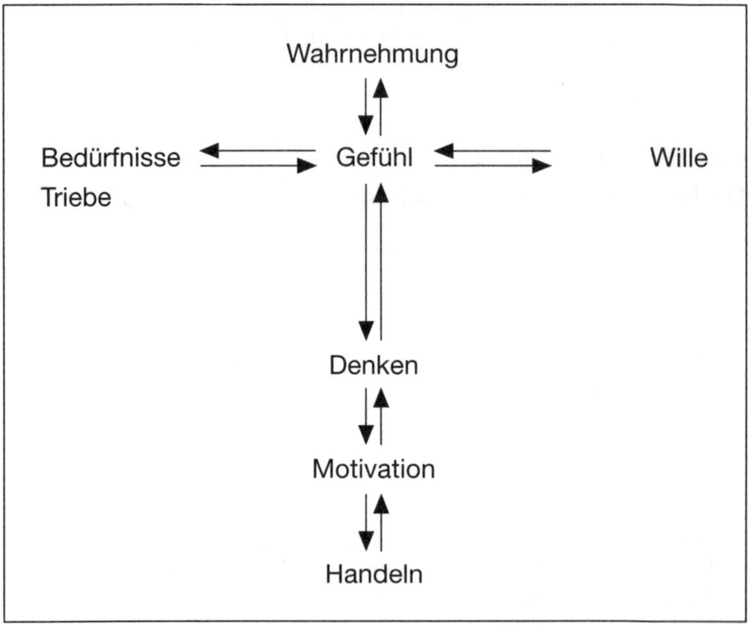

Abschließend betont sie, daß »den Gefühlen aber keine zentrale Stellung zu (kommt), wie es nach dem Schema erscheinen könnte, sondern alle Faktoren stehen in ständiger Wechselwirkung miteinander«.[73)] Im weiteren Verlauf ihrer Arbeit stellt sie jedoch heraus, daß es kein reines Denken gibt, sondern jeder Denkakt von Gefühlsmomenten durchdrungen ist. Das Gefühl reagiert nicht nur vor dem Verstand, sondern gibt dem Denkablauf die eigentliche Dynamik und Färbung.

Nach *Oerter* bilden die Gefühle die Voraussetzung für eine Umweltzuwendung und deren kognitive Durchdringung.[74)] Er betont: »Emotionen rufen Verhalten hervor . . . Positive Emotionen unterstützen, negative Emotionen hemmen Denkvorgänge . . . Es gibt einen Bereich, in dem die Symbiose von Kognition und Emotion besonders einig ist, den Bereich der Werte, Werthaltungen und Einstellungen.«[75)]

Halten wir fest
Die vorliegenden wissenschaftlichen Ergebnisse sprechen für die Hypothese: Das Gefühl reagiert vor dem Verstand, gibt die wahrgenommenen Impulse/Reize »gefärbt« an den Verstand weiter. Die einzelnen Dimensionen stehen in Wechselwirkung.
Obwohl alle sechs Dimensionen in Wechselwirkung stehen und sich gegenseitig bedingen, nimmt das Gefühl eine zentrale Stellung ein.
Das Gefühl ist älter als das Denken, es bestimmt das Denken und gleichermaßen auch die anderen Dimensionen. Wir können in Anlehnung an unseren Sprachgebrauch sagen: Das Gefühl ist das *Herz* des Menschen. Da das Gefühl die Denk-, Kommunikations- und Handlungsabläufe bestimmt, entscheidet das Gefühl letztendlich über die Lebensvollzüge und die Lebensqualität des Menschen.
Über die Folgerung dieser Erkenntnisse für die Sozialpädagogik soll an anderer Stelle nachgedacht werden.

4.3. Bedeutung der psycho-motorischen Dimension

Die emotional-affektive (psychische) Dimension ist das Herz des Menschen, die zentrale Dimension. Neben dieser Hauptdimension muß noch eine weitere Dimension herausgestellt werden, die gleichfalls eine besondere Stellung innehat: die psycho-motorische Dimension.
Werblik arbeitet den Unterschied zwischen »Verhalten« und »Handeln« heraus. Man kann sich nicht nicht verhalten (*Watzlawick* u. a.). Handeln ist eine besondere Art von Verhalten. Nicht jedes Verhalten ist eine Handlung. Von Handlung spricht man erst, wenn eine Person mit vollem Bewußtsein und absichtlich etwas tut. Handlungen sind demnach zielgerichtet.[76)]
Mit dem Begriff Handeln wird in der Regel das bewußte, auf ein Ziel gerichtete, geplante und beabsichtigte Verhalten eines Menschen bezeichnet.
Handlungen stellen auch ein wichtiges Thema in der Philosophie dar. Allein in den letzten 15 Jahren sind wohl an die 600 Artikel über das Thema »Handlungen« in philosophischen Zeitschriften erschienen.[77)] Als Ergebnis dieser Studien kann man festhalten: Es entspricht einer Urtatsache, daß der Mensch primär ein handelndes Wesen ist. Ein Mensch ohne Handlung, Kontakt ist auf Dauer leblos.[78)]
Nach anthropologischer Erkenntnis ist menschliches Sein immer Handlung. Der Mensch realisiert seine Existenz immer als Handelnder. Dahinter steckt das anthropologische Theorem vom Menschen als agens: Handeln ist die spezifische Art und Weise, in der der Mensch sich mit der Natur, dem Mitmenschen und sich selbst auseinandersetzt.[79)] Handeln wird als »anthropologische Konstante« bezeichnet.[80)] Die Kraft des Menschen äußert sich in Handlungstendenzen. Ziel ist nicht Entspannung,

sondern der Wechsel von Anspannung, Erfahrung und Entspannung.[81)] Handeln ist neben Denken und Sprache eine anthropologische Grundbestimmung des Menschen.[82)] Im Sprechen und Denken unterscheiden sich Menschen aktiv voneinander, »anstatt lediglich verschieden zu sein; sie sind die Modi, in denen sich das Menschsein selbst offenbart«.[83)] Auch Sprechen ist Handlung. Durch das gesprochene Wort erhält die Handlung einen Bedeutungszusammenhang. Menschsein heißt nach diesen Vorstellungen: Sprechend-und-Handelnd-in-Welt-Sein.[84)]
Was bedeuten diese Überlegungen nun, daß der Mensch durch Handeln zum Erleben und zum Begreifen gelangt? Handeln als Grundmöglichkeit, Existential des Menschen ist immer mit Unsicherheit und Risiko verbunden. Man ist sich bei seinem Handeln selten des Ergebnisses gewiß, man läuft Gefahr, daß eine Handlung auch anders ausgehen könnte. Wesentlich für menschliches Handeln ist daher, daß es sich zwischen den beiden Polen von Sicherheit und Unsicherheit bewegt. Zum Handeln ist ein gewisses Maß an Risikobedürfnis und Unsicherheit notwendige Voraussetzung.[85)]
Der Mensch braucht zum Handeln ständig neue Aufmerksamkeitsanforderungen und Erwartungsspannungen. Sind diese nicht gegeben, werden seine Handlungen zur Routine und Monotonie. Nach erreichtem Erfolg seiner Handlungen sucht der Mensch wiederum nach neuen unsicheren Handlungen, weil er nur dadurch zu Erfolg und Gratifikationen gelangen kann.[86)]

Halten wir fest
Der Menschen ist primär ein handelndes Wesen, er braucht Handlungssituationen und verwirklicht sich im Handeln. Er ist von Natur aus ein aktives Wesen.[87)]
Nach diesen Erkenntnissen der Anthropologie muß man der psychomotorischen Dimension ebenfalls eine besondere Stellung einräumen. Der Mensch muß handeln, er muß sich ausdrücken. Das, was er empfindet und denkt, was in seinem Inneren vorgeht, muß er »entäußern«, durch Handlung nach außen bringen. Die psycho-motorische Dimension ist die *Hand* des Menschen.

Wir müssen also zwei Dimensionen in dem ganzen Geflecht eine zentrale Stellung einräumen: der emotional-affektiven Dimension und der psychomotorischen Dimension. Das Gefühl reagiert als erstes auf einen Reiz bzw. eine Situation und findet seinen Abschluß im Handeln. Zwischen diesen beiden Hauptdimensionen (emotional-affektive Dimension = *Herz* und psycho-motorische Dimension = *Hand*) sind die anderen Dimensionen eingeschlossen. Sie bedingen sich zwar gegenseitig, sind alle gleich wichtig, trotzdem haben zwei Dimensionen eine zentrale Stellung.

5. Anthropologisches Orientierungs-Modell

5.1. Individuum, Person

Fassen wir die Überlegungen über die sechs Dimensionen des Menschen zusammen, so gelangen wir zu folgendem anthropologisch orientierten Modell:

Der Ausgangspunkt menschlichen Reagierens wie Handelns ist die biologisch-vitale (psycho-somatische) Dimension. Zunächst müssen Reize, Signale, eine Situation von den Sinnen wahrgenommen werden. Die biologisch-vitale Dimension kann man als *Basis-* und *Grunddimension* bezeichnen. Sie ist Voraussetzung für die anderen Dimensionen.

Wird ein Reiz z. B. gar nicht wahrgenommen, kann der Mensch auch nicht reagieren, handeln. Als zweite Dimension reagiert die zentrale Dimension, die emotional-affektive (psychische) Dimension, indem sie den Reiz als angenehm oder nicht einordnet, als Bedürfnis und vom Willen geleitet erkennt.

Der Verstand nimmt den Impuls auf und vergleicht ihn mit bisherigen Erfahrungen.

Gefühl und Verstand ermöglichen eine abschließende Bewertung durch die ethisch-wertende Dimension.

Das Ergebnis dieses internen Prozesses drückt sich schließlich im Handeln aus, in der psycho-motorischen Dimension, findet darin seinen Abschluß.

Handeln wiederum hat stets einen kommunikativen, sozialen Bezug. Die sozial-kommunikative (psycho-soziale) Dimension ist Ergebnis und Anfang des Prozesses. Anfang insofern, als der Impuls zum Handeln aus der Umwelt, aus Interaktion und Kommunikation entsteht, und Ende, weil sein Ziel wiederum Interaktion und Kommunikation ist.

Das Gesagte soll in einer Graphik (S. 200) anschaulich gemacht werden. Die Vorlage ist von *Leonardo da Vinci* (Der Vitruv-Mann) entnommen. Es zeigt den Menschen umgeben von drei geometrischen Formen (Kreis, Rechteck, Dreieck), welche die Offenheit und Grenzen des Menschen verdeutlichen.

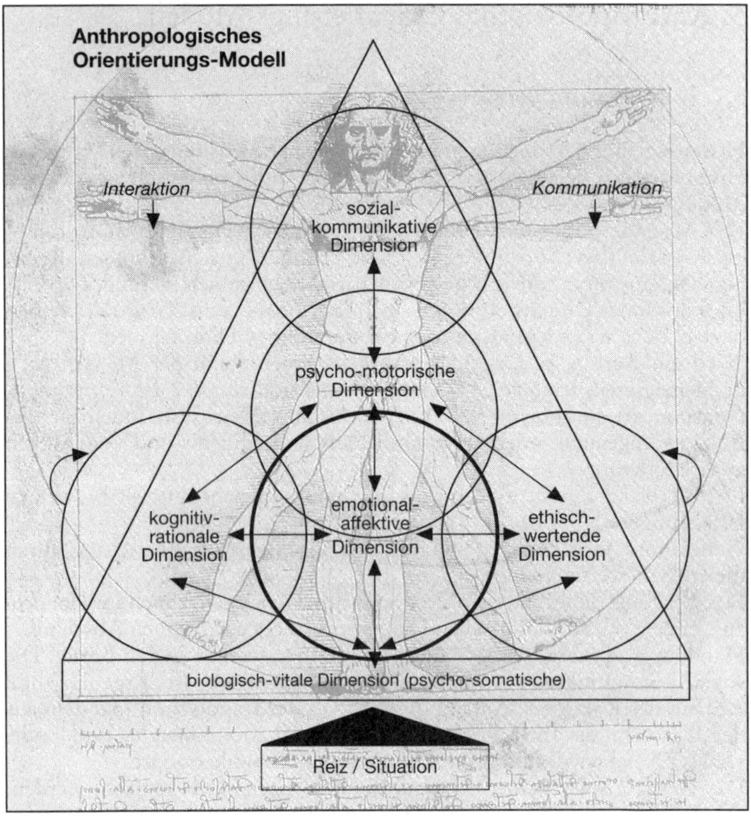

Die zentrale Stellung der emotional-affektiven Dimension wird durch den Zusatz »psycho« verdeutlicht und unterstrichen:

- psychische Dimension (emotional-affektive Dimension)
- psycho-somatische Dimension (biologisch-vitale Dimension)
- psycho-motorische Dimension
- psycho-soziale Dimension

Die Ganzheit des Menschen wird in dem Schaubild durch die Form einer *Pyramide* ausgedrückt, die die Einheit der Dimensionen demonstrieren soll. Die Spitze der Pyramiden-Form deutet auf das Zustandekommen einer einheitlichen Handlung hin, bei der man kaum noch erkennen kann, ob sie mehr von der Erkenntnis oder vom Gefühl gesteuert ist.

Die sechs Dimensionen könnte man ebenfalls in drei Gruppen (Trichotomie) fassen:

1. *Grunddimension, vereinheitlichende Dimension:* biologisch-vitale Dimension. Der Mensch ist ein körperliches und nicht ein rein geistiges Wesen. Die Zusammenfassung der Dimensionen wird mit dem Begriff »Leiblichkeit« ausgedrückt
2. *Intra-personale Dimensionen:* emotional-affektive, kognitiv-rationale und ethisch-wertende Dimension. Die »Arbeit« dieser Dimensionen geschieht sozusagen im Innern des Menschen (intra = innerhalb), der Prozeß ist nicht sichtbar, sondern nur das Ergebnis.
3. *Inter-personale Dimensionen:* psycho-motorische und sozial-kommunikative Dimension. Der intra-personale Prozeß wird durch die Handlung sichtbar, erfahrbar und mit dieser Handlung tritt der Mensch in Interaktion und Kommunikation mit seiner Außenwelt (inter = zwischen).

Vereinfacht könnte man auch sagen: Die emotional-affektive, kognitiv-rationale und ethisch-wertende Dimension stellen die Innenseiten und die psycho-motorische und sozial-kommunikative Dimension die Außenseite des Menschen dar basierend auf der biologisch-vitalen Dimension, welche die Voraussetzung für menschliches Leben erst schafft.

Halten wir fest

Grundlage allen Handelns ist die biologisch-vitale Dimension. Im Zentrum (Herz) steht die emotional-affektive Dimension. Von ihr aus gehen Impulse an den Verstand und gelangen zu einer Bewertung. Deshalb muß man sich die ethisch-wertende und die kognitive Dimension ebenfalls als sich überschneidende Dimensionen vorstellen. Das Ergebnis führt zur Handlung, die immer einen sozialen Kontext hat.
Alle Dimensionen stehen in Wechselwirkung und bedingen sich gegenseitig. Durch dieses interdependente Verhältnis kann der Verstand also auch Einfluß auf das Gefühl oder das Gefühl auf den Körper nehmen. Die Wechselwirkung geht jeweils in beide Richtungen.

5.2. Gesellschaft, Kultur

Um einen weiteren Aspekt müssen wir dieses anthropologische Orientierungs-Modell ergänzen. Wir haben bisher nur den einzelnen Menschen, das Individuum mit seinen sechs Dimensionen betrachtet. Wir können sagen: Der Mensch ist sechs Dimensionen. Der Mensch ist jedoch kein isoliertes Wesen, sondern auf Gemeinschaft angewiesen, er ist ohne sie nicht lebensfähig. Es gilt also, den gesellschaftlichen und den kulturellen Aspekt zu berücksichtigen.

Der Mensch lebt nicht nur in einer Gesellschaft, sondern auch in einer die Gesellschaft prägenden Kultur. Der Mensch ist ein Produkt seiner selbst, der Gesellschaft und Kultur. Durch diesen Prozeß der Personalisation, Sozialisation und Enkulturation ist der Mensch das, was er erlebt, fühlt, denkt, wertet oder handelt.[88)] Das heißt, die sechs Dimensionen müssen in diesem kulturellen und gesellschaftlichen Bezug gesehen und bewertet werden.
Es versteht sich, daß jede Epoche und Kultur ein bestimmes Verständnis vom Menschen hat. »Gleichwohl hat alles erzieherische Handeln und Geschehen eine irgendwie geartete anthropologische Dimension. Ob man, um diesen Sachverhalt zu verdeutlichen, den Begriff ›Menschenbild‹ verwendet oder dafür andere Ausdrücke wählt, ist nicht das Entscheidende.«[89)]
Pädagogische Anthropologie unterlag zum Teil der Gefahr, ihre Aussagen ganz auf das Individuum zu beschränken, ohne den größeren Zusammenhang zu sehen und zu berücksichtigen. Die Korrektur kam vor allem von seiten der Soziologie.

Soziologisches Dreieck

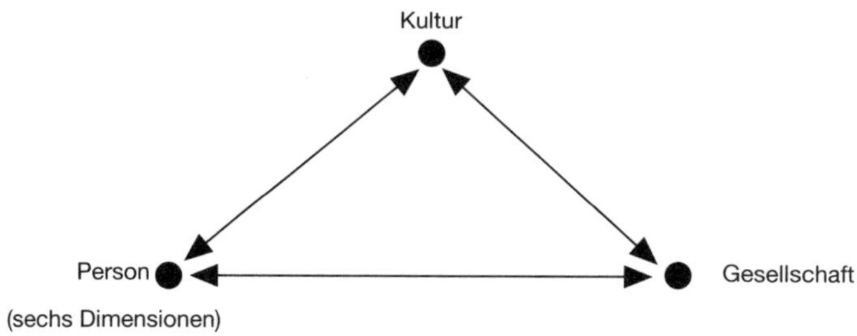

Halten wir fest
Der Mensch steht im Wirkungsgeflecht von Gesellschaft und Kultur. Alle drei Größen üben Einfluß aufeinander aus. Die sechs Dimensionen sind das Ergebnis der Überlegungen, die sich auf den einen Pol beziehen: das Individuum, die Person.

Wir müssen das anthropologische Orientierungs-Modell um diesen kultur-gesellschaftlichen Aspekt erweitern.
Der Reiz bzw. die Situation kommt aus dem sozio-kulturellen Umfeld, nimmt Einfluß auf die Dimensionen des Menschen und gelangt wieder zu einem Austausch mit der sozio-kulturellen Umwelt.

Sozio-kulturelles Umfeld

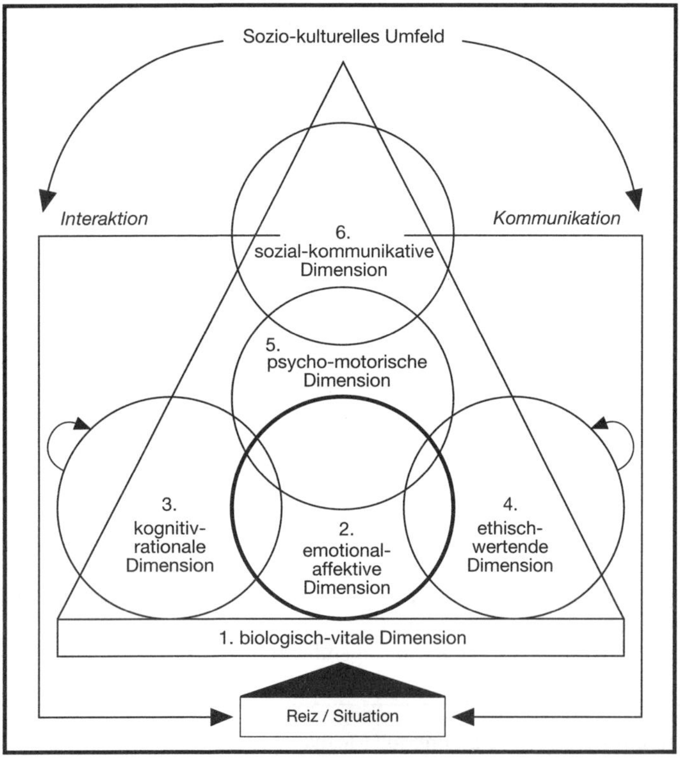

6. Menschenbild und Pädagogik

6.1. Menschenbild in der Schulpädagogik

Ich hatte bereits darauf hingewiesen, daß man in der Schulpädagogik nur von drei Dimensionen spricht. In der Literatur wie in der Ausbildung von Lehramtskandidaten werden stets folgende drei Dimensionen genannt: kognitiv-rationale, emotional-affektive und psycho-motorische Dimension.

Paul *Heimann* hat 1961 ein »Anthropologisches Leitmodell« entwickelt. Er geht von der These *Gehlens* aus, daß der Mensch ein handelndes Wesen ist. »Danach ist für uns auch der Lernende ein Handelnder! Das wäre die Grundthese. Lernen ist auch ein Handeln!«[90)] Das menschliche Handeln ist die Hauptdimension. Bereichert wird diese Dimension durch Denkvorgänge und Gefühlsvorgänge. »Diese drei Dimensionen sind beim Handeln des Menschen im Spiel. Das Handeln des Menschen ist also grundsätzlich mindestens in dieser Weise dreidimensional.«[91)] Die drei Dimensionen treten immer in engster Verflechtung auf. »Bisweilen sind sie sogar ununterscheidbar. Nur der reflektierende, zurückblickende Verstand wird sie unterscheiden. . . . Wir reflektieren darüber und nehmen die Sache zu diesem Zwecke auseinander. Sie dürfen also nicht dem verhängnisvollen Irrtum verfallen zu meinen, Sie dürften oder könnten mit Ihren Kindern getrennt Denkkultur, Lebensbewältigungskultur und Gefühlskultur betreiben! Das ist eben nicht möglich! Trotzdem aber muß der Lehrer wissen, welche dieser Dimensionen jetzt gerade schwerpunktartig im Menschen aktualisiert wird.«[92)]

Das Modell faßt P. *Heimann* in folgendes Schaubild:[93)]

Anthropologisches Leitmodell (Heimann)

Dieses Modell hat W. *Schulz* überarbeitet:[94)]

Entfaltungsstufen \ Dimension	kognitiv	affektiv	psychomotorisch
Anbahnung	Kenntnis	Anmutung	Fähigkeit
Entfaltung	Erkenntnis	Erlebnis	Fertigkeit
Habitualisierung	Überzeugung	Gesinnung	Gewohnheit

Was versteht man in der Schulpädagogik unter diesen drei Dimensionen? *Benjamin Bloom* von der Universität Chicago veröffentlichte 1956 eine Lernzieltaxonomie, die von der deutschen Schulpädagogik übernommen wurde und bis heute einen festen Platz hat. In dieser Taxonomie werden die drei Dimensionen inhaltlich wie folgt erklärt:

- »*Kognitive Lernziele* beziehen sich auf Denken, Wissen, Problemlösen, auf Kenntnisse und intellektuelle Fähigkeiten. ...
- *Affektive Lernziele* beziehen sich auf die Veränderung von Interessen, auf die Bereitschaft, etwas zu tun oder zu denken, auf die Einstellungen und Werte und die Entwicklung dauerhafter Werthaltungen. ...
- *Psychomotorische Lernziele* beziehen sich auf die manipulativen und motorischen Fähigkeiten eines Schülers.«[95)]

Vergleicht man die »Anthropologische Pyramide« von P. *Heimann* mit dem »Anthropologischen Orientierungs-Modell« von mir, so fallen Gemeinsamkeiten und Unterschiede auf.

- *Gemeinsamkeiten: Heimanns* Gedanken, von der Graphik einer Pyramide auszugehen und die Dimensionen als Ganzheit darzustellen, habe ich übernommen und mich auch von diesem Grundgedanken leiten lassen.

  Gleichfalls beziehe ich mich auf A. *Gehlens* Grundthese, daß der Mensch ein handelndes Wesen ist und damit der psycho-motorischen Dimension eine entscheidende Stellung zukommt.

  Wegen dieser und bereits aufgezeigter (z. B. Didaktisches Dreieck, Interdependenz) Gemeinsamkeiten zwischen der Didaktik von P. *Heimann* und der für Sozialpädagogik hier entwickelten Didaktik, versteht sich dieser von mir vertretene Ansatz auch als lerntheoretische Didaktik mit dem besonderen Schwerpunkt der Anthropologie.

  Ich möchte nicht den vielen bereits bestehenden didaktischen Schulen eine weitere hinzufügen, sondern, orientiert an der lerntheoretischen

Didaktik von *Heimann/Schulz,* eine sozialpädagogische Didaktik entwickeln, die ich als *anthropologisch-orientierte lerntheoretische Didaktik der Sozialpädagogik* bezeichne.

- *Unterschiede: Heimann, Schulz* und andere Schulpädagogen sehen den Menschen als dreidimensionales Wesen. Es fehlen die ethisch-wertende, sozial-kommunikative und biologisch-vitale Dimension. Wie ist das zu verstehen? Die ethisch-wertende und sozial-kommunikative Dimension werden z. T. in der emotional-affektiven Dimension zusammengefaßt. Dies kann man so interpretieren, muß es aber nicht.
  Wenn die analytische Aufteilung der Dimensionen den Sinn hat, dem Pädagogen Hilfestellung zu geben, wie er den Menschen am besten fördern könnte, dann ist es wenig hilfreich, die psychische Dimension unter so verschiedenen Aspekten zusammenzufassen. Sicher hat die emotionale Dimension viel mit der sozialen gemeinsam, denn Handeln hat stets eine emotionale und eine soziale Seite, doch um die Wichtigkeit der sozialen Dimension herauszuheben, ist es angebracht, sie gesondert zu benennen. Dies um so mehr, weil die Schulpädagogik, vielleicht sogar wegen der Zusammenfassung der beiden Dimensionen, den sozialen Aspekt in der Erziehung geradezu sträflich vernachlässigt. Gleiches gilt es nun auch von der biologisch-vitalen Dimension zu sagen. Diese Dimension scheint die Schule total zu vernachlässigen. Lernziele, die diese Dimension fördern sollen, werden in den wenigen Sportstunden angestrebt. Doch prüft man den Stundenplan, läßt sich unschwer erkennen: Von zehn Unterrichtsstunden fördern etwa acht Stunden den Verstand, vielleicht eine Stunde wird im musischen und eine im sportlichen Bereich eingeplant, wobei diese beiden Fächer noch am ehesten ausfallen können. »Mens sana in corpore sano« ist ein Sprichwort, es findet in unserer staatlich geleiteten Schulpädagogik jedoch wenig Resonanz.

H. *Költze* hat die Ausbildung von Lehrern unter anthropologischer Ausrichtung kritisch untersucht. Sein Ergebnis: »Es hat sich gezeigt, daß das Gros der Lehramtsanwärter weder im Laufe seiner eigenen Schulzeit noch während des Studiums die emotionale Dimension transparent und reflektiert erfahren hat, so daß ihre Phänomene dort nicht rational verarbeitet werden konnten. Es sind sowohl Gefühlserziehung als auch die Einbeziehung emotionaler Erlebnisinhalte in den Lernprozessen unbekannt geblieben. Damit fehlen den Lehramtsanwärtern von der schulischen und von der bisherigen beruflichen Sozialisation her die Voraussetzungen, die emotionale Dimension in der eigenen beruflichen Tätigkeit in Unterricht und Erziehung und in beruflicher Kommunikation professionell auszufüllen und in ihr mündig zu handeln.«[96)]

Die emotionale Dimension, die in allen Lernziel-Taxonomien der Schulpädagogik aufgeführt ist, wird nach den Ergebnissen von *Költze* in der Schule sehr vernachlässigt. Gleiches muß man auch von der biologisch-vitalen und sozial-kommunikativen Dimension sagen. Die Bildung der ethisch-wertenden Dimension überläßt man dem Religions- oder Ethikunterricht. Man kommt zu dem Ergebnis, daß in der Schulpädagogik weitgehend nur die kognitiv-rationale Dimension gefördert wird und die psycho-motorische insofern, als Lernen stets eine Handlung ist. Allerdings wird die psycho-motorische Dimension auf das wissens-, stoffmäßige Schullernen beschränkt. Von einer ganzheitlichen Bildung kann keine Rede sein. Wenn die Schulpädagogik diesen Anspruch erhebt, muß sie sich radikal ändern, eine kopernikanische Wende ist notwendig. Oder aber sie akzeptiert ihren beschränkten Bildungsauftrag, den Menschen vor allem im kognitiv-rationalen Bereich (einseitig) zu fördern, und die Tatsache, daß andere Bildungsinstitutionen erforderlich sind, um den Menschen ganzheitlich zu bilden. Die hier geforderte dritte Erziehungs-, Bildungs- und Lerninstitution ist die *Sozialpädagogik.*

6.2. Menschenbild in der Sozialpädagogik

Jedem pädagogischen Handeln liegt ein Menschenbild zugrunde. Da der Erzieher bewußt oder unbewußt nach einem Menschenbild erzieht, ist die Einbeziehung von Anthropologie als eine auf den Menschen gerichtete Besinnung in das (sozial-)pädagogische Denken und Tun ein dringendes Gebot.

Ich habe ein empirisches, theoretisches, öffentliches Menschenbild der Pädagogischen Anthropologie entwickelt. Dieses Menschenbild wird durch folgende Merkmale bestimmt:

- Der Mensch ist sechs Dimensionen.
- Die Dimensionen stehen in Wechselwirkung.
- Der Mensch ist eine Ganzheit.
- Zwei Dimensionen haben eine zentrale Stellung: psychische (Herz) und psycho-motorische (Hand) Dimension.

Was nützen diese Überlegungen dem Sozialpädagogen für sein praktisches, konkretes Handeln? Kann er damit etwas anfangen? Ich komme auf die Aufgaben (4.1.) zu sprechen, bei denen es um die Frage ging: Ist die Aufteilung der Dimensionen für das sozialpädagogische Arbeiten hilfreich?

Die analytische Einteilung in sechs Dimensionen hat für den Sozialpädagogen nun den Vorteil, daß dieses anthropologische Leitmodell ihm hilft, im Menschen Begabungen, Fähigkeiten, Neigungen festzustellen wie auch Defizite zu analysieren. Der Sozialpädagoge kann durch dieses reflektierende, analytische Verfahren dem Menschen besser helfen, sich zur Persönlichkeit zu entfalten. Entwicklung der Persönlichkeit besagt: Ganzheitlichkeit, Entfaltung aller Dimensionen des Menschen ohne Einseitigkeiten.

Aufgabe
Überlegen Sie einmal spontan folgende Situation: Eine Sozialpädagogin arbeitet in einem Erziehungsheim mit einer Gruppe. Ein Mädchen wird der Gruppe neu zugewiesen. Die Sozialpädagogin beobachtet das Mädchen. Worauf wird sie besonders achten? Wonach wird sie suchen?

____

____

____

Es gehört schon fast zum Berufsbild eines Sozialpädagogen, den Menschen negativ zu sehen, nach seinen Defiziten und Problemen zu suchen. Man sagt Sozialpädagogen z. B. (vielleicht im Scherz?) nach: Kommt ein Sozialpädagoge mit jemandem ins Gespräch, dann dauert es keine halbe Stunde, bis er dem Gesprächspartner nachgewiesen hat, daß er Probleme hat oder mindestens zu haben hat. Für einen Sozialpädagogen ist anderes Verhalten kaum vorstellbar, er definiert seine Berufsrolle geradezu dadurch, daß alle Menschen Probleme, Defizite haben. Wäre das nicht der Fall, wäre er arbeitslos. Man muß sich allerdings fragen: Was ist das für eine Pädagogik, die ihre Zielgruppe zuerst negativ definieren muß, um die eigene Existenzberechtigung zu deklarieren?! Von dieser Vorstellung und einem solchen Menschenbild sollten wir dringend Abstand nehmen.[97)]
Jeder Mensch hat Begabungen, Fertigkeiten, Fähigkeiten, Können. Diese gilt es zu ermitteln und den Menschen zu fördern, weiterzuentwickeln, sie zu vertiefen, ihn zu bestärken. Das muß der erste Gedanke eines Sozialpädagogen sein. Es geht um ein *positives Menschenbild.*[98)] Wo erkenne ich im Menschen einen Bereich, an dem ich ansetzen, ihn bestärken, ermutigen, fördern kann? Dabei verschließe ich keineswegs die Augen davor, daß dieser Mensch auch u. U. Probleme und Defizite hat. Welcher Mensch hat dies nicht? Wenn wir die Überlegungen ernst nehmen, daß es in der Pädagogik um eine positive Beziehung gehen soll, dann ist dies dort gegeben, wo der Sozialpädagoge den anderen positiv sieht und ihn über seine Fähigkeiten anspricht.
Hier gilt die allgemeine Regel im Umgang mit Menschen: Was du nicht willst, das man dir tu, das füge auch keinem anderen zu. Wenn man selbst nicht will, daß man negativ gesehen wird, soll man auch andere nicht negativ sehen, selbst dann nicht, wenn man aus einer langjährigen Praxiserfahrung viele negative Beispiele aufzählen könnte.
Das empirische Menschenbild der Pädagogischen Anthropologie ist ein positives Menschenbild. Diese Grundhaltung sollte jeder Sozialpädagoge besitzen bzw. sich ständig darum bemühen. Die erste Frage muß lauten: Wo hat der andere Fähigkeiten? Erst wenn diese Frage gründlich untersucht worden ist, kann die zweite folgen: Wo hat der andere u. U. Defizite?

Anhand des anthropologischen Orientierungs-Modells kann der Sozialpädagoge überlegen, welche Dimension er besonders fördern will, wo hat der andere Begabungen (nicht Defizite)? Dabei sollte er davon ausgehen, daß jeder Mensch in einer der sechs Dimensionen irgend etwas besonders gut kann.
Da alle Dimensionen in Wechselwirkung stehen, kann er bei der Dimension ansetzen, wo der Lernende besondere Begabungen hat. Dies wirkt sich dann positiv auf die anderen Dimensionen aus.

Praxis

Beispiel: Ein Junge der zweiten Grundschulklasse erhält die Empfehlung, in eine Sonderschule überzuwechseln. Der Sonderschullehrer entdeckt jedoch bei dem Jungen eine besondere Vorliebe für das Trompetespielen. Der Junge darf, sooft er will, mit der Trompete üben. In kurzer Zeit entwickelt er große musikalische Fähigkeiten. Durch das Trompetespielen wird er in seinem Selbstvertrauen so weit bestärkt und aufgebaut, daß er sich allmählich auch mehr im Schreiben und Rechnen zutraut. Seine Leistungen in der Schule verbessern sich zunehmend.

Die Aufteilung in sechs Dimensionen hat für den Sozialpädagogen den Vorteil, daß er die sehr abstrakten Ziele wie »Persönlichkeitsentfaltung«, »Wohl«, »Gesundheit« u. a. operationalisieren kann, denn nur so sind sie in konkretes Handeln umsetzbar. Wenn der Sozialpädagoge Ziele formuliert, sollte er sich stets fragen, welche Dimensionen er im Menschen anspricht. Wenn er den Anspruch erhebt, den Menschen ganzheitlich zu fördern, muß er auch nachweisen können, daß er alle sechs Dimensionen gleichermaßen anspricht. Dies sollte er überprüfen. Möglich ist natürlich auch, daß er eine bestimmte Dimension fördern will, dann muß er aber auch über diese Zielentscheidung reflektieren. Das anthropologische Orientierungs-Modell kann ihm also eine wichtige Entscheidungshilfe für seine Zielfindung sein. Es kann auch gleichzeitig ein Korrekturmodell sein, an dem sein pädagogisches Handeln kritisch hinterfragt werden kann. Stehen sein pädagogischer Anspruch und sein pädagogisches Handeln in Einklang? Spricht der Sozialpädagoge zwar von Ganzheitlichkeit, fördert jedoch keineswegs alle Dimensionen gleichermaßen?

!

Halten wir fest
Die Pädagogische Anthropologie hat die zentrale Stellung von zwei Dimensionen herausgearbeitet. In der Sozialpädagogik sollte es vor allem um diese beiden Hauptdimensionen gehen: emotional-affektive und psycho-motorische Dimension. Der Mensch muß verstärkt im Gefühl angesprochen und zum Handeln angeregt werden. Gefühls- und Handlungserziehung sind gefordert. Dies kann die Sozialpädagogik dadurch anstreben, daß sie *Erlebnis-* und *Handlungsfelder* den Menschen zur Verfügung stellt. Hierin liegt die besondere Chance der Sozialpädagogik, ihren eigenen Erziehungsauftrag im Erziehungs- Bildungs- und Lernsystem unserer Gesellschaft zu finden. Eine Analyse der Probleme von Kindern und Jugendlichen, Erwachsenen wie Senio-

ren könnte deutlich machen, daß gerade auf den Gebieten der Erlebnisse und Handlungen die Menschen unserer Zeit große Bedürfnisse und Interessen wie auch Mängel und Defizite haben.
Wenn die Sozialpädagogik sich diesen Aufgaben stellt und sich ihrer annimmt, wird sie in unserer Gesellschaft zu einer wichtigen und notwendigen Einrichtung. Sie könnte im Erziehungs- und Bildungssystem Aufgaben übernehmen, die für die Entwicklung der Persönlichkeit wichtig sind und die von den anderen Erziehungs- und Bildungseinrichtungen (Familie und Schule) nur schwer oder gar nicht geleistet werden können.

Für den Bereich der Jugendarbeit habe ich in einem anderen Zusammenhang Erlebnis- und Handlungsfelder ausgearbeitet. Solche Felder werden z. B. in der Geselligkeits- und Erlebnispädagogik angestrebt.[99)]
Eine weitere Überlegung, die für pädagogische Zielvorstellung von Bedeutung ist, läßt sich aus den sechs Dimensionen ableiten, darauf hat P. *Heimann* im Zusammenhang mit seinem Leitmodell hingewiesen.[100)]
Seine Überlegungen greife ich hier auf und ergänze sie um die fehlenden drei Dimensionen. Ziel eines Menschen ist sein Leben, sein *Dasein.* Jede Dimension trägt zu einem Teil zur Ausgestaltung des Daseins bei. Entsprechend den sechs Dimensionen kann man ganz allgemein sechs Richtziele für den Menschen formulieren.

Dimensionen	*Richt-/Leitziele*
biologisch-vitale Dimension	Daseinserhaltung
emotional-affektive Dimension	Daseinserfüllung
kognitiv-rationale Dimension	Daseinserhellung
ethisch-wertende Dimension	Daseinsbewertung
psycho-motorische Dimension	Daseinsbewältigung
sozial-kommunikative Dimension	Daseinsmitverantwortung

Wir können feststellen, daß viele Menschen gerade in diesen Bereichen des Daseins Bedürfnisse haben. Sie suchen nach Daseinsbewältigung oder fragen nach dem Sinn des Daseins (Daseinserfüllung). Allgemeine Ziele der Sozialpädagogik sollten diese an den sechs Dimensionen orientierten Daseinsbereiche sein, denn hier geht es um die Frage nach der Existenz des Menschen.

7. Bedürfnisorientierte Sozialpädagogik

Es ist wohl unbestritten, daß sich Sozialpädagogik an den Bedürfnissen und Interessen der Zielgruppe orientieren muß. Wie erkenne ich nun aber die Bedürfnisse und Interessen anderer?

Aufgabe
Wie gehen Sie vor, wenn Sie Bedürfnisse und Interessen Ihrer Zielgruppe erfahren wollen?

Ich hoffe, Sie werden sich nicht damit begnügen zu sagen: Ganz einfach, ich frage sie, was sie wollen. Das ist ein möglicher Weg, aber nicht der aufschlußreichste. Einen anderen Weg werden Sie sicher auch genannt haben: Ich beobachte den Menschen. Er drückt sich ja im Handeln aus, also muß ich sein Handeln interpretieren und herausfinden, was er mir dadurch sagen möchte.
Der Mensch hat zwei Möglichkeiten, sich auszudrücken: verbal und/oder nonverbal.
Der Sozialpädagoge sollte nicht die verbale Mitteilung als den Königsweg der Kommunikation ansehen. Er ist es zwar gewohnt, sich sprachlich mitzuteilen; Sprechen ist sein Beruf. Dies sollte man allerdings von anderen nicht gleichermaßen erwarten.

Folgender Witz kursiert über Sozialpädagogen: Ein Sozialpädagoge in einer fremden Stadt fragt einen Passanten: »Entschuldigen Sie, können Sie mir sagen, wo es zum Bahnhof geht?« Passant: »Tut mir leid, ich bin nicht von hier.« Sozialpädagoge: »Macht nichts. Hauptsache wir haben darüber gesprochen.«

Sozialpädagogen verfallen gern in den Fehler, der verbalen Kommunikation eine zu hohe Bedeutung beizumessen. Bedürfnisse zu artikulieren, ist jedoch nicht einfach. Vielfach fehlen uns dafür die Worte und auch die Übung; denn wir haben in unserer Sozialisation eigentlich gelernt, unsere Bedürfnisse zu unterdrücken, und nicht, sie zu benennen. Deshalb sollte man eher davon ausgehen, daß Menschen Schwierigkeiten bei der Formulierung von Bedürfnissen haben. Vielfach werden nur allgemeine Wünsche geäußert bzw. Bedürfnisse recht unklar und verschlüsselt zum Ausdruck gebracht. »Die stillschweigende Annahme, meine Kommunikationspartner müßten ohne weiteres meine Gefühle, Wünsche und Bedürfnisse erkennen, ist eine der illusionärsten und verderblichsten Hypothesen über zwischenmenschliche Beziehungen.«[101] Bedürfnisse artikulieren zu können, bedeutet weiterhin, in der Fähigkeit zum abstrakten Denken und zu intellektuellen Denkprozessen genügend geübt zu sein. Was Menschen

aber äußern, sind eher vage Vorstellungen. Oder, wenn sie Bedürfnisse artikulieren, sind es weniger originäre als vielmehr medienvermittelte Wünsche, die allerdings, da sie von ihnen nicht habitualisiert worden sind, dem modischen Trend unterliegen und sehr schnell wechseln können. In der Pädagogik hat die Sprache einen allzu hohen Stellenwert. Man sollte eher davon ausgehen, daß die verbale Ausdrucksweise nur eine unter anderen ist und unter Umständen nicht einmal die aussagekräftigste. Man sollte mehr der nonverbalen Kommunikation Aufmerksamkeit schenken. Der Mensch ist ein handelndes Wesen und drückt sich vor allem durch sein Handeln aus. Im Handeln signalisiert er – allerdings verschlüsselt – seine Bedürfnisse. Es ist nun Aufgabe des Sozialpädagogen, diese Signale zu decodieren.
Um die verbalen und nonverbalen Äußerungen einordnen und verstehen zu können, muß der Sozialpädagoge berufliche Erfahrungen besitzen und braucht einen Interpretationsrahmen, ein theoretisches Erklärungsmodell. Dies findet er im anthropologischen Orientierungs-Modell.
Der Mensch ist sechs Dimensionen, und entsprechend entwickelt er auf diesen Seinsweisen Bedürfnisse. Je nach Sozialisation, Alter, Zeit und Situation hat der Mensch unterschiedliche Bedürfnisse im Bereich dieser sechs Dimensionen.
Allgemein könnte man etwa folgende Bedürfnisse annehmen:

- *Biologisch-vitale Dimension:* Ruhe, Schlaf, Luft, Bewegung, Gesundheit, Ausgleich, Spannung, Essen, Trinken, Anregung seiner Sinne usw.
- *Emotional-affektive Dimension:* Angenommensein, Geliebtsein, Anerkennung, Lob, Beliebtsein, Motivierung, Aufgeschlossenheit für Neues, Beziehungen knüpfen, Erlebnisse haben, Einfühlungsvermögen, Liebe usw.
- *Kognitiv-rationale Dimension:* Zusammenhänge erkennen, Lernen, Kritikfähigkeit, diskutieren, logisch denken, Entscheidungen treffen, Mitbestimmung usw.
- *Ethisch-wertende Dimension:* Wertmaßstab, Standpunkt vertreten, Meinung sagen, Toleranz, Werte, Normen, keine Vorurteile usw.
- *Sozial-kommunikative Dimension:* Dazugehören, Anerkennung, Verantwortung, mitmachen, helfen, Mitbestimmung, teilhaben, Rücksichtnahme, Durchsetzungsvermögen usw.
- *Psycho-motorische Dimension:* Aktion, Tätigkeiten, mitmachen, dabeisein, organisieren, Verantwortung tragen, Situation beherrschen usw.

Aufgrund seiner Kenntnisse und beruflichen Erfahrung muß der Sozialpädagoge für jede Person oder Zielgruppe die Frage nach ihren Bedürfnissen neu stellen. Die theoretischen Kenntnisse erwirbt er sich durch das Studium der Literatur, den Besuch von Fortbildungsveranstaltungen und Diskussionen mit Kollegen. Ich möchte hier vor allem auf das Lesen von Fachliteratur hinweisen. Ein Student, der während seines Studiums mit wenig Büchern, vielleicht sogar nur mit Kopiervorlagen auskommt; ein Praktiker, der kaum noch ein Fachbuch liest, der meint, er könne immer aus sich heraus genügend Ideen für seine Praxis entwickeln, irrt sich.

Irgendwann ist er ausgebrannt, greift ständig auf alte Konzepte und Erfahrungen zurück; mit seiner Person und seinem Wirken wird er auf die Dauer kaum Menschen motivieren, ansprechen können.
Bedürfnisorientierte Sozialpädagogik versteht sich allerdings nicht als »Kellner-Pädagogik«. Der Sozialpädagoge fragt nicht nach den Wünschen der Menschen, diese »bestellen« à la carte, und der Sozialpädagoge »serviert« das Gewünschte. Das wäre eine falsch verstandene bedürfnisorientierte Sozialpädagogik. Vielmehr hört der Sozialpädagoge auf die signalisierten (verbalen und/oder nonverbalen) Äußerungen und versucht, sie zu interpretieren, zu verstehen. Er macht sich ein Bild, eine Vorstellung von dem, was wohl gemeint ist. Hierbei helfen ihm seine Erfahrungen und seine Kenntnisse über die Zielgruppe und sein theoretisches Wissen. Das anthropologische Orientierungs-Modell kann Hilfestellung geben, solche Äußerungen richtig zu verstehen und auf sie entsprechend einzugehen.
Diese Überlegungen lassen sich in folgendem Schaubild zusammenfassen.

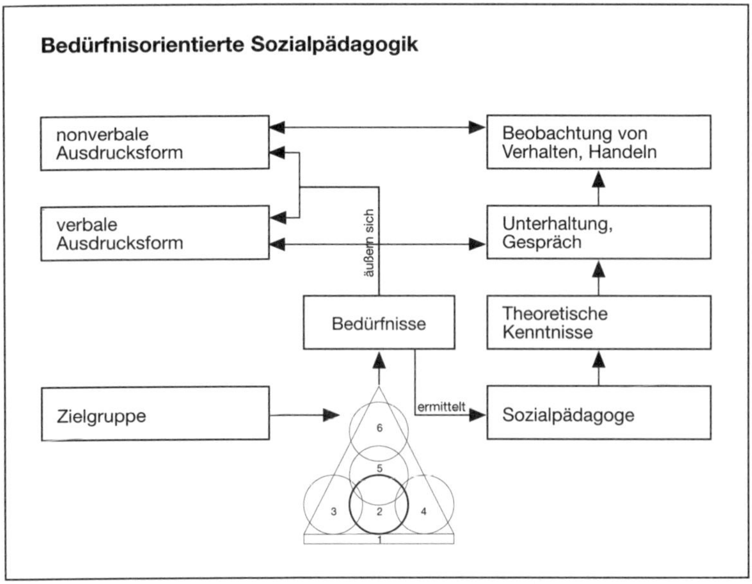

Halten wir fest
Jeder Mensch entwickelt in all seinen Dimensionen Bedürfnisse. Diese drückt er verbal oder nonverbal aus. Der Sozialpädagoge kann aufgrund seiner theoretischen Kenntnisse, aus Gesprächen und/oder Beobachtungen des Verhaltens die Bedürfnisse des Menschen grob vermuten.

8. Anthropologie und Konzepterstellung

8.1. Einsatzmöglichkeiten

Die anthropologischen Überlegungen zum Menschenbild sind für den Sozialpädagogen nicht nur von allgemeiner Bedeutung, so daß er sich sagen muß: Die anthropologischen Aspekte sollte man schon irgendwie in der Praxis berücksichtigen. Es geht nicht um ein »irgendwie«, sondern um konkrete Handlungsumsetzung des empirischen Menschenbildes. Der Sozialpädagoge muß das anthropologische Orientierungs-Modell innerlich aufgenommen und verarbeitet haben, um von dort her sein Handeln bestimmen zu lassen. Es geht um ein positives Menschenbild, die ganzheitliche Förderung und das Eingehen auf die sechs Dimensionen des Menschen.
Wie könnte man dies nun bei der Erstellung eines Konzeptes konkret berücksichtigen? Der Sozialpädagoge sollte in seinem Konzept einen Punkt einplanen, an dem er *»Anthropologische Überlegungen«* vornimmt. Dies kann an verschiedenen Stellen im Konzept geschehen. Ich möchte einige beispielhaft nennen, was nicht ausschließt, daß auch andere Einschübe möglich sind. Dies hängt vor allem von der Zielgruppe, dem Thema und der konkreten Situation ab. Folgende Möglichkeiten bieten sich an:

1. Möglichkeit: Bedingungsanalyse
Bevor man Ziele formuliert, muß man eine Bedingungsanalyse durchführen. Ein Punkt dieser Analyse könnte die Frage nach den Handlungszielen der Personen sein.
Die Analyse der Handlungsziele, die identisch sind mit den Bedürfnissen, könnte man nach den sechs Dimensionen vornehmen. Das Ergebnis der Analyse der Bedürfnislage ist dann der Ausgangspunkt für die Zielformulierung.
Das heißt konkret, daß die Bedingungsanalyse in diesem Fall um einen weiteren (4.) Punkt ergänzt werden müßte.
1. Bedingungsanalyse
1.1 Organisationsstruktur/Rahmenbedingungen
1.2 Zielgruppenanalyse/Voraussetzungen
1.3 Lehr-Lern-Situation
1.4 *Anthropologische Überlegungen*

2. Möglichkeit: Grobziel-Ebene
Hier kann der Sozialpädagoge zwei Wege gehen:
- Nach der Formulierung von Lernzielen kann man reflektieren, welche der sechs Dimensionen angesprochen werden sollten und warum man diese ausgewählt hat.

Grobziel-Ebene
Erziehungsziele
Handlungsziele
Lernziele

- Didaktischer Kommentar
- *Anthropologische Überlegungen*

● Der Sozialpädagoge kann aber auch die Handlungsziele nach den sechs Dimensionen unterteilen und sich fragen: Welche Bedürfnisse haben die Lerner?

Grobziel-Ebene
Erziehungsziele
Handlungsziele/*Anthropologische Überlegungen*
- biologisch-vitale Dimension
- emotional-affektive Dimension
- kognitiv-rationale Dimension
- ethisch-wertende Dimension
- psycho-motorische Dimension
- sozial-kommunikative Dimension

Lernziele
- Didaktischer Kommentar

3. Möglichkeit: Feinziel-Ebene
Hier bieten sich mehrere Möglichkeiten an:

● Aufteilen der Feinziele nach den sechs Dimensionen.

● Im Didaktischen Kommentar wird nicht nur angegeben, was und warum man ein Ziel anstrebt, sondern auch drittens, welche Dimension besonders gefördert werden soll.

● Die Dimensionen werden nicht nur über die Ziele, sondern auch über die Vermittlungsvariablen und das ganze Arrangement der Situation angesprochen (z. B. die emotional-affektive und sozial-kommunikative Dimension eher durch die Methoden und die Gestaltung der Situation und die kognitiv-rationale Dimension durch den Inhalt). Deshalb könnte man als sechsten Punkt der Vermittlungsvariablen *»Anthropologische Überlegungen«* einfügen. Welche Dimension habe ich durch die Organisation der Situation angesprochen und warum habe ich diese ausgewählt? Konkret würde das dann so aussehen:

Vermittlungsvariablen
- Methode
- Medien
- Material
- Zeit
- Pädagogische und organisatorische Hinweise
- *Anthropologische Überlegungen*

8.2. Musterbeispiel: Schulaufgabenhilfe

Zielgruppe: Schüler
Situation: Schulaufgabenhilfe
Grobziel-Ebene

Erziehungsziele
Die Kinder sollen . . .
1. ihre Hausaufgaben machen
2. in ihren schwachen Fächern gefördert werden

Handlungsziele
Ich vermute, die Kinder wollen . . .
1. ihre Hausaufgaben machen
2. keinen Schulbetrieb erleben
3. Hilfestellung bekommen
4. mit jemandem über ihre Probleme sprechen
5. Spiele machen
6. sich austoben

Lernziele
Die Kinder sollen . . .
1. ihre Hausaufgaben machen
2. in ihren schwachen Fächern gefördert werden
3. Gelegenheit haben, über ihre Probleme zu sprechen
4. sich austoben

Didaktischer Kommentar
EZ 1 und HZ 1 stimmen überein, gleichfalls EZ 2 und HZ 3. Die HZ 5 und 6 werden zusammengefaßt und als LZ 4 übernommen; in diesem LZ 4 wird auch HZ 2 berücksichtigt.

Anthropologische Überlegungen
Mit den Zielen soll der Mensch ganzheitlich angesprochen werden. Dies geschieht durch die . . .

- *biologisch-vitale Dimension:* Bei der Erklärung der Hausaufgaben sollen durch Anschreiben an die Tafel und durch Zeigen von Schaubildern alle Sinne der Kinder angesprochen werden.
- *emotional-affektive Dimension:* Die Aufgabenhilfe soll in einer guten Atmosphäre stattfinden, d. h. ohne Hektik und Druck, sondern ruhig, freundlich, verständnisvoll. Es ist wichtig, daß die Beziehungsebene zwischen den Kindern und mir stimmt. Die Spiele sollen dazu beitragen, daß die Kinder Erfolgserlebnisse haben, gerne zur Stunde kommen und es ihnen dort gefällt.
- *kognitiv-rationale Dimension:* Es geht nicht nur um Spaß, sondern die Kinder sollen auch etwas lernen, ihre Hausaufgaben machen; die Schwierigkeiten sollen diskutiert werden.
- *ethisch-wertende Dimension:* Es geht darum, daß die Kinder eine positive Einstellung zu sich selbst, ihren Fähigkeiten und zum Lernen gewinnen.
- *psycho-motorische Dimension:* Im Unterschied zur Schulsituation sollen die Kinder spielerisch lernen. Es sollen kleine Lern- und Quizspiele durchgeführt werden. Bei den Spielen geht es darum, daß die Kinder sich gleichzeitig bewegen und austoben können.
- *sozial-kommunikative Dimension:* Die Kinder sollen erkennen, daß alle etwas dazu beitragen müssen, wenn es um die Schaffung einer positiven Lernatmosphäre geht. Sie sollten Rücksicht nehmen und fair sein, damit alle Spaß haben.

Lernfragen

1. Worin besteht der Zusammenhang von Didaktik/Methodik und Anthropologie?
2. Warum ist die Frage nach dem Menschenbild keine private Angelegenheit?
3. Was versteht man unter einem empirisch-theoretisch-öffentlichen Menschenbild der Pädagogischen Anthropologie?
4. Was heißt Anthropologie?
5. Wie wurde der Mensch in der Antike und im Mittelalter gesehen?
6. Wer sind die Begründer der Philosophischen Anthropologie?
7. Wer sind die Begründer der Pädagogischen Anthropologie?
8. Welches sind die empirisch feststellbaren sechs Dimensionen des Menschen?
9. In welchem Verhältnis stehen die Dimensionen zueinander?
10. Was heißt »Ganzheit« des Menschen?
11. Was versteht man unter »Persönlichkeit«?
12. Was versteht man unter »Wohl« des Menschen?
13. Was sagen die verschiedenen Wissenschaften zu der Frage, ob es eine führende Dimension im Menschen gibt?
14. Wie kann man begründen, daß die emotional-affektive Dimension die führende Dimension ist?
15. Welcher Stellenwert kommt der psycho-motorischen Dimension im Menschen zu?
16. Was versteht man unter dem anthropologischen Orientierungs-Modell?
17. Wie sieht das Menschenbild der Schulpädagogik aus?
18. Wie sieht das Menschenbild der Sozialpädagogik aus?
19. Wie kann man bedürfnisorientierte Sozialpädagogik begründen?
20. Wo kann man die anthropologischen Überlegungen in ein Konzept einplanen?

Weiterführende Literatur

Bollnow, O. F.: Anthropologische Pädagogik. Bern: Haupt Verlag 1983.

Braun, W.: Pädagogische Anthropologie im Widerstreit. Bad Heilbrunn: Klinkhardt Verlag 1989.

Hamann, B.: Pädagogische Anthropologie. Bad Heilbrunn: Klinkhardt Verlag 1982.

Macha, H.: Pädagogisch-anthropologische Theorie des Ich. Bad Heilbrunn: Klinkhardt Verlag 1989.

Anmerkungen

1 Vgl. *Zdarzil*, H.: Pädagogische Anthropologie. Graz 1978, S. 9; *Badry*, E. u. a. (Hrsg.): Pädagogik. Grundlagen und Arbeitsfelder. Neuwied 1992, S. 125 ff.
2 *Bollnow*, O. F.: Die anthropologische Betrachtungsweise in der Pädagogik. In: E. *König* /H. *Ramsenthaler* (Hrsg.): Diskussion Pädagogische Anthropologie. München 1980, S. 51.
3 Vgl. *Schilling*, J.: Kursbuch Jugendarbeit. München 1983, S. 45–50.
4 Vgl. *Schilling*, J.: Jugend- und Freizeitarbeit. Neuwied 1991, S. 41.
5 Vgl. *Meinberg*, E.: Das Menschenbild der modernen Erziehungswissenschaft. Darmstadt 1988, S. 27.
6 *Ebert*, W.: Die Pädagogen tragen die Verantwortung. In: G. G. *Ortner*: Positive Pädagogik. Frankfurt/M. 1987, S. 25.
7 Vgl. *Diemer*, A.: Elementarkurs Philosophie. Philosophische Anthropologie. Düsseldorf 1978, S. 21–22; *Badry*: Pädagogik. A. a. O., S. 125.
8 *Aselmeier*, U.: Aspekte einer anthropologischen (Schul-)Pädagogik. In: E. *König*/H. *Ramsenthaler* (Hrsg.): Diskussion Pädagogische Anthropologie. München 1980, S. 11.
9 *Hamann* B.: Pädagogische Anthropologie. Bad Heilbrunn 1982, S. 27.
10 *Macha*, H.: Pädagogisch-anthropologische Theorie des Ich. Bad Heilbrunn 1989, S. 65.
11 Ebenda, S. 66.
12 Ebenda, S. 67.
13 Vgl. *Maier*, B.: »Menschlichkeit« als fundamental-anthropologisches Prinzip im Sport. Ahrensburg b. Hamburg 1985, S. 69.
14 *Macha*: Pädagogisch-anthropologische Theorie des Ich. A. a. O., S. 68–69.
15 Vgl. dazu *Jansen*, P.: Anthropologie und sprachliche Verständigung. Bochum 1979, S. 62.
16 *Zdarzil*: Pädagogische Anthropologie. A. a. O., S. 60.
17 *Leibald*, G.: Körpertherapie. Düsseldorf 1986, S. 20.
18 *Hüllen*, J.: Mensch sein – human werden. Frankfurt/M. 1985, S. 10; *Meinberg*: Das Menschenbild . . ., A. a. O., S. 257.
19 *Meinberg*: Das Menschenbild der modernen Erziehungswissenschaft. A. a. O., S. 268.
20 *Dienelt*, K.: Not und Chance der pädagogischen Anthropologie. In: E. *König* /H. *Ramsenthaler* (Hrsg.): Diskussion Pädagogische Anthropologie. München 1980, S. 13.
21 Vgl. *Macha*: Pädagogisch-anthropologische Theorie des Ich. A. a. O., S. 74.
22 Ebenda, S. 75.
23 *Hamann*: Pädagogische Anthropologie. A. a. O., S. 38.
24 Vgl. *Macha*: Pädagogisch-anthropologische Theorie des Ich. A. a. O., S. 85.
25 *Hamann*: Pädagogische Anthropologie. A. a. O., S. 13–14; *Dienelt*: Not und Chance der pädagogischen Anthropologie. A. a. O., S. 70–93.
26 *Bollnow*: Die anthropologische Betrachtungsweise in der Pädagogik. A. a. O., S. 50, 51.
27 *Roth*, H.: Empirische Pädagogische Anthropologie. In: D. *Holtershinken*: Anthropologische Grundlagen personalistischer Erziehungslehre. Weinheim 1971; S. *Späth*, F.: Anthropologische Aspekte berufspädagogischer Theorien. München 1981, S. 23–24.
28 *König*, E./*Ramsenthaler*, H. (Hrsg.): Diskussion Pädagogische Anthropologie. München 1980, S. 291.

29 Vgl. *Hampden-Turner,* Ch.: Modelle des Menschen. Weinheim 1982.
30 Vgl. *Dienelt:* Not und Chance der pädagogischen Anthropologie. A. a. O., S. 5; *Meinberg:* Das Menschenbild der modernen Erziehungswissenschaft. A. a. O., S. 7; *Gerner,* B.: Einführung in die Pädagogische Anthropologie. Darmstadt 1974, Vorwort; *Lassahn,* R.: Braucht die Pädagogik ein Menschenbild? In: C. *Solzbacher*/H. W. *Wollersheim* (Hrsg.): Wege in die Zukunft. Bonn 1988, S. 25, 34.
31 Vgl. *Hamann:* Pädagogische Anthropologie. A. a. O., S. 40–42.
32 Vgl. *Dienelt:* Not und Chance der pädagogischen Anthropologie. A. a. O., S. 102; *Hamann:* Pädagogische Anthropologie. A. a. O., S. 64–66
33 Vgl. *Diedrich,* J.: Didaktisches Denken. Weinheim 1988, S. 29.
34 *Maier:* »Menschlichkeit« . . . A. a. O., S. 87.
35 *Macha:* Pädagogisch-anthropologische Theorie des Ich. A. a. O., S. 80.
36 Vgl. *Heimann,* P.: Didaktik als Unterrichtswissenschaft. Stuttgart 1976, S. 125.
37 Vgl. *Jansen:* Anthropologie und sprachliche Verständigung. A. a. O., S. 63; *Meinberg:* Das Menschenbild der modernen Erziehungswissenschaft. A. a. O., S. 33; *König/Ramsenthaler:* Diskussion Pädagogische Anthropologie. A. a. O., S. 11.
38 Vgl. *Gerner:* Einführung in die pädagogische Anthropologie. A. a. O., S. 37.
39 Vgl. *Brandt,* G.: Pädagogik und soziale Arbeit. Neuwied 1971, S. 242.
40 *Hüllen:* Mensch sein – human werden. A. a. O., S. 9.
41 *Maier:* »Menschlichkeit« . . . A. a. O., S. 80–81.
42 Vgl. *Macha:* Pädagogisch-anthropologische Theorie des Ich. A. a. O., S. 55.
43 Ebenda, S. 97.
44 Vgl. *Hamann:* Pädagogische Anthropologie. A. a. O., S. 78–79.
45 *Krathwohl,* D. u. a.: Taxonomie von Lernzielen im affektiven Bereich. Weinheim 1975 (1964).
46 Vgl. *Heimann:* Didaktik als Unterrichtswissenschaft. A. a. O., S. 123–141; *Schulz,* W.: Unterrichtsplanung. München 1981, S. 100–105.
47 Zit. nach *Dienelt:* Not und Chance der pädagogischen Anthropologie. A. a. O., S. 110.
48 *Meinberg:* Das Menschenbild der modernen Erziehungswissenschaft. A. a. O., S. 30.
49 Zit. nach *Schmidt,* H.-L.: Theorien der Sozialpädagogik. Rheinstetten 1981, S. 75.
50 Vgl. *Brandt:* Pädagogik und soziale Arbeit. A. a. O., S. 104.
51 *Ciompi,* L.: Außenwelt – Innenwelt. Göttingen 1988, S. 186.
52 Ebenda, S. 188.
53 Ebenda, S. 190.
54 Ebenda, S. 193.
55 Vgl. ebenda, S. 197.
56 Ebenda, S. 190.
57 *Kiphard,* E.-J.: Curriculumentwurf zum Fachstudium der Psychomotorik und Motologie. In: Zeitschrift Sportunterricht, 11/1975, S. 364.
58 *Schelp,* Th./*Kemmler,* L.: Emotionen und Psychotherapie. Bern 1988, S. 25.
59 Ebenda.
60 Ebenda, S. 171.
61 *Gerhards,* J.: Soziologie der Emotionen. Weinheim 1988, S. 15.
62 Ebenda, S. 16.
63 *Schmid,* P.: Verhaltensstörungen aus anthropologischer Sicht. Bern 1985, S. 109.
64 Ebenda, S. 110.
65 Ebenda, S. 111.

66 Ebenda, S. 122.
67 *Oerter,* R./*Weber,* E.: Der Aspekt des Emotionalen in Unterricht und Erziehung. Donauwörth 1975, S. 15.
68 Ebenda, S. 16.
69 *Ulich,* D.: Das Gefühl. München Verlag 1982, S. 80.
70 Vgl. *Macha:* Pädagogisch-anthropologische Theorie des Ich. A. a. O., S. 315–317.
71 *Macha,* H.: Emotionale Erziehung. Frankfurt/M. 1984, S. 220.
72 Ebenda.
73 Ebenda.
74 Vgl. *Oerter/Weber:* Der Aspekt des Emotionalen in Unterricht und Erziehung. A. a. O. S. 52.
75 Ebenda, S. 19, 21, 22.
76 Vgl. *Werblik,* H.: Handlungstheorien. Stuttgart 1978, S. 18–19.
77 Vgl. *Lenk,* H. (Hrsg.): Handlungstheorien interdisziplinär II. Erster Halbband, München 1978, 431.
78 Vgl. *Macha:* Pädagogisch-anthropologische Theorie des Ich. A. a. O., S. 263, 264.
79 Vgl. *Kaiser,* A.: Sinn und Situation. Bad Heilbrunn 1985, S. 29.
80 Vgl. *Riedel,* M.: Handlungstheorien als ethische Grunddisziplin. In: H. *Lenk* (Hrsg.): Handlungstheorien interdisziplinär II. Erster Halbband, A. a. O., S. 140.
81 Vgl. *Macha:* Pädagogisch-anthropologische Theorie des Ich. A. a. O., S. 264.
82 Vgl. *Kaiser:* Sinn und Situation. A. a. O., S. 14.
83 *Arendt,* H.: Das Handeln. In: H. *Lenk* (Hrsg.): Handlungstheorien interdisziplinär II. A. a. O., S. 14.
84 Vgl. *Schmidt:* Theorien der Sozialpädagogik. A. a. O., S. 308.
85 Vgl. *Tenbruck,* F.: Anthropologie des Handelns. In: H. *Lenk* (Hrsg.): Handlungstheorien interdisziplinär II. A. a. O., S. 91.
86 Vgl. ebenda, S. 112.
87 Vgl. *Gehlen,* A.: Der Mensch. Frankfurt/M. 1974.
88 Vgl. *Weber,* E.: Pädagogik. Donauwörth 1975^5, S. 37–45.
89 *Hamann:* Pädagogische Anthropologie, A. a. O., S. 7.
90 *Heimann:* Didaktik als Unterrichtswissenschaft. A. a. O., S. 123.
91 Ebenda, S. 127.
92 Ebenda.
93 Ebenda, S. 125.
94 *Schulz:* Unterrichtsplanung. A. a. O., S. 102.
95 *Meyer,* H.: Trainingsprogramm zur Lernzielanalyse. Kronberg 1978, S. 86–87.
96 *Költze,* H.: Anthropologisch orientierte Lehrerausbildung. Düsseldorf 1981, S. 87.
97 Vgl. *Carter-Scott,* Ch.: Negaholiker: Der Hang zum Negativen. Frankfurt/M. 1990.
98 Vgl *Ortner,* G. E./*Schneider,* K.: Wie lernen Jugendliche? Wie lernen Erwachsene? Hrsg.: Zentralstelle für gewerbliche Berufsförderung. Mannheim o. J.
99 Vgl. *Schilling,* J.: Freizeit & Geselligkeit. München 1989; *Schilling,* J.: Jugend- und Freizeitarbeit. Neuwied 1991.
100 Vgl. *Heimann:* Didaktik als Unterrichtswissenschaft. A. a. O., S. 124–126.
101 *Vopel,* K./*Kirsten,* R.: Kommunikation und Kooperation. München 1974, S. 88.

5. Kapitel: Was ist ein Konzept? Was ist Planung?

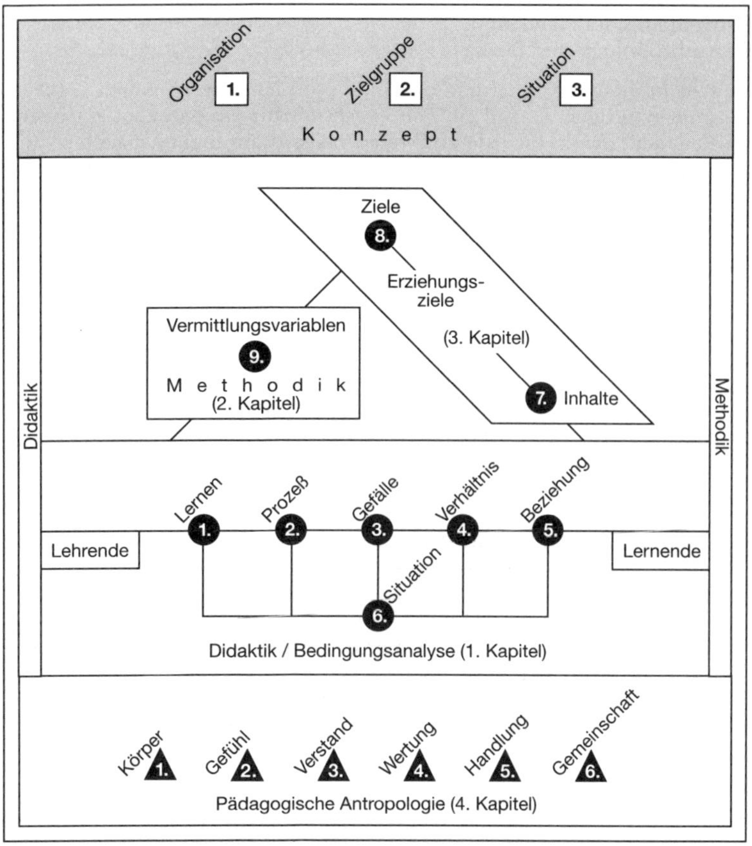

1. Bedeutung von Planung

1.1. Fragestellung

In den vier vorausgegangenen Kapiteln wurden die wichtigsten Teilelemente einer Didaktik der (Sozial-)Pädagogik entwickelt. Dabei handelt es sich nicht um eine »Feiertagsdidaktik«[1)*], die für die Praxis wenig relevant ist, sondern ich habe versucht, stets den konkreten Bezug zur Praxis aufzuzeigen. Zur Didaktik gehören demnach:

- Bedingungsanalyse
- Zielformulierung
- Methodisches Handeln
- Anthropologischer Bezug

Es geht in diesem Kapitel nun darum, diese Elemente zu einem Ganzen zusammenzufügen. Es soll ein *Planungsraster* für ein Konzept erarbeitet werden, der sowohl für jede konkrete Praxissituation gilt als auch so allgemein ist, daß er auf alle (sozial-)pädagogischen Einrichtungen übertragbar ist und Anwendung finden kann.

Folgende Fragen sollen in diesem Kapitel behandelt werden:

- Warum eigentlich Planung? Ist Planung notwendig?
- Was ist ein Konzept? Welche Punkte gehören in ein Konzept?
- Wie könnte ein Planungsraster für ein sozialpädagogisches Konzept aussehen?
- Welche Modelle von Konzeptionen gibt es? Entscheiden nicht die Organisation und die Situation über die Form einer Konzeption?

Ich möchte Sie von der Notwendigkeit einer Konzeption in der (sozial-)pädagogischen Arbeit überzeugen und auf die Vorteile, aber auch auf die Gefahren aufmerksam machen.

1.2. Einwände gegen Planung

Aufgabe

Sicher fallen Ihnen einige Einwände und Gefahren ein, die gegen eine Planung sprechen. Welche sehen Sie? Zur Anregung drei Sprichwörter:

»Wer exakt plant, irrt genauer.«

»Planung ersetzt den Zufall durch den Irrtum.«

»Mach du nur einen Plan, sei nur ein großes Licht und mach dann noch einen zweiten Plan, gehn tun sie beide nicht.« *(Brecht)*

* Anmerkungen s. S. 279

Hier einige mögliche Argumente, die *gegen* eine Planung in (sozial-) pädagogischen Einrichtungen sprechen.

- *Verplanung:* Viele Sozialpädagogen setzen Planung mit Verplanung und Fremdbestimmung gleich. In der Sozialpädagogik geht es um Emanzipation, um Selbstbestimmung des Menschen. Was dieser dient, muß jeder Mensch selber entscheiden und verantworten. Planung besagt hier, ein anderer entscheidet für mich und bestimmt, was ich zu tun habe. Diese Haltung widerspricht jedem sozialpädagogischen Denken und emanzipatorischen Zielen.
- *Manipulation:* Durch Planung möchte ich den anderen zu etwas animieren, was dieser u. U. selber gar nicht erkannt hat. Erziehung rückt damit in eine verdächtige Nähe zur Manipulation.
- *Bedürfnisse:* Sozialpädagogik orientiert sich an den Bedürfnissen der Zielgruppe. Wer bedürfnisorientiert arbeiten will, darf nicht von sich aus Ziele setzen und planen, sondern die Lernenden setzen sich selber Ziele. Der Sozialpädagoge versteht sich als Begleiter dieses Lernprozesses.[2)]
- *Beziehungen:* Planung stört die Beziehungen. Pädagogen können keine positiven, ehrlichen Beziehungen zum Lernenden aufbauen, wenn sie über den Kopf des anderen hinweg Entscheidungen fällen. Das muß zu Beziehungsproblemen führen, deren Verursacher der Sozialpädagoge ist.
- *Kreativität:* Planung heißt, einen Ablauf festlegen. Die Möglichkeit, daß es ganz anders kommen könnte, als man geplant hat, wird ausgeschaltet. Man hält sich stur an seinen Plan. Damit ist jede Kreativität unmöglich. Ein wichtiges Ziel der Pädagogik sollte es jedoch sein, mit und in Situationen kreativ umzugehen.
- *Spontaneität:* Ähnliches gilt auch für die Spontaneität. Planung tötet Spontaneität. Da der Pädagoge jedoch nicht genau eine Situation voraussagen kann, muß er spontan reagieren. Was soll dann also die Planung? Sie ist vergeudete Zeit.
- *Zeitaufwand:* Wer viel Zeit hat, mag diese mit Planungsspielereien verbringen. Doch ein Praktiker hat nie zuviel Zeit. Das Alltagsgeschäft läßt ihm kaum Spielraum für lange Vorbereitungen, Planungen.
- *Flucht:* Wer in der Praxis nicht sonderlich zurechtkommt, wenig Anerkennung findet, flieht gerne in die Theorie und entwickelt »hervorragende« Konzepte, die allerdings kaum umsetzbar sind. Planung ist ein Fluchtmechanismus für frustrierte und gescheiterte Praktiker.
- *Ängstlichkeit:* Wer ängstlich oder unsicher ist, braucht einen Plan, an den er sich halten kann. Wer aber viel Praxiserfahrung hat, seine(n) Frau/Mann in der Praxis steht und Autorität besitzt, braucht diese »Krücke« nicht. Er kommt ohne sie gut zurecht.
- *Objekt:* Der Mensch wird bei der Planung zum Objekt, über das man bestimmen kann. Das technische Bewußtsein findet auch in der Pädagogik Eingang. Pädagogische Techniker planen, und die Lernenden funktionieren wie in der Technik. Diesen Eindruck erhält man, wenn man sich z. B. die Kybernetische Didaktik ansieht.

Der Mensch wird als technisches Ding gesehen, das im Regelkreis zu funktionieren hat.[3] Sozialpädagogik versucht den Menschen aus dieser Vertechnisierung zu befreien und ihn als Subjekt seiner Handlungen ernst zu nehmen.[4]

- *Vorwand: Beck* zählt eine Reihe von Reaktionen auf, die auf psychologischer Ebene liegen, wie z. B.: » ›Die Tagesarbeit ist wichtiger, für diese Plagerei habe ich keine Zeit‹ ... Es wird eine allgemeine Abwehrhaltung eingenommen. Man will sich nicht festlegen lassen und befürchtet eine Einengung seines Freiheitsspielraums ... Um Veränderungen zu entgehen, wird behauptet, diese seien nicht nötig und es sei nur eins richtig: weiter machen wie bisher . . . Anstatt zu planen, will man lieber abwarten und sich durchwursteln . . . ›Ich habe das im Gefühl und verlasse mich lieber auf mein Fingerspitzengefühl‹.«[5]

1.3. Positive Merkmale einer Planung

Sozialpädagogen sind besonders sensibel gegenüber Planung. Dies hat u. a. historische Gründe. Aufgrund der Erfahrungen im Nazi-Regime, das den Menschen verplant hat, reagierte man nach dem Zweiten Weltkrieg in der Sozialpädagogik sehr allergisch gegen jede Planung.
Durch die Entwicklung der Lernpsychologie entstand in der Schulpädagogik der 60er Jahre geradezu eine Planungseuphorie. Lernen wurde operationalisiert und das Ergebnis in der Lernkontrolle überprüft. Gegen diese Planungsbegeisterung der Schule grenzte sich die Sozial-Pädagogik bewußt ab. Ihr besonderes Unterscheidungsmerkmal zur Schule war die Kreativität und Spontaneität, man arbeitete situations- und bedürfnisorientiert.
Aus einer ähnlichen Argumentation heraus wurde von der Sozialpädagogik auch jede Didaktik abgelehnt, weil Didaktik in ihren Augen Schul-Didaktik und damit Verplanung bedeutete.
Mit Schadenfreude beobachtete man z. B., daß schon wenige Monate nach dem zweiten Staatsexamen die Mehrzahl der Junglehrer ihren täglichen Unterricht nicht mehr nach der Didaktik und dem Raster vorbereiteten, das im Referendariat einstudiert worden war.[6] Das bestärkte Sozialpädagogen, sich als Pädagogen ohne Didaktik zu verstehen. Sie waren praktisch »freischaffende Künstler«. Diese Position konnte jedoch nicht Grundlage für pädagogisches Arbeiten sein, das sah man spätestens Anfang der 70er Jahre ein, als die Fachhochschulen gegründet und das Fachgebiet Didaktik/Methodik eingeführt und gelehrt wurde. Man erkannte, daß auch Sozialpädagogik einer Didaktik bedurfte.
Ich möchte nun im folgenden herausarbeiten, was eigentlich Planung ist. Bei der Ablehnung von Planung geht man oft von einer falschen Vorstellung aus. Deshalb sollen hier positive Merkmale herausgestellt werden, die verdeutlichen, worum es bei einer Planung geht und welche Ziele angestrebt werden. Erst nachdem man die Bedeutung von Planung erkannt hat, kann man auch beurteilen, ob sie für pädagogisches Arbeiten wichtig ist.

Aufgabe
Man soll nicht nur die negativen Seiten einer Planung bedenken, sondern auch die positiven Seiten. Welche Möglichkeiten bietet eine Planung?
Notieren Sie die Ihrer Meinung nach positiven Merkmale einer Planung.

____

____

- *Ziele:* Wir haben gesehen, daß man sich nicht ziellos verhalten kann. Ähnliches kann man auch vom Planen sagen. Ein erheblicher Teil menschlichen Handelns trägt den Charakter des Planens. Da der Mensch Ziele verfolgt und sich Wege zur Durchführung überlegt, geht er nach einem Plan vor. Planen ist eine menschliche Eigenschaft.[7]
- *Sicherheit:* Wer plant, weiß, was er will. Dies gibt ihm Sicherheit. Vor allem Anfänger im pädagogischen Geschäft brauchen Sicherheit. Planen sie Lern-Situationen nach einem Raster, haben sie einen *Haltepunkt* in dem Wechsel von Situationen und Anforderungen. Haben sie genügend Erfahrungen gesammelt, werden sie das Planungsraster internalisieren. In der späten Berufspraxis werden sie vielleicht nicht mehr so bewußt, aber dennoch nach einem Plan vorgehen.
- *Entlastung:* Planung entlastet den Pädagogen davon, sich ständig neuen Situationen unvorbereitet aussetzen zu müssen. Er kann in ihr Zusammenhänge erkennen, einen roten Faden sehen, verliert nicht den Überblick. Durch diese Entlastung kann er entkrampfter auf Personen und Situationen eingehen und sich ihnen stellen.
- *Kommunikation:* Wenn der Pädagoge nicht weiß, was er will, kann er eigentlich auch nicht mit anderen in Kommunikation treten. Er kann über seine Rolle, seine Ziele nichts mitteilen. Der andere erwartet jedoch, daß der Pädagoge nicht willkürlich, sondern verantwortlich, d. h. planvoll vorgeht.
- *Spontaneität:* Spontaneität und Flexibilität entstehen nicht aus dem Nichts, sondern setzen einen großen Erfahrungs- und Kenntnisschatz voraus. Erst wenn der (Sozial-)Pädagoge ein großes Handlungsrepertoire besitzt, kann er spontan, flexibel und kreativ in einer Situation handeln. Diesen Erfahrungsschatz erwirbt man sich jedoch durch Planungen, d. h. durch das bewußte, reflektierte Vorgehen. Planung schafft die Voraussetzung für flexibles Handeln.[8]
- *Vergrößerung des Verhaltensrepertoires:* Wenn man plant, bemerkt man schnell, wenn man z. B. in der Methodenwahl einseitig und phantasielos geworden ist, einem gewissen Trott nachgeht. Dies wird erst durch die Planung und das Reflektieren darüber deutlich. Dem Pädagogen bietet sich dadurch die Möglichkeit, sein Verhalten zu korrigieren, Neues zu probieren. Sein Verhaltensrepertoire kann sich vergrößern, er kann kreativer handeln.

- *Zukunftsgestaltung:* Planung sagt stets etwas über die Zukunft aus. Im Plan setzt man sich mit ihr auseinander. Man gibt dadurch seinem Leben Ziel und Sinn. Wenn ein Sozialpädagoge nur aus dem Hier und Jetzt lebt und handelt, ohne Zukunftsperspektive, dann ist er innerlich ohne Spannkraft, ausgebrannt (Burnout-Theorie).
- *Motivation:* Aus der Zukunftsperspektive holt sich der (Sozial-)Pädagoge die Leistungsmotivation, Kreativität und Energie für sein Handeln. Wenn er seine Ziele als realistisch eingeschätzt hat, kann er auch Energien entwickeln, die sein Handeln positiv beeinflussen. Nur wenn der Pädagoge selbst motiviert ist, kann er auch andere motivieren.[9)]
- *Kontinuität:* Das Handeln eines Pädagogen muß für die Lernenden einschätzbar sein. Können sie das, gibt es ihnen Sicherheit. Ein Pädagoge, der meint, er sein spontan, der aber in seinem Verhalten keine Kontinuität erkennen läßt, wirkt beängstigend. Er ist nicht berechenbar, man weiß nie, wie er sich im nächsten Moment verhalten wird. Seine Arbeit wirkt chaotisch.
- *Vertrauen:* Planung hat eine vertrauensbildende Wirkung. Der Lernende kann sich darauf verlassen, daß der Pädagoge sich etwas dabei gedacht hat. Dadurch wird eine Vertrauensgrundlage geschaffen, die für Beziehungsarbeit unbedingt notwendig ist. Wer nicht plant, löst Mißtrauen aus, weil man nicht weiß, woran man ist.[10)]
- *Krisen vermeiden:* »Das Ziel jeder Planung ist es, Krisen zu vermeiden.«[(11)] Krisen blockieren Lernen, Verhaltensänderung. Wenn der Pädagoge durch sein planvolles Handeln Vertrauen schafft, verhindert er gleichzeitig, daß der Lernende durch Unsicherheit in eine Krise gerät und dadurch in seinem Handeln gestört wird.
- *Informationsverarbeitung:* Planung bedeutet Informationsverarbeitung. Der (Sozial-)Pädagoge muß sich ständig sowohl fachlich als auch über seine Zielgruppe informieren. Das ist für ein sinnvolles Arbeiten Voraussetzung. Diese Information muß er systematisieren, ordnen und verarbeiten, um danach planvoll zu handeln.
- *Gestaltungsfunktion:* Planen geht stets von einem Ist-Zustand aus und stellt einen Soll-Zustand vor. Wie dieser Zustand gestaltet werden soll, darf man nicht dem Zufall überlassen, sondern das muß reflektierend angegangen werden.
- *Denken in Zusammenhängen:* Pädagogisches Handeln besteht nicht aus Einzelaktionen, die keinerlei Zusammenhänge erkennen lassen, vielmehr geht es um einen Sinnzusammenhang. Im Planen werden diese Zusammenhänge gedanklich hergestellt. Einzelhandlungen finden im Gesamten ihren Platz und ihre Erklärung.
- *Bedürfnis:* Bedürfnisorientiertes Arbeiten setzt eine gründliche Planung voraus. Es ist ein Irrtum zu glauben, Planung und Bedürfnisse widersprächen sich. Wer gut plant, denkt über die möglichen Handlungsziele intensiv nach und berücksichtigt sie, soweit es geht. Wer bedürfnisorientierte Sozialpädagogik so versteht, daß er darauf wartet, daß die Lernenden ihre Bedürfnisse artikulieren, wird leicht enttäuscht. Um so wichtiger ist eine gute Planung.

- *Entscheidungsfindung:* Ein Plan gibt Hilfe bei einer Entscheidungsfindung. Erst nachdem der Lehrende Argumente zusammengetragen hat, kann er abwägen, für welche Ziele er sich entscheiden möchte.
  Hierbei kann er bei seiner Planung sehr systematisch vorgehen, indem er z. B. das Für und Wider aufschreibt und anschließend nach Lösungsmöglichkeiten sucht.
- *Überschaubarkeit:* Plant der Sozialpädagoge, gewinnt er gleichzeitig einen Überblick über die Zusammenhänge; das Problem und die Lösungsmöglichkeiten sind überschaubarer und damit begründbarer. Das Handeln des Sozialpädagogen wird damit durchsichtiger und nachvollziehbar.
- *Grundlage für Beurteilung:* Wenn der Sozialpädagoge geplant hat, ist er nach der Durchführung in der Lage, das Ergebnis (den Soll-Zustand) zu überprüfen. Über Ziele reflektieren kann man eigentlich nur, wenn man sie vorher geplant hat. Das Ergebnis gibt Aufschluß darüber, ob man das Ziel erreicht hat, wenn nicht, warum nicht und was es zu ändern gilt.
- *Konsens für Mitarbeiter:* Teamarbeit ist nur möglich, wenn die Mitarbeiter gemeinsam planen und die Absprachen eingehalten werden. Ein Konsens unter den Mitarbeitern kann allerdings nur hergestellt werden, wenn man miteinander diskutiert, sich mit Inhalten und Verhalten auseinandersetzt. Der Planungsvorgang bringt die Mitarbeiter einander näher und ermöglicht eher ein Mit- anstatt ein Gegeneinanderarbeiten.
- *Aufklärung:* Planung heißt Aufklärung. Wer geplant hat, ist auch in der Lage, andere darüber zu informieren. Das Handeln geschieht nicht aus einer spontanen Laune heraus, sondern steht in einem Gesamtzusammenhang und kann daraus erklärt werden. Will sich Pädagogik von Manipulation unterscheiden, muß sie um Offenheit, Durchsichtigkeit und Aufklärung bemüht sein.
- *Emanzipation:* Emanzipation muß geplant werden. Sie fällt nicht vom Himmel oder ist irgendwie da, sondern will gelernt sein. In kleinen Schritten muß Emanzipation geplant und trainiert werden, nicht in großen Entwürfen. Hier begehen Sozialpädagogen häufig Fehler, indem sie Emanzipation nicht als Prozeß verstehen, sondern bereits als Ergebnis.
  Der Sozialpädagoge muß Lehr-Lern-Situationen schaffen, die geeignet sind, emanzipatorisches Verhalten zu üben. In Anbetracht der Tatsache, daß viele Wirtschaftszweige in unserer Gesellschaft nur dann gut verdienen, wenn sie den Kunden manipulieren und Emanzipation verhindern, muß Pädagogik interessiert sein, Emanzipation zu lehren. Das schließt jedoch ein, daß gerade Emanzipation geplant werden muß.
- *Substanz:* Angesichts einer immer komplizierter und unübersichtlicher werdenden Gesellschafts- und Lebensordnung ist Planung notwendig. Mangel an Planung wäre Gedanken- und Verantwortungslosigkeit aller am Lernprozeß Beteiligten. Gerade Sozialpädagogik bedarf im Hinblick auf ihre Inhalte Konzepte. Diese sind erstrebenswert, um der Sozialpädagogik mehr pädagogische Substanz zu geben.

- *Dritte Lerninstitution:* Wenn Sozialpädagogik den Anspruch erhebt, neben Familie und Schule eine dritte Lerninstitution zu sein, muß sie auch didaktisch, konzeptionell arbeiten. Das Ansehen der Sozialpädagogik als dritte Lerninstitution könnte in der Öffentlichkeit sicher gewinnen, wenn die Sozialpädagogik eine eigene Didaktik hätte und Sozialpädagogen daran arbeiten würden.
- *Öffentlichkeit:* Erziehung ist keine Privatangelegenheit, sondern geschieht in der Öffentlichkeit. Entsprechend hat diese auch das Recht zu erfahren, was geplant ist. Über Geplantes kann man reden. Öffentlichkeitsarbeit ist für den Sozialpädagogen wichtig, sie wird leider viel zu sehr vernachlässigt. Der Sozialpädagoge verschafft sich jedoch eine schlechte Presse, wenn er ohne Planung und Konzept arbeitet.
- *Anthropologische Konstante:* Nach handlungspsychologischen Überlegungen ist die Kapazität des Menschen, Informationen zu verarbeiten, außerordentlich begrenzt. Man geht davon aus, daß Menschen lediglich drei bis sieben Informationseinheiten gleichzeitig aktiv bearbeiten können. Um nun in Situationen spontan reagieren zu können, hilft sich das Gedächtnis durch Bündelung gespeicherter Wissensbestände, so daß sie en bloc abgerufen werden können.[12)]
  »En bloc heißt: Viele einzelne Informationen werden so untereinander verknüpft, daß sie letztlich nur noch eine einzige Informationseinheit darstellen«[13)], d. h., menschliches Handeln geschieht stets nach bereits bestehenden Plänen. Planvolles Handeln ist eine anthropologische Konstante.

Halten wir fest

Ich glaube, genügend Faktoren zusammengetragen zu haben, die erkennen lassen, daß Planung notwendig ist. Erziehung ohne Planung ist gefährlich.

Allerdings darf Planung nicht im Sinne einer Ursache-Wirkungs-Kette verstanden werden.[14)] Planen wird als ein heuristisches Prinzip gesehen, d. h., es bezeichnet ein Suchverfahren, das keine direkte Problemlösung garantiert.[15)] Vielmehr setzt man sich im Plan mit einer Situation gedanklich auseinander und erwägt Handlungsmöglichkeiten. Dabei wird man immer offen sein, daß am Ende der Plan und die Wirklichkeit konträr verlaufen können. Das besagt jedoch nichts gegen eine Planung.

1.4. Definition von Planung

Was ist eine Planung? Eine erste Definition könnte man aus den negativen und positiven Merkmalen zusammenstellen.

Aufgabe
Versuchen Sie zu umschreiben, was man unter Planung versteht.

Sie wissen bereits, daß es keine falschen Definitionen geben kann, wenn Sie alle oder schwerpunktmäßig einige der genannten Faktoren berücksichtigt haben.

Definition

Eine Definition von Planung könnte z. B. lauten:
Unter einer Planung kann man einen gedanklichen Vorgang verstehen, bei dem der Lernende nicht als Objekt verplant wird, sondern es sich um eine vertrauensbildende Maßnahme handelt, die u. a. Aufklärung und Zukunftsgestaltung zum Ziel hat.
In der relevanten Literatur wird Planung folgendermaßen umschrieben:

- »Planen meint ein zielgerichtetes Handeln, welches sich Kriterien des Erfolges unterwirft.«[16)]
- Planen meint, was dem Handelnden als Zielverwirklichung einsichtig ist und subjektive Durchsichtigkeit als Kriterium hat.[17)]
- Planen heißt Handeln regeln.[18)]
- »Planung ist ein geordneter informationsverarbeitender Prozeß zur Erstellung eines Entwurfes, welcher Größen für das Erreichen vorgegebener Ziele vorausschauend festlegt.«[19)]
- Nach *Stephan* ist Planung »die gedankliche Vorwegnahme zukünftigen Handelns unter Beachtung des Rationalprinzips«.[20)]
- *Ortmann* bestimmt Planung vorläufig »als ein(en) Prozeß, in dem in möglichst weitgehender Selbstbestimmung die von diesem Prozeß Betroffenen mit Hilfe eines sachverständigen Planes den Versuch unternehmen, gedanklich die sozialen Prozesse zu antizipieren und die zu ihrer Realisierung notwendigen Maßnahmen und Ressourcen aufzuzeigen, die nach gegebenem Kenntnisstand über den zu planenden Objektbereich erforderlich sind, um ihre Bedürfnisse zukünftig befriedigen zu können«.[21)]

Halten wir fest
Bei einer Planung handelt es sich um einen gedanklichen Vorgang, in dem die Entfaltung der Persönlichkeit im Zentrum der Überlegungen steht.

2. Bedeutung von Konzepten

2.1. Umschreibung des Begriffes »Konzept«

Besteht zwischen einem Plan und einem Konzept ein Unterschied? Im privaten Bereich spricht man eher von Plan und Planung, im beruflichen Zusammenhang von Konzept und Konzeption.
Wenn *Tenbruck* sagt, daß ein erheblicher Teil menschlichen Handelns den Charakter eines Planes trägt[22)], dann kan man für den (Sozial-)Pädagogen, der sich um eine reflektierte Erziehung bemüht, festhalten: Jeder Pädagoge hat (bewußt oder unbewußt) ein Konzept. Der Didaktik geht es darum, dieses z. T. unbewußte Konzept dem (Sozial-)Pädagogen bewußt zu machen und Kriterien für die Erstellung eines Konzeptes zu vermitteln, damit sein pädagogisches Handeln auf einer reflektierten Basis steht.

Halten wir fest

- Ein Konzept ist ein Handlungsmodell des Pädagogen, in dem Ziele, Inhalte und Methoden in einem sinnhaften Zusammenhang stehen.
- Ein Konzept ist ein Entwurf, in dem das angestrebte Ziel und die effektivste Methode zu diesem Ziel gedanklich vorweggenommen werden.
- Ein Konzept ist eine sinnvolle, planerische Gestaltung einer Lern- oder Handlungssituation.
- Ein Konzept ist die theoretisch begründete Anleitung zur sinnvollen Abfolge von Handlungen, deren Erläuterung und Reflexion.

2.2. Interpersonales und intrapersonales Konzept

Wenn man von einem Konzept spricht, muß man allerdings eine Unterscheidung vornehmen.

Aufgabe
Stellen Sie sich folgende Situation vor: Sie arbeiten als Jugendarbeiter in einer kirchlichen Gemeinde. Nach Ihrem Konzept verstehen Sie unter kirchlicher Jugendarbeit: Diakonie an der Jugend.
Der Pfarrer und mit ihm ein Teil der Gemeinde versteht unter kirchlicher Jugendarbeit: Kinder und Jugendliche sollen zu den Sakramenten und zur Mitfeier am sonntäglichen Gottesdienst geführt werden. Der Jugendarbeiter hat seine Meinung der Gemeinde jedoch nicht deutlich erklärt. Das hielt er nicht für klug. Er glaubt vielmehr, daß er die Gemeinde langsam von seiner Vorstellung überzeugen kann. Sein Konzept ist zunächst nur ihm, das des Pfarrers dagegen öffentlich bekannt. Ein Konflikt zwischen Jugendarbeiter und Pfarrer, Gemeinde ist vorprogrammiert.

Wie könnte man die beiden Konzepte bezeichnen?

Das Konzept des Pfarrers: ______________________________

____

Das Konzept des Jugendarbeiters: _________________________

____

Man unterscheidet zwischen einem äußeren und einem inneren Konzept, was man auch interpersonales und intrapersonales Konzept nennt. Zwischen beiden kommt es nicht selten zu Spannungen. Wichtig ist es nun für den Pädagogen, daß er sich über sein inneres Konzept (Selbstkonzept) Gedanken macht und Klarheit verschafft. Er sollte seine inneren Beweggründe kennen und sie kritisch reflektieren. Bemüht er sich darum, dann handelt er nicht aus dem »hohlen Bauch« heraus, er kann sein Konzept auch nach außen hin vertreten.

Öffentliches Konzept – Selbstkonzept

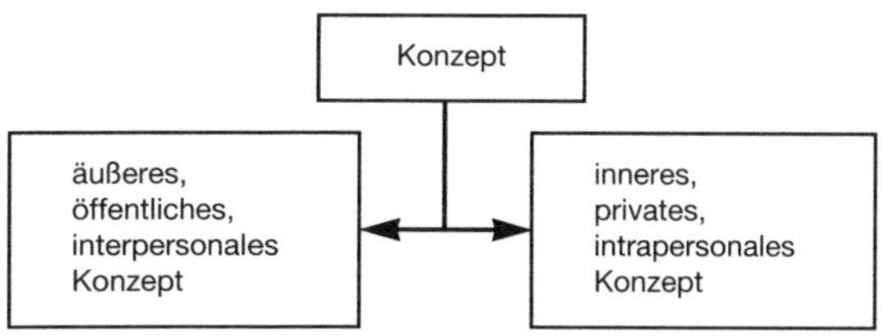

Wenn ich im weiteren Verlauf von Konzept spreche, meine ich stets das öffentliche Konzept.
Für die Erstellung eines öffentlichen Konzeptes sollen im folgenden Kriterien erarbeitet werden. Aus welchen Elementen besteht ein Konzept? Wie können die Erkenntnisse aus den vorausgegangenen Kapiteln für die Erstellung eines Konzeptes berücksichtigt werden? Wie und wo finden sie Eingang?

Aufgabe
Vorab jedoch eine Frage.
Welche Erwartungen haben Sie an ein Konzept?

Für mich sollte ein Konzept ____________________

____

Für mich sollte ein Konzept nicht ____________________

____

2.3. Anthropologisches Lern-Spiral-Modell

Wenn der Pädagoge eine Lehr-Lern-Situation plant, wie geht er didaktisch/methodisch vor? Gehen wir von einem Beispiel aus.

Praxis

Nehmen Sie an, Sie sind Leiter einer Kindergruppe, die Kinder sind 9 – 12 Jahre alt, zur Gruppenstunde kommen etwa 15 Mädchen und Jungen. Für Sie ist es wichtig, stets pünktlich zu sein. Dieses Mal jedoch stecken Sie mit Ihrem Auto in einem Verkehrsstau und verspäten sich um 30 Minuten. Sie hasten zum Gruppenraum und hören schon von weitem allgemeines Geschrei und viel Lärm. Sie können sich gut vorstellen, was da im Gruppenraum abläuft: Einige werden über Tische und Stühle klettern, andere werden Ringkämpfe durchführen, andere werden in dem Chaos dem Weinen nahe sein usw.
Bevor Sie nun die Tür zum Gruppenraum öffnen, halten Sie inne, holen tief Luft. Jetzt öffnen Sie die Tür. Was geht in Ihrem Kopf vor? Analysieren Sie einmal detailliert, ganz genau die einzelnen Schritte. Bevor Sie handeln, laufen in Ihrem Kopf – bewußt oder unbewußt – zwei Teilschritte ab.

Aufgabe
Was müssen Sie tun, bevor Sie reagieren, handeln?

1. ____________________

____

2. ____________________

Analysiert man das Vorgehen in seiner logischen Abfolge, kommt man zu folgendem Ergebnis:

1. Schritt: Information
Der Gruppenleiter muß sich zunächst über die Situation informieren. Was ist hier los? Wer macht was? Dieser Vorgang kann blitzschnell durch einen kurzen Rundblick geschehen. Auf jeden Fall braucht er Informationen, um angemessen handeln zu können. Holt er sich diese nicht, ist sein Handeln willkürlich, dem Zufall überlassen. Pädagogisches Handeln beginnt also immer beim Sammeln von Informationen.

2. Schritt: Konzeption
Die gesammelten Informationen muß der Pädagoge ordnen und sich überlegen, wie er sich verhalten, wie er vorgehen soll. Auch dieser Vorgang muß u. U. schnell gehen und verläuft ebenfalls bewußt oder unbewußt. Was ist los? Warum ist die Situation so? Wie will ich mich verhalten? Das sind die drei didaktisch/methodischen Grundfragen einer Konzeption.

3. Schritt: Aktion
Erst jetzt sollte der Pädagoge handeln, seine Konzeption durchführen. Sein Handeln ist überlegt und planvoll. Handeln kann umschrieben werden als planvolles, zielgerichtetes Vorgehen in einer Situation.

4. Schritt: Reflexion
Nach der Handlung sollte der Pädagoge reflektieren, denn er hatte ein Ziel, das er nun überprüfen sollte. War die Reaktion richtig, angemessen, hilfreich? Erziehung darf nicht dem Zufall überlassen werden, es muß reflektierte Erziehung sein. Deshalb gehört zur Formulierung von Zielen die Begründung (Warum?) und die anschließende Reflexion. Ein Pädagoge, der nicht reflektiert, weiß nicht, warum eine Situation positiv oder negativ verlaufen ist. Sein Handeln hat keine Linie, ist vom Zufall bestimmt. Ein solcher Pädagoge löst beim Lerner Unsicherheit und Angst aus, blockiert Lernen.

Halten wir fest
Jede pädagogische wie nichtpädagogische Situation, jede Lern- oder Handlungssituation erfolgt in diesen vier Schritten, bewußt oder unbewußt, spontan oder langfristig geplant. Es sind vier anthropologisch begründete Handlungsschritte. Jeder Mensch verhält sich so, er kann gar nicht anders: Zuerst benötigt er Informationen, diese muß er ordnen, für sich ein Konzept erstellen, erst danach kann er handeln. Nach seiner Handlung wird er ein »bestimmtes« Gefühl haben, das sein Handeln bewertet. Diese Auswertung ist für ihn wiederum eine wichtige Information, wie er sich in einer ähnlichen Situation verhalten soll.

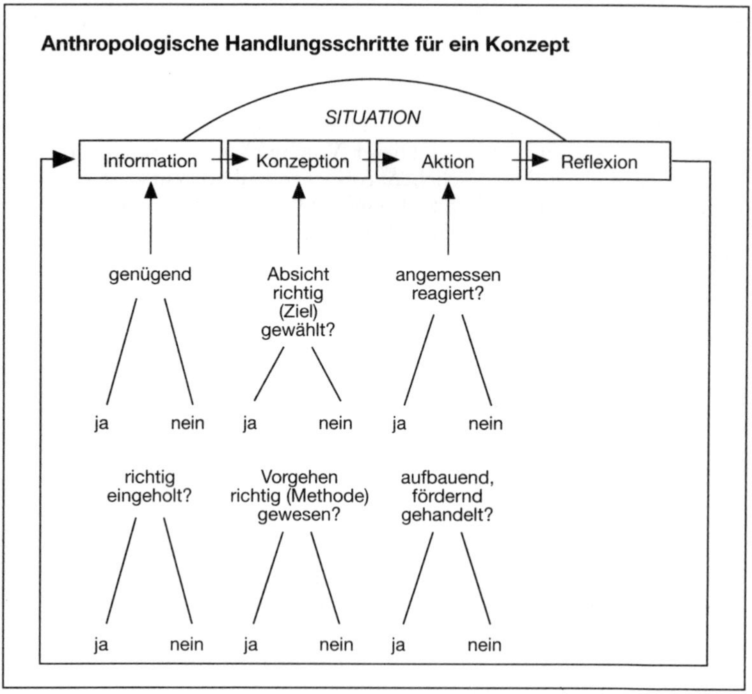

In einigen Bereichen der Sozialpädagogik spricht man gerne von einer Situationspädagogik. Damit ist nun allerdings nicht gemeint und wird oft falsch verstanden, daß man in einer Situation konzeptlos handelt. Diese vier Schritte sind ein anthropologischer Grundtatbestand. Jeder Mensch handelt so in einer Situation. Vom Pädagogen kann man jedoch erwarten, daß sein Verhalten verantwortbar und reflektiert ist.
Die vier Schritte dienen als Grundlage für ein Konzept, für ein Planungs-Modell.[23)]
Gehen wir von der anthropologischen Erkenntnis aus, daß jeder Mensch nach diesen vier Schritten in einer Situation handelt, und nehmen wir diese vier Schritte zur Grundlage eines Konzeptes, dann entsprechen die Bauteile eines Konzeptes nicht einer handlungsfremden Situation, sondern den immanenten Gesetzen menschlichen Handelns. Der Aufbau eines Konzeptes entspricht dem menschlichen (anthropologischen) Handlungsablauf. Da ein Konzept jedoch die gedankliche Vorwegnahme einer Handlungssituation ist, gehört der dritte Schritt »Aktion« natürlich nicht in ein Konzept. Und wie steht es mit dem vierten Schritt, der »Reflexion«?

Aufgabe
Wie ist Ihre Meinung: Gehört die Reflexion in ein Konzept (als gedankliche Vorwegnahme einer Situation) oder nicht?

____

____

____

Die Reflexion gehört in ein Konzept. *Begründung:* Will ich über mein Verhalten nachdenken, muß ich mir vorher überlegt haben, an welchen Kriterien ich feststellen kann, ob ich mein Ziel erreicht habe oder nicht. Ein zweiter Grund: Will ich von den Teilnehmern eine Rückmeldung erhalten, dann muß ich vorher planen, wie ich diese erhalten will. Das heißt also, auch über die Reflexion muß ich mir Gedanken machen, muß sie also planen. Näheres führe ich in diesem Kapitel später aus. (3.3.) Somit besteht ein Konzept aus drei Teilen: *Information, Konzeption* und *Reflexion.* Diese drei Schritte bilden die Bauelemente eines didaktisch/methodischen Planungsmodells, eines Konzeptes, das für jede Situation Geltung besitzt.

Anthropologisches Lern-Spiral-Modell

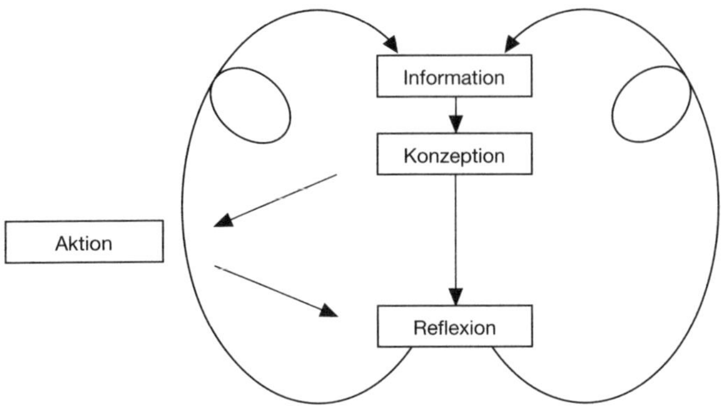

Anthropologisches Lern-Spiral-Modell besagt

- *Lernen:* Es geht immer um Lernen. Der Mensch lernt sein Leben lang.
- *Spirale:* Die Reflexion über eine Handlung ist gleichzeitig wiederum eine neue Information und der Ausgangspunkt für eine neuerliche Planung.

In der Didaktik spricht man häufig vom »Kreis«-Modell. Das Wort »Kreis« vermittelt eher den Eindruck von Geschlossenheit, dagegen soll der Begriff »Spirale« die Dynamik des Lernvorganges verdeutlichen; denn durch den Lernprozeß habe ich mich verändert.

- *Modell:* Es ist ein Vorschlag, der in diesen Schritten zwar anthropologisch begründet ist, der sich jedoch als offenes Modell versteht, d. h., dessen Inhalte nicht endgültig festgelegt sind.[24)]
- *Anthropologisch:* Die Schritte des Modells sind an den Abläufen einer Handlung orientiert und anthropologische Konstanten einer Handlung.

Auf eine Konzeption bezogen, sollen die drei Schritte folgende Einteilung erhalten:
Information: A-Teil: Theoretische Überlegungen
Konzeption: B-Teil: Konzeptionelle Überlegungen
Reflexion: C-Teil: Überlegungen zur Auswertung

Halten wir fest

Ein Konzept enthält einen A-Teil (Information), B-Teil (Konzeption) und C-Teil (Reflexion). Über alle drei Teile muß sich der (Sozial-) Pädagoge gleichermaßen Gedanken machen.

Ein Konzept ist die gedankliche Vorwegnahme einer Handlungssituation, d. h., bevor der Pädagoge handelt, muß er planen. Planung heißt, Informationen einholen, Ziele und Methoden überlegen, Kriterien für die Auswertung bedenken.

3. Drei Teile eines Konzeptes

Gehen wir einmal die drei Teile eines Konzeptes durch und überlegen, was von den bisherigen Überlegungen zu diesen Teilen bzw. in diese Teile gehört.

3.1. A-Teil: Theoretische Überlegungen

In diesem ersten Teil macht der Pädagoge sich kundig, kompetent. Er setzt sich mit dem Thema, der Fragestellung etc. auseinander, studiert u. U. relevante Literatur. Nachdem er sich allgemein informiert hat, überträgt er diese Kenntnisse auf die konkrete Situation und Zielgruppe/Zielperson.

1. Beispiel: Ein Sozialpädagoge will in einem Seniorenclub zu dem Thema sprechen: »Wie halte ich mich geistig und körperlich fit?« Praxis

Der erste Schritt bedeutet: Er setzt sich mit dem Thema auseinander, ordnet die Informationen und entwirft für sein Konzept eine gut durchdachte Gliederung.

2. Beispiel: Ein Sozialpädagoge wird von einem Jugendlichen angesprochen, der ihm mitteilt, daß er Probleme am Arbeitsplatz habe. Der Jugendarbeiter informiert sich zuerst, um welche Probleme es sich handelt, danach überlegt er, welchen Rat er dem Jugendlichen geben soll. Praxis

Man kann generell das Gesetz aufstellen: Ohne Information – gleich welcher Art – ist Handlung nicht möglich. Informationen verstehen sich als Reiz, auf den eine Reaktion erfolgt. Insofern geht einer Reaktion/Handlung stets eine Information voraus. Dieses Gesetz gilt generell und unterschiedslos für alle Situationen.

Halten wir fest
Im A-Teil (Information/theoretische Überlegungen), d. h. im 1. Schritt muß der (Sozial-)Pädagoge Informationen sammeln. Je nach Situation geht dieser Vorgang spontan und sekundenschnell vor sich, oder man hat Zeit, sich intensiv vorzubereiten. Man kann die verschiedenen Vorgänge auf einer Ebene/Linie zeichnen, wobei der eine Pol die spontane Reaktion darstellt, der andere Pol die ausführliche Planung.

3.2. B-Teil: Konzeptionelle Überlegungen

Hat der (Sozial-)Pädagoge über eine Situation oder ein Thema Informationen gesammelt bzw. erhalten, sollte er nicht sofort handeln, sondern

sich das, was in seinem Kopf abläuft, bewußt machen. Es geht dabei, wie wir in den vorausgegangenen Kapiteln gesehen haben, um drei Fragen:
1. Was ist los? (1. Kapitel: Bedingungsanalyse)
2. Was will ich erreichen? (3. Kapitel: Ziele)
3. Wie will ich mich verhalten? (2. Kapitel: Methoden)
Diese drei Fragen stellen sich in jeder Situation, sie sind anthropologische Konstanten. Das darauf folgende Handeln ist praktisch die Sichtbarmachung des Ergebnisses dieser Fragen.

Praxis

3.2.1. Praxisbeispiel: Kinder und Tiere

Der Sozialpädagoge will Eltern erklären, wie wichtig für Kinder die Haltung eines eigenen Tieres ist.

1. Frage: Was ist los? (Bedingungsanalyse)
Der Sozialpädagoge muß die Lage der Kinder analysieren, denn sonst könnte er ein solches Thema gar nicht aufgreifen. Es wäre für ihn geradezu peinlich, ein solches Thema bei Kindern zu behandeln, die bereits Umgang mit Tieren haben. Seine Analyse zeigt ihm, daß diesen Kindern der Umgang mit Tieren fehlt. Da er ihn für wichtig hält, sucht er das Gespräch mit den Eltern.
2. Frage: Was will ich erreichen? (Ziele)
Wenn er dieses Thema aufgreift und mit den Eltern diskutieren möchte, hat er sicher auch klare Vorstellungen von seinen Zielen. Will er, daß die Eltern ihren Kindern ein Tier kaufen? Will er in seiner Einrichtung einen Streichelzoo einrichten? Will er, daß die Kinder Tiere in seiner Einrichtung halten? Will er nur ganz allgemein darüber informieren? Was will er? Man sieht, ohne Beantwortung dieser Fragen, d. h. ohne Zielformulierungen würde er wenig Sinnvolles reden, er könnte es auch lassen.
3. Frage: Wie will ich mich verhalten? (Methoden)
Weiß der Sozialpädagoge, was er will, muß er sich nun Gedanken machen, wie er mit den Eltern über sein Anliegen sprechen will. Soll es ein Vortrag sein? Soll ein zwangloses Gespräch stattfinden? Soll er sein Thema in einem Info-Brief erläutern? Die Methode bestimmt den Rahmen, in dem der Sozialpädagoge die Informationen an die Eltern weitergeben möchte.

!

Halten wir fest
Bevor der (Sozial-)Pädagoge handelt, sollte er sich zuerst über die Situation informieren (Was ist los?) und sich anschließend fragen:
- Was will ich?
- Wie gehe ich vor?

3.2.2. Raster, Gliederung

Wie berücksichtigt der Sozialpädagoge diese Überlegungen in einem Konzept? Ich greife nun auf die bereits erarbeiteten Überlegungen der einzelnen Kapitel zurück und trage diese Ergebnisse in das Lern-Spiral-Modell ein.

A-Teil: Theoretische Überlegungen

B-Teil: Konzeptionelle Überlegungen
1. Bedingungsanalyse
1.1 Organisationsstruktur/Rahmenbedingungen
1.2 Zielgruppenanalyse/Voraussetzungen
1.2.1 Individuelle/anthropogene Voraussetzungen
1.2. Sozio-kulturelle Voraussetzungen
1.3 Lehr-Lern-Situation
(1.4 Bedürfnisse/Anthropologische Überlegungen)
2. Didaktisch/methodische Überlegungen
- *Richtziel-Ebene*
  (Richtziel 1. und 2. Grades)
- *Grobziel-Ebene*
  (Erziehungs-, Handlungs-, Lernziele, Didaktischer Kommentar)
- *Feinziel-Ebene*
  (Feinziele, Didaktischer Kommentar, Vermittlungsvariablen, u. U. Anthropologische Überlegungen)

C-Teil: Überlegungen zur Auswertung

In den einzelnen Kapiteln habe ich an konkreten Beispielen aufgezeigt, wie man diese Punkte des B-Teiles ausformuliert. Dieser Verweis mag hier genügen. Sie haben die einzelnen Schritte geübt, so daß Sie die Punkte selbständig ausfüllen können.

Zu einem Punkt sollte ich jedoch noch ein paar Informationen geben. Es fällt auf, daß die Bedingungsanalyse erst nach der Informationsphase eingeplant ist. Muß man nicht zuerst eine Bedingungsanalyse durchführen, bevor man Informationen sammelt? Es gibt in der Tat zwei Vorgehensweisen:
1. Man beginnt mit einer Bedingungsanalyse, erst im Anschluß daran sammelt man gezielt weitere Informationen und setzt sie in Bezug zu dem konkreten Ist-Stand.
2. Man informiert sich zunächst allgemein über das Thema und erstellt erst danach eine Analyse der Bedingungen.

Aufgabe

1. Worin besteht der Unterschied in der Vorgehensweise?
2. Wo liegen die Vor- und Nachteile der beiden Möglichkeiten?

zu 1) ____

____

____

zu 2) ____

____

____

Beginne ich mit einer Bedingungsanalyse, dann besteht die Gefahr, daß die Sammlung von Informationen eingeschränkt wird. Da mir z. B. nur soviel Personal, Finanzen und Räume zur Verfügung stehen, kann ich viele gute Anregungen und Ideen gar nicht aufnehmen, weil sie für meine Einrichtung leider nicht infrage kommen. Mein Blickwinkel wird durch mein Praxisfeld und meine Erfahrung u. U. erheblich eingeschränkt. Neues aufzunehmen ist nur begrenzt möglich.

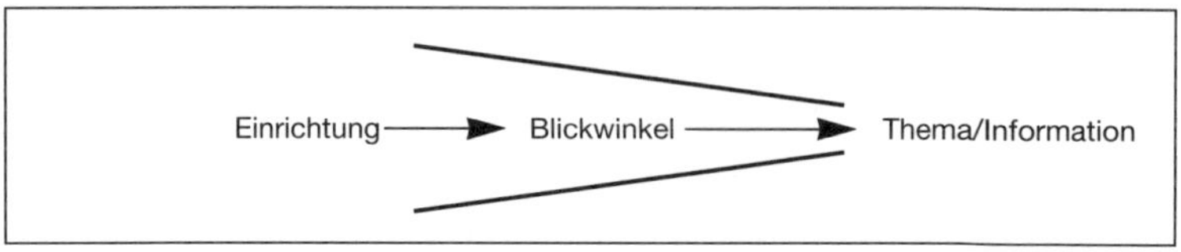

Setze ich mich dagegen zuerst mit dem Thema auseinander, weite ich meinen beruflichen Horizont. Ich sehe, was alles möglich ist, was andere Einrichtungen unternehmen. Dadurch könnte ich u. U. angeregt werden, in meiner Einrichtung Änderungen vorzunehmen. Aus der Theorie kann ich genügend überzeugende Argumente entnehmen, die eine begründete Änderung als Konsequenz erscheinen lassen. Das heißt, die zweite Vorgehensweise eröffnet dem Praktiker neue Perspektiven, ermutigt ihn, nach der Auseinandersetzung mit dem Thema Neues zu probieren. Dieser zweite Weg enthält eher die Möglichkeit zur Innovation, Kreativität, Veränderung.

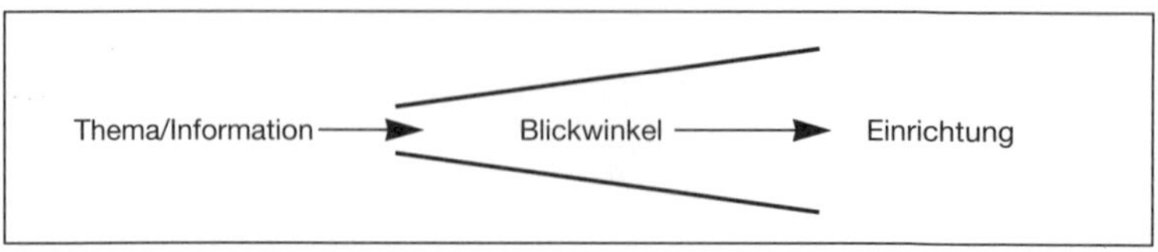

3.3. C-Teil: Überlegungen zur Auswertung

Erst nach der Klärung der drei Fragen wird der gedankliche Plan in Handlung umgesetzt. Es folgt die Aktion. Da diese jedoch nicht zu den Teilen eines Konzeptes gehört, möchte ich auf die Aktion auch nicht näher eingehen.
Der dritte Schritt eines Konzeptes nach Information und Konzeption ist die Reflexion. Der (Sozial-)Pädagoge hat nach seiner Aktion ein »bestimmtes« Gefühl, das ihm sagt: Das hast du gut oder nicht so gut gemacht. Bei diesem Gefühl sollte er jedoch nicht stehen bleiben, er sollte es analysieren: Warum ist das so? Unter einer reflektierten Pädagogik versteht man: Nachdenken über sein Verhalten, es auswerten und Folgerungen daraus ziehen.
Reflektierte Pädagogik besagt jedoch nicht nur, daß der Pädagoge nach seiner Handlung darüber reflektiert, sondern er plant die Auswertung bereits. Sie ist ein Teil des Konzeptes. Es sieht eigens einen dritten Teil vor, der speziell der Auswertung vorbehalten ist. Um die Wichtigkeit der Reflexion zu dokumentieren, wurde diese Frage aus dem B-Teil herausgenommen. Eigentlich ist sie der letzte Abschnitt des B-Teiles.
In diesem C-Teil kann nun eine verbale (Feedback) oder nonverbale (Beobachtung) Auswertung geplant werden.
Bei der Konzepterstellung berücksichtigt man den Gedanken an eine Auswertung bereits auf der Grobziel-Ebene, bei der Formulierung der Erziehungsziele. Als letztes Erziehungsziel wird das Auswertungsziel genannt. Handelt es sich dabei um eine nonverbale Auswertung (Beobachtung), lautet das letzte Erziehungsziel z. B.: Das Verhalten der Teilnehmer soll ausgewertet werden.
Soll eine verbale Auswertung (Feedback) vorgenommen werden, formuliert man als letztes Erziehungsziel z. B.: die Teilnehmer sollen die Sitzung auswerten und dem Leiter wie der Gruppe Feedback geben. Dieses Erziehungsziel wird auch als letztes Lernziel übernommen.
Konkret sieht das so aus:

Grobziel-Ebene
Erziehungsziele
z. B.
1. ...
2. ...
3. ...
4. Das Verhalten der Teilnehmer soll ausgewertet werden (bei einer nonverbalen Auswertung). Oder:
4. Die Teilnehmer sollen Feedback geben (bei einer verbalen Auswertung).

Handlungsziele
z. B.
1. ...
2. ...
3. ...

Lernziele
z. B.
1. ...
2. ...
3. ...
4. ...
5. Das Verhalten der Teilnehmer soll ausgewertet werden. Oder:
5. Die Teilnehmer sollen Feedback geben.

Dieses letzte Lernziel auf der Grobziel-Ebene ist der Ausgangspunkt für den C-Teil. Geht es um die Feedback-Auswertung, ist in der Abfolge und Formulierung der Ziele etc. der C-Teil dem B-Teil ähnlich. Von dem Grobziel werden Feinziele abgeleitet, ein Didaktischer Kommentar formuliert und Vermittlungsvariablen angegeben.

Halten wir fest
Auswertung ist ein Ziel des Pädagogen, also ein Erziehungsziel. Es wird als letztes Ziel auf der Grobziel-Ebene formuliert und im C-Teil weiter operationalisiert.
Handelt es sich um eine nonverbale Auswertung, formuliert der (Sozial-)Pädagoge Beobachtungskriterien.
Geht es um eine verbale Auswertung, ein Feedback, ist die Abfolge und Formulierung der Ziele dem des B-Teils ähnlich. Vom Grobziel werden Feinziele abgeleitet, ein Didaktischer Kommentar formuliert und Vermittlungsvariablen angegeben.

3.3.1. Nonverbale Auswertung: Beobachtung

Formulierung von Kriterien
Es gibt Situationen, die sich nicht für eine verbale Auswertung eignen. Man kann den Teilnehmern nicht am Schluß sagen: »Nehmen Sie bitte noch einmal kurz Platz, ich möchte von Ihnen gerne ein Feedback erhalten, um zu überprüfen, ob ich meine Ziele erreicht habe.« Das ist oft nicht möglich und manchmal unpassend. Teilweise sind die Teilnehmer auch damit überfordert, Stellung zu beziehen. Wenn ich z. B. mit Kindern eine Sportstunde durchführe, muß ich überlegen (planen), ob ich am Ende mit den Kindern eine verbale Auswertung vornehme oder nicht.

- Ich kann mich am Schluß der Stunde mit ihnen in einen Kreis setzen und über die Stunde reden.
- Ich kann aber auch mit ihnen nach der Stunde ein Eis essen gehen und mich dort mit ihnen unterhalten.
- Schließlich kann ich beides sein lassen und während der Stunde genau beobachten, ob die Lernziele erreicht wurden.
- Ich kann natürlich auch beides machen: beobachten und befragen.

Dies alles setzt jedoch eine Planung voraus. Wenn ich mit den Kindern in eine Eisdiele gehen möchte und nicht genügend Geld dabei habe, scheitert ein noch so gutes Vorhaben. Planung besagt, ich habe die entsprechenden Vorbereitungen getroffen, muß aber dennoch situationsbedingt handeln. Vielleicht haben die Kinder schon etwas anderes geplant und wollen schnell nach Hause, weil im Fernsehen »Die Simpsons« zu sehen sind.
Wie sieht nun konkret ein C-Teil aus, wenn man nonverbal auswerten möchte? Der Pädagoge muß Kriterien erarbeiten, an denen er erkennen kann, ob seine Ziele erreicht wurden.[25] Hier bieten sich dem (Sozial-) Pädagogen mehrere Möglichkeiten.

1. Möglichkeit
Er formuliert zu den einzelnen Feinzielen entsprechende Handlungs-Kriterien, an denen er erkennen kann, ob seine Ziele von den Teilnehmern verstanden und in Handlung umgesetzt wurden.

● **Beispiel**

Praxis

Ziel: Frauen eines Frauenhauses sollen Behördengänge selbständig erledigen können.
Handlungs-Kriterium: Sich erkundigen, welche Behörde zuständig ist, sich die Anschrift der Behörde besorgen; Verkehrsverbindungen heraussuchen; die Behörde aufsuchen.

2. Möglichkeit
Der Pädagoge faßt die Feinziele in Gruppen zusammen (z. B. Feinziele der Einstiegs-, Haupt- und Schlußphase) und formuliert für diese Zielblöcke jeweils Handlungs-Kriterien.

3. Möglichkeit
Im C-Teil stellt der Pädagoge entsprechend seinem Anliegen Fragen und gibt Handlungs-Kriterien an, die ihm zur Überprüfung seiner Ziele dienen.

Musterbeispiel: Beobachtung

Muster

C-Teil: Überlegungen zur Auswertung: Beobachtung
Ich möchte am Schluß der Übungsstunde wissen:

1. Habe ich die Übungen gut erklärt?
   Handlungs-Kriterium: Nachfragen bei den Kindern bzw. richtiges Ausführen der Übungen.
2. Haben die Kinder die Übungen richtig geturnt?
   Handlungs-Kriterium: Wieviele Versuche brauchten die einzelnen Kinder, um sie richtig zu turnen?
3. Haben die Kinder sich gegenseitig geholfen, soziales Verhalten gezeigt?
   Handlungs-Kriterium: Haben sie sich die Übungen gegenseitig erklärt; geholfen, sie richtig auszuführen?
4. Haben die Kinder Freude an der Übungsstunde gehabt?
   Handlungs-Kriterium: Herrschte eine aufgelockerte Atmosphäre? Waren die Kinder fröhlich und bei der Sache? Wie war die Stimmung?
5. Stimmte die Beziehungsebene zwischen mir und den Kindern?
   Handlungs-Kriterium: Waren die Kinder motiviert? Gab es Spannungen, Unstimmigkeiten?

6. Waren es zuviele Übungen? Wurden die Kinder überfordert?
   Handlungs-Kriterium: Machten die Kinder bis zum Schluß konzentriert mit? Ließ ihre Konzentration nach? Waren einige Übungen zu schwer, zu leicht?
7. Waren die ausgewählten Gechichten passend und spannend?
   Handlungs-Kriterium: Wie haben die Kinder zugehört? Regten die Geschichten ihre Phantasie an? Waren es zuviele Geschichten? Habe ich sie gut vorgetragen?

3.3.2. Verbale Auswertung: Feedback

Neben der nonverbalen Auswertung steht die verbale Auswertung, das Feedback. Hier geht es um die verbale Auseinandersetzung mit den Zielen und Methoden. Der Sozialpädagoge möchte von den Teilnehmern eine Rückmeldung (Feedback) erhalten. Er bittet am Schluß einer Sitzung, Situation, Zusammenkunft etc. die Teilnehmer, zu sagen, wie sie ihn, die Situation, Sitzung etc. und die Gruppe erlebt haben.
Für diesen Zweck gibt es Regeln, die der Pädagoge beachten sollte.[26)]

- *Regeln für das Geben von Feedback*
  1. Gib Feedback, wenn der andere es auch hören kann.
  2. Feedback soll so ausführlich und konkret wie möglich sein.
  3. Teile deine Wahrnehmung als Wahrnehmung, deine Vermutung als Vermutung und deine Gefühle als Gefühle mit.
  4. Feedback soll auch gerade positive Gefühle und Wahrnehmungen umfassen.
  5. Feedback soll umkehrbar sein.
  6. Feedback soll die Informationskapazität des anderen berücksichtigen.
  7. Feedback soll sich auf begrenztes konkretes Verhalten beziehen.
  8. Feedback soll möglichst unmittelbar erfolgen.
  9. Feedback geben bedeutet, Informationen zu geben und nicht, den anderen zu verändern.
- *Regeln für das Annehmen von Feedback*
  1. Wünsche nur dann Feedback, wenn du dazu auch physisch und psychisch in der Lage bist.
  2. Bitte die anderen möglichst oft um ein Feedback.
  3. Sage konkret, welche Informationen du haben möchtest.
  4. Wenn du Feedback annimmst, höre zunächst ruhig zu.
  5. Vermeide zu argumentieren oder dich zu verteidigen.
  6. Überprüfe die Bedeutung von Informationen.
  7. Teile deine Reaktion mit.

Muster

Musterbeispiel: Feedback
C-Teil: Überlegungen zur Auswertung: Feedback
zu GZ 7: Die Teilnehmer sollen dem Leiter Feedback geben. Die Teilnehmer sollen sagen, . . .
1. Feinziel: . . ., ob sie den Inhalt verstanden haben.
2. Feinziel: . . ., ob die Veranstaltung methodisch interessant aufbereitet war.

3. Feinziel: . . ., ob sie sich bei der Veranstaltung wohlgefühlt haben.
4. Feinziel: . . ., wie sie den Leiter in seiner Rolle erlebt haben.

Didaktischer Kommentar

Inhalt/Verhalten: Feedback ist nur dann sinnvoll, wenn der Leiter möglichst konkrete Fragen stellt. Fragt er z. B.: »Wie hat es Ihnen gefallen?«, dann wird er auch nur eine sehr allgemeine und wenig aussagekräftige Antwort erhalten.

Begründung: Die Fragen beziehen sich sowohl auf die Inhalts- als auch auf die Beziehungsebene. Da der Mensch auf beiden Ebenen kommuniziert, kommt es dem Leiter darauf an, auch zu erfahren, wie die Teilnehmer die Veranstaltung aus der Sicht beider Ebenen gesehen und aufgenommen haben.

Vermittlungsvariablen

- *Methode:* Pro & Contra. Es werden zwei Gruppen gebildet, die Argumente pro & contra überlegen und nach einer kurzen Vorbereitungsphase einander austauschen.
- *Medien:* – – –
- *Material:* – – –
- *Zeit:* 10 Minuten
- *Pädagogische und organisatorische Hinweise:*
  - Keinen Teilnehmer zu einer Aussage nötigen.
  - Offene Atmosphäre schaffen.
  - Beim Annehmen von Feedback muß der Leiter schweigen, er kann sich Notizen machen. Erst am Schluß folgt seine Stellungnahme.

Aufgabe

Üben Sie auch diesen C-Teil. Wählen Sie eine Zielgruppe und stellen Sie sich vor, Sie wollten

1. Feedback erhalten
2. Auswertung vornehmen

____

____

____

4. Konzept-Modelle

4.1. Praxisbeispiel: Behinderteneinrichtung

Folgende *Situation:* Sie studieren Sozialpädagogik und bewerben sich für Ihr Pflichtpraktikum in einer Einrichtung für Behinderte. Sie erhalten vom Träger eine Zusage. An Ihrem ersten Arbeitstag führt Sie der Leiter der Einrichtung durch die Abteilungen, anschließend unterhält er sich noch etwas mit Ihnen über Ihr Studium und seine Erwartungen an Sie. Sie erzählen ihm, daß Sie Seminare in Didaktik/Methodik belegt und sogar dieses Buch durchgearbeitet haben. Da wird er hellhörig. »Das kommt uns sehr gelegen. Wir arbeiten zur Zeit an einer neuen Konzeption für unsere Einrichtung. Die alte mußte unbedingt überholt werden, sie stammt aus dem Jahre 1972. Es wäre mir sehr recht, wenn Sie an dieser Konzeption mitarbeiten würden. Da haben Sie direkt Gelegenheit, Ihr Wissen in die Praxis umzusetzen.« Sie sagen zu, denn es interessiert Sie auch, ob das im Studium Gelernte tatsächlich in die Praxis umgesetzt werden kann. Wenn nicht, kann sich Ihr Professor für Didaktik/Methodik im nächsten Semester auf kritische Fragen gefaßt machen!

Sie gehen anschließend zu der Abteilung, in der Sie mitarbeiten sollen. Die Leiterin erzählt Ihnen u. a., daß das ganze Team im nächsten Monat ein Wochenende auf einer Hütte verbringen wird, um für die Abteilung ein Konzept zu erstellen. Ihnen wird langsam flau zumute, schon wieder ein Konzept. Sie werden gebeten, an diesem Konzept nach Kräften mitzuarbeiten und Ihre Ideen einzubringen.

Es kommt noch schlimmer! Die Abteilungsleiterin erwartet von Ihnen, daß Sie für Ihre Gruppe für jeden Tag ein Konzept erstellen. »Wir arbeiten nämlich konzeptionell und nicht von der Hand in den Mund, das sind wir den Behinderten schuldig.« Sie waren der Meinung, Didaktik und Konzepterstellung wäre Ihnen klar gewesen. Nun aber kommen Ihnen Zweifel. Ein Konzept für die Einrichtung, ein Konzept für die Abteilung, ein Konzept für jeden Tag! Ist Konzept nicht gleich Konzept? Muß man da etwa unterscheiden?

Aufgabe

1. Hätten Sie einen Vorschlag, wie man die drei Konzepte nennen könnte?
2. Gilt das Lern-Spiral-Modell für alle drei Konzepte?
3. Wodurch unterscheiden sich die drei Konzepte?

zu 1) ______________________________

____

zu 2) ______________________________

____

zu 3) ______________________________

____

4.2. Unterschiede bei den Konzept-Modellen

Gehen wir die drei Fragen durch und suchen nach möglichen Lösungen. Dies soll hier zunächst nur kurz geschehen, da die einzelnen Konzept-Modelle im Anschluß ausführlich dargestellt werden.

- *zu Frage 1:* Wie könnte man die Konzepte nennen?
  Beim ersten Konzept geht es um die Einrichtung, um das Konzept des Trägers. Also könnte man es entsprechend z. B. Träger-Konzept oder Einrichtungs-Konzept nennen. Allgemeiner und gebräuchlicher ist der Begriff *Organisations-Konzept.*
  Das zweite Konzept könnte man Abteilungskonzept nennen. Besser und allgemeiner ist: *Zielgruppen-Konzept.* Es geht um ein Konzept für eine konkrete Zielgruppe.
  Im dritten Fall soll eine konkrete Situation geplant werden. Hier spricht man von einem *Situationskonzept.*
- *zu Frage 2:* Gelten die drei Teile (A-, B- und C-Teil) für alle drei Konzept-Modelle?
  Vom Gliederungsaufbau unterscheiden sich alle drei Modelle nicht. In jedem Konzept gibt es einen A-, B- und C-Teil. Die Gliederung muß nicht geändert werden, lediglich die einzelnen Bauelemente eines Teils verändern sich u. U. je nach der Intention eines Konzeptes.
- *zu Frage 3:* Worin unterscheiden sich die Konzepte?
  Unterschied zwischen dem Organisations- und dem Zielgruppen-Konzept: Das Organisations-Konzept gilt langfristig und umfaßt vor allem die Arbeitsbedingungen der Einrichtung. Die Sichtweise bezieht sich besonders auf den Träger und die Mitarbeiter. Es wird einmal erarbeitet und gilt dann für längere Zeit.
  Das Zielgruppen-Konzept bezieht sich mehr auf die Zielgruppe. Es gilt auch für einen längeren Zeitraum. Die Bedingungsanalyse muß auch hier nur einmal durchgeführt bzw. nur dann neu überdacht werden, wenn Änderungen eintreten, d. h. die Gruppe sich geändert hat, umbesetzt wird, eine andere als am Anfang ist. Einzelne Punkte der Bedingungsanalyse müssen u. U. in Abständen neu bedacht werden. Einige Überlegungen vom Organisations-Konzept gehen in das Zielgruppen-Konzept ein.

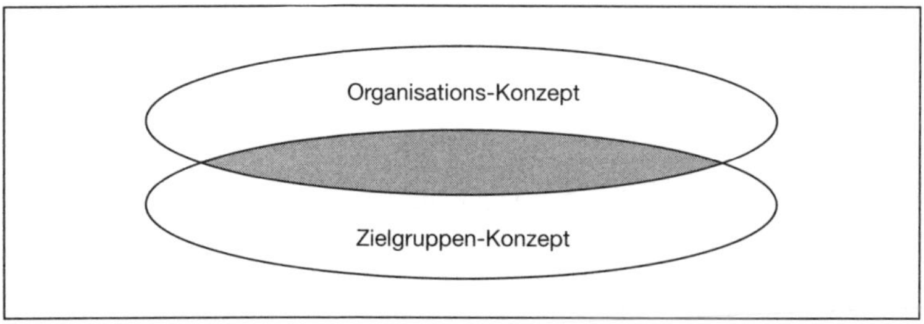

Unterschied zwischen dem Organisations-, Zielgruppen- und dem Situations-Konzept: Das Situationskonzept ist kurzfristig angelegt und gilt für konkretes Handeln in einer Situation. Arbeitet man mit einer Zielgruppe über einen längeren Zeitraum, wird man nicht zu jeder Sitzung erneut eine umfangreiche Bedingungsanalyse erstellen, sondern nur Ziele und Vermittlungsvariablen für die konkrete Situation formulieren, d. h. ein Situations-Konzept erarbeiten.

Halten wir fest
Die drei Konzept-Modelle überschneiden sich. Man erstellt ein Organisations-Konzept, das die Grundlage für eine Einrichtung darstellt und allgemein die Zielrichtung angibt.
Auf der Grundlage eines Organisations-Konzeptes wird ein Zielgruppen-Konzept erarbeitet. In diesem werden die Faktoren eines Organisations-Konzeptes nicht mehr eigens bedacht, sondern vorausgesetzt. Man erwähnt sie nur dann, wenn es für das bessere Verständnis notwendig ist.
Aufbauend auf einem Zielgruppen-Konzept versteht sich das Situations-Konzept. Es setzt ein Zielgruppen-Konzept voraus. Wenn man mit einer Gruppe neu zu arbeiten beginnt, erstellt man zunächst ein Zielgruppen-Konzept, es steckt den Rahmen für die Arbeit mit dieser Gruppe (oder Person) ab. Für die einzelnen Treffen benötigt man dann nur noch ein Situations-Konzept.

4.3. Selbstkonzept

Neben diesen drei öffentlichen, interpersonalen Konzepten gibt es noch das private, intrapersonale Konzept, das Selbstkonzept. Dieses setzt sich aus den Bausteinen zusammen: Werte, Normen, Bedürfnisse, Ziele, Sozialisation, Weltanschauung, Lebenserfahrung, Gewohnheiten, Selbstwertgefühl, Rollenverständnis, berufliche Kompetenz u. a.
Aufgabe eines Selbstkonzeptes ist es, Sicherheit und Orientierung zu geben. Man bleibt sich selbst treu und handelt berechenbar. Wenn ein Sozialpädagoge ein Organisations- und Zielgruppenkonzept erarbeitet hat und nach einem Situationskonzept vorgeht, werden diese Konzeptüberlegungen nicht nur sein Handeln prägen, sondern er wird sie innerlich aufnehmen (internalisieren) und zu seinem Selbstkonzept machen. In einer komplexen Situation wie in einer sehr spontanen Reaktion wird sich der Sozialpädagoge aufgrund seines Selbstkonzeptes stets identisch bleiben, d. h. er wird nicht »aus der Haut fahren« oder »aus der Rolle fallen«, sondern so handeln, wie er es konzipiert hat. Wenn er über sein Handeln reflektiert, wird er Übereinstimmung zwischen Denken/Planen (Konzept) und Handeln erkennen.

Das Selbstkonzept wird also vom Organisations-, Zielgruppen- und Situationskonzept geprägt. Man kann demnach nicht argumentieren: Da ich ja ein Selbstkonzept habe, brauche ich keine anderen, interpersonalen Konzepte. Vielmehr muß man es so sehen, daß zwischen den öffentlichen und den privaten Konzepten eine Wechselwirkung besteht. Wenn ein Sozialpädagoge meint, ihm genüge das Selbstkonzept, er brauche keine öffentlichen Konzepte, sollte er die Argumente, die für eine Planung/Konzeption sprechen (vgl. 1.3), noch einmal studieren.

Konzept-Modelle

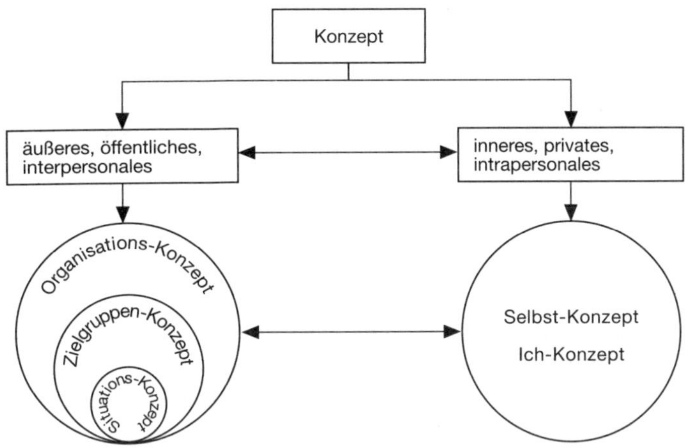

5. Organisations-Konzept

Jeder Träger, jede Einrichtung hat ein Organisations-Konzept. Hier werden die speziellen Aufgaben der Einrichtung umschrieben. Wie versteht sich die Einrichtung? Welche Personen spricht sie an? Welche Ziele verfolgt sie? usw.
Fragt man in einer Einrichtung nach dem Organisations-Konzept, erlebt man häufig folgende Reaktion: »Ja, wir müssen so etwas haben. Irgendwo in einem Ordner wird so ein Ding zu finden sein. Ich selbst habe es noch gar nicht angesehen. Das ist so alt, daß sich hier kein Mensch daran hält. Es wurde einmal am Anfang erstellt und ist jetzt völlig ohne Bedeutung.« So oder ähnlich sind die Reaktionen auf die Frage nach einem Organisations-Konzept. Dient ein solches Konzept nur dazu, beispielsweise von der öffentlichen Hand Anerkennung und Gelder zu erhalten, so unterschätzt man die Möglichkeiten und die Bedeutung eines Konzeptes für die Organisation.
Ich möchte nun ein Organisations-Konzept in seinen einzelnen Punkten erarbeiten. Dabei gehe ich von den Schritten des Lern-Spiral-Modells aus.

5.1. A-Teil: Theoretische Überlegungen

5.1.1. Theoretische Abhandlung über das Ziel und die Aufgaben der Einrichtung

In diesem Punkt werden Informationen über die Bedeutung der Einrichtung zusammengetragen, Modelle verglichen, das Thema theoretisch erarbeitet.

Beispiel
Träger eines Jugendhauses:
- Welche Aufgaben hat Jugendarbeit?
- Welche Aufgaben haben Jugendhäuser?
- Welche Modelle von Jugendhausarbeit gibt es?
- Welche Ziele und Aufgaben kann das Jugendhaus übernehmen? usw.

Diese und ähnliche Fragen kann der Träger durch das Studium der Literatur beantworten.
Es ist nicht sehr fruchtbar, wenn sich der Träger in diesem ersten Teil nur mit dem Thema seines Hauses auseinandersetzt. Dies könnte zu einem eingeschränkten Blickwinkel führen. Erst die Kenntnis der Literatur und anderer Modelle erweitern seinen Horizont und eröffnen ihm Aspekte, auf die er sonst nicht ohne weiteres gestoßen wäre. Deshalb hier die dringende Empfehlung: Setzen Sie sich immer erst mit der relevanten Literatur auseinander.

Beispiel
Träger eines Seniorenclubs:
Hier sind die gleichen Fragen zu stellen, es gilt der gleiche Ablauf für die Sammlung von Informationen.
- Welche Aufgabe hat Seniorenarbeit?
- Welche Aufgaben haben Seniorenclubs? usw.

5.1.2. Informationen über die Zielgruppe

Nachdem sich der Träger über das Arbeitsfeld z. B. Jugendarbeit/Jugendhaus kompetent gemacht hat, muß er sich im zweiten Schritt Gedanken über die Zielgruppe machen.
- Welche Personen, Gruppen sollen angesprochen werden?
- Wie ist ihre Lebenslage?
- Wie ist ihre Stellung in der Gesellschaft?
- Was kann man über ihre individuellen und sozio-kulturellen Voraussetzungen sagen? usw.

Der Träger führt praktisch eine allgemeine Bedingungsanalyse durch.

5.1.3. Transfer der Überlegungen

In diesem dritten Schritt werden die allgemeinen Informationen auf die konkrete Zielgruppe und Arbeit übertragen. Es bestehen also stets drei Teilschritte, z. B.:
1. Jugendarbeit – 2. Jugendliche – 3. Jugendhausarbeit
1. Seniorenarbeit – 2. Senioren – 3. Seniorenclubarbeit
Zuerst wird jeder Punkt für sich allgemein abgehandelt, danach werden die Ergebnisse auf das konkrete Projekt übertragen.
- Was besagt das für mein Vorhaben?
- Welche Konsequenzen muß ich ziehen?
- Welche Aufgaben soll meine Einrichtung übernehmen?
- Welchen Sinn und welche Ziele soll die Einrichtung verfolgen?

5.2. B-Teil: Konzeptionelle Überlegungen

5.2.1. Bedingungsanalyse

Bei der Erstellung einer Bedingungsanalyse wählt der Pädagoge je nach Einrichtung die relevanten Faktoren aus.

1. Interne Faktoren
- *Trägerstruktur* (Träger, Einrichtung, Vertrag, Auftrag, Strukturen, Satzung, Zielsetzung, Tradition)
- *Personalstruktur* (Personal, Mitarbeiter, Hierarchie – offiziell, geheim –, Kompetenzen, Ausbildung, Fortbildung)

- *Arbeitsstruktur* (Team, Rollenverteilung, Erfahrungen, Arbeitsformen, Besprechungen, Praxisreflexion)
- *Einrichtungsstruktur* (Arbeitszeit, Arbeitsbedingungen, Finanzen, Räumlichkeiten, Einrichtung, Material)
- *Angebotsstruktur* (Programme, Aktionen: gibt es/gab es)

2. Externe Faktoren

- *Umfeldstruktur* (Infrastruktur, Verkehrsbedingungen, Einzugsgebiet, Lage, Zielgruppen, Nachbarn, Schicht, Nationalitäten, Altersstruktur, Sozialeinrichtungen)
- *Angebotsstruktur* (Freizeitstruktur, kommerzielle Angebote, nicht kommerzielle Angebote: Vereine, Träger, Kirchen etc.)
- *Kommunikationsstruktur* (Beziehungen, Kontakte, Eltern, Angehörige, Öffentlichkeit, Presse, politische Parteien, Schule)

3. Zielgruppe

- Individuelle/anthropogene Voraussetzungen
- Sozio-kulturelle Voraussetzungen
- Bedürfnisse, Interessen
- Lebenslage

4. Situation

- Umfeld
- Möglichkeiten des Trägers
- Mögliche Vorgeschichte, Ruf, Vorurteile, Probleme etc.
- Augenblickliche Situation

5.2.2. Didaktisch/methodische Überlegungen

1. *Trägerziele* (=Erziehungsziele)
   Hier werden die Ziele des Trägers formuliert, die sich aus dem Studium der Literatur (A-Teil), der Tradition und den Zielen der Einrichtung ergeben.
2. *Personenziele* (= Handlungsziele)
   Bedürfnisse, Interessen, Wünsche, Verhalten, Handlungen der Zielgruppe (anthropologischer Bezug).
3. *Organisationsziele* (= Lernziele)
   Überlegungen über mögliche Gemeinsamkeiten, Übereinstimmungen, Synthese, Addition usw. der Erziehungs- und Handlungsziele. Das Ergebnis der Reflexion über die Ziele teilt man ein in lang-, mittel- und kurzfristige Ziele.
4. *Didaktischer Kommentar*
   Inhaltliche Konkretisierung der Ziele und die notwendige Begründung.
5. *Vermittlungsvariablen*
   Methodisches Vorgehen: Großmethoden, Unternehmungen, Aktionen, Projekte etc.; Hinweise auf die Umsetzungsmöglichkeiten (vielleicht mit Beispielen)

5.3. C-Teil: Überlegungen zur Auswertung

In vielen Organisations-Konzepten steht in der Regel am Schluß, wann das Konzept in Kraft tritt, mehr nicht. Wenn kein weiterer Hinweis folgt, verwundert es auch nicht, wenn das Konzept ein »totes Papier« ist und bleibt und das Handeln der Mitarbeiter wenig beeinflußt. Es verstaubt in den Akten.
Soll sich das Handeln der Mitarbeiter an dem Konzept orientieren, muß es Hinweise darüber enthalten, wie damit gearbeitet werden soll.
Es sollte Auskunft geben über
- Gültigkeit
- Formen der Überprüfung, Reflexion
- Überarbeitung
- Verbindlichkeit

Wenn im C-Teil eines Organisations-Konzeptes z. B. steht: Das Konzept soll jedes Jahr (Ende des Jahres) von den Mitarbeitern auf einer Wochenendtagung überdacht und auf den aktuellen Stand gebracht werden, dann ist das Konzept kein alter Hut, hat keine Alibifunktion, sondern ist tragende Basis für das Arbeiten in der Einrichtung. Durch solch einen Hinweis werden die Mitarbeiter regelmäßig aufgefordert, sich mit den Zielen und Aufgaben der Einrichtung theoretisch und praktisch auseinanderzusetzen und Schlußfolgerungen zu ziehen, u. U. Veränderungen herbeizuführen. Das Konzept verpflichtet die Mitarbeiter, die Einrichtung den Veränderungen und der Dynamik der Lebenslage ihrer Zielgruppe ständig anzupassen.

Halten wir fest
Ein Organisations-Konzept wird für eine Einrichtung in der Regel nur einmal erstellt, allerdings sollte es stets der veränderten Situation angepaßt werden. Es handelt sich um ein dynamisches Konzept, das regelmäßig überarbeitet werden sollte.

Noch zwei Hinweise
- Der Gliederungsablauf versteht sich als Vorschlag. Je nach Träger und Einrichtung können Punkte weggelassen oder hinzugefügt werden. Offenheit, Flexibilität und Kreativität werden von dem (Sozial-) Pädagogen erwartet.
- Das vorgestellte Raster ist das Ergebnis didaktisch/methodischer Überlegungen. Es gibt andere Raster z. B. aus der Organisations- und Verwaltungslehre.[27)] Sie unterscheiden sich jedoch nicht im wesentlichen, vielmehr werden z. T. andere Schwerpunkte gesetzt und anders gegliedert. Dem Dreier-Schritt: Information, Konzeption, Reflexion muß allerdings jedes Konzept entsprechen.

Aufgabe

Besorgen Sie sich das Organisations-Konzept einer (sozial-)pädagogischen Einrichtung und analysieren Sie es im Hinblick darauf:

1. Ist der Aufbau ganz anders angelegt?
2. Sind die drei Teile (A-, B- und C-Teil) enthalten, zu erkennen?
3. Gibt es Elemente, die in diesem Schema fehlen und noch ergänzt werden müssen?
4. Verändern Sie u. U. das vorgeschlagene Raster eines Organisations-Konzeptes, bzw.
5. verändern Sie das Organisations-Konzept der betreffenden Einrichtung.

zu 1) ____________________

____

zu 2) ____________________

____

zu 3) ____________________

____

zu 4) ____________________

____

zu 5) ____________________

____

6. Zielgruppen-Konzept

Die Ausführungen in den einzelnen Kapiteln bezogen sich vor allem auf das Zielgruppen-Konzept. In der Didaktik/Methodik geht es weniger um Organisation und Verwaltung, das Organisations-Konzept hat sich praktisch als Nebenprodukt ergeben. Konzepte muß man unterscheiden, und so ergab sich ein Organisations-Konzept aus didaktisch/methodischen Überlegungen. Der eigentliche Gegenstand von Didaktik/Methodik ist jedoch das Zielgruppen- und Situations-Konzept.

6.1. A-Teil: Theoretische Überlegungen

Wie wir gesehen haben, werden im A-Teil Informationen gesammelt und verarbeitet.
Unter theoretischen Überlegungen bzw. Thema verstehe ich

- im engen Sinn: Ein Thema wird theoretisch ausgearbeitet, z. B. Sport in der Jugendarbeit.
- im weiten Sinn: Jedes Verhalten kann ein Thema sein bzw. thematisiert werden, indem sich der (Sozial-)Pädagoge Gedanken über das Verhalten macht z. B.: Welche Werte werden im Handeln ausgedrückt?

Beispiel

Praxis

Ein Freizeitpädagoge möchte bei einer Veranstaltung eines Vereins einen Vortrag halten zum Thema »Bedeutung der Geselligkeit im Sportverein«.
Er besorgt sich Literatur, liest diese und verfaßt ein schriftliches Manuskript, das etwa folgende Gliederung haben könnte:
1. Einleitung: Situation in den Vereinen
2. Was ist Geselligkeit? Definitionsversuch
3. Durch welche Merkmale wird Geselligkeit bestimmt?
4. Wie wichtig ist Geselligkeit für den Menschen? Anthropologische Begründung
5. Was wollen Sportvereine? Ziele und Aufgaben
6. Geselligkeit und Sport in Vereinen
7. Zusammenfassende Schlußfolgerung

Auch hier gilt der Hinweis: Zur Planung gehört die theoretische Auseinandersetzung mit dem Thema. Je mehr sich der (Sozial-)Pädagoge thematisch vorbereitet bzw. sich kompetent gemacht hat, desto besser kann er situationsgerecht und spontan handeln. Situationspädagogik basiert auf einer fundierten beruflichen Kompetenz.

6.2. B-Teil: Konzeptionelle Überlegungen

6.2.1. Bedingungsanalyse

Sie wird einmal zu Beginn erstellt, später nur nach Bedarf korrigiert und auf den neuesten Stand gebracht.

1. Organisationsstruktur/Rahmenbedingungen
Teilelemente aus dem Organisations-Konzept, falls dies zum besseren Verständnis notwendig ist:
- Träger, Einrichtung
- Ort, Raum
- Zeit
- Pädagogische Voraussetzungen u. a.

2. Zielgruppenanalyse/Voraussetzungen
2.1. Individuelle/anthropogene Voraussetzungen (Alter, Geschlecht, besondere Merkmale, Fähigkeiten, Entwicklungsverlauf ...)
2.2. Sozio-kulturelle Voraussetzungen (z. B. sozio-ökologisches Zentrum, Nahraum, Ausschnitte, Peripherie, Utopie)
3. Lehr-Lern-Situation
Überlegungen zum Didaktischen Dreieck (Lernen, Gefälle, Prozeß, Verhältnis, Beziehungen, Situation)
4. Bedürfnisanalyse/Anthropologische Überlegungen
- Welche Bedürfnisse hat die Zielgruppe? Ausgangspunkt kann das Anthropologische Orientierungs-Modell sein.
- Welche Dimensionen sollen gefördert, vertieft, ergänzt, kultiviert, u. U. verändert werden?
- Werden einige Dimensionen besonders angesprochen? Welche? Warum?

Ich habe im 4. Kapitel aufgezeigt, daß dieser Punkt auch an anderer Stelle behandelt werden kann.

6.2.2. Didaktisch/methodische Überlegungen

1. Richtziel-Ebene: Richtziel 1. und 2. Grades
2. Grobziel-Ebene: Erziehungs-, Handlungs-, Lernziele, Didaktischer Kommentar
3. Feinziel-Ebene: Feinziele, Didaktischer Kommentar, Vermittlungsvariablen

6.3. C-Teil: Überlegungen zur Auswertung

Feedback
- Grobziel
- Feinziele

- Didaktischer Kommentar
- Vermittlungsvariablen

Beobachtung
- Fragen oder Ziele
- Handlungs-Kriterien

Halten wir fest
Beginnt man die Arbeit mit einer neuen Gruppe (einer Person), erstellt man stets ein Zielgruppen-Konzept. Man braucht möglichst viele Informationen, um sinnvoll planen zu können. Die erste Sitzung wird nach diesem Muster konzipiert, alle weiteren werden nach dem Situations-Konzept entworfen.

6.4. Musterbeispiel: Zirkusprojekt

Studenten, die im Fachbereich Sozialpädagogik an der Fachhochschule Düsseldorf eine Zusatzausbildung als Freizeitpädagogen absolvieren, müssen im Rahmen ihrer Prüfung ein Zielgruppen-Konzept erstellen und es in einer Übungsstunde in die Praxis umsetzen. Die Studenten A. B. und H. B. haben folgendes Zielgruppen-Konzept erarbeitet. Dieses Beispiel soll ausführlich wiedergegeben werden, da es dem Leser als Muster für ein Zielgruppen-Konzept dienen kann.

Thema: Aufbau eines Zirkusprojektes für 6- bis 10jährige Kinder aus einem sozialen Brennpunkt unter besonderer Berücksichtigung der Aspekte Information und Motivation.

Muster

A-Teil: Theoretische Überlegungen
Aus Platzgründen kann hier nicht der A-Teil wiedergegeben werden, eine verkürzte Gliederung muß genügen.
1. Zirkus
2. Kinder
3. Aufbau eines Zirkusprojektes
4. Stadtteilorientierte Sozialpädagogische Familienhilfe innerhalb eines sozialen Brennpunktes
5. Allgemeine anthropologische Überlegungen zu zirkuspädagogischer Arbeit mit Kindern
6. Zusammenfassung

B-Teil: Konzeptionelle Überlegungen
1. Bedingungsanalyse
1.1 Organisationsstruktur/Rahmenbedingungen
Träger: Jugendamt der Stadt N. N.
Organisation: Sozialpädagogische Familienhilfe
Zielgruppe: Vor der Übungseinheit erhielten wir 20 schriftliche Anmeldungen, können aber nicht unbedingt davon ausgehen, daß alle Teilnehmer am

ersten Morgen erscheinen werden. Nach unserer einführenden Übungseinheit bekommen die Kinder die Gelegenheit, sich intensiver mit den vier angebotenen Zirkusgruppen auseinanderzusetzen. Hiernach sollen sie sich entscheiden, in welcher Zirkusgruppe sie bis zur Vorstellung üben möchten.

Übungseinheit/Zeit: Erster Tag des Zirkusprojektes

Raum: Raum der Sozialpädagogischen Familienhilfe. Der Raum wird als Bewegungsraum genutzt, ist durch einen Vorhang unterteilbar, hat aber zwei Stützpfeiler in der Mitte des Raumes, die bei einigen Übungen hinderlich sind.

1.2 Zielgruppenanalyse/Voraussetzungen

1.2.1 Individuelle/anthropogene Voraussetzungen

Bei den individuellen/anthropogenen Überlegungen sollen der Entwicklungsstand, Merkmale, Fähigkeiten und Besonderheiten der Kinder im Hinblick auf zirkuspädagogische Arbeit untersucht werden.

- *Wahrnehmung:* Die Wahrnehmung ist für die Strukturierung und Orientierung in der Umwelt notwendig. Kinder dieses Alters verfügen über eine optimale, sachbezogene und differenzierte Wahrnehmung, wobei diese durch Denkprozesse und parallel durch starke Emotionen bestimmt wird.
  Diese Art der Wahrnehmung bewirkt ein spontanes, situationsabhängiges Verhalten, ohne daß das Kind die Folgen seines Verhaltens vorher sieht.[28)]
  Für die Aufnahme von zirkusspezifischen Spiel- und Bewegungsreizen ist somit die Voraussetzung vorhanden, wobei man aber auf eine spielerische Informationsaufnahme achten sollte.
- *Emotionalität:* Emotionen wirken sich auf das Denken, Erleben und Handeln des Menschen aus. Die Gefühle des Kindes verändern sich im Laufe seiner Entwicklung, wobei sie u. a. durch die eigene Kultur und Sozialisation beeinflußt und mitbestimmt werden. Kinder in dieser Altersstufe haben auch häufig z. B. Angst vor der Dunkelheit sowie Schul- und Trennungsängste. Dabei äußern sich die Ängste geschlechts- und schichtspezifisch unterschiedlich.[29)]
  Das Sich-Wohlfühlen ist gerade in unserer Übungseinheit von entscheidender Bedeutung, wie im anthropologischen Teil beschrieben wird.
- *Intelligenz, Denkfähigkeit:* »Intelligenz ist ein Substrat, das durch Lernen entwickelt, trainiert und mit Denkinhalten versehen wird, wobei Entwicklung, Umwelt und psychophysiologische Konstitution wichtige bedingende Faktoren für die Intelligenzentwicklung sind«.[30)]
  Die Altersstufe der 6- bis 10jährigen befindet sich nach Piaget in der konkret-operationalen Phase. Dabei ist das Kind gedanklich noch an real existierende Objekte und Ereignisse gebunden und schon in der Lage, solche konkreten Handlungen kognitiv durchzuführen. Neben der Entstehung des Invarianzbegriffes, von Klassifizierungen, Zahlbegriffen und eines Raum- und Zeitkonzeptes kann das Kind z. B. Sportregeln, die sich auf konkrete Operationen und Raum und Zeit beziehen, begreifen. Zu der verbesserten Konzentrationsfähigkeit erlangen die Kinder der Altersstufe die Fähigkeit zu einer präzisierten Informationsaufnahme und Informationsverarbeitung. Die Kinder können zwar äußerst schnell neue Bewegungsfertigkeiten erlernen, doch erlangen sie nur durch ausreichende Übung eine dauerhafte Aneignung dieser Fertigkeiten.[31)]
  Diese angesprochenen kognitiven Aspekte sind besonders für die Einübung von Inhalten in den einzelnen Zirkusgruppen wichtig.
- *Kreativität:* Die Kindheit ist die Zeit der Kreativität. Das Kind besitzt eine kreative Intelligenz, die es ihm ermöglicht, Probleme oder verschiedene Sachverhalte durch schöpferische Originalität und Flexibilität individuell und eigenständig

zu lösen. Die Kreativität ist für das Kind von besonderer Bedeutung, da sie die eigene Persönlichkeitsentfaltung fördert.[32)]
Gerade ein Zirkusprojekt bietet viele Möglichkeiten für die Kinder dieser Altersstufe, ihre Kreativität auszuleben und weiterzuentwickeln.

- *Motorik:* Das frühe Schulkindalter ist gerade anfänglich geprägt durch ein wildes, heftiges Bewegungsverhalten, das sich gegen Ende dieser Entwicklungsphase normalisiert.
  Die körperliche Entwicklung verläuft ruhig und gleichmäßig, wobei das Längenwachstum von Jungen und Mädchen bis zum 10. Lebensjahr annähernd gleich bleibt. In dieser Altersstufe herrscht die Lust an Bewegung vor, wobei die Kinder besonders viele und vielfältige motorische Fertigkeiten erlernen. Die motorische Entwicklung ist von einer fortschreitenden Differenzierung (vielfältige Bewegungsformen) und gleichzeitig paralleler Koordinierung von motorischen Teilfunktionen (Bewegungskombinationen) bestimmt. Neben der verfeinerten motorischen Differenzierungsfähigkeit ist diese Altersphase durch gute körperliche Voraussetzungen bestimmt. Aufgrund des kleinen und leichten Körperbaus liegen günstige Kraft- und Hebelverhältnisse vor.
  Es ist zu beachten, daß das Skelettsystem nicht geschädigt wird, da es zwar erhöht biegsam, aber vermindert zug- und druckfest ist (z. B. Sehnen- und Bändergewebe).[33)] Die körperlichen und motorischen Voraussetzungen bieten z. B. in der Akrobatik (Kraft-, Hebelverhältnis) und bei Jonglieraktionen (motorische Differenzierungsfähigkeit) Möglichkeiten, diese weiter zu fördern. Dem Bewegungsdrang, der bei unserer Zielgruppe immens groß ist, sollte durch immer wiederkehrende Bewegungs- bzw. Zirkusspiele nachgekommen werden.
- *Prosoziales Verhalten:* Die Voraussetzung für prosoziales Verhalten liegt in der Fähigkeit, die Interessen, Gefühle und Bedürfnisse anderer zu berücksichtigen und diese zu verstehen. Dabei wird das prosoziale Verhalten durch die Umwelt mitgeprägt, was gerade in einem sozialen Brennpunkt von besonderer Bedeutung ist.
  Kinder im schulpflichtigen Alter entwickeln allmählich Empathie und Kooperationsfähigkeit gegenüber anderen. *Baacke* sieht besonders im Spiel die Möglichkeit, prosoziales Verhalten zu üben.[34)]
  Dabei darf man die Kinder bei der Lösung sozialer Konflikte nicht überfordern, da ihnen eine Einigung bei unterschiedlichen Meinungen schwerfällt. Das Kind lernt in dieser Phase wesentliche soziale Interaktionen, die für sein späteres Verhalten von entscheidender Bedeutung sind (Kooperation, Anpassung, Auseinandersetzung mit Dominanz, Aggression, Führungsverhalten).
  Für die Kinder aus sozialen Brennpunkten ist es wichtig, sich in den sozialen Interaktionen zu erproben, also ein größeres Verhaltensrepertoire zu erlangen.
- *Auswahl der Altersstufe für das Projekt und koedukative Gruppenstruktur:* Aufgrund der Erkenntnisse aus den zuvor angestellten Überlegungen scheint es uns möglich, mit dieser Altersstufe ein Zirkusprojekt durchzuführen. Die emotionalen, kognitiven, körperlichen und motorischen Voraussetzungen sind gegeben, wobei natürlich auf das Spiel- und Bewegungsverlangen eingegangen werden sollte. Auch wenn zwischen dem sechsten und dem zehnten Lebensjahr Unterschiede in der Entwicklung bestehen, können diese durch die vielfältigen Möglichkeiten des Kinderzirkus ausgeglichen werden.
  Wir führen bewußt ein Zirkusprojekt mit Mädchen und Jungen durch. Aufgrund des Geschlechts wird dem Kind von seiner sozialen Umgebung eine Rolle zugewiesen, die dessen Verhalten und Handeln mitbestimmt und beeinflußt. In unserer Altersgruppe ist der äußere Einfluß auf das Verhalten der Kinder nach ihrem Geschlecht noch nicht so dominant, wie zu Beginn der Pubertät.

Die Selbstkategorisierung des eigenen Geschlechts ist stark ausgeprägt, was natürlich zu Konflikten zwischen den Kindern führen kann, aber ein Teil der Auseinandersetzung mit der eigenen und der anderen Geschlechtsrolle darstellt.

1.2.2 Sozio-kulturelle Voraussetzungen

Bei den folgenden Ausführungen orientieren wir uns an dem sozialökologischen Ansatz von Dieter *Baacke,* der die Strukturierung der kindlichen Umwelt in ihrer zentralen Bedeutung für das Handeln und Verhalten herausstellt.

Baacke beschreibt die kindliche Umwelt in vier sozialökologischen Zonen, die das Kind nacheinander betritt. Anhand dieser Zonen versuchen wir, die Lebenssituation der Kinder unserer Zielgruppe darzustellen. Insbesondere soll dabei das Augenmerk auf die Spiel- und Bewegungsmöglichkeiten der Kinder gerichtet werden, um die Notwendigkeit von Spiel- und Bewegungsangeboten zu verdeutlichen.

- *Das ökologische Zentrum:* ». . . ist die Familie, das Zuhause, die Wohnung, der Ort, an dem das Kind mit seiner wichtigsten Bezugsperson wohnt«.[35)]

  Hier finden entscheidende Lernprozesse statt, die darauf Einfluß nehmen, in welchem Maße und wie die Kinder Entwicklungsanreize erhalten; welche Kommunikations- und Handlungschancen gegeben sind.

  Die Kinder unserer Zielgruppe kommen überwiegend aus großen Familien, z. T. mit alleinerziehendem Elternteil. Der Ausländeranteil ist hoch.

  Gesellschaftlich bedingte soziale Probleme wie Arbeitslosigkeit, Verschuldung und mangelnder Wohnraum haben für die Familien eine große Belastungssituation zur Folge. Die damit verbundenen sozialen und psychischen Probleme erschweren es den Bezugspersonen, eine günstige entwicklungs- und bewegungsförderliche Betreuung zu gewährleisten. Die Bewegungsmöglichkeiten sind allein durch die beengte räumliche Situation stark eingeschränkt: Es ist für die Bezugspersonen schwer, eine kindgerechte Wohnumwelt einzurichten.

- *Der ökologische Nahraum:* ». . . ist die Nachbarschaft, der Stadtteil, die Wohngegend: Hier werden die ersten Außenkontakte geknüpft, das Kind wird mit den Gegebenheiten des Wohnumfeldes konfrontiert, wobei die Gruppe der Gleichaltrigen für viele Lernprozesse wichtig ist (Übernahme verschiedener Rollen, Lernen voneinander)«.[36)]

  Die Wohnumgebung muß dem Kind und der Gleichaltrigengruppe genügend Raum bieten, in dem sie diese Erfahrungen sammeln können. Gebiete des sozialen Brennpunktes befinden sich häufig in Ballungszentren, in Wohnvierteln mit großen Häuserblocks oder in Stadtteilen mit Ghettowirkung, in denen Straßen die Nahräume für Kinder und deren Bewegungsfreiheit einschränken. Häufig sind die Kinder nur auf ein sehr kleines Gebiet um ihr Wohnhaus herum angewiesen. Durch den Straßenverkehr wird nicht nur der kindliche Lebensraum eingeengt (Straßen, Einstellplätze, Garagen), sondern es besteht auch eine akute Gefährdung der Kinder. Innerhalb der Wohngebiete gibt es selten unverplante Freiflächen oder Grundstücke, die für Großstadtkinder möglicherweise eine Spiel- und Erlebnismöglichkeit bieten könnten. Offizielle Spielplätze sind rar und meist unattraktiv.

  Die Hochbauweise trägt weiterhin zur Einschränkung der Bewegungsmöglichkeiten insofern bei, als die Wohnumgebung für Kinder nur schwer erreicht werden kann: Kinder in Hochhäusern halten sich weniger im Freien auf und sind in ihrer Mobilität stark eingeschränkt, was auch zu Verlust an Straßenöffentlichkeit beiträgt. Die Wohndichte reduziert nicht nur den Bewegungsraum, sondern führt auch zu Reglementierungen: Die Kinder sollen sich ruhig und diszipliniert verhalten, so daß die Privatsphäre der Nachbarn geschont wird.

- *Die ökologischen Ausschnitte:* »... sind die Orte, in denen der Umgang durch funktionsspezifische Aufgaben geregelt wird, wie z. B. Kindergarten, Schule, Spielplatz, Sporthalle und Schwimmbad«.[37]
Die Kinder unserer Zielgruppe sind bereits mit verschiedenen Institutionen (Schule, Kindergarten) in Kontakt gekommen. Sie haben soziale Regeln und neue Formen der Interaktion kennengelernt und erfahren allmählich einen anderen Umgang mit der Zeit: Das Vergessen der Zeit, wie sie es beim Spielen erleben, ist in der Schule eingeschränkt. Die Zeit ist nach Stunden und Lerngegenständen kanalisiert, dazwischen liegen die Pausen.
Auch in bezug auf die Bewegungsfreude bedeutet die Schule eine Eingrenzung: Zivilisiertes Betragen ist vorgeschrieben, Motorik wird auf im Klassenzimmer erwünschte Verhaltensweisen funktionalisiert. Auch der Turn- und Sportunterricht schränkt den eigentlichen Bewegungsdrang, die Freude an der Bewegung durch Reglementierungen häufig ein.
Einander berühren, sich miteinander am Boden wälzen, wild hintereinander herlaufen – diesem Verhalten wird selbst in den zeitlich begrenzten Pausen auf Schulhöfen wenig Raum gegeben.[38]
Als wichtiger ökologischer Ausschnitt für die Kinder aus sozial benachteiligten Familien sind Freizeiteinrichtungen anzusehen. Hier ist besonders die »Spielraumfunktion« aufgrund der wenigen Rückzugsmöglichkeiten für Kinder in beengten Wohnverhältnissen von Bedeutung. Fehlende Bewegungsmöglichkeiten können hier durch entsprechende Angebote ausgeglichen werden. Weiterhin ist eine »Treffpunktfunktion« gegeben. In sozialen Brennpunkten gelten solche Freizeiteinrichtungen als eine von wenigen Treff- und Spielmöglichkeiten. Auch Schwimmbäder und Sportplätze haben für Kinder unserer Zielgruppe eine wichtige Funktion, besonders wenn die Integration in Vereine möglich ist.
Neben der Betreuung einzelner Familien bietet die Sozialpädagogische Familienhilfe auch Gruppen für Kinder oder Frauen an, die diesen Funktionen entsprechen und gleichzeitig eine Verknüpfung mit der Arbeit in den Familien ermöglichen. Das Zirkusprojekt stellt in diesem Rahmen eine besondere Aktion dar.
- *Die ökologische Peripherie:* »... dieses sind Orte, die außerhalb des Alltagslebens liegen und von Zeit zu Zeit aufgesucht werden«.[39]
Für die Kinder und Jugendlichen ist es von großer Bedeutung, über den Nahraum im Wohnfeld hinaus Erfahrungs- und Erlebnismöglichkeiten zu finden, die sich von den Erfahrungen in ökologischen Ausschnitten (z. B. Schule) unterscheiden. Dieses ist jedoch in Gebieten des sozialen Brennpunktes sehr schwer, weil die dortigen Strukturen (z. B.Verkehrsbedingungen) den Handlungsraum deutlich eingrenzen. Bieten sich trotzdem solche Orte mit einem hohen Erlebniswert, so stehen sie in keiner Beziehung zu dem erlebnis- und treffpunktarmen Wohnumfeld.
Die Zone der ökologischen Peripherie ist für die Kinder unserer Altersstufe insofern relevant, als hier ferner gelegene Freizeitangebote (z. B. ein alter Fabrikschuppen, den zu betreten eigentlich verboten ist) einen Anreiz bieten, das Erleben eines Risikos oder Abenteuers versprechen. Hier handelt es sich um Ausnahmen, die jedoch einen besonderen Eindruck hinterlassen. Da im Wohnfeld unserer Zielgruppe derartige Erlebnismöglichkeiten kaum gegeben sind, ist es besonders anzustreben, durch entsprechende Spiel- und Sportangebote wie z. B. das Zirkusprojekt einen Ausgleich zu schaffen.

1.3 Lehr-Lern-Situation/Didaktisches Dreieck

Als Übungsleiter befinden wir uns bei der Durchführung unserer einführenden Einheit in das Zirkusprojekt in einer pädagogischen Situation, haben Ziele, Inhalte und Methoden. Wir stehen in einer Lehr-Lern-Situation. Anhand des Didaktischen Dreiecks wollen wir diese Situation näher analysieren.

- *Lernen:* Lernen definieren wir als Verhaltensänderung bzw. den Erwerb von neuen Erfahrungen, Erlebnis- und Handlungsweisen. Man unterscheidet zwischen funktionalem und intentionalem Lernen. In unserer Übungseinheit werden die Kinder eher funktional, also unbewußt lernen, da wir unsere Lerninhalte in die Zirkusspiele integrieren. So werden die Kinder z. B. die Inhalte der einzelnen Zirkusgruppen durch kleine Zirkusspiele aufnehmen. Wenn sie allerdings in den späteren Gruppen Fertigkeiten erwerben sollen, wie z. B. das Jonglieren, werden die Kinder durch das bewußte Üben auch intentional, also bewußt lernen.
- *Gefälle:* Zwischen uns und den Kindern besteht bereits durch den Altersunterschied, unsere größere Lebenserfahrung sowie Schul- und Ausbildung ein Gefälle. Die Tatsache, daß wir den Verlauf der Übungseinheit geplant haben und diese den Kindern noch nicht bekannt ist, verdeutlicht das Gefälle. Uns ist es wichtig, dieses Gefälle zu akzeptieren und uns nicht darüber hinwegzutäuschen, sondern den schrittweisen Abbau anzustreben. Zunächst ist es erforderlich, stellvertretende Entscheidungen zu treffen. Dies geschieht durch die Planung der Übungseinheit und die Anleitung zu bestimmten Aktionen. Im Laufe der Übungseinheit möchten wir den Kindern die Möglichkeit bieten, an unseren Entscheidungen zu partizipieren. Dies geschieht zunächst durch das Aufgreifen von Ideen der Kinder zu bestimmten Übungsaufgaben (Übung 1) und wird allmählich gesteigert. Die Kinder treffen eigenständige Entscheidungen, indem sie Bewegungs- und Darstellungsformen entwickeln (Übung: Clown/Akrobatik und Tiere). Um eine Überforderung der Kinder zu vermeiden, geben wir bei Bedarf Anregungen. Auf diese Weise können wir uns immer mehr zurückziehen und zu einem partnerschaftlichen Umgang gelangen.
- *Prozeß:* Wir gehen davon aus, daß sich das in unserer Übungseinheit angestrebte Lernen als Verhaltensänderung in einem Prozeß vollzieht, der in unterschiedlicher Intensität abläuft. Wir berücksichtigen bei der Planung die Zeitperspektive: Welche Ziele können kurz-, mittel- und langfristig erreicht werden?
  Bei der Durchführung dieser Übungseinheit handelt es sich um einen kurzfristigen Lernprozeß, da innerhalb eines begrenzten Zeitrahmens bestimmte Lernschritte vollzogen werden sollen. Die Kinder erfahren, worum es in dem Zirkusprojekt geht, sie sollen darauf eingestimmt werden. Mittelfristig können die Kinder durch das gesamte Zirkusprojekt wichtige Erfahrungen mit ihren eigenen Fähigkeiten machen. Durch ihren eigenen Einsatz, ihre Ideen, durch gemeinsames Tun entsteht ein konkretes Erfolgserlebnis.
  Langfristig erfahren die Kinder eine Erweiterung ihrer Handlungs- und Erlebniskompetenz.
  Weiterhin ist bei einem Lehr-Lern-Prozeß zu bedenken, daß er sich immer in gruppendynamischen Phasen vollzieht. Wir gehen davon aus, daß sich die Gruppe bei der Durchführung unserer Übungseinheit in der Fremdheitsphase befindet. Daher legen wir viel Wert auf die Möglichkeit des Eingewöhnens und des Kennenlernens.
- *Verhältnis:* Die Kinder sind von Hause aus eher einen autoritären Leitungsstil gewohnt, daher ist die Gewöhnung an einen anderen Leitungsstil für sie nicht leicht. Wir gedenken aber dennoch, den sozial-integrativen Leitungsstil anzuwenden, da wir zum einen eine angenehme Atmosphäre schaffen, zum anderen den Kindern eine andere Form von gegenseitigem Miteinanderumgehen bieten wollen. Gerade in einer Zirkusatmosphäre scheint uns dieser Leitungsstil angemessen, der sich nach *Tausch* und *Tausch* durch folgende Elemente auszeichnet:

1. Achtung, Wärme, Rücksichtnahme
2. Einfühlendes Verstehen
3. Echtheit, Aufrichtigkeit
4. Partnerschaftlichkeit

Allerdings muß man berücksichtigen, daß eine klare, organisierte Struktur Bedingung ist, da sonst die Gefahr besteht, daß die Kinder die scheinbare Freiheit mißverstehen könnten.

- *Beziehung:* Nach *Watzlawick* ist die Beziehungsebene primär und die Inhaltsebene sekundär. Stimmen die Beziehungen, kann man sich auf die Inhalte besser konzentrieren. Dieser Aspekt ist gerade für unsere Arbeit von großer Bedeutung, da Kinder zunächst gefühlsmäßig reagieren. Wir versuchen durch die persönliche Begrüßung, das Schaffen einer Zirkusatmosphäre durch Musik, Schminken, Verkleidung und verschiedene Zirkusspiele (mit Zirkuselementen), die Beziehungsebene positiv zu gestalten. Nicht zuletzt geht es um Spaß und Freude, die durch Spiele und Darstellungsformen gebracht werden soll. Stimmt die Beziehungsebene, werden die Kinder z. B. Informationen oder zu erlernende Spiel- und Bewegungsformen leichter aufnehmen können.
- *Situation:* Die Lehr-Lern-Situation ist die Zusammenfassung der bereits erwähnten Elemente des Didaktischen Dreiecks. Als Übungsleiter wollen wir darauf achten, die Situation gezielt zu gestalten und nicht nur auf Situationen zu reagieren. Dieses erfolgt durch die Planung der Übungseinheit unter besonderer Berücksichtigung der differenzierten Zielgruppenanalyse. Wir gehen davon aus, daß die Kinder die Übungseinheit freiwillig besuchen, und vermuten, daß sie Interesse an dem Zirkusprojekt haben.
  In der Anfangsphase versuchen wir zunächst durch Informationen und ein Bewegungsspiel in aufgelockerter Form auf das Zirkusprojekt einzustimmen, so daß die Kinder eventuell vorhandene Hemmungen und Unsicherheiten abbauen können. In der Hauptphase setzen sich die Kinder spielerisch mit den einzelnen Bereichen des Zirkusprojektes auseinander. Die Schlußphase dient dem Ausklang der Übungseinheit, wobei die Kinder durch einen abgerundeten Schluß (Vorführung von Spielszenen) zur weiteren Teilnahme an dem Projekt motiviert werden sollen.

1.4 Anthropologische Überlegungen

Neben den individuellen und sozio-kulturellen Überlegungen zur Zielgruppe ist auch eine anthropologische Betrachtungsweise, speziell bezogen auf die Situation und die Bedürfnisse der Kinder aus einem sozialen Brennpunkt, sinnvoll.

- *Emotional-affektive Dimension:* In der sozialpädagogischen wie zirkuspädagogischen Praxis geht es vor allem darum, den Kindern ein Gefühl von Anerkennung (Akzeptanz) und Geborgenheit zu vermitteln, aus dem sie Selbstbewußtsein und Eigeninitiative entwickeln können.
- *Psycho-motorische Dimension:* Die Eigeninitiative soll durch die Förderung von Handlungs- und Erlebnisfeldern angestrebt werden. Der Kinderzirkus bietet gerade hier Kindern aus sozialen Brennpunkten gute Möglichkeiten, sich zu entfalten.
- *Biologisch-vitale Dimension:* Die Situation der Kinder in einem sozialen Brennpunkt ist u. a. durch eine einseitige Ernährung und durch Bewegungsarmut gekennzeichnet. Das Zirkusprojekt soll besonders auf den Bewegungsdrang der Kinder eingehen.
- *Kognitiv-rationale Dimension:* Durch die Verarmung der emotional-affektiven Dimension und die Überbetonung der kognitiv-rationalen Dimension z. B. in der Schule besteht eine weitere Einseitigkeit. Uns geht es in dem

Projekt weniger um die Förderung des Verstandes als vielmehr um die Schaffung von Handlungs- und Erlebnisfeldern durch die Mitarbeit in einem Zirkus.

- *Ethisch-wertende Dimension:* Der Bereich der ethisch-wertenden Dimension ist bei den Kindern durch Benachteiligung durch die Umwelt aus dem Gleichgewicht geraten. Dabei besteht die Gefahr, daß die Kinder z. B. eine geringe Frustrationstoleranz entwickeln und sich leicht angegriffen fühlen. Ihr Selbstgefühl soll gestärkt werden.

2. Didaktisch/methodische Überlegungen
2.1 Richtziel-Ebene

Richtziel 1. Grades: Die Kinder sollen durch das Zirkusprojekt ihre Handlungs- und Erlebniskompetenz erweitern.

Richtziel 2. Grades: Die Kinder sollen Informationen über das Zirkusprojekt erhalten und dafür motiviert werden.

2.2 Grobziel-Ebene
Erziehungsziele
Die Kinder sollen . . .

1. auf die Übungseinheit eingestimmt werden
2. einen ersten Einblick in die Inhalte der einzelnen Zirkusgruppen erhalten
3. erfahren, daß durch gemeinsames kreatives Handeln Ergebnisse entstehen
4. die anderen Kinder und Mitarbeiter kennenlernen
5. Spaß haben und sich wohlfühlen

Handlungsziele
Wir vermuten, die Kinder wollen . . .

1. Spaß haben
2. etwas über das Zirkusprojekt erfahren
3. Abwechslung vom Alltag und keine Langeweile haben
4. die anderen Kinder und uns kennenlernen
5. spielen und sich bewegen
6. nicht über- oder unterfordert werden
7. sofort mit dem Zirkus beginnen

Lernziele
1.–5. Die Erziehungsziele werden als Lernziele übernommen.
Didaktischer Kommentar
Unsere Erziehungsziele und die Handlungsziele der Kinder widersprechen sich nicht. HZ 4 und EZ 4 sowie EZ 5 und HZ 1 stimmen überein. EZ 3 und HZ 4 sowie EZ 5 und HZ 1 sind in allen anderen Lernzielen auf der Feinzielebene und somit in allen Phasen der Übungseinheit enthalten. Um die logische Abfolge der einzelnen Feinziele nicht zu zerstören, erklären wir die Lernziele 4 und 5 in einem allgemeinen Didaktischen Kommentar, wobei deren Feinziele in den übrigen Lernzielen enthalten sind. Die Bedeutung dieser zwei Aspekte möchten wir hiermit verdeutlichen, da es unserer Ansicht nach nicht genügt, diese ohne Lernzielaufstellung nur auf der Feinzielebene abzuhandeln. HZ 2 wird schwerpunktartig in EZ 2 berücksichtigt.
Die Handlungsziele 3, 5 und 6 werden in den verschiedenen Zirkusspielen angesprochen.
HZ 7 können wir so nicht übernehmen, da eine schrittweise Hinführung erforderlich ist. Wir berücksichtigen es jedoch durch die Einbeziehung von Zirkuselementen in unserer Übungseinheit.

2.3 Feinziel-Ebene

2.3.1 Einstiegsphase

Feinziele zu Grobziel 1

Die Kinder sollen . . .

1. eine persönliche Ansprache erfahren
2. die Namen der Übungsleiter kennenlernen
3. erfahren, wie die Übungseinheit verläuft
4. eine kurze Information über den weiteren Verlauf des Projektes erhalten
5. eigene Erfahrungen mit dem Zirkus einbringen

Didaktischer Kommentar

Inhalt/Verhalten: Durch die Begrüßung der Kinder und die Vorstellung der Übungsleiter soll ein erster Kontakt aufgebaut werden. Die Kinder werden informiert, daß in der ersten Übungseinheit Spiele durchgeführt werden, die etwas mit dem Zirkus zu tun haben.

Begründung: Dieses ist wichtig, weil wir vermuten, daß die Kinder direkt mit dem Einüben von Zirkusnummern beginnen möchten. Deshalb erklären wir ihnen, daß sie im Anschluß an diese Übungseinheit die einzelnen Zirkusgruppen näher kennenlernen können.

Um die Kinder einzubeziehen, geben wir ihnen die Möglichkeit, über eigene Erfahrungen mit dem Zirkus zu erzählen.

Vermittlungsvariablen

- *Methode:* Gespräch
- *Medien:* – – –
- *Material:* Verkleidungsstücke für die Übungsleiter
- *Zeit:* ca. 10 Minuten
- *Pädagogische und organisatorische Hinweise:* Die Kinder sitzen im Halbkreis. Die Übungsleiter stehen vor den Kindern. Wir erklären im Wechsel.

Die Kinder sollen . . .

6. sich im Raum bewegen
7. einen Einlauf in die Manege spielen
8. miteinander in Kontakt kommen
9. eigene Bewegungsformen entwickeln
10. Musik in Bewegung umsetzen
11. bei Musikstop Bewegungsimpulse aufnehmen und durchführen

Didaktischer Kommentar

Inhalt/Verhalten: Zunächst wird der Beginn einer Zirkusvorstellung gespielt, indem die Kinder in die Manege einlaufen und nacheinander gemeinsam verschiedene Artisten und Tiere darstellen.

Sie bewegen sich bei entsprechender Zirkusmusik und erhalten bei Musikstop Bewegungsimpulse, die sie bei Einsetzen der Musik ausführen sollen. Die differenzierte Wahrnehmungsfähigkeit wird gefördert.

Begründung: Den Kindern soll ein Einstieg in die Übungseinheit gegeben werden. Sie sollen sich körperlich aufwärmen und an den Raum gewöhnen. Es folgt eine Vorbereitung auf die anschließenden Spiele. Die Kinder werden schrittweise mit verschiedenen Zirkuselementen konfrontiert. Das Spiel ermöglicht eine Auflockerung der Gruppensituation, und das Interesse der Kinder soll geweckt bzw. verstärkt werden.

Vermittlungsvariablen

- *Methode:* Bewegungsspiel nach Musik
- *Medien:* Musikanlage
- *Material:* Kassette mit vorbereiteten Ausschnitten aus der Roncalli-Zirkusmusik

- *Zeit:* 10 Minuten
- *Pädagogische und organisatorische Hinweise:*

Der »Zirkusdirektor« gibt die entsprechenden Bewegungsimpulse von einem gut sichtbaren Standpunkt (Kasten) aus. Bei den Bewegungsausführungen beteiligt er sich, um die Kinder zu animieren. Der zweite Übungsleiter bedient die Musikanlage. Die Übungsleiter verständigen sich durch verabredete Zeichen untereinander, um einen reibungslosen Ablauf des Musikeinsatzes zu gewährleisten. Zuletzt wird ein Kreis gebildet, um das nächste Spiel besser vorstellen zu können.

2.3.2. Hauptphase
Feinziele zu Grobziel 2
Die Kinder sollen ...
1. Kreisspiele mit dem Jonglierelement Ball durchführen
2. bei den Kreisspielen die Namen der Gruppenmitglieder kennenlernen

Didaktischer Kommentar
Inhalt/Verhalten: Die Kinder führen drei verschiedene Kreisspiele mit einem Ball durch, deren Schwierigkeitsgrad sich allmählich steigert. Zunächst geht es um ein einfaches Fangspiel zum Kennenlernen der Namen. Dieses wird durch zusätzliche Bewegungsformen erweitert. Dadurch gewinnen die Kinder eine Vorstellung von einfachen Übungen in der Jongliergruppe.
Begründung: Das Kennenlernen der Namen bietet sich zu Beginn der Hauptphase an, um eine persönliche Ansprache der Kinder auch untereinander zu ermöglichen.
Vermittlungsvariablen
- *Methode:* Kreisspiele
- *Medien:* – – –
- *Material:* Softball
- *Zeit:* ca. 10 Minuten
- *Pädagogische und organisatorische Hinweise:*

Die Kinder stehen nach Abschluß der Aufwärmphase bereits im Kreis, so daß die Spiele gut erklärt werden können. Dies soll durch das Erzählen einer Geschichte erfolgen. Die Übungsleiter nehmen an dem Spiel teil. Je nach Interesse und Fähigkeiten der Kinder können die Spielformen variiert werden.
Die Kinder sollen ...
3. einfache mimische und gestische Ausdrucks- und Bewegungsformen von Clowns ausprobieren
4. Spaß am darstellenden Spiel erfahren
5. sich selbst in einer anderen Rolle erleben
6. in Kleingruppen vorbereitete Übungen zur Akrobatik durchführen
7. bestimmte Bewegungsaufgaben gemeinsam lösen

Didaktischer Kommentar
Inhalt/Verhalten: Es geht darum, daß die Kinder Grundelemente der Clownerie kennenlernen und ausprobieren. Durch das Erzählen einer Spielgeschichte erhalten sie die entsprechenden Bewegungsanregungen, wobei ansatzweise akrobatische Übungselemente einbezogen werden.
Begründung: Der Schwerpunkt liegt auf gemeinsamen Aktionen und Förderung der Kooperation. Durch das Schminken der Nase wird ein gemeinsames Identifikationsmerkmal geschaffen.
Vermittlungsvariablen
- *Methode:* »Spielgeschichte« mit Bewegungsanregungen
- *Medien:* Vorbereitete Geschichte
- *Material:* Rote Schminke
- *Zeit:* 10 Minuten

- *Pädagogische und organisatorische Hinweise:*

Die Geschichte wird eingeleitet, indem die Kinder durch das Anmalen der Nase in Clowns verwandelt werden. Das darstellende Spiel beginnt mit den »schlafenden Clowns«, die im Raum verteilt auf dem Boden liegen und dann ihren Tagesablauf beginnen. Die Kinder bewegen sich zu den entsprechenden Bewegungsimpulsen frei im Raum, wobei der Übungsleiter gut sicht- und hörbar sein muß. Der zweite Übungsleiter beteiligt sich an dem darstellenden Spiel, um eventuell Hilfestellung zu geben. Die Gruppenbildung erfolgt nach dem Prinzip des »Atomspiels«.

Die Kinder sollen ...

8. charakteristische Merkmale von Tieren darstellen
9. vier Gruppen (Tierfamilien) bilden
10. eine kurze Spielszene in der Gruppe entwickeln
11. sich in Tierrollen hineinversetzen
12. Fähigkeiten und Eigenschaften der anderen Kinder näher kennenlernen

Didaktischer Kommentar

Inhalt/Verhalten: Die Kinder sollen sich in vier Tiergruppen zusammenfinden, in denen sie jeweils gemeinsam eine Tierdressur erarbeiten.

Begründung: Hier geht es vor allem darum, Kreativität und Phantasie, sowie das Gruppenverhalten zu fördern, weil Ideenreichtum und schöpferisches Tun in der weiteren Arbeit immer wieder wichtig werden. Die Ausdrucksmöglichkeiten der Kinder werden durch das sich Hineinversetzen in Tierrollen gefördert.

Vermittlungsvariablen

- *Methode:* Gruppenarbeit
- *Medien:* – – –
- *Material:* 5 x 4 Kärtchen mit Tierabbildungen und -namen
- *Zeit:* ca. 10 Minuten
- *Pädagogische und organisatorische Hinweise:*

Die Gruppenbildung erfolgt, indem jedes Kind eine Karte mit einer Tierart erhält, die dargestellt werden soll. Vier verschiedene Gruppen überlegen jeweils in verschiedenen Ecken des Raumes eine kleine Spielszene.

Die Übungsleiter geben bei Bedarf Anregungen und helfen bei Verständigungsschwierigkeiten.

2.3.3. Schlußphase

Feinziele zu Grobziel 3

Die Kinder sollen ...

1. die gemeinsam erarbeitete Szene darstellen
2. Freude und erste Erfolgserlebnisse erfahren
3. bei der Darstellung der anderen Szenen zuschauen

Didaktischer Kommentar

Inhalt/Verhalten: Es geht darum, als Abschluß der Übungseinheit eine kurze improvisierte Zirkusvorstellung darzustellen. Die Kinder werden auf diese Weise zur Teilnahme an den geplanten Aktivitäten motiviert. Durch diese Aktion erleben die Kinder einen schönen Abschluß der Übungseinheit.

Begründung: Sie können ihrem Bedürfnis nach Selbstdarstellung nachkommen und lernen, die Ergebnisse der anderen anzuerkennen.

Vermittlungsvariablen

- *Methode:* Vorführung
- *Medien:* Musikanlage
- *Material:* Musikkassette mit entsprechender Zirkusmusik
- *Zeit:* ca. 10 Minuten
- *Pädagogische und organisatorische Hinweise:*

Wir schaffen durch den Musikeinsatz und die entsprechenden Ansagen den Rahmen für die Aufführung. Die zuschauenden Kinder werden von uns zum Applaudieren animiert. Anschließend geben wir noch den Termin für das nächste Treffen bekannt.

Didaktischer Kommentar zu GZ 4

Das »gegenseitige Kennenlernen« spielt in der gesamten Übungseinheit eine große Rolle und kommt in allen Phasen in unterschiedlicher Form zum Ausdruck. Es ist eine Voraussetzung für die Gruppenfindung und für alle weiteren Aktivitäten im Rahmen des Projektes.

Didaktischer Kommentar zu GZ 5

Das »Spaßhaben« im Sinne von Sichwohlfühlen, Freude erfahren und Interesse wecken äußern sich ebenfalls in allen Phasen der Übungseinheit.

C-Teil: Überlegungen zur Auswertung: Beobachtung

Es ist uns wichtig, die Übungseinheit zu reflektieren, um daraus Konsequenzen für die weitere Arbeit im Zirkusprojekt zu ziehen und darüber hinausgehende allgemeine Erfahrungen zu gewinnen.

Wir beobachten die konkrete Lehr-Lern-Situation im Hinblick auf unser eigenes Verhalten und das Verhalten der Kinder. Dadurch wird ersichtlich, ob wir unsere Ziele erreicht und die vermuteten Handlungsziele der Kinder realistisch eingeschätzt haben.

Wir wählen die nonverbale Auswertung und beobachten das konkrete Verhalten der Kinder. Die Beobachtung erfolgt anhand aufgestellter Kriterien.

1. Sind die Kinder bei der Informationsvermittlung aufmerksam?

Handlungskriterien:
- Schauen sie uns an?
- Reden sie miteinander?
- Bringen sie sich in das Gespräch ein?

2. Wie reagieren die Kinder auf die Bewegungsimpulse?

Handlungskriterien:
- Haben sie Schwierigkeiten (z. B. Hemmungen)?
- Entwickeln sie eigene Bewegungsformen?
- Machen sie einen ausgelassenen und fröhlichen Eindruck?

3. Können sich die Kinder in ein Kreisspiel integrieren?

Handlungskriterien:
- Verstehen und akzeptieren sie die Regeln?
- Kennen und behalten die Kinder die Namen?
- Wie können die Kinder mit dem Ball umgehen?

4. Sind die Kinder zu einfachen darstellenden Spielen in der Lage?

Handlungskriterien:
- Können sie sich auf die Clownerie-Ausdrucksspiele einlassen?
- Wie führen sie diese aus?
- Wie reagieren sie auf die Ausdrucksformen der anderen Kinder?
- Wie kontaktfreudig sind sie in der Kleingruppe?
- Wie lösen sie die gestellten Aufgaben?
- Wie verhalten sie sich bei der Darstellung der Tiere?
- Gibt es Probleme bei der Gruppenfindung?
- Wie kooperieren die Kinder in der Gruppe?
- Entwickeln sie eigenständige Ideen?
- Fällt es ihnen schwer, eine Szene zu entwickeln?
- Wie verhalten sich die Kinder bei der Vorführung?
- Sind die Kinder über- oder unterfordert?

- Welche Reaktionen rufen die dargestellten Szenen bei den zuschauenden Kindern hervor?
- Ergibt sich eine angenehme Atmosphäre?
- Wie treten die Kinder bei der Vorführung auf?

Je nachdem, wie die Beantwortung dieser Fragen ausfällt, können wir Rückschlüsse auf unser eigenes Verhalten bzw. die Art der Durchführung ziehen.
Wenn Zielsetzungen offensichtlich nicht erreicht worden sind, müssen wir herausfinden, woran das lag.

Beispiele:

- Sind die Ziele zu hoch gesteckt worden?
- Waren die Methoden ungünstig gewählt?
- Hatten wir über die Gruppe zu wenig Informationen?
- War die Beziehungsebene durch unser Übungsleiterverhalten gestört?
- War das Verhältnis zu den Kindern partnerschaftlich?

Aufgabe

Sie haben in diesem Buch bereits viele Beispiele zur Erarbeitung eines Zielgruppen-Konzeptes gelesen, selber die einzelnen Schritte geübt und gerade ein ausführliches Beispiel gelesen. Sie sollten jetzt in der Lage sein, selber ein Zielgruppen-Konzept nach der hier erstellten Vorlage zu erarbeiten. Der Entwurf ist für Sie gleichzeitig auch eine Lernkontrolle, ob Sie die einzelnen Schritte verstanden haben und in eine Aufgabe umsetzen können.
Denken Sie daran, was im 2. Kapitel ausgeführt wurde: Man lernt am besten durch Handeln. Wenn Sie die Kapitel nur lesen und die Übungen auslassen, haben Sie u. U. den Eindruck, alles verstanden zu haben. Anhand der Übungen können Sie sich überzeugen, ob Sie das, was Sie verstandesmäßig einsehen, auch in Handlung umsetzen können.
Wählen Sie eine Zielgruppe, möglichst eine, die Sie einigermaßen gut kennen, denken Sie sich ein Thema und erstellen Sie ein Zielgruppen-Konzept.

7. Situations-Konzept

Der (Sozial-)Pädagoge erarbeitet in der Regel einmal ein Organisations-Konzept und auch nur einmal ein Zielgruppen-Konzept. Diese müssen allerdings in Abständen überarbeitet werden.
Für die Erstellung dieser beiden Konzepte muß der Pädagoge viel Zeit einplanen. Dies kann man allerdings auch von einem verantwortlichen Pädagogen erwarten. Je besser er geplant hat, desto eher kann er sich kompetent auf die Zielgruppe einlassen und ihr bei der Verwirklichung ihrer Persönlichkeitsentfaltung helfen.
Der mögliche Einwand, daß die hier entwickelten didaktisch/methodischen Konzept-Modelle zu kompliziert und zeitaufwendig sind, geht von falschen Vorstellungen aus. Organisations- und Zielgruppen-Konzepte sind zwar zeitaufwendig, da sie jedoch Grundlage für langfristiges Arbeiten sind und nicht alle Tage erstellt werden müssen, kann man vom Pädagogen erwarten, daß er die Zeit nicht als verloren, sondern als sinnvoll genutzt versteht.
Hat er ein Zielgruppen-Konzept erstellt, dient dies als Basis für sein weiteres konzeptionelles Vorgehen; d. h., für die tägliche Planung muß er nicht erneut über alle Elemente eines Konzeptes nachdenken. Die kurzfristige Planung ist dann keineswegs zeitaufwendig.
Zwei Möglichkeiten bestehen, ein Situations-Konzept zu erstellen.

7.1. Erste Möglichkeit: Teile aus dem Zielgruppen-Konzept

Man geht nach dem Schema des Zielgruppen-Konzeptes vor, formuliert aber nicht eine ausführliche Bedingungsanalyse, sondern analysiert nur kurz die vorgegebene Situation.
Konkret sieht das so aus:

A-Teil: Theoretische Überlegungen

B-Teil: Konzeptionelle Überlegungen
Didaktisch/methodische Überlegungen
- Analyse der Situation
- Richtziel-Ebene
  (Richtziel 2. Grades)
- Grobziel-Ebene
  (Erziehungs-, Handlungs-, Lernziele, Didaktischer Kommentar)
- Feinziel-Ebene
  (Feinziele, Didaktischer Kommentar, Vermittlungsvariablen)

C-Teil: Überlegungen zur Auswertung

7.2. Zweite Möglichkeit: Planungsgitter

Als zweite Möglichkeit soll im folgenden ein eigenes Schema (Planungsgitter) für ein Situations-Konzept erstellt werden. Grundlage der Überlegungen ist, daß auch im Situations-Konzept die drei Schritte gelten: 1. Information, 2. Konzeption, 3. Reflexion.
Zunächst sollen die Teile dieses Konzeptes erarbeitet werden, bevor sie in ein Planungsgitter zusammengefaßt und an einem konkreten Praxisbeispiel verdeutlicht werden.

7.2.1. A-Teil: Theoretische Überlegungen

Auch in konkreten Situationen muß man sich informieren. Das geschieht durch beobachten und/oder befragen, analysieren. Die Überlegungen über Themen im engen und weiten Sinne treffen hier zu.

7.2.2. B-Teil: Konzeptionelle Überlegungen

1. Bedingungsanalyse/Situationsanalyse
Bei einer Bedingungsanalyse eines Situations-Konzeptes muß man nicht mehr alle Aspekte wiederholen, die man für ein Zielgruppen-Konzept bzw. Organisations-Konzept erhoben hat. Sie gehen automatisch in das Verhalten des Pädagogen mit ein. Man muß nur noch eine kurzfristige Bedingungsanalyse durchführen. Wie ist der aktuelle Stand? Die konkrete Situation? Was hat sich geändert? Ist etwas vorgefallen? etc. Solche Fragen werden relevant.
In einer spontanen Situation schwingen jedoch die Informationen aus dem Organisations- und Zielgruppen-Konzept eher unbewußt bei jeder Handlung mit. Es werden Informationen aus dem Langzeitgedächtnis abgerufen und gehen in das Handeln ein.

1. Bedingungsanalyse/Beschreibung der Situation:
____
____
____

2. Didaktisch/methodische Überlegungen
Folgende Schritte laufen auch beim spontanen Handeln eines Pädagogen ab:
- Welche Informationen brauche ich?
- Was will ich erreichen?
- Wie gehe ich vor?

Selbst in einer spontanen Situation geht man also bewußt oder unbewußt didaktisch/methodisch vor.

Der Pädagoge sollte sich jedoch zum Ziel setzen, bewußt zu handeln, zu wissen, was er will und warum er so handeln will. Reflektierte Erziehung unterscheidet sich von einer »naiven« Erziehung durch die Reflexion, das Wissen um die Gründe, Motive und Ziele des pädagogischen Handelns.

● *Richtziel- und Grobziel-Ebene*
Die Analyse einer Situation ergibt das Thema der pädagogischen Handlung. Das Thema ist gleichzeitig das Richtziel (2. Grades) dieser Handlung. Da das Richtziel eine recht vage Umschreibung einer Zielvorstellung ist, muß es weiter aufgeteilt werden. Bei dieser Operationalisierung des Themas/Richtziels handelt es sich um die Ziele des Pädagogen, also um Erziehungsziele.

2. Richtziel/Thema/Erziehungsziele
2.1. Richtziel/Thema:

____

____

2.2. Erziehungsziele:

____

____

Die Handlungsziele dürfen auf keinen Fall unberücksichtigt bleiben, sie müssen den Erziehungszielen gegenübergestellt werden. Daraus folgt, daß gleichfalls Lernziele zu formulieren sind, die das Ergebnis aus Erziehungs- und Handlungszielen darstellen.

2.3. Handlungsziele:

____

____

2.4. Lernziele

____

____

● *Feinziel-Ebene*
Die Lernziele auf der Grobziel-Ebene müssen so verfeinert werden, daß sie in Handlung umgesetzt werden können. Feinziele, Didaktischer Kommentar und Vermittlungsvariablen sind die drei Schritte auf der Feinziel-

Ebene. Da bei der Durchführung der Ziele die Zeit eine wichtige Rolle spielt, sollte man im Raster einen eigenen Platz dafür einräumen.
Eine konkrete Situation kann man in drei Phasen einteilen: Einstiegs-, Haupt- und Schlußphase. Diese Phasen können als Einteilung des Rasters dienen.

3. Didaktisch/ methodische Überlegungen	Feinziele Didaktischer Kommentar	Vermittlungs-variablen	Zeit
3.1. Einstiegsphase: Kontaktaufnahme, Motivation, Problem			
3.2. Hauptphase: Information, Diskussion, Austausch			
3.3. Schlußphase: Zusammenfassung, Transfer, Auswertung			

Nach dieser Planung muß sich der (Sozial-)Pädagoge fragen, welche Dimensionen er durch die Ziele und die Gestaltung der Situation ansprechen will.

4. *Anthropologische Überlegungen*

7.2.3. C-Teil: Überlegungen zur Auswertung

Den Schluß der Handlung sollte stets die Auswertung bzw. das Feedback bilden.

5. *Auswertung, Verlauf, Ergebnisse*

Die einzelnen Teile zusammengefaßt, ergeben folgendes Planungsgitter für ein Situations-Konzept.

7.2.4. Didaktisches Planungsgitter für ein Situations-Konzept

Träger: ________ Ort: ________ Zeit: ________ Datum: ________

1. Bedingungsanalyse/ Beschreibung der Situation:

→

2. Richtziel/Thema Erziehungsziele

2.1 Richtziel/Thema:

2.2 Erziehungsziele:

→

2.3 Handlungsziele:

2.4 Lernziele:

↓

3. Didaktisch/ methodische Überlegungen	Feinziele Didaktischer Kommentar	Vermittlungs-variablen	Zeit
3.1. **Einstiegsphase:** Kontaktaufnahme, Motivation, Problem			
3.2. **Hauptphase:** Information, Diskussion, Austausch			
3.3. **Schlußphase:** Zusammenfassung, Transfer, Auswertung			
4. **Anthropologische Überlegungen:**			
5. **Auswertung, Verlauf, Ergebnisse:**			

Falls der (Sozial-)Pädagoge für ausführlichere Überlegungen zum Thema mehr Platz benötigt, kann er ein Zusatzblatt beifügen. Dieses Planungsgitter versteht sich als Vorschlag, das der (Sozial-)Pädagoge für seine Zielgruppe und sein Arbeitsfeld entsprechend verändern bzw. anpassen sollte.

7.2.5. Musterbeispiel: Seniorenclub

Muster

Ein Sozialpädagoge arbeitet in einem Seniorenclub. Der Club ist zweimal in der Woche von 15 – 18 Uhr geöffnet. Es ist ein schöner, gemütlich eingerichteter

Raum mit Ausschank, Theke und mehreren Sitzgruppen. Der Club wird regelmäßig etwa von 25–30 Senioren (mehr Frauen als Männer) besucht. Das Clubtreffen ist für die Senioren ein ganz wichtiger Termin, selten fehlt jemand. Das Programm eines Clubtreffens sieht etwa so aus: gemütliches, geselliges Beisammensitzen bei Kaffee und Kuchen, einige trinken Wein; man unterhält sich, plaudert. Es gibt mehrere Cliquen, die regelmäßig an »ihrem« Tisch sitzen; es werden einige Karten- und Brettspiele gemacht; in Abständen gibt es Diskussionsrunden zu ausgewählten Themen. Der Club wird von drei Senioren geleitet, die von zwei Sozialpädagogen abwechselnd betreut werden.

Aufgabe

Nachdem Sie bereits ein Zielgruppen-Konzept erarbeitet haben, wird es für Sie jetzt ein Leichtes sein, sich im Situations-Konzept zu üben. Wählen Sie sich eine Zielgruppe, denken Sie sich dazu eine konkrete Situation und planen Sie nach dem Planungsgitter eines Situations-Konzeptes, wie Sie vorgehen werden.

Didaktisches Planungsgitter für ein Situations-Konzept

Träger: Caritas-Verband **Ort:** Seniorenclub **Zeit:** 15–18 Uhr **Datum:** 8. 3. 92

1. Bedingungsanalyse/ Beschreibung der Situation:

Streithähne „angegiftet“, unschönes Klima, einige wollten deswegen fortbleiben

2. Richtziel/Thema Erziehungsziele

2.1 Richtziel/Thema:

Toleranz

2.2 Erziehungsziele:

- Akzeptanz
- Zuhören
- Soziales Verhalten
- Rücksichtnahme
- positive Erfahrungen

2.3 Handlungsziele:

- gemütliches Zusammensein
- keinen Streit
- Unterhaltung

2.4 Lernziele:

- keinen Streit
- gemütliches Zusammensein
- Unterhaltung
- positive Erfahrung

3. Didaktisch/ methodische Überlegungen	Feinziele Didaktischer Kommentar	Vermittlungsvariablen	Zeit
3.1. **Einstiegsphase:** Kontaktaufnahme, Motivation, Problem	– Streithähne nicht an einen Tisch – Gespräch suchen – Entspanntes Verhalten	– Volksmusik – Schunkeln – Mitsingen	30 Min.
3.2. **Hauptphase:** Information, Diskussion, Austausch	– geselliges Beisammensein – Liederquiz – Polonaise	– Liederquiz – Polonaise	120 Min.
3.3. **Schlußphase:** Zusammenfassung, Transfer, Auswertung	– offene Geselligkeit – Spiel	– Geselligkeit – Spiele – Musik	30 Min.

4. Anthropologische Überlegungen:

Der Schwerpunkt liegt auf der emotional-affektiven und sozial-kommunikativen Dimension.

5. Auswertung, Verlauf, Ergebnisse:

Das Treffen fanden alle gut. Der Vorfall der letzten Woche wurde in kleinen Gruppen besprochen. Sie Streithähne hielten sich betont zurück. Der Vorfall soll später als Thema behandelt werden.

8. Bedeutung von Didaktik/Methodik für Sozialpädagogik

Ziel dieses Buches war es, für Sozialpädagogik eine Didaktik und ein Planungsraster zur Erstellung einer Konzeption zu entwickeln. In den ersten Kapiteln wurden die Teilelemente erarbeitet und in diesem Kapitel nach dem anthropologisch orientierten Lern-Spiral-Modell zusammengefügt.
Ich kann mir nun vorstellen, daß bei Ihnen gegen ein solches Raster Einwände entstanden sind. Ein Raster schematisiert einen Lernvorgang und preßt den Lernenden in ein Denkmuster. Jede Aktion ist anders, so daß man gar nicht ein allgemeines Schema einer Planung zugrunde legen kann. Hält man sich an ein Schema, werden auch der ganze Lernvorgang und damit die Personen und ihre Beziehungen schematisiert.
Schemata, so könnten Praktiker feststellen, lernt man in den Hochschulen, weil die Professoren für ihre Lehre eine Legitimation brauchen; in der Praxis wirft man alle Raster sehr schnell über Bord. Vielleicht entwickelt man später aus eigener Erfahrung heraus ein eigenes Raster.
Da sich dieses Kapitel praktisch als Zusammenfassung versteht, möchte ich am Schluß auf diese teilweise sicher berechtigten Einwände eingehen.
Bei der hier entwickelten Didaktik der Sozialpädagogik greife ich weitgehend auf die verbreitetste Didaktik von *Heimann/Schulz*, die lerntheoretische Didaktik, zurück. Sie hat viele Elemente entwickelt, die auch für eine Didaktik der Sozialpädagogik relevant sind. Gleichzeitig verwende ich Elemente der kommunikativen Didaktik von R. *Winkel*[40) und der schülerorientierten Didaktik von H. *Meyer*[41). Ich vertrete nicht die »reine Lehre« einer lerntheoretischen Didaktik, sondern habe aus den verschiedenen didaktischen Ansätzen für die Didaktik der Sozialpädagogik relevante Elemente übernommen. Einige Didaktiker werden mir das sicher verübeln.
Wenn ich aus verschiedenen didaktischen Modellen ausgewählt habe, steht das jedem Leser natürlich auch zu. Auch er kann aus diesem und anderen ihm bekannten Modellen auswählen und für sein Arbeitsfeld ein eigenes didaktisches Planungs-Modell erstellen.
Ziel dieses Buches ist es: Der (Sozial-)Pädagoge soll

1. die Notwendigkeit didaktisch/methodischen Planens erkennen;
2. sich anhand des entwickelten Modells gegebenenfalls für sein Arbeitsfeld ein eigenes Modell entwerfen.

Für einige Arbeitsfelder kann diese Didaktik und der daraus entwickelte Raster in seiner ganzen Form zutreffen und übernommen werden, für andere müssen berufsspezifische Änderungen vorgenommen werden. Zwar werden die drei anthropologisch begründeten Schritte: Information, Konzeption, Reflexion bei jedem Modell Grundlage sein, jedoch in der Ausfüllung dieser drei Teile können unterschiedliche Akzente gesetzt werden.
Eine weitere Bedeutung dieser Didaktik und ihres Planungsmodelles liegt darin, daß es besonders Berufsanfängern eine wichtige Hilfe sein kann.

Studenten erwarten mit Recht, daß sie in ihrer Ausbildung eine Didaktik und ein didaktisches Strukturierungs-Modell kennenlernen, das ihnen in der Praxis Orientierungshilfe sein kann. Ein solcher Raster bietet gerade in der ersten Zeit der Praxis Sicherheit.
Man kann sich an etwas, das man gelernt und trainiert hat, festhalten.
Vielleicht können auch Routiniers mit dieser Didaktik etwas anfangen. Routine hat Vor- und Nachteile. Ihre Vorteile liegen darin, daß man nicht in jeder Situation erneut nachdenken muß, sondern auf erprobte Verhaltensmuster zurückgreifen kann. Der Nachteil ist, daß Routine Neues, Veränderung, Dynamik kaum zuläßt. Sie sollten sich unvoreingenommen mit dieser Didaktik auseinandersetzen. Das Studium dieses Buches kann ihre Meinung verfestigen, vertiefen, ergänzen oder u. U. auch ganz oder in Teilen ändern.
Modelle sind Vorschläge, keine heiligen Kühe, die nicht verändert (geschlachtet) werden dürfen. Ich selbst arbeite an dieser Didaktik seit über zehn Jahren und verändere sie in fast jedem Semester. Der erste Entwurf entstand 1983.[42)] Wenn man den damaligen Entwurf einer Didaktik mit dem hier vorgelegten vergleicht, sind die Fortschritte deutlich zu erkennen.
Diese Didaktik der Sozialpädagogik ist ein vorläufiges Ergebnis (1992), versteht sich als ein offenes, dynamisches Modell und möchte zur Diskussion und Weiterführung anregen.
Da es für Sozialpädagogik noch keine Didaktik gibt, sind solche Entwürfe für Studenten und Praktiker dringend gefordert. Würde man solange warten, bis man eine absolute, für immer gültige Didaktik entwickelt hat, wobei ich zweifle, ob dies überhaupt möglich ist, würde man die Studenten und Praktiker allein lassen.
Wenn Sie dieses Buch bis zum Schluß gelesen, durchgearbeitet und die Aufgaben ausgeführt haben, möchte ich Sie beglückwünschen. Dadurch sind Sie in Ihrer beruflichen Kompetenz erheblich fortgeschritten. Es gilt nun, dieses Wissen durch Übungen weiter zu vertiefen.
Sind Sie Studentin/Student, dann haben Sie während Ihres Studiums genügend Gelegenheiten zur Übung. Müssen Sie Referate halten oder Seminarsitzungen gestalten, erstellen Sie ein Zielgruppen-Konzept.
Üben Sie sich in der Erarbeitung der einzelnen Schritte. So kann Ihr Studium auch bereits Praxis sein. Denken Sie daran, kein Referat nur vorzulesen! Tun Sie das Ihren Kommilitoninnen und Kommilitonen nicht an! Auch wenn der Dozent diese von allen schlechteste Methode nach allen Regeln der Kunst (miß-)braucht.
Sind Sie bereits in einer (sozial-)pädagogischen Einrichtung tätig, dann bieten sich Ihnen viele Möglichkeiten, konzeptionell zu arbeiten und sich auch zu üben. Ich hoffe, auch Sie können aus diesem Buch für Ihre Arbeit Anregungen entnehmen.

Lernfragen

1. Welche Einwändc kann man gegen eine Planung vorbringen?
2. Welches sind die positiven Merkmale einer Planung?
3. Wie kann man Planung definieren?
4. Wie kann man »Konzept« umschreiben?
5. Wie lauten die vier Lernschritte einer Handlung?
6. Wie werden diese vier Schritte begründet?
7. Was versteht man unter dem »Anthropologischen Lern-Spiral-Modell«?
8. Welches sind die drei Teile eines Konzeptes?
9. Gehören die Überlegungen zur Reflexion in ein Konzept?
10. Welche zwei Möglichkeiten enthält der C-Teil?
11. Welche drei Modelle von Konzepten gibt es?
12. Worin unterscheiden sich die drei Modelle?
13. Was besagt in einem Organisations-Konzept der A-Teil, B-Teil und C-Teil?
14. Was besagt in einem Zielgruppen-Konzept der A-Teil, B-Teil und C-Teil?
15. Was besagt in einem Situations-Konzept der A-Teil, B-Teil und C-Teil?
16. Welche Bedeutung kann ein Planungsraster für den (Sozial-)Pädagogen haben?

Weiterführende Literatur

Beck, M. (Hrsg.): Planung. Betriebswirtschaft für soziale Einrichtungen. Wiesbaden: Gabler Verlag 1988.
Schilling, J.: Kursbuch Jugendarbeit. München: Kösel-Verlag 1983.

Anmerkungen

1 Vgl. *Meyer,* H.: Leitfaden zur Unterrichtsplanung. Königstein 1980^{9}, S. 179, 181 ff.
2 Vgl. *Ortmann,* F.: Bedürfnis und Planung in sozialen Bereichen. Opladen 1983.
3 Vgl. *Cube,* F. von: Erziehungswissenschaft. Stuttgart 1977.
4 Vgl. *Ortmann:* Bedürfnis und Planung in sozialen Bereichen. A. a. O., S. 4–9.
5 *Beck,* M. (Hrsg.): Planung. Betriebswirtschaft für soziale Einrichtungen. Wiesbaden 1988, S. 217.
6 Vgl. *Meyer:* Leitfaden zur Unterrichtsplanung. A. a. O., S. 179.
7 Vgl. *Tenbruck,* F. H.: Zu einer Theorie der Planung. In: Wissenschaft und Praxis. Festschrift zum zwanzigjährigen Bestehen des Westdeutschen Verlages. Opladen 1967, S. 109.
8 Vgl. *Fritz,* J.: Vom Verständnis des Spiels zum Spielen mit Gruppen. Mainz 1986, S. 83.
9 Vgl. *Beck:* Planung. A. a. O., S. 193.

10 Vgl. ebenda, S. 196.
11 Ebenda, S. 199.
12 Vgl. *Beck:* Planung. A. a. O., S. 210.
13 Vgl. ebenda, S. 192.
14 Vgl. *Wahl,* D. u. a.: Erwachsenenbildung konkret. Weinheim 1991, S. 61, 63.
15 Ebenda, S. 63.
16 *Tenbruck:* Zu einer Theorie der Planung. A. a. O., S. 110.
17 Vgl. ebenda, S. 124.
18 Vgl. ebenda, S. 128.
19 *Beck:* Planung. A. a. O., S. 11.
20 *Stephan,* H.: Zur didaktischen Transformation von Handlungsplänen. In: A. *Elting* (Hrsg.): Menschliches Handeln und Sozialstruktur. Opladen 1986, S. 155.
21 *Ortmann:* Bedürfnis und Planung in sozialen Bereichen. A. a. O., S. 11.
22 Vgl. *Tenbruck:* Zu einer Theorie der Planung. A. a. O., S. 109.
23 Vgl. *Meyer:* Leitfaden der Unterrichtsplanung. A. a. O., S. 227, 229.
24 Vgl. *Schilling,* J.: Kursbuch Jugendarbeit. München 1983, S. 50 f.
25 Vgl. *Weisbach,* Chr. u. a.: Zuhören und Verstehen. Reinbek b. Hamburg 1984, S. 127–141.
26 Vgl. *Vopel,* K.: Lebendiges Lernen & Lehren. Interaktionsspiele. Hamburg 1976, Bd. 1–8; *Vopel,* K./*Kirsten,*R.: Kommunikation und Kooperation. München 1974, S. 112–123; *Kirsten,* R./*Müller-Schwarz,* J.: Gruppen-Training. Stuttgart 1973, S. 76–77.
27 Vgl. *Beck*: Planung; vgl. auch *Kühn,* D.: Organisationen sozialer Arbeit, Administrative Strukturen und Handlungsformen im Sozialwesen. In: *Biermann,* B. u.a. (Hrsg.): Soziologie. Neuwied 1992, S. 281–333.
28 Vgl. *Baacke,* D.: Die 6- bis 12jährigen. Weinheim 1984, S. 131.
29 Vgl. ebenda, S. 158.
30 *Weineck,* J.: Optimales Training. Erlangen 1990, S. 137.
31 Vgl. ebenda, S. 64.
32 Vgl. *Baacke:* Die 6- bis 12jährigen. A. a. O., S. 144.
33 Vgl. *Weineck:* Optimales Training. A. a. O., S. 59.
34 Vgl. *Baacke:* Die 6- bis 12jährigen. A. a. O., S. 180.
35 *Baake,* D. in: *Deinet,* U.: Im Schatten der Älteren. Weinheim 1987, S. 26; vgl. auch *Baake,* D.: Die 13- bis 18jährigen. München 1976, S. 32–35.
36 *Deinet:* Im Schatten der Älteren. A. a. O., S. 26.
37 Ebenda, S. 27.
38 Ebenda, S. 48.
39 Ebenda, S. 27.
40 *Winkel,* R.: Die kritisch-kommunikative Didaktik. In: *Gudjons,* H. u. a. (Hrsg.): Didaktische Theorien. Brauschweig 1981, S. 78–93.
41 *Meyer,* H.: Leitfaden zur Unterrichtsvorbereitung. Königstein 1980^{3}, S. 191–220.
42 *Schilling,* J.: Kursbuch Jugendarbeit. München 1983.

Literatur

Adl-Amini, B./*Künzli*, R. (Hg.): Didaktische Modelle. München 1980.
Adl-Amini, B. (Hrsg.): Didaktik und Methodik. Weinheim 1981.
Ammelburg, G.: Handbuch der Gesprächsführung. Frankfurt/M. 1974.
Arendt, H.: Das Handeln. In: H. *Lenk* (Hrsg.): Handlungstheorien interdisziplinär II. Erster Halbband, München 1978, S. 13–87.
Aschersleben, K.: Didaktik. Stuttgart 1983.
Aschersleben, K.: Einführung in die Unterrichtsmethodik. Stuttgart 1991[5].
Aselmeier, U.: Aspekte einer anthropologischen (Schul-)Pädagogik. In: E. *König*/H. *Ramsenthaler* (Hrsg.): Diskussion Pädagogische Anthropologie. München 1980, S. 9–35.
Baacke, D.: Die 13- bis 18jährigen. München 1976.
Baacke, D.: Die 6- bis 12jährigen. Weinheim 1984.
Badry, E. u. a. (Hrsg.): Pädagogik. Grundlagen und Arbeitsfelder. Neuwied 1992.
Beck, M. (Hrsg.): Planung. Betriebswirtschaft für soziale Einrichtungen. Wiesbaden 1988.
Belardi, N. u. a. (Hrsg.): Didaktik und Methodik sozialer Arbeit. Bd. 4, Frankfurt/M. 1980.
Benden, M. (Hrsg.): Zur Zielproblematik in der Pädagogik. Bad Heilbrunn 1977.
Berner, W.: Jugendgruppen organisieren. Reinbek b. Hamburg 1983.
Bieger, E. u. a.: Spielregeln für Kursleiter. Gelnhausen 1981.
Blankertz, H.: Theorien und Modelle der Didaktik. München (1969) 1977[10].
Bollnow, O. F.: Das Wesen der Stimmung. Frankfurt/M. (1956) 1974[5], S. 13–29.
Bollnow, O. F.: Die anthropologische Betrachtungsweise in der Pädagogik. In: E. *König*/H. *Ramsenthaler* (Hrsg.): Diskussion Pädagogische Anthropologie. München 1980, S. 36–54.
Bollnow, O. F.: Anthropologische Pädagogik. Bern 1983.
Born, W./*Otto*, G. (Hrsg.): Didaktische Trends. München 1978.
Borsum, W. u. a.: Einführung in die Didaktik. München 1982.
Brandt, G.: Pädagogik und soziale Arbeit. Neuwied 1971.
Braun, W.: Pädagogische Anthropologie im Widerstreit. Bad Heilbrunn 1989.
Brezinka, W.: Präzisierung des Begriffes »Erziehung«. In: E. *Weber* (Hrsg.): Der Erziehungs- und Bildungsbegriff im 20. Jahrhundert. Bad Heilbrunn 1976, S. 152–171.
Brezinka, W.: Was sind Erziehungsziele? In: M. *Benden* (Hrsg.): Zur Zielproblematik in der Pädagogik. Bad Heilbrunn 1977, S. 9–48.
Brezinka, W.: Erziehungsziele in der pluralistischen Gesellschaft. In: Pädagogische Rundschau 7/1980, S. 405–435.
Brezinka, W.: Was bedeutet »Wertewandel«? In: K. H. *Breuer* (Hrsg.): Jahrbuch für Jugendsozialarbeit. Bd. 6, Köln 1985, S. 17–45.

Bühs, R.: Tafelzeichnen kann man lernen. Hamburg 1989.
Carter-Scott, Ch.: Negaholiker: Der Hang zum Negativen. Frankfurt/M. 1990.
Ciompi, L.: Außenwelt – Innenwelt. Göttingen 1988.
Cube, F. von: Erziehungswissenschaft. Stuttgart 1977.
Deinet, U.: Im Schatten der Älteren. Weinheim 1987.
Dickopp, K.-H.: Lehrbuch der systematischen Pädagogik. Düsseldorf 1983.
Diedrich, J.: Didaktisches Denken. Weinheim 1988.
Diemer, A.: Elementarkurs Philosophie. Philosophische Anthropologie. Düsseldorf 1978.
Dietrich, K./*Landau,* G.: Sportpädagogik. Reinbek b. Hamburg 1990.
Dietrich, Th.: Zeit- und Grundfragen der Pädagogik. Bad Heilbrunn 1988.
Dolch, J.: Grundbegriffe der pädagogischen Fachsprache. München Verlag 1960[3].
Donnert, R.: Am Anfang war die Tafel ... München 1990.
Ebert, W.: Die Pädagogen tragen die Verantwortung. In: G. E. *Ortner:* Positive Pädagogik. Frankfurt/M. 1987, S. 23–28.
Edelmann, G./*Möller,* Chr.: Grundkurs Lernplanung. Weinheim 1976.
Eichhorn, G.: Die Methoden der Sozialarbeit. In: Caritas-Jahrbuch. Freiburg 1977, S. 106–128.
Fittkau, B. u. a.: Kommunizieren lernen (und umlernen). Braunschweig 1980.
Fricke, W.: Frei reden. Köln 1991[3].
Fritz, J.: Vom Verständnis des Spiels zum Spielen mit Gruppen. Mainz 1986.
Gehlen, A.: Der Mensch. Frankfurt/M. 1974.
Geißler, E. E.: Erziehungsmittel. Bad Heilbrunn 1975.
Geißler, K./*Hege,* M.: Konzepte sozialpädagogischen Handelns. München 1978.
Geißner, H.: Rhetorik. München 1976.
Gerhards, J.: Soziologie der Emotionen. Weinheim 1988.
Gerner, B.: Einführung in die Pädagogische Anthropologie. Darmstadt 1974.
Giesecke, H.: Einführung in die Pädagogik. München 1971[3], Neuausgabe 1990.
Giesecke, H.: Pädagogik als Beruf. Weinheim 1987.
Gudjons, H. u. a. (Hrsg.): Didaktische Theorien. Braunschweig 1981.
Hamann, B.: Pädagogische Anthropologie. Bad Heilbrunn 1982.
Hampden-Turner, Ch.: Modelle des Menschen. Weinheim 1982.
Heckhausen, H.: Entwurf einer Psychologie des Spielens. In: A. *Flitner* (Hrsg.): Das Kinderspiel. München 1974, S. 133–149.
Heimann, P.: Didaktik als Theorie und Lehre. In: Die Deutsche Schule 9/1962, S. 407–427.
Heimann, P.: Didaktik als Unterrichtswissenschaft. Stuttgart 1976.
Herrmann, B.: Verständigung über Erziehungswerte. Weinheim 1987.
Hirsch, G.: Die Kunst der freien Rede. Niederhausen 1985.

Hoberg, G.: Training und Unterricht. Stuttgart 1988.
Hüllen, J.: Mensch sein – human werden. Frankfurt/M. 1985.
Hülshoff, F./*Kaldewey*, R.: Training rationeller lernen und arbeiten. Stuttgart 1979[4].
Jaide, W.: Wertewandel? Grundfragen zur Diskussion. Opladen 1983.
Jansen, P.: Anthropologie und sprachliche Verständigung. Bochum 1979.
Kaier, A.: Sinn und Situation. Bad Heilbrunn 1985.
Kiphard, E.-J.: Curriculumentwurf zum Fachstudium der Psychomotorik und Motologie. In: Zeitschrift Sportunterricht 11/1975, S. 364–369.
Kirsten, R./*Müller-Schwarz*, J.: Gruppentraining. Stuttgart 1973.
Klafki, W.: Studien zur Bildungstheorie und Didaktik. Weinheim (1963) 1975.
Klafki, W.: Normen und Ziele in der Erziehung. In: M. *Benden* (Hrsg.): Zur Zielproblematik in der Pädagogik. Bad Heilbrunn 1977a, S. 7–9.
Klafki, W.: Der Beitrag der Erziehungswissenschaft zur Klärung aktueller pädagogischer Zielfragen. In: M. *Benden* (Hrsg.): Zur Zielproblematik in der Pädagogik. Bad Heilbrunn 1977b, S. 48–72.
Klafki, W.: Neue Studien zur Bildungstheorie und Didaktik. Beiträge zur kritisch-konstruktiven Didaktik. Weinheim 1985.
Klages, H.: Wertorientierungen im Wandel. Frankfurt/M. 1985.
Klein, I.: Gruppenleiten ohne Angst. München 1984.
Klingberg, L.: Einführung in die Allgemeine Didaktik. Berlin 1976[3].
Klingberg, L.: Lehrende und Lernende im Unterricht. Berlin 1990.
Knoll, J.: Kurs- und Seminarmethoden. München 1986.
Köck, P.: Didaktik der Medien. Donauwörth 1974.
Költze, H.: Anthropologisch orientierte Lehrerausbildung. Düsseldorf 1981.
König, E./*Ramsenthaler*, H (Hrsg.): Diskussion Pädagogische Anthropologie. München 1980.
Kopperschmidt, J.: Allgemeine Rhetorik. Stuttgart 1973.
Kron, F. W.: Grundwissen Pädagogik. München 1988.
Krathwohl, D. u. a.: Taxonomie von Lernzielen im affektiven Bereich. Weinheim (1964) 1975.
Lauff, W./*Homfeldt*, G.: Pädagogische Lehre und Selbsterfahrung. Weinheim 1981.
Langmaack, B./*Braune-Krickau*, M.: Wie die Gruppe laufen lernt. München 1987.
Lassahn, R.: Braucht die Pädagogik ein Menschenbild? In: C. *Solzbacher*/H.-W. *Wollersheim* (Hrsg.): Wege in die Zukunft. Bonn 1988, S. 25–35.
Lautmann, R.: Wert und Norm. Begriffsanalyse für die Soziologie. Köln 1969.
Lehner, M.: Didaktik und Weiterbildung. Weinheim 1989.
Leipald, G.: Körpertherapie. Düsseldorf 1986.
Lenk, H. (Hrsg.): Handlungstheorie interdisziplinär II. Erster Halbband. München 1978.
Maag, G.: Gesellschaftliche Werte. Opladen 1991.

Macha, H.: Emotionale Erziehung. Frankfurt/M. 1984.

Macha, H.: Pädagogisch-anthropologische Theorie des Ich. Bad Heilbrunn 1989.

Maier, B.: »Menschlichkeit« als fundamental-anthropologisches Prinzip im Sport. Ahrensburg b. Hamburg 1985.

Malcher, J.: Gruppen nicht ohne Dynamik. München 1977.

Martin, E.: Didaktik der sozialpädagogischen Arbeit. Weinheim 1989.

Martin, E.: Sozialpädagogische Didaktik. In: Sozialmagazin 3/1989, S. 38–45.

Meinberg, E.: Das Menschenbild der modernen Erziehungswissenschaft. Darmstadt 1988.

Memmert, W.: Didaktik in Graphiken und Tabellen. Bad Heilbrunn 1991.

Meueler, E.: Erwachsene lernen. Stuttgart 1982.

Meyer, H.: Trainingsprogramm zur Lernzielanalyse. Kronberg 1978^7.

Meyer, H.: Leitfaden zur Unterrichtsvorbereitung. Königstein 1980^3.

Möller, Chr.: Die curriculare Didaktik. In: *Gudjons,* H. u. a. (Hrsg.): Didaktische Theorien. Braunschweig 1981, S. 62–77.

Mollenhauer, K.: Einführung in die Sozialpädagogik. Weinheim 1964.

Mollenhauer, K.: Theorien zum Erziehungsprozeß. München 1972.

Müller, K. D./*Gehrmann,* G.: Zur Problematik gegenwärtiger Methodendiskussion in der Sozialarbeit/Sozialpädagogik. In: Sozialmagazin 7–8/1990, S. 48–63.

Oerter, R./*Weber,* E. (Hrsg.): Der Aspekt des Emotionalen in Unterricht und Erziehung. Donauwörth 1975.

Ortmann, F.: Bedürfnis und Planung in sozialen Bereichen. Opladen 1983.

Ortner, G. E./*Schneider,* K.: Wie lernen Jugendliche? Wie lernen Erwachsene? Hrsg.: Zentralstelle für gewerbliche Berufsförderung. Mannheim o. J.

Otto, G.: Medien der Erziehung und des Unterrichts. In: D. *Lenzen* (Hrsg.): Enzyklopädie Erziehungswissenschaft. Band 4. *Otto,* G./*Schulz,* W. (Hrsg.): Methoden und Medien der Erziehung und des Unterrichts. Stuttgart 1985, S. 74–107.

Peterßen, W. H.: Lehrbuch Allgemeine Didaktik. München 1983.

Quiske, F. H. u. a.: Denklabor Team. Stuttgart 1973.

Rehm, W.: Gesprächs- und Redepädagogik. Kastellaun 1976.

Reich, M.: Theorien der Allgemeinen Didaktik. Stuttgart 1977.

Riedel, H.: Handlungstheorien als ethische Grunddisziplin. In: H. *Lenk* (Hrsg.): Handlungstheorien interdisziplinär II. Erster Halbband, München 1978, S. 139–160.

Roth, H.: Erziehungwissenschaft, Erziehungsfeld und Lehrerausbildung. Hannover 1967.

Roth, H.: Empirische Pädagogische Anthropologie. In: D. *Holtershinken* (Hrsg.): Anthropologische Grundlagen personalistischer Erziehungslehre. Weinheim 1971.

Roth, H.: Pädagogische Psychologie des Lehrens und Lernens. Bd. 1, München 1982.

Sattler, A./*Kemnitzer,* St.: So gestalten Sie erfolgreich Vorträge und Seminare. Köln 1989.
Schelp, Th./*Kemmeler,* L.: Emotionen und Psychotherapie. Bern 1988.
Schilling, J.: Methodenbuch Jugendarbeit. Bd. 1, München 1982; Bd. 2, München 1985.
Schilling, J.: Kursbuch Jugendarbeit. München 1983.
Schilling, J.: Pädagogische Arbeitsansätze mit Randgruppenjugendlichen. In: Theorie und Praxis der Sozialen Arbeit 4 / 1983, S. 125–131.
Schilling, J.: Was sind Methoden? Versuch einer Begriffsklärung und Klassifizierung. In: Jugendwohl 7/1985, S. 260–264.
Schilling, J.: Leitfaden für Gruppenleiter. München 1987.
Schilling, J.: Freizeit und Geselligkeit. München 1989.
Schilling, J.: Pädagogische Anthropologie als Grundlage sozialpädagogischen Handelns. In: Jugendwohl 8–9 / 1990, S. 358–370.
Schilling, J.: Jugend- und Freizeitarbeit. Neuwied 1990.
Schmid, P.: Verhaltensstörungen aus anthropologischer Sicht. Bern 1985.
Schmidt, H.-L.: Theorien der Sozialpädagogik. Rheinstetten 1981.
Schönberger, F.: Kooperative Didaktik. Stadthagen 1987.
Schöpping, H. G.: Gruppenleitung und gruppeneigene Führung. Wiesbaden 1982.
Schulz, W.: Ein Hamburger Modell der Unterrichtsplanung – Seine Funktionen in der Alltagspraxis. In: B. *Adl-Amini*/R. *Künzli* (Hrsg.): Didaktische Modelle und Unterrichtsplanung. München 1980, S. 49–87.
Schulz, W.: Unterrichtsplanung. München 1981.
Schulze, Th.: Methoden und Medien der Erziehung. München 1978.
Simon, P.: Werte, Normen und erzieherische Entscheidungsbegründung. Frankfurt/M. 1978.
Späth, F.: Anthropologische Aspekte berufspädagogischer Theorien. München 1981.
Stephan, H.: Zur didaktischen Transformation von Handlungsplänen. In: A. *Elting* (Hrsg.): Menschliches Handeln und Sozialstrukturen. Opladen 1986, S. 155–164.
Tausch, R. u. A.-M.: Erziehungs-Psychologie. Göttingen 1977[8].
Tenbruck, F. H.: Zu einer Theorie der Planung. In: Wissenschaft und Praxis. Festschrift zum zwanzigjährigen Bestehen des Westdeutschen Verlages. Opladen 1967, S. 109–135.
Tenbruck, F. H.: Zur Anthropologie des Handelns. In: H. *Lenk* (Hrsg.): Handlungstheorien interdisziplinär II. Erster Halbband, München 1978, S. 89–138.
Terhart, E.: Lehr-Lern-Methoden. Weinheim 1989.
Tröger, W.: Erziehungsziele. München 1974.
Ulich, D.: Das Gefühl. München 1982.
Vopel, K./*Kirsten,* R.: Kommunikation und Kooperation. München 1974.
Vopel, K.: Lebendiges Lernen & Lehren. Interaktionsspiele. Hamburg 1976, Bd. 1–8.
Wahl, D. u. a.: Erwachsenenbildung konkret. Weinheim 1991.
Watzlawick, P. u. a.: Menschliche Kommunikation. Bern (1969) 1974[4].

Weber, E.: Pädagogik. Donauwörth 1975[6].
Weidemann, B.: Diskussions-Training. Stuttgart 1973.
Weineck, J.: Optimales Training. Erlangen 1988.
Weinschenk, R.: Didaktik und Methodik für Sozialpädagogen. Bad Heilbrunn 1976.
Weisbach, Ch. u. a.: Zuhören und Verstehen. Reinbek b. Hamburg 1984.
Weithase, I.: Sprechübungen. Köln 1970.
Werblik, H.: Handlungstheorien. Stuttgart 1978.
Winkel, R.: Die kritisch-kommunikative Didaktik. In: *Gudjons*, H. u. a. (Hrsg.): Didaktische Theorien. Braunschweig 1981, 78–93.
Wittern, J.: Methodische und mediale Aspekte des Handlungszusammenhangs pädagogischer Felder. In: D. *Lenzen* (Hrsg.): Enzyklopädie Erziehungwissenschaft. Band 4, G. *Otto*/W. *Schulz* (Hrsg.): Methoden und Medien der Erziehung und des Unterrichts. Stuttgart 1985, S. 25–52.
Zdarzil, H.: Pädagogische Anthropologie. Graz 1978.

Stichwortverzeichnis

A

B

C

D

E

F

G

H

I

J

K

L

M

N

O

P

Q

R

S

T

U

V

W

Z